Grundlagen der Finanzwirtschaft

Das Übungsbuch

Grundlagen der Finanzwirtschaft

Das Übungsbuch

6., aktualisierte Auflage

Jonathan Berk
Peter DeMarzo

Pearson

Bibliografische Information der Deutschen Nationalbibliothek

Die Deutsche Nationalbibliothek verzeichnet diese Publikation in der Deutschen Nationalbibliografie; detaillierte bibliografische Daten sind im Internet über *http://dnb.dnb.de* abrufbar.

Der Umwelt zuliebe verzichten wir auf Einschweißfolie.

10 9 8 7 6 5 4 3 2 1

28 27 26 25

ISBN 978-3-86894-455-6 (Buch)
ISBN 978-3-86894-543-0 (PDF)

Programmleitung: Martin Milbradt, mmilbradt@pearson.de
Lektorat: Markus Stahmann, markus.stahmann@pearson.com
Fachlektorat: Gregor Dorfleitner, Regensburg
Übersetzung: Ines Bergfort (Essen), AMTRANS / Andrea Schömann (Linz)
Herstellung: Philipp Burkart, pburkart@pearson.de
Satz: Gerhard Alfes, mediaService, Siegen (www.mediaservice.tv)
Druck und Verarbeitung: GraphyCems, Villatuerta, Navarra

Printed in Spain

Inhaltsübersicht

Inhaltsverzeichnis

Unternehmen und Finanzmärkte

1

ÜBERBLICK

1.1 Die vier Unternehmensformen

1. Was bedeutet der Begriff *beschränkte Haftung* im Kontext einer Aktiengesellschaft?

2. In welchen organisatorischen Formen sind die Inhaber beschränkt haftbar?

1.2 Inhaberschaft im Vergleich zur Leitung von Unternehmen

3. Sie haben sich dazu entschlossen, ein neues Unternehmen zu gründen, das Anwendungen für das iPhone entwickelt. Nennen Sie Beispiele für die drei verschiedenen Arten von Entscheidungen, die Sie treffen müssen.

4. Angenommen, Sie ziehen in Betracht, eine Wohnung zu mieten. Sie als Mieter fungieren dann quasi als Agent und das Unternehmen, dem die Wohnung gehört, als Prinzipal. Welche Interessenskonflikte sind hier abzusehen? Nehmen wir stattdessen an, Sie arbeiten für das Immobilienunternehmen. Welche Bestimmungen würden Sie dann in den Mietvertrag aufnehmen, die einen Anreiz für den Mieter darstellen, sich gewissenhaft um die Wohnung zu kümmern?

5. Sie sind CEO eines Unternehmens und erwägen, einen Vertrag für den Kauf eines anderen Unternehmens abzuschließen. Sie denken, dass der Preis vielleicht zu hoch ist, jedoch wären Sie dann CEO des zusammen viel größeren Unternehmens. Sie wissen, dass Ihr Gehalt und Ihr Ansehen steigen werden, wenn das Unternehmen sich vergrößert. Beschreiben Sie den hier vorliegenden Interessenskonflikt und wie sich dieser zu ethischen Aspekten verhält.

6. Sind feindliche Übernahmen für Unternehmen und ihre Investoren grundsätzlich schlecht?

1.3 Fintech: Finanzwirtschaft und Technologie

7. Warum ist das Finanzwesen traditionell eine Branche, in der neue Technologien früh zum Einsatz kommen?

8. Wie setzen die folgenden Unternehmen neue Technologien im Zusammenhang mit Finanzdienstleistungen ein?

   a) Wealthfront

   b) LendingTree

   c) Metromile

   d) Acorns

1.4 Lösungen

1. Die Haftung der Inhaber ist auf den Betrag beschränkt, den sie in das Unternehmen investiert haben. Aktionäre sind nicht für eine etwaige Verschuldung des Unternehmens verantwortlich; insbesondere können sie nicht zur Rückzahlung der Schulden des Unternehmens herangezogen werden.

2. In Aktiengesellschaften und Gesellschaften mit beschränkter Haftung sind die Inhaber nur beschränkt haftbar. Eine Kommanditgesellschaft bietet den Kommanditisten die beschränkte Haftung, nicht aber den Komplementären.

3. Als Manager eines Unternehmens, das Anwendungen für das iPhone entwickelt, werden Sie drei Arten von Entscheidungen treffen.
   i) Sie werden Investitionsentscheidungen treffen, wie zum Beispiel hinsichtlich der Wahl, welche iPhone-Anwendungen Projekte darstellen, die Ihrem Unternehmen einen positiven Kapitalwert bieten und somit umgesetzt werden sollten.
   ii) Sie werden die Entscheidung treffen, wie die Entwicklung der iPhone-Anwendungen finanziert werden sollen und welche Mischung aus Fremd- und Eigenkapital für Ihr Unternehmen geeignet ist.
   iii) Sie sind für die Verwaltung der Barmittel Ihres Unternehmens verantwortlich und müssen sicherstellen, dass Ihr Unternehmen über ausreichend Mittel verfügt, um Investitionen zu tätigen sowie um Kreditzinsen und die Gehälter der Mitarbeiter zu zahlen.

4. Der Agent (Mieter) wird sich nicht mit der gleichen Sorgfalt um die Wohnung kümmern wie der Prinzipal (Eigentümer), da der Mieter nicht an den Kosten für die Beseitigung von Schäden an der Wohnung beteiligt ist. Die Verpflichtung seitens des Mieters, eine Kaution zu hinterlegen, könnte die Schäden auf ein Minimum reduzieren. Durch die Kaution ist der Mieter gezwungen, sich an den Kosten für die Beseitigung der Schäden, die er verursacht hat, zu beteiligen.

5. Es besteht ein ethisches Dilemma, wenn der CEO eines Unternehmens Interessen hat, die denen der Aktionäre entgegenstehen. In diesem Fall haben Sie (als CEO) einen Anreiz, möglicherweise zu viel für ein anderes Unternehmen zu bezahlen (was den Aktionären schaden würde), da Ihr Gehalt und Ihr Ansehen steigen werden.

6. Nein. Sie stellen eine Möglichkeit dar, Manager zu disziplinieren, die nicht im Interesse ihrer Aktionäre handeln.

7. Die Finanzindustrie erwirtschaftet außerordentlich hohe Gewinne und ist extrem wettbewerbsorientiert ausgerichtet. Wenn neueste technologische Entwicklungen zum Einsatz kommen, kann dies zu Wettbewerbsvorteilen für das Unternehmen führen. Der Anreiz, innovative Technologien einzusetzen, ist angesichts der hohen Gewinne, die ein Wettbewerbsvorteil verspricht, in dieser Branche besonders hoch.

8. a) Wealthfront ist in der computergestützten Finanzplanung und im Robo-Advisoring tätig und nutzt neue Entwicklungen in der Künstlichen Intelligenz für sein Dienstleistungsangebot.
   b) LendingTree ist eine alternative Kreditplattform, die Verbraucher und private Kreditgeber vernetzt.

c) Metromile ist ein Kfz-Versicherungsunternehmen, das seinen Kunden ermöglicht, die Versicherungsbeiträge durch die Anzahl der gefahrenen Meilen zu begleichen. Ein kleines drahtloses Gerät in jedem Fahrzeug zeichnet automatisch Daten über die zurückgelegten Strecken auf.

d) Acorns ist ein Robo-Advisor mit einem Zusatzangebot. Das Unternehmen erfasst die Einkäufe seiner Kunden und Kundinnen und und investiert automatisch kleine Geldbeträge, die dem Wechselgeld entsprechen. Acorns kombiniert Künstliche Intelligenz und modernste Kommunikationstechnologie und kann auf diese Weise Regeln anwenden wie die, das Wechselgeld nach jedem Einkauf anzulegen.

Einführung in die Analyse von Finanzberichten

2

ÜBERBLICK

2.1 Die Offenlegung von Finanzinformationen eines Unternehmens

1. Betrachten Sie folgende potentielle Ereignisse, die sich bei Global Conglomerate am 30. Dezember 2018 hätten ereignen können. Nennen Sie für jedes dieser Ereignisse die Positionen in der Bilanz von Global, die jeweils betroffen wären und den Umfang der Auswirkung. Nennen Sie außerdem die Veränderungen des Buchwerts des Eigenkapitals.
   a) Global setzte EUR 20 Millionen seiner Barmittel für eine Rückzahlung von EUR 20 Millionen eines langfristigen Kredits ein.
   b) Der Brand eines Lagerhauses zerstörte nicht versicherten Bestand im Wert von EUR 5 Millionen.
   c) Global setzte EUR 5 Millionen an Barmitteln und einen neuen langfristigen Kredit ebenfalls in Höhe von EUR 5 Millionen für den Kauf eines Gebäudes im Wert von EUR 10 Millionen ein.
   d) Ein Großkunde, der EUR 3 Millionen für Produkte schuldet, die er bereits erhalten hat, meldet Insolvenz an und es besteht keine Möglichkeit diesen Betrag jemals zu erhalten.
   e) Die Ingenieure von Global entwickeln einen neuen Herstellungsprozess, der die Kosten für das Flaggschiffprodukt um 50 % senken wird.
   f) Ein Hauptkonkurrent kündigt ein radikales neues Preismodell an, das die Preise von Global dramatisch unterbieten wird.

2.2 Die Bilanz

2. Anfang 2018 hatte Ford (F) einen Buchwert des Eigenkapitals in Höhe von USD 34,9 Milliarden. Es waren 4,0 Milliarden Aktien im Umlauf und der Marktpreis lag bei USD 12,50 pro Aktie. Ford verfügte außerdem über Barmittel von USD 38,9 Milliarden und Fremdkapital von insgesamt USD 154,3 Milliarden. Vier Jahre später, Anfang 2022, hatte Ford einen Buchwert des Eigenkapitals von USD 48,5 Milliarden, 4,0 Milliarden Aktien zu einem Marktpreis von USD 21 pro Aktie im Umlauf, Barmittel von USD 49,6 Milliarden und Fremdkapital von insgesamt USD 138,1 Milliarden. Wie haben sich folgende Finanzkennzahlen von Ford in diesem Zeitraum verändert:
   a) Die Marktkapitalisierung?
   b) Das Kurs-Buchwert-Verhältnis?
   c) Der operative Unternehmenswert?
3. Anfang 2022 hatte Abercrombie and Fitch (ANF) einen Buchwert des Eigenkapitals von USD 826 Millionen, einen Kurs pro Aktie von USD 39,00 und 50,40 Millionen Aktien im Umlauf. Zur gleichen Zeit hatte The Gap (GPS) einen Buchwert des Eigenkapitals von USD 2.722 Millionen, einen Kurs pro Aktie von USD 17,88 Millionen und 368 Millionen Aktien im Umlauf.
   a) Welches Kurs-Buchwert-Verhältnis hatten diese beiden Bekleidungsunternehmen?
   b) Welche Schlussfolgerung ziehen Sie aus einem Vergleich dieser beiden Kennzahlen?

2.3 Die Gewinn- und Verlustrechnung

4. Sie analysieren die Verschuldung zweier Unternehmen und ermitteln folgende Werte (alle Werte in Millionen Euro):

	Fremdkapital	Buchwert des Eigenkapitals	Marktwert des Eigenkapitals	Betriebsergebnis	Zinsaufwand
Unternehmen A	500	300	400	100	50
Unternehmen B	80	35	40	8	7

a) Welchen Verschuldungsgrad zu Marktwerten haben diese Unternehmen?

b) Welchen Verschuldungsgrad zu Buchwerten haben diese Unternehmen?

c) Welchen Zinsdeckungsgrad haben diese Unternehmen?

d) Welches Unternehmen hat wahrscheinlich größere Schwierigkeiten bei der Erfüllung seiner Kreditverpflichtungen?

5. Quisco Systems hat 6,5 Milliarden Aktien im Umlauf und einen Aktienkurs von EUR 18. Quisco erwägt, zu Kosten von EUR 500 Millionen intern ein neues Netzwerkprodukt zu entwickeln. Alternativ kann Quisco ein Unternehmen, das bereits über diese Technik verfügt, für EUR 900 Millionen (zum aktuellen Kurs) in Quisco Aktien erwerben. Angenommen sei, dass Quisco ohne die Kosten für die neue Technologie einen Gewinn pro Aktie von EUR 0,80 haben wird.

a) Angenommen, Quisco entwickelt das Produkt intern. Welche Auswirkung hätten die Entwicklungskosten auf den Gewinn pro Aktie? Wir gehen hier davon aus, dass alle Kosten in diesem Jahr anfallen und als Forschungs- und Entwicklungsaufwand verbucht werden. Der Steuersatz von Quisco liegt bei 35 % und die Anzahl der im Umlauf befindlichen Aktien bleibt unverändert.

b) Angenommen, Quisco entwickelt das Produkt nicht intern, sondern kauft die Technologie ein. Welche Auswirkung hätte dieser Erwerb auf den diesjährigen Gewinn pro Aktie? (Zu beachten ist, dass die Übernahmekosten nicht direkt in der Gewinn- und Verlustrechnung erscheinen. Wir gehen davon aus, dass das Unternehmen zu Beginn des Jahres übernommen wird und dass es keine anderen eigenen Umsatzerlöse oder Aufwendungen hat, so dass die einzige Auswirkung auf den Gewinn pro Aktie auf die Veränderung der Anzahl an im Umlauf befindlichen Aktien zurückzuführen ist).

c) Welche Methode des Erwerbs der Technologie hat eine geringere Auswirkung auf den Gewinn? Ist diese Methode günstiger?

6. Anfang 2022 hatte United Airlines (UAL) eine Marktkapitalisierung von USD 14,3 Milliarden, Fremdkapital von USD 39,4 Milliarden und Barmittel von USD 18,4 Milliarden. United Airlines hatte Umsatzerlöse von USD 24,6 Milliarden. Southwest Airlines (LUV) hatte eine Marktkapitalisierung von USD 26,1 Milliarden, Fremdkapital von USD 12,3 Milliarden, Barmittel von USD 15,5 Milliarden und Umsatzerlöse von USD 15,8 Milliarden.

a) Vergleichen Sie das Verhältnis der Marktkapitalisierung zu den Umsatzerlösen (auch als Kurs-Umsatz-Verhältnis bezeichnet) von United Airlines und Southwest Airlines.

b) Vergleichen Sie das Verhältnis des operativen Unternehmenswertes zum Umsatz beider Fluggesellschaften.

c) Welcher dieser Vergleiche ist aussagekräftiger?

7. Betrachten wir ein Unternehmen im Einzelhandel mit einer Nettoumsatzrendite von 3,5 %, einem Kapitalumschlag (Umsatz/Gesamtvermögen) von 1,8, einer Bilanzsumme (Gesamtvermögen) von insgesamt 44 Millionen und einem Buchwert des Eigenkapitals von EUR 18 Millionen.

a) Welche Eigenkapitalrendite hat das Unternehmen?

b) Wenn das Unternehmen seine Nettoumsatzrendite auf 4 % erhöht, welche Eigenkapitalrendite hätte es dann?

c) Wenn das Unternehmen zusätzlich seine Umsatzerlöse um 20 % steigert (und diese höhere Gewinnspanne ohne Veränderung der Aktiva oder Passiva aufrechterhält), welche Eigenkapitalrendite hätte es dann?

2.4 Die Kapitalflussrechnung

8. Suchen Sie im Internet den 10-K-Bericht von Costco Wholesale Corporation (COST) aus dem Jahr 2021 (Oktober 2021). Beantworten Sie folgende Fragen anhand des Anhangs zum Jahresabschluss:

a) Wie viele Filialen (Warehouses) hat Costco im Jahr 2021 außerhalb der Vereinigten Staaten eröffnet?

b) Wie groß ist der Anteil der eigenen Warehouses im Vergleich zu den geleasten?

c) Wie hoch war die weltweite Mitgliedschaftserneuerungsrate von Costco im Jahr 2021?

d) Welcher Anteil des Umsatzes von Costco im Jahr 2021 (nach Warenkategorie) stammte aus Nebengeschäften (Tankstellen und Apotheken)? Welcher Anteil entfiel auf Lebensmittel, einschließlich frischer Lebensmittel?

9. Können Barmittel in einem Unternehmen mit positivem Nettoergebnis knapp werden?

10. Angenommen, Ihr Unternehmen erhält am letzten Tag des Jahres einen Auftrag in Höhe von EUR 5 Millionen. Sie führen den Auftrag mit Bestand im Wert von EUR 2 Millionen aus. Der Kunde holt die gesamte Bestellung noch am selben Tag ab und zahlt als Vorauszahlung EUR 1 Million in bar. Außerdem stellen Sie dem Kunden eine Rechnung in Höhe der verbleibenden EUR 4 Millionen mit einem Zahlungsziel von 30 Tagen aus. Weiter sei angenommen, der Steuersatz Ihres Unternehmens betrage 0 % (d.h. wir ignorieren die Steuern). Ermitteln Sie die Auswirkungen dieser Transaktion auf Folgendes:

a) Umsatzerlöse

b) Gewinn

c) Forderungen

d) Bestand

e) Barmittel

11. Nokela Industries kauft einen Zyklokonverter im Wert von EUR 40 Millionen. Der Zyklokonverter wird mit EUR 10 Millionen pro Jahr über vier Jahre abgeschrieben. Angenommen, der Steuersatz von Nokela liegt bei 40 %.
    a) Welche Auswirkung hat der Kauf auf den Gewinn des Unternehmens in den nächsten vier Jahren?
    b) Welche Auswirkung hat der Kauf auf den Cashflow des Unternehmens in den nächsten vier Jahren?

2.5 Lösungen

1. a) Die langfristigen Verbindlichkeiten ebenso wie die liquiden Mittel werden um EUR 20 Millionen gemindert. Der Buchwert des Eigenkapitals bleibt unverändert.
   b) Der Bestand wird um EUR 5 Millionen gemindert, wie auch der Buchwert des Eigenkapitals.
   c) Das Anlagevermögen steigt um EUR 10 Millionen, die Barmittel werden um EUR 5 Millionen verringert und die langfristigen Verbindlichkeiten um EUR 5 Millionen erhöht. Der Buchwert des Eigenkapitals bleibt unverändert.
   d) Forderungen aus Lieferungen und Leistungen sowie Buchwert des Eigenkapitals werden um jeweils EUR 3 Millionen gemindert.
   e) Dieses Ereignis hat keine Auswirkungen auf die Bilanz.
   f) Dieses Ereignis hat keine Auswirkungen auf die Bilanz.

2. a) Marktkapitalisierung 2018: 4 Milliarden Aktien x USD 12,50 / Aktie
   = USD 50 Milliarden
   Marktkapitalisierung 2022: 4 Milliarden Aktien × USD 21,00 / Aktie
   = USD 84 Milliarden
   Veränderung über diesen Zeitraum = USD 84 – USD 50
   = –USD 34 (in Milliarden)

   b) Kurs-Buchwert-Verhältnis 2018 $= \frac{50}{34,9} = 1,43$

   Kurs-Buchwert-Verhältnis 2022 $= \frac{84}{48,5} = 1,73$

   Veränderung in diesem Zeitraum: 1,73 – 1,43 = 0,30

   c) Operativer Unternehmenswert 2018: USD 50 – USD 38,9 + USD 154,3
   = USD 165,4 Milliarden
   Operativer Unternehmenswert 2022: USD 84 – USD 49,6 + USD 138,1
   = USD 172,5 Milliarden
   Veränderung in diesem Zeitraum: USD 172,5 – USD 165,4
   = USD 7,1 Milliarden

3. a) Kurs-Buchwert-Verhältnis ANF $= \frac{39,00 \times 50,40}{826} = 2,38$

   Kurs-Buchwert-Verhältnis GPS $= \frac{17,88 \times 368}{2.722} = 2,42$

   b) Der Markt bewertete die Aussichten für Abercrombie and Fitch schlechter als die für GAP. Der Markt setzt für jeden in Eigenkapital von ANF investierten

Dollar einen Wert von USD 2,38 gegenüber USD 2,42 für einen in GPS investierten Dollar an. Im Verhältnis sind Eigenkapitalanleger heute bereit, weniger für die Aktien von ANF als für die von GPS zu zahlen, da sie von GPS in Zukunft eine bessere Performance erwarten.

4. a) **Unternehmen A:** Verschuldungsgrad zu Marktwerten $= \frac{500}{400} = 1{,}25$

Unternehmen B: Verschuldungsgrad zu Marktwerten $= \frac{80}{40} = 2{,}00$

b) **Unternehmen A:** Verschuldungsgrad zu Buchwerten $= \frac{500}{300} = 1{,}67$

Unternehmen B: Verschuldungsgrad zu Buchwerten $= \frac{80}{35} = 2{,}29$

c) **Unternehmen A:** Zinsdeckungsgrad $= \frac{100}{50} = 2{,}00$

Unternehmen B: Zinsdeckungsgrad $= \frac{8}{7} = 1{,}14$

d) Unternehmen B hat einen niedrigeren Zinsdeckungsgrad und somit geringfügig mehr Schwierigkeiten bei der Erfüllung seiner Kreditverpflichtungen.

5. a) Wenn Quisco das Produkt intern entwickelt, fällt der Gewinn um EUR 500 × (1 – 35 %) = EUR 325 Millionen. Ohne eine Veränderung der Anzahl der ausstehenden Aktien sinkt der Gewinn um

$$\text{EUR } 0{,}05 = \frac{\text{EUR } 325}{6.500}$$

auf EUR 0,75 (wir gehen davon aus, dass das Produkt sich nicht auf die diesjährigen Umsatzerlöse auswirkt).

b) Wenn Quisco die Technologie durch Eigenkapital im Wert von EUR 900 Millionen erwirbt, werden EUR 900 : 18 = 50 Millionen neue Aktien ausgegeben. Da der Gewinn ohne diese Transaktion EUR 0,80 × 6,5 Milliarden = EUR 5,2 Milliarden beträgt, liegt der Gewinn pro Aktie mit dem Kauf bei

$$\frac{5{,}2}{6{,}55} = \text{EUR } 0{,}794.$$

c) Der Erwerb der Technologie hat eine geringere Auswirkung auf den Gewinn. Aber diese Methode ist nicht günstiger. Die interne Entwicklung kostet weniger und bringt einen unmittelbaren Steuervorteil. Die Auswirkung auf den Gewinn ist im Hinblick auf die Kosten nicht aussagekräftig. Außerdem ist zu beachten, dass der Gewinn pro Aktie auch in den nächsten Jahren gemindert wird, da die Übernahme die Anzahl an ausstehenden Aktien dauerhaft erhöht.

6. a) Verhältnis der Marktkapitalisierung zu den Umsatzerlösen

$= \frac{25{,}14}{38{,}72} = 0{,}65$ bei United Airlines,

$= \frac{28{,}53}{18{,}25} = 1{,}56$ bei Southwest Airways.

b) Verhältnis des operativen Unternehmenswertes zum Umsatz

$$= \frac{25{,}14 - 5{,}59 + 12{,}73}{38{,}72} = 0{,}83 \text{ bei United Airlines,}$$

$$= \frac{28{,}53 - 3{,}51 + 2{,}24}{18{,}25} = 1{,}49 \text{ bei Southwest Airways.}$$

c) Das Verhältnis der Marktkapitalisierung zum Umsatzerlös kann nicht aussagekräftig verglichen werden, wenn die Unternehmen unterschiedliche Verschuldungsniveaus haben, da die Marktkapitalisierung nur den Eigenkapitalwert des Unternehmens bemisst. Der operative Unternehmenswert eignet sich daher besser, wenn die sich die Verschuldung – wie in diesem Fall – stark unterscheidet.

7. a) $3{,}5 \times 1{,}8 \times 44 : 18 = 15{,}4$ %

b) $4 \times 1{,}8 \times 44 : 18 = 17{,}6$ %

c) $4 \times (1{,}8 \times 1{,}2) \times 44 : 18 = 21{,}1$ %

8. a) Costco eröffnete im Jahr 2022 8 Filialen außerhalb der USA (4 in Kanada und 4 in anderen Ländern außerhalb der USA)

b) Costco besitzt 79 % seiner Warehouses (644/815) und least 21 %.

c) Costco hatte im Jahr 2021 eine weltweite Erneuerungsrate von 89 %.

d) 16 % des Umsatzes von Costco im Jahr 2021 (nach Warengruppen) stammen aus dem Nebengeschäft (Tankstellen und Apotheken). 54 % des Umsatzes von Costco im Jahr 2021 stammen aus dem Lebensmittelbereich, einschließlich frischer Lebensmittel (40 % aus dem Lebensmittelbereich, 14 % aus dem Frischebereich).

9. Ein Unternehmen kann ein positives Nettoergebnis haben und dennoch kann ihm das Geld ausgehen. Ein Unternehmen kann zum Beispiel, um seine derzeitige Produktion zu erweitern, mehr für Investitionsaktivitäten aufwenden, als es aus operativen und Finanzierungstätigkeiten generiert. Der Nettocashflow in diesem Zeitraum wäre dann trotz positivem Nettoergebnis negativ. Barmittel können auch knapp werden, wenn das Unternehmen viel in Finanzierungstätigkeiten wie zum Beispiel Ablösung eines fälligen langfristigen Kredits, Rückkauf von Aktien oder Dividendenausschüttungen investiert.

10. a) Umsatzerlöse steigen um EUR 5 Millionen.

b) Gewinn steigt um EUR 3 Millionen.

c) Forderungen steigen um EUR 4 Millionen.

d) Bestand geht um EUR 2 Millionen zurück.

e) Barmittel steigen um EUR 3 Millionen (Gewinne) – EUR 4 Millionen (Forderungen) + EUR 2 Millionen (Bestand) = EUR 1 Million (Barmittel).

11. a) Die Gewinne der nächsten vier Jahren werden um die Abschreibungsaufwendungen gemindert. Nach Steuern ergibt dies einem Rückgang von
$10 \times (1 - 40\ \%)$ = EUR 6 Millionen pro Jahr in den nächsten vier Jahren.

b) Der Cashflow in den nächsten vier Jahren: EUR 36 Millionen (–6 + 10 – 40) weniger in diesem Jahr und EUR 4 Millionen (–6 + 10) mehr in den drei Folgejahren.

Finanzielle Entscheidungsfindung und das Gesetz des einheitlichen Preises

3

ÜBERBLICK

3.1 Bewertungsentscheidungen

1. Sie sind ein international tätiger Krabbenhändler. Ein Lebensmittelhersteller in der Tschechischen Republik bietet Ihnen heute 2 Millionen Tschechische Kronen dafür, dass Sie ihm ein Jahr lang gefrorene Krabben liefern. Ihr thailändischer Lieferant beliefert Sie mit derselben Menge für heute 3 Millionen Thailändische Baht. Welchen Wert hat dieses Geschäft, wenn der aktuelle Wechselkurs bei 25,50 Kronen pro Dollar und 41,25 Baht pro Dollar liegt?

2. Angenommen, der aktuelle Marktpreis für Mais liegt bei EUR 3,75 pro Scheffel. Ihr Unternehmen verfügt über eine Technologie, mit der man einen Scheffel Mais in 3 Gallonen Ethanol umwandeln kann. Ab welchem Marktpreis für Ethanol lohnt sich die Umwandlung, wenn die Kosten für die Umwandlung EUR 1,60 pro Scheffel betragen?

3. Angenommen, Ihr Arbeitgeber bietet Ihnen entweder einen Bonus in Höhe von EUR 5.000 oder 100 Aktien des Unternehmens. Beide Varianten werden heute gewährt. Die Aktie wird derzeit zu einem Kurs von EUR 63 pro Aktie gehandelt.
   a) Gehen Sie davon aus, dass Sie die Aktien handeln dürfen, falls Sie sich für den Aktienbonus entscheiden. Für welche Form der Bonuszahlung sollten Sie sich entscheiden? Welchen Wert hat diese?
   b) Angenommen, Sie müssen die Aktien mindestens ein Jahr lang halten. Was lässt sich jetzt über den Aktienbonus sagen? Wovon hängt Ihre Entscheidung ab?

4. Ihre Tochter möchte nach Utah zum Skifahren fliegen. Der beste Preis den Sie für ein Hin- und Rückflugticket finden konnten, liegt bei EUR 359. Sie haben noch 20.000 Vielfliegermeilen, die bald verfallen, jedoch benötigen Sie 25.000 Meilen, um ein kostenloses Ticket zu bekommen. Die Fluggesellschaft bietet Ihnen an, 5.000 weitere Meilen für EUR 0,03 je Meile zu kaufen.
   a) Was sollten Sie tun, wenn Sie davon ausgehen, dass die Meilen verfallen, wenn Sie diese nicht für das Ticket Ihrer Tochter verwenden?
   b) Von welchen zusätzlichen Informationen würde Ihre Entscheidung abhängen, wenn die Meilen nicht verfallen würden? Erklären Sie.

3.2 Zinssätze und der Zeitwert des Geldes

5. Wir setzen einen risikolosen Zinssatz von 4 % voraus.
   a) EUR 200 heute entsprechen welchem Wert in einem Jahr?
   b) EUR 200 in einem Jahr entsprechen welchem Wert heute?
   c) Würden Sie EUR 200 heute oder in einem Jahr bevorzugen? Hängt Ihre Antwort davon ab, wann Sie das Geld brauchen? Warum bzw. warum nicht?

6. Sie ziehen eine Investitionsmöglichkeit in Japan in Betracht. Diese erfordert heute eine Investition von USD 1 Million und liefert in einem Jahr einen risikolosen Cashflow von JPY 114 Millionen. Angenommen, der risikolose Zinssatz in den Vereinigten Staaten liegt bei 4 %, der risikolose Zinssatz in Japan bei 2 % und der aktuelle Wechselkurs bei JPY 110 pro 1 USD. Welchen Kapitalwert hat diese Investition? Handelt es sich um eine gute Investitionsmöglichkeit?

7. Ihr Unternehmen hat eine risikolose Investitionsmöglichkeit. Es kann heute EUR 160.000 investieren und erhält in einem Jahr EUR 170.000. Bei welchen Zinssätzen lohnt sich dieses Projekt?

3.3 Der Barwert und die Kapitalwertentscheidungsregel

8. Ihr Unternehmen hat drei potentielle Investitionsprojekte identifiziert. Die Projekte und ihre Cashflows sind in der folgenden Tabelle dargestellt:

Projekt	Cashflow heute (EUR)	Cashflow in einem Jahr (EUR)
A	–10	20
B	5	5
C	20	–10

Angenommen, alle Cashflows sind sicher und der risikolose Zinssatz beträgt 10 %.

a) Welchen Kapitalwert haben die einzelnen Projekte?

b) Falls das Unternehmen nur eines der Projekte durchführen kann, für welches sollte es sich entscheiden?

c) Falls das Unternehmen zwei der Projekte umsetzen kann, für welche sollte es sich entscheiden?

9. Ihr Computerunternehmen muss 10.000 Tastaturen von einem Lieferanten kaufen. Ein Lieferant verlangt eine Zahlung von EUR 100.000 heute und EUR 10 pro Tastatur in einem Jahr. Ein anderer Lieferant berechnet EUR 21 pro Tastatur, fällig in einem Jahr. Der risikolose Zinssatz beträgt 6 %.

a) Wie unterscheiden sich diese Angebote hinsichtlich des heutigen Euro-Betrages? Welches Angebot sollte Ihr Unternehmen annehmen?

b) Angenommen, Ihr Unternehmen möchte heute keine Barmittel aufwenden. Wie kann es das erste Angebot annehmen, ohne heute EUR 100.000 in bar aufzuwenden?

3.4 Arbitrage und das Gesetz des einheitlichen Preises

10. Die Zinssätze in den 1990ern waren in Japan niedriger als in den Vereinigten Staaten. Folglich waren viele japanische Investoren versucht, in Japan Kredite aufzunehmen und die Erlöse in den Vereinigten Staaten anzulegen. Erklären Sie, warum diese Strategie keine Arbitragemöglichkeit darstellt.

11. Ein American Depository Receipt (ADR) ist ein von einer US-amerikanischen Bank ausgegebenes Wertpapier, das an einer US-amerikanischen Börse gehandelt wird und für eine bestimmte Anzahl an Aktien eines ausländischen Unternehmens steht. Zum Beispiel wird die Nokia Corporation als ADR mit dem Symbol NOK an der NYSE gehandelt. Jedes ADR stellt eine Aktie der Nokia Corporation dar, die unter dem Symbol NOK1V an der Börse in Helsinki gehandelt wird. Angenom-

men, das US-amerikanische ADR für Nokia wird für USD 6,74 pro Aktie gehandelt und die Nokia Aktie an der Börse Helsinki für EUR 6,20 pro Aktie. Ermitteln Sie mithilfe des Gesetzes des einheitlichen Preises den aktuellen USD/EUR Wechselkurs.

3.5 Arbitragefreiheit und Wertpapierpreise

12. Ein Exchange-Traded-Fund (ETF) ist ein Wertpapier, das ein Portfolio einzelner Aktien darstellt. Betrachten Sie einen ETF, bei dem jeder Anteil ein Portfolio aus zwei Aktien von Hewlett-Packard (HPQ), einer Aktie von Sears (SHLD) und drei Aktien von General Electric (GE) darstellt. Die aktuellen Aktienkurse der einzelnen Aktien sind in der folgenden Tabelle aufgelistet.

Aktie	Aktueller Marktkurs
HPQ	EUR 28
SHLD	EUR 40
GE	EUR 14

a) Wie hoch ist der Kurs pro Anteil des ETF in einem normalen Markt?

b) Welche Arbitragemöglichkeit gibt es, wenn der ETF derzeit für EUR 120 gehandelt wird? Welche Transaktionen würden Sie durchführen?

c) Welche Arbitragemöglichkeit existiert, wenn der ETF derzeit für EUR 150 gehandelt wird? Welche Transaktionen würden Sie durchführen?

13. Wir betrachten zwei Wertpapiere, die über die nächsten zwei Jahre risikolose Cashflows erzielen und zu unten stehenden Marktpreisen gehandelt werden.

Wertpapier	Preis heute (EUR)	Cashflow in einem Jahr (EUR)	Cashflow in zwei Jahren (EUR)
B1	94	100	0
B2	85	0	100

a) Welchen No-Arbitrage-Preis hat ein Wertpapier, das in einem Jahr Cashflows von EUR 100 und in zwei Jahren Cashflows von EUR 100 erzielt?

b) Welchen No-Arbitrage-Preis hat ein Wertpapier, das in einem Jahr Cashflows von EUR 100 und in zwei Jahren Cashflows von EUR 500 erzielt?

c) Angenommen, ein Wertpapier mit Cashflows von EUR 50 in einem Jahr und einem Cashflow von EUR 100 in zwei Jahren wird für EUR 130 gehandelt. Welche Arbitragemöglichkeit besteht?

14. Ein Wertpapier mit einem risikolosen Cashflow in einem Jahr von EUR 150 wird heute zu einem Preis von EUR 140 gehandelt. Wie hoch ist der derzeitige risikolose Zinssatz, wenn keine Arbitragemöglichkeit besteht?

15. Xia Corporation ist ein Unternehmen, dessen einziger Vermögensgegenstand EUR 100.000 in bar sind. Xia plant die Umsetzung von drei Projekten. Diese sind risikolos und haben folgende Cashflows:

Projekt	Cashflow heute (EUR)	Cashflow in einem Jahr (EUR)
A	–20.000	30.000
B	–10.000	25.000
C	–60.000	80.000

Xia plant, sämtliche nicht verwendeten Barmittel heute zu einem risikolosen Zinssatz von 10 % zu investieren. In einem Jahr werden die gesamten Barmittel an die Investoren ausgezahlt und das Unternehmen wird geschlossen.

a) Welchen Kapitalwert haben die einzelnen Projekte? Welche Projekte sollte Xia durchführen und in welcher Höhe sollten Barmittel thesauriert werden?

b) Welchen Gesamtwert haben die Vermögensgegenstände von Xia (Projekte und Barmittel) heute?

c) Welche Cashflows werden die Investoren erhalten? Welchen Wert hat Xia heute auf Grundlage dieser Cashflows?

d) Angenommen, Xia zahlt die nicht verwendeten Barmittel heute an die Investoren aus, anstatt diese zu investieren. Welche Cashflows erhalten die Investoren in diesem Fall? Welchen Wert hat Xia nun?

e) Erläutern Sie den Zusammenhang zwischen Ihren Antworten zu (b), (c) und (d).

3.6 Lösungen

1. Angebot des tschechischen Käufers: 2.000.000 CZK : (25,50 CZK/USD) = 78.431,37 USD
   Angebot des thailändischen Lieferanten: 3.000.000 THB : (41,25 THB/USD) = 72.727,27 USD
   Der Wert dieses Geschäfts beträgt heute USD 78.431 – 72.727 = USD 5.704.

2. Der Preis, ab dem das Ethanol attraktiv wird, ist (EUR (3,75 + 1,60) / Scheffel Mais) / (3 Gallonen Ethanol / Scheffel Mais) = EUR 1,78 pro Gallone Ethanol.

3. a) Aktienbonus = 100 × EUR 63 = EUR 6.300
   Bonus in bar = EUR 5.000
   Da Sie die Aktien heute für EUR 6.300 in bar verkaufen oder kaufen können, ist deren Wert höher als der der Bonuszahlung in bar.

   b) Da Sie die Aktien heute für EUR 6.300 kaufen könnten, kann der Wert des Aktienbonus nicht höher als EUR 6.300 sein. Wenn es Ihnen im Laufe des nächsten Jahres jedoch nicht gestattet ist, die Aktien zu verkaufen, könnte ihr Wert weniger als EUR 6.300 betragen. Der Wert des Aktienbonus hängt davon ab, welche Erwartungen Sie bezüglich des Aktienkurses in einem Jahr haben und wie Sie das damit einhergehende Risiko einschätzen. Sie könnten sich dafür entscheiden, dass es besser ist, heute die EUR 5.000 in bar zu nehmen als auf den unsicheren Wert der Aktien in einem Jahr zu warten.

4. a) Der Preis für das Ticket im Falle eines Kaufs beträgt EUR 359. Der Preis beim Kauf der Meilen liegt bei EUR 0,03 × 5.000 = EUR 150. Also sollten Sie die Meilen kaufen.

   b) In Teilaufgabe (a) verfallen die Meilen, wenn Sie sie nicht verwenden. Nun verfallen sie nicht, also müssen Sie die Kosten für deren Verwendung berücksichtigen. Da es für diese Meilen keinen wettbewerbsfähigen Marktpreis gibt (Sie können sie für EUR 0,03 kaufen, jedoch nicht zu diesem Preis verkaufen), wird Ihre Entscheidung davon abhängen, wie Sie den Wert der bestehenden Meilen einschätzen (was wiederum davon abhängig ist, wie wahrscheinlich es ist, dass Sie sie in Zukunft verwenden).

5. a) EUR 200 heute entsprechen 200 × 1,04 = EUR 208 in einem Jahr.

   b) EUR 200 in einem Jahr entsprechen 200 / 1,04 = EUR 192,31 heute.

   c) Da das Geld heute mehr wert ist als in der Zukunft, sind die EUR 200 heute den EUR 200 in der Zukunft vorzuziehen. Diese Antwort ist auch dann zutreffend, wenn Sie das Geld heute nicht benötigen, da Sie, wenn Sie das Geld zum aktuellen Zinssatz anlegen, in einem Jahr mehr als EUR 200 haben.

6. Auszahlung = USD 1 Million heute
   Einzahlung = JPY 114 Millionen in einem Jahr

$$= \text{JPY 114 in einem Jahr} : \left(\frac{\text{JPY 1,02 in einem Jahr}}{\text{JPY heute}}\right)$$

$$= \text{JPY 111,76 Millionen heute}$$

$$= \text{JPY 111,76 heute} : \left(\frac{\text{JPY 110}}{\text{USD heute}}\right) = \text{USD 1,016 Millionen heute}$$

KW = EUR 1,016 Millionen – USD 1 Million = USD 16.000
Der Kapitalwert ist positiv, also handelt es sich um eine gute Investitionsmöglichkeit.

7. 160.000 × (1 + r) = 170.000 impliziert r = 170.000 / 160.000 – 1 = 6,25 %.

8. a) $KW_A = -10 + \frac{20}{1,1}$ = EUR 8,18

$KW_B = 5 + \frac{5}{1,1}$ = EUR 9,55

$KW_C = 20 - \frac{10}{1,1}$ = EUR 10,91

b) Wenn nur eines der Projekte gewählt werden kann, ist Projekt C die beste Wahl, da es den höchsten Kapitalwert hat.

c) Wenn zwei der Projekte gewählt werden können, sind die Projekte B und C die beste Wahl, da sie insgesamt einen höheren Kapitalwert bieten als jede andere Kombination.

9. a) **Lieferant 1:** $BW_{\text{Auszahlungen}} = 100.000 + \text{EUR } 10 \times \frac{10.000}{1,06} = \text{EUR } 194.339,62$

Lieferant 2: $BW_{\text{Auszahlungen}} = 21 \times \frac{10.000}{1,06} = \text{EUR } 198.113,21$

Die Auszahlungen für das erste Angebot sind geringer, also ist dieses die bessere Wahl.

b) Das Unternehmen kann einen Kredit in Höhe von EUR 100.000 mit einer Laufzeit von einem Jahr zu einem Zinssatz von 6 % aufnehmen, um die erste Zahlung an den Lieferanten zu leisten. Ein Jahr später zahlt das Unternehmen an die Bank EUR 106.000 (100.000 × 1,06) und an den ersten Lieferanten EUR 100.000 (10 × 10.000), das sind insgesamt EUR 206.000. Dieser Betrag ist geringer als die EUR 210.000 (21 × 10.000), die der zweite Lieferant verlangt.

10. Hier besteht ein Wechselkursrisiko. Transaktionen dieser Art können verlustbringend sein, wenn der Wert des Dollars im Verhältnis zum Yen fällt. Da ein Gewinn nicht garantiert ist, ist diese Strategie keine Arbitragemöglichkeit.

11. Eine Nokia Aktie wird in den USA für USD 6,74 pro Aktie gehandelt und für EUR 6,20 pro Aktie in Helsinki. Nach dem Gesetz des einheitlichen Preises müssen diese beiden Wettbewerbspreise zum aktuellen Wechselkurs gleich sein. Somit ergibt sich heute ein Wechselkurs von:

$$\frac{\text{USD } 6,74 \text{ pro Aktie}}{\text{EUR } 6,20 \text{ pro Aktie}} = \text{USD } 1,087 / \text{EUR}$$

12. a) Wir können das Portfolio bewerten, indem wir den Wert der darin enthaltenen Wertpapiere addieren:
Preis pro Anteil des ETF = 2 × EUR 28 + 1 × EUR 40 + 3 × EUR 14 = EUR 138

b) Wenn der ETF derzeit zu EUR 120 gehandelt wird, besteht eine Arbitragemöglichkeit. Um davon zu profitieren, sollte man den ETF für EUR 120 kaufen, zwei Aktien von HPQ, eine Aktie von SHLD und drei Aktien von GE verkaufen. Der Gesamtgewinn aus dieser Transaktion beträgt EUR 18.

c) Wenn der ETF derzeit zu EUR 150 gehandelt wird, besteht ebenfalls eine Arbitragemöglichkeit. Diese kann dadurch realisiert werden, indem man zwei Aktien von HPQ, eine Aktie von SHLD und drei Aktien von GE kauft sowie einen Anteil am ETF für EUR 150 verkauft. Der Gesamtgewinn beträgt EUR 12.

13. a) Dieses Wertpapier hat die gleichen Cashflows wie ein Portfolio aus einer Aktie von B1 und einer Aktie von B2. Somit beträgt der No-Arbitrage-Preis: 94 + 85 = EUR 179.

b) Dieses Wertpapier hat die gleichen Cashflows wie ein Portfolio aus einer Aktie von B1 und fünf Aktien von B2. Somit beträgt der No-Arbitrage-Preis: 94 + 5 × 85 = EUR 519.

c) Es besteht eine Arbitragemöglichkeit, da der No-Arbitrage-Preis bei EUR 132 (94 : 2 + 85) liegt. Man sollte zwei Anteile des Wertpapiers zu EUR 130 pro Anteil kaufen und eine Aktie von B1 und zwei Aktien von B2 verkaufen. Der Gesamtgewinn beträgt dann EUR 4 (94 + 85 × 2 – 130 × 2).

14. Der *BW* der Cashflows des Wertpapiers ist (EUR 150 in einem Jahr) : (1 + *r*), wobei *r* der risikolose Zinssatz ist. Ohne Arbitragemöglichkeit entspricht dieser Barwert dem heutigen Preis des Wertpapiers von EUR 140.
Also:

$$\text{EUR 140 heute} = \frac{\text{EUR 150 in einem Jahr}}{(1+r)}$$

Wir stellen die Gleichung um:

$$\frac{\text{EUR 150 in einem Jahr}}{\text{EUR 140 heute}} = (1+r) = \text{EUR 1,0714 in einem Jahr : EUR heute, also}$$

$r = 7{,}14\ \%$

15. a) $KW_A = -20.000 + \frac{30.000}{1,1} = \text{EUR } 7.272,73$

$KW_B = -10.000 + \frac{25.000}{1,1} = \text{EUR } 12.727,27$

$KW_C = -60.000 + \frac{80.000}{1,1} = \text{EUR } 12.727,27$

Alle Projekte haben einen positiven Kapitalwert und Xia verfügt über ausreichend Barmittel, so dass alle Projekte umgesetzt werden sollten.

b) Gesamtwert heute = Barmittel + *KW*(Projekte) = 100.000 + 7.272,73 + 12.727,27 + 12.727,27 = 132.727,27

c) Nach der Umsetzung aller Projekte verbleiben Barmittel in Höhe von 100.000 – 20.000 – 30.000 – 60.000 = EUR 10.000, die zu 10 % investiert werden können. Somit betragen die Cashflows von Xia in einem Jahr 30.000 + 25.000 + 80.000 + 10.000 × 1,1 = EUR 146.000.

$$\text{Wert von Xia heute} = \frac{146.000}{1,1} = \text{EUR } 132.727,27$$

Dies entspricht dem in (b) berechneten Wert.

d) Nicht verwendete Barmittel = 100.000 – 20.000 – 30.000 – 60.000 = EUR 10.000
Cashflows heute = EUR 10.000
Cashflows in einem Jahr = 30.000 + 25.000 + 80.000 = EUR 135.000

$$\text{Wert von Xia heute} = 10.000 + \frac{135.000}{1,1} = \text{EUR } 132.727,27$$

e) Die Ergebnisse aus (b), (c) und (d) sind gleich, da alle Methoden den Wert der Vermögensgegenstände von Xia heute berechnen. Ob Xia die Barmittel heute auszahlt oder sie zum risikolosen Zinssatz investiert – die Investoren erhalten heute denselben Wert. Der Grund dafür ist, dass ein Unternehmen seinen Wert nicht durch Transaktionen steigern kann, die seine Investoren selbst auch durchführen können (das ist die Essenz des Separationsprinzips).

Der Zeitwert des Geldes

4

ÜBERBLICK

4.1 Der Zeitstrahl

1. Die Hypothek auf Ihr Haus läuft seit vier Jahren. Sie leisten monatliche Zahlungen in Höhe von EUR 1.500 und haben gerade eine Zahlung getätigt. Die Hypothek hat noch eine Restlaufzeit von 26 Jahren (d.h. sie hatte ursprünglich eine Laufzeit von 30 Jahren). Wie sieht der Zeitstrahl aus Ihrer Perspektive aus? Wie sieht der Zeitstrahl aus Sicht der Bank aus?

4.2 Drei goldene Regeln

2. Welchen Barwert haben EUR 10.000, die Sie

a) heute in zwölf Jahren erhalten werden, wenn der Zinssatz 4 % pro Jahr beträgt?

b) heute in zwanzig Jahren erhalten werden, wenn der Zinssatz 8 % pro Jahr beträgt?

c) heute in sechs Jahren erhalten werden, wenn der Zinssatz 2 % pro Jahr beträgt?

3. Ihr Bruder hat Ihnen angeboten, Ihnen entweder EUR 5.000 heute zu geben oder EUR 10.000 in zehn Jahren. Welche Option ist bei einem Zinssatz von 7 % zu bevorzugen?

4. Ihre Tochter ist acht Jahre alt. Sie gehen davon aus, dass sie in zehn Jahren studieren wird. Sie möchten zu diesem Zeitpunkt für ihre Ausbildung gerne EUR 100.000 auf einem Sparkonto haben. Wie viel müssen Sie bei einem festen Zinssatz von 3 % heute auf das Konto einzahlen, um sicherzugehen, dass in zehn Jahren EUR 100.000 auf dem Konto sind?

5. Sie erwägen, in den Ruhestand zu treten. Ihr Rentensparplan zahlt Ihnen entweder EUR 250.000 sofort bei Eintritt in den Ruhestand oder EUR 350.000 fünf Jahre nach Ihrem Eintritt in den Ruhestand. Für welche Alternative sollten Sie sich entscheiden, wenn der Zinssatz

a) 0 % pro Jahr beträgt?

b) 8 % pro Jahr beträgt?

c) 20 % pro Jahr beträgt?

6. Ihr Großvater hat am Tag Ihrer Geburt ein wenig Geld auf ein Konto eingezahlt. Sie sind nun 18 Jahre alt und dürfen über das Geld verfügen. Auf dem Konto sind derzeit EUR 3.996 und der Zinssatz beträgt 8 %.

a) Wie viel Geld wäre auf dem Konto, wenn Sie es bis zu Ihrem 25. Geburtstag auf dem Konto ließen?

b) Was wäre, wenn Sie es bis zu Ihrem 65. Geburtstag auf dem Konto ließen?

c) Wie viel hat Ihr Großvater ursprünglich auf das Konto eingezahlt?

4.3 Die Bewertung einer Zahlungsreihe

7. Sie haben soeben den Gewinn aus einer Investition in das Geschäft eines Freundes erhalten. Er wird Ihnen am Ende dieses Jahres EUR 10.000, am Ende des nächsten Jahres EUR 20.000 und EUR 30.000 am Ende des übernächsten Jahres (heute in drei Jahren) zahlen. Der Zinssatz liegt bei 3,5 % pro Jahr.

a) Welchen Barwert hat Ihr Gewinn?

b) Welchen Endwert hat Ihr Gewinn in drei Jahren (zum Zeitpunkt der letzten Zahlung)?

8. Sie haben einen Kredit aufgenommen und müssen drei jährliche Zahlungen jeweils am Ende der nächsten drei Jahre in Höhe von EUR 1.000 tätigen. Ihre Bank gestattet Ihnen, die nächsten beiden Zahlungen durch eine große Zahlung am Ende der Laufzeit des Kredits in drei Jahren zu ersetzen. Welche Zahlungen müssen Sie am Ende leisten, damit kein Unterschied zwischen diesen beiden Zahlungsvarianten besteht, wenn ein Zinssatz von 5 % unterstellt wird?

4.4 Die Berechnung des Kapitalwerts

9. Marian Plunket ist Unternehmerin und zieht eine Investition in Betracht. Wenn sie diese Investition tätigt, wird sie am Ende der nächsten drei Jahre jeweils EUR 4.000 erhalten. Hierfür sind eine Anfangsinvestition von EUR 1.000 und eine weitere Investition am Ende des zweiten Jahres in Höhe von EUR 5.000 erforderlich. Welchen Kapitalwert hat diese Investition bei einem Zinssatz von 2 % pro Jahr? Sollte Marian die Investition durchführen?

4.5 Ewige Renten und endliche Renten

10. Ihr Freund ist Maschinenbauingenieur und hat eine Geldmaschine erfunden. Der Hauptnachteil dieser Maschine ist, dass sie langsam ist. Es dauert ein Jahr, um EUR 100 herzustellen. Sobald diese Maschine jedoch gebaut ist, hält sie für immer und es sind keinerlei Wartungsarbeiten erforderlich. Diese Maschine kann sofort gebaut werden und der Bau kostet EUR 1.000. Ihr Freund möchte wissen, ob er das Geld in den Bau investieren soll. Was sollte Ihr Freund tun, wenn wir von einem Zinssatz von 9,5 % pro Jahr ausgehen?

11. Wie würde sich Ihre Antwort auf Frage 10 ändern, wenn der Bau der Maschine ein Jahr in Anspruch nehmen würde?

12. Die britische Regierung hat Consol-Anleihen ausgegeben, die dem Inhaber eine Zahlung von GBP 100 jeweils zum Jahresende zusichert. Wir gehen von einem Zinssatz von 4 % pro Jahr aus.

    a) Welchen Wert hat diese Anleihe unmittelbar nach einer Zahlung?

    b) Welchen Wert hat diese Anleihe unmittelbar vor einer Zahlung?

13. Welchen Barwert haben EUR 1.000, die einhundert Jahre lang jeweils am Jahresende gezahlt werden, wenn der Zinssatz bei 7 % pro Jahr liegt?

14. Sie sind Vorstand der Kunststiftung der Schwartz Family. Sie haben beschlossen, dauerhaft eine Kunstakademie in San Francisco zu finanzieren. Alle fünf Jahre geben Sie der Akademie EUR 1 Million. Die erste Zahlung erfolgt in fünf Jahren. Welchen Barwert hat Ihre Schenkung bei einem Zinssatz von 8 % pro Jahr?

15. Bei Ihrem Hauskauf haben Sie eine 30-jährige Hypothek mit jährlicher Rückzahlung zu einem Zinssatz von 6 % pro Jahr aufgenommen. Die jährliche Zahlung beträgt EUR 12.000. Sie haben gerade eine Zahlung geleistet und haben nun entschieden, die Hypothek abzulösen und die Restschuld zurückzuzahlen. Wie hoch ist die Restschuld, wenn

    a) Sie 12 Jahre in dem Haus gelebt haben (und die Hypothek noch eine Restlaufzeit von 18 Jahren hat)?

b) Sie 20 Jahre in dem Haus gelebt haben (und die Hypothek noch eine Restlaufzeit von 10 Jahren hat)?

c) Sie 12 Jahre in dem Haus gelebt haben (und die Hypothek noch eine Restlaufzeit von 18 Jahren hat) und Sie sich entschieden haben, die Hypothek unmittelbar *vor* der Fälligkeit der zwölften Zahlung abzulösen?

16. Ihre Großmutter hat seit Ihrem ersten Geburtstag an jedem Geburtstag EUR 1.000 auf ein Sparkonto eingezahlt. Das Konto ist mit 3 % verzinst. Welcher Betrag befindet sich an Ihrem 18. Geburtstag unmittelbar nach der Einzahlung Ihrer Großmutter an diesem Geburtstag auf dem Konto?

17. Ein reicher Verwandter hat Ihnen eine wachsende ewige Rente hinterlassen. Die erste Zahlung erfolgt in einem Jahr und beträgt EUR 1.000. In jedem darauffolgenden Jahr erhalten Sie am Jahrestag der jeweils letzten Zahlung eine Zahlung, die 8 % höher ist als die letzte Zahlung. Dieses Zahlungsmuster wird unbegrenzt fortgesetzt. Wenn man von einem Zinssatz von 12 % pro Jahr ausgeht,

a) welchen Wert hat das Erbe heute?

b) welchen Wert hat das Erbe unmittelbar nach der ersten Zahlung?

18. Sie überlegen, eine Maschine zu bauen, die Ihnen im ersten Jahr eine Ersparnis von EUR 1.000 einbringen wird. Danach setzt der Verschleiß der Maschine ein und die Ersparnis *verringert* sich pro Jahr um 2 %. Welchen Barwert hat die Ersparnis bei einem Zinssatz von 5 % pro Jahr.

19. Sie arbeiten für ein Pharmaunternehmen, das ein neues Medikament entwickelt hat. Das Patent auf das Medikament bleibt 17 Jahre bestehen. Sie gehen davon aus, dass das Medikament im ersten Jahr Gewinne von EUR 2 Millionen einbringen wird und dass dieser Betrag die nächsten 17 Jahre um 5 % pro Jahr wachsen wird. Nach Ablauf des Patentschutzes können andere Pharmaunternehmen das gleiche Medikament herstellen und die Gewinne werden durch die Konkurrenz gegen null gehen. Welchen Barwert hat das neue Medikament bei einem Zinssatz von 10 % pro Jahr?

20. Eine reiche Tante hat Ihnen die Zahlung von EUR 5.000 in einem Jahr zugesagt. Außerdem verspricht sie Ihnen für die darauffolgenden Jahre eine Zahlung (jeweils am Jahrestag der letzten Zahlung), die 5 % höher ist, als die jeweils letzte. Sie wird insgesamt 20 Zahlungen leisten. Welchen Wert hat dieses Versprechen heute, wenn der Zinssatz 5 % beträgt?

21. Sie betreiben ein Internetunternehmen. Analysten prognostizieren für die nächsten fünf Jahre eine Gewinnsteigerung von 30 % pro Jahr. Danach soll sich das Wachstum aufgrund des Wettbewerbs um 2 % pro Jahr verlangsamen und dieses Niveau für immer halten. Ihr Unternehmen hat gerade einen Gewinn von EUR 1.000.000 bekanntgegeben. Welchen Barwert haben alle künftigen Gewinne, wenn wir von einem Zinssatz von 8 % ausgehen und annehmen, dass alle Cashflows am Jahresende anfallen?

4.6 Auflösen nach den Zahlungen

22. Sie haben sich für den Kauf einer ewigen Rente mit einer ewigen jährlichen Zahlung am Ende des jeweiligen Jahres und einem Zinssatz von 5 % entschieden. Welche jährliche Zahlung erhalten Sie bei einer anfänglichen Investition von EUR 1.000?

23. Sie überlegen, ein Haus zu kaufen. Das Haus kostet EUR 350.000. Sie haben EUR 50.000 in bar, die Sie als Anzahlung verwenden können, müssen jedoch für den Rest des Kaufpreises einen Kredit aufnehmen. Die Bank bietet eine Hypothek mit einer Laufzeit von 30 Jahren und jährlichen Zahlungen zu einem Zinssatz von 7 % pro Jahr an. Wie hoch ist die jährliche Zahlung, wenn Sie sich für diese Hypothek entscheiden?

24. Sie möchten ein Gemälde kaufen, das EUR 50.000 kostet. Der Kunsthändler schlägt Ihnen folgende Bedingungen vor: Er leiht Ihnen das Geld und Sie zahlen den Kredit zurück, indem Sie die nächsten 20 Jahre alle zwei Jahre den gleichen Betrag zahlen (d.h. insgesamt 10 Zahlungen). Welchen Betrag müssen Sie alle zwei Jahre zahlen, wenn der Zinssatz bei 4 % liegt?

25. Sie möchten das Haus kaufen und entscheiden sich für die in Frage 23 beschriebene Hypothek. Sie können jedoch nur EUR 23.500 pro Jahr zahlen. Die Bank gestattet Ihnen, diesen geringeren Betrag zu zahlen und dennoch die EUR 300.000 aufzunehmen. Bei Ablauf der Hypothek (in 30 Jahren) müssen Sie eine höhere Abschlusszahlung leisten. Das heißt, Sie müssen die Restschuld der Hypothek zahlen. Wie hoch wird diese Zahlung sein?

26. Sie sparen für die Rente. Bis zu Ihrem 65. Lebensjahr möchten Sie EUR 2 Millionen gespart haben. Heute ist Ihr 30. Geburtstag und Sie beschließen, ab heute an jedem Geburtstag bis einschließlich zu Ihrem 65. Geburtstag den gleichen Betrag auf ein Sparkonto einzuzahlen. Wie viel müssen Sie bei einem Zinssatz von 5 % jedes Jahr zur Seite legen, um an Ihrem 65. Geburtstag EUR 2 Millionen auf Ihrem Konto zu haben?

27. Sie stellen fest, dass der Plan aus Frage 26 einen Fehler hat. Da Ihr Einkommen mit der Zeit steigen wird, ist es realistischer, jetzt weniger und später mehr zu sparen. Sie beschließen, statt jedes Jahr den gleichen Betrag zu sparen, den Betrag, den Sie sparen, pro Jahr um 3 % wachsen zu lassen. Wie viel müssten Sie laut diesem Plan heute auf das Konto einzahlen? (Denken Sie daran, dass Sie die erste Einzahlung auf das Konto heute vornehmen möchten).

28. Sie haben eine Investitionsmöglichkeit, bei der Sie heute eine Anfangsinvestition von EUR 5.000 leisten müssen und in einem Jahr EUR 6.000 Jahr erhalten. Welchen *IZF* hat diese Investitionsmöglichkeit?

29. Angenommen, Sie investieren heute EUR 2.000 und erhalten in fünf Jahren EUR 10.000.

a) Welchen *IZF* hat diese Investitionsmöglichkeit?

b) Angenommen, bei einer anderen Investitionsmöglichkeit ist ebenfalls eine Zahlung von EUR 2.000 erforderlich, jedoch erhalten Sie die nächsten fünf Jahre am Ende eines jeden Jahres jeweils den gleichen Betrag. Welchen Betrag erhalten Sie, wenn diese Investitionsmöglichkeit den gleichen *IZF* wie die erste hat?

30. Sie möchten ein Auto kaufen und finden folgende Werbeanzeige in der Zeitung: „Werden Sie Besitzer eines neuen Spitfires! Keine Anzahlung. Vier jährliche Zahlungen von nur EUR 10.000." Sie haben sich schon informiert und wissen, dass man den Spitfire für EUR 32.500 in bar bekommt. Mit welchem Zinssatz wirbt der Händler (welchen IZF hat der Kredit in dieser Anzeige)? Nehmen Sie an, dass Sie die Zahlungen jeweils am Jahresende leisten müssen.

31. Eine Bank wirbt mit folgender Anzeige in der Zeitung: „Für nur EUR 1.000 zahlen wir Ihnen für immer EUR 100!" Das Kleingedruckte in der Anzeige besagt, dass die Bank die EUR 100 pro Jahr ab dem Jahr nach der Einzahlung für immer zahlen wird. Mit welchem Zinssatz wirbt die Bank? (Welchen *IZF* hat diese Investition?)

32. Die Tillamook County Creamery Association stellt Tillamook Cheddar Käse her. Sie vermarktet diesen Käse in vier Varianten: 2 Monate alt, 9 Monate alt, 15 Monate alt und 2 Jahre alt. Im Laden in der Molkerei verkauft sie 2 Pfund jeder Variante zu folgenden Preisen: EUR 7,95, EUR 9,49, EUR 10,95 beziehungsweise EUR 11,95. Betrachten Sie die Entscheidung des Käseherstellers, ob ein Stück Käse von zwei Pfund weiter reifen oder verkauft werden sollte. Nach zwei Monaten kann er den Käse entweder sofort verkaufen oder ihn weiter reifen lassen. Wenn er ihn jetzt verkauft, erhält er sofort EUR 7,95. Wenn er den Käse weiter reifen lässt, verzichtet er heute auf die EUR 7,95 und erhält in der Zukunft einen höheren Betrag. Welchen *IZF* (ausgedrückt in Prozent pro Monat) hat die Investition, heute auf die EUR 79,50 zu verzichten und 20 Pfund Käse, der jetzt 2 Monate alt ist, zu lagern und stattdessen 10 Pfund nach 9 Monaten, 6 Pfund nach 15 Monaten und die restlichen 4 Pfund nach 2 Jahren zu verkaufen?

33. Als sie in Rente ging, hat Ihre Großmutter von der Rock Solid Life Insurance Company eine Annuität für EUR 200.000 gekauft. Als Gegenleistung für die EUR 200.000 zahlt Rock Solid ihr solange sie lebt, EUR 25.000 pro Jahr. Der Zinssatz liegt bei 5 %. Wie lange muss sie ab dem Tag, an dem sie in Rente geht, leben, damit sich die Investition lohnt (also damit sie mehr erhält, als sie eingezahlt hat)?

34. Sie überlegen, in eine neue Anlage zu investieren. Diese wird, solange sie gewartet wird, Umsatzerlöse von EUR 1 Million pro Jahr generieren. Sie erwarten, dass die Wartungskosten bei EUR 50.000 pro Jahr beginnen und danach um 5 % pro Jahr steigen werden. Angenommen, alle Umsatzerlöse und Wartungskosten fallen am Ende eines Jahres an. Sie beabsichtigen, die Anlage zu betreiben, solange sie positive Cashflows generiert (also solange die generierten Cashflows die Wartungskosten übersteigen). Die Anlage kann sofort gebaut und in Betrieb genommen werden. Sollten Sie in diese Anlage investieren, wenn der Bau der Anlage EUR 10 Millionen kostet und der Zinssatz bei 6 % pro Jahr liegt?

35. Sie sind gerade 30 Jahre alt geworden, haben Ihren MBA-Abschluss gemacht und Ihren ersten Job angenommen. Nun müssen Sie entscheiden, wie viel Sie in Ihren Rentensparplan einzahlen. Der Plan funktioniert folgendermaßen: Jeder in diesen Plan eingezahlte Euro wird mit 7 % pro Jahr verzinst. Bis zu Ihrem Renteneintritt mit 65 kann dieses Geld nicht in Anspruch genommen werden. Danach, können Sie nach eigenem Ermessen über das Geld verfügen. Sie möchten gerne 100 Jahre alt werden und arbeiten, bis Sie 65 Jahre alt sind. Sie schätzen, dass Sie als Rentner beginnend am Ende des ersten Jahres Ihrer Rente und endend mit Ihrem 100. Geburtstag EUR 100.000 pro Jahr zum Leben brauchen. Sie zahlen am Ende eines jeden Arbeitsjahres den gleichen Betrag in den Plan ein. Wie viel müssen Sie pro Jahr einzahlen, um Ihre Rente zu finanzieren?

36. Aufgabe 35 ist nicht sehr realistisch, da Rentenpläne eher nicht zulassen, dass der Teilnehmer einen festen Jahresbeitrag vorgibt. Stattdessen nennt der Teilnehmer einen festen Anteil seines Gehalts, den er pro Jahr einzahlen möchte. Angenommen, Ihr Anfangsgehalt beträgt EUR 75.000 pro Jahr und es wird bis zum Renteneintritt um 2 % pro Jahr steigen. Wir gehen davon aus, dass alle anderen Angaben aus Frage 35 weiterhin gelten. Welchen Anteil Ihres Gehalts müssen Sie in den Plan einzahlen, um das gleiche Renteneinkommen zu erhalten?

4.7 Lösungen

1. Zeitstrahl:

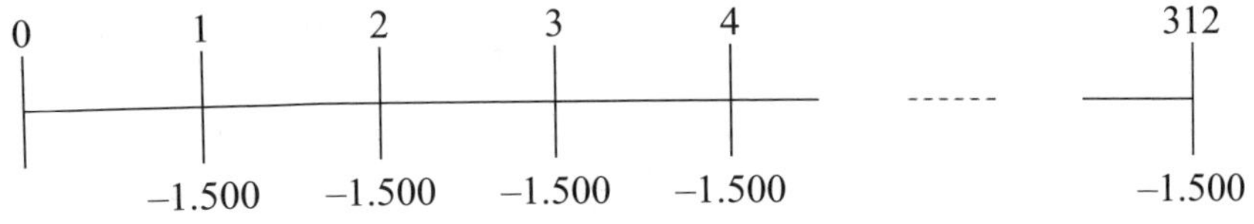

Aus Sicht der Bank ist der Zeitstrahl identisch nur mit umgekehrten Vorzeichen.

2. a) Zeitstrahl:

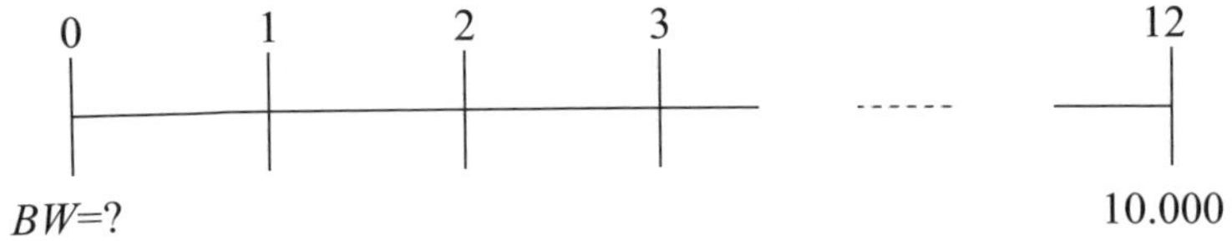

$$BW = \frac{10.000}{1,04^{12}} = 6.245,97$$

b) Zeitstrahl:

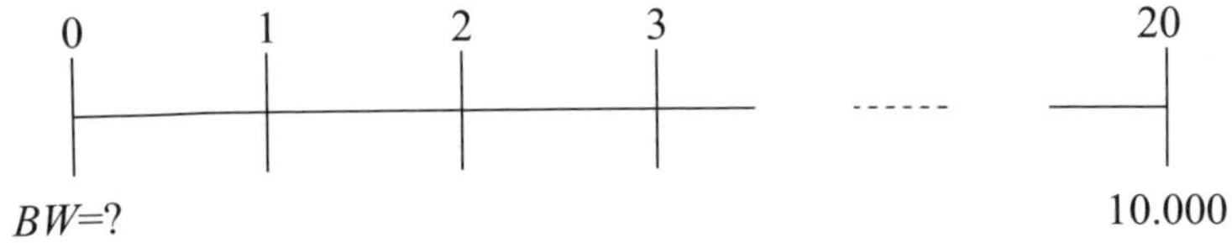

$$BW = \frac{10.000}{1,08^{20}} = 2.145,48$$

c) Zeitstrahl:

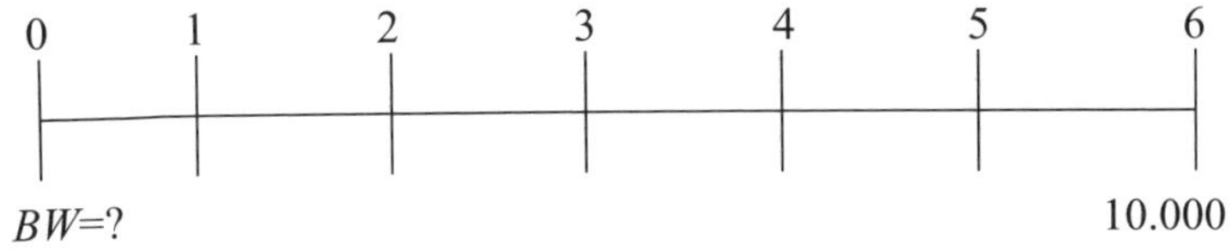

$$BW = \frac{10.000}{1,02^{6}} = 8.879,71$$

3. Zeitstrahl:.

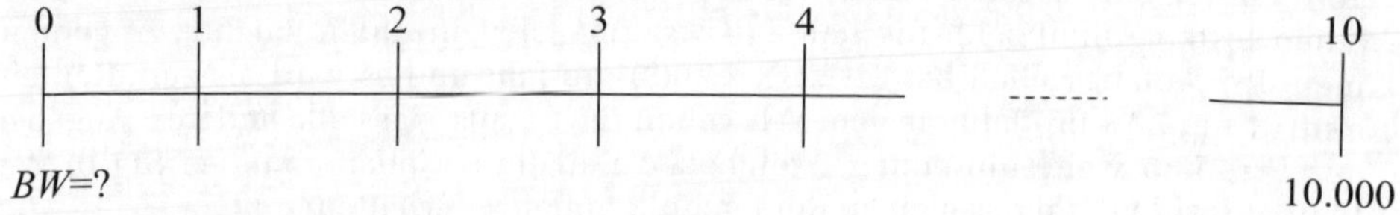

$$BW = \frac{10.000}{1{,}07^{10}} = 5.083{,}49$$

Somit sind die 10.000 in zehn Jahren zu bevorzugen, da sie mehr wert sind.

4. Zeitstrahl:

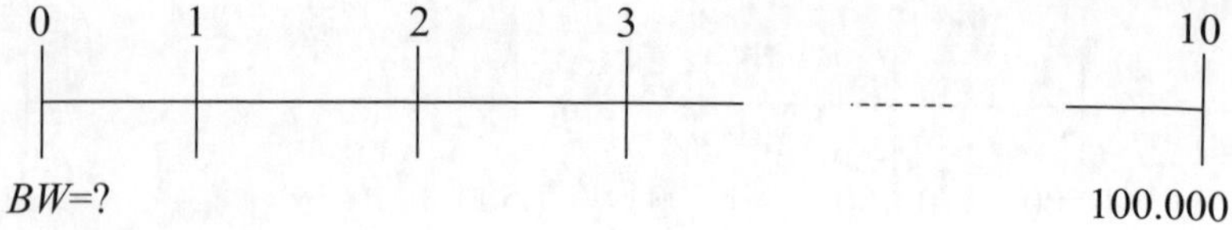

$$BW = \frac{100.000}{1{,}03^{10}} = 74.409{,}39$$

5. Zeitstrahl (ist bei allen Teilaufgaben gleich):

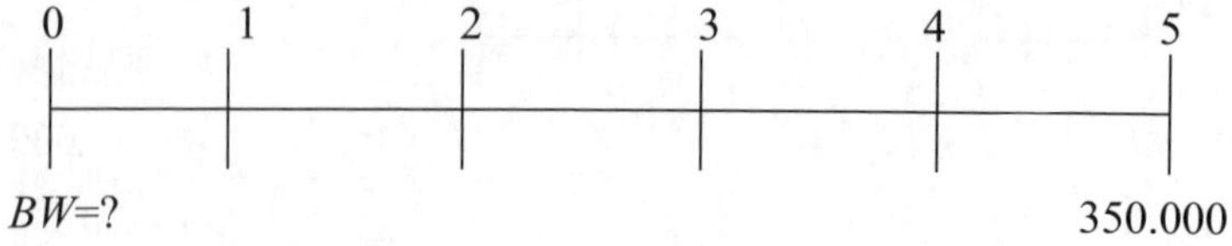

a) $BW = \frac{350.000}{1{,}0^5} = 350.000$

Sie sollten die 350.000 nehmen.

b) $BW = \frac{350.000}{1{,}08^5} = 238.204$

Sie sollten die 250.000 nehmen.

c) $BW = \frac{350.000}{1{,}2^5} = 140.657$

Sie sollten die 250.000 nehmen.

6. a) Zeitstrahl:

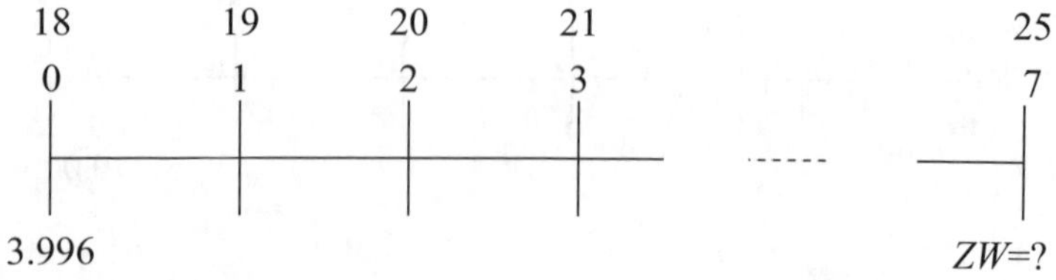

$ZW = 3.996(1{,}08)^7 = 6.848{,}44$

b) Zeitstrahl:

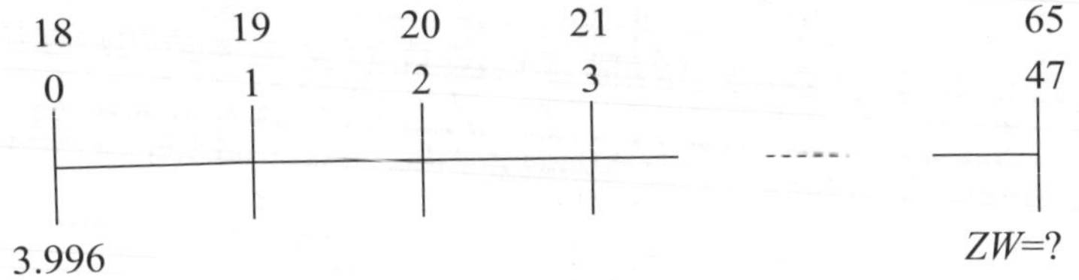

$ZW = 3.996(1{,}08)^{47} = 148.779$

c) Zeitstrahl:

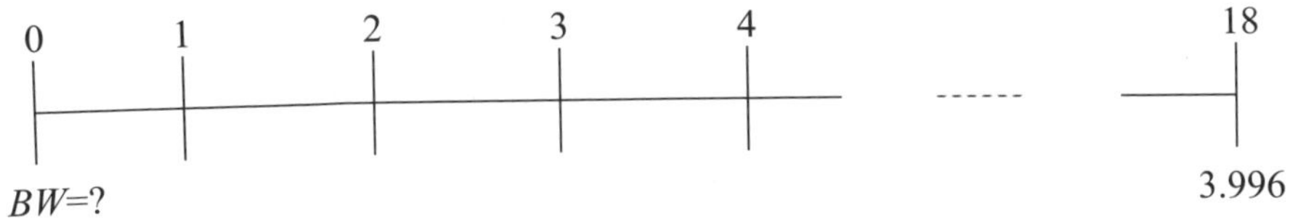

$$BW = \frac{3.996}{1{,}08^{18}} = 1.000$$

7. a) Zeitstrahl:

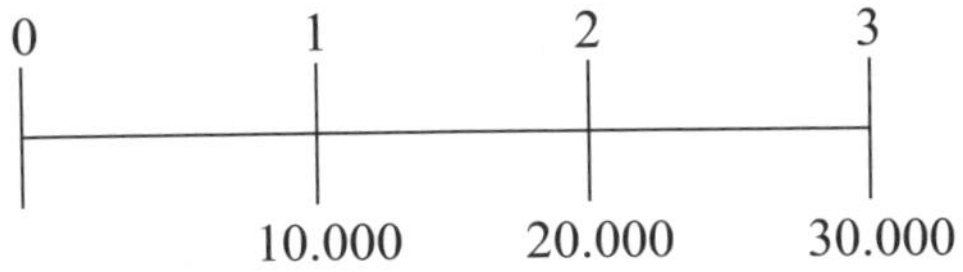

$$BW = \frac{10.000}{1{,}035} + \frac{20.000}{1{,}035^2} + \frac{30.000}{1{,}035^3} = 9.662 + 18.670 + 27.058 = 55.390$$

b) Zeitstrahl:

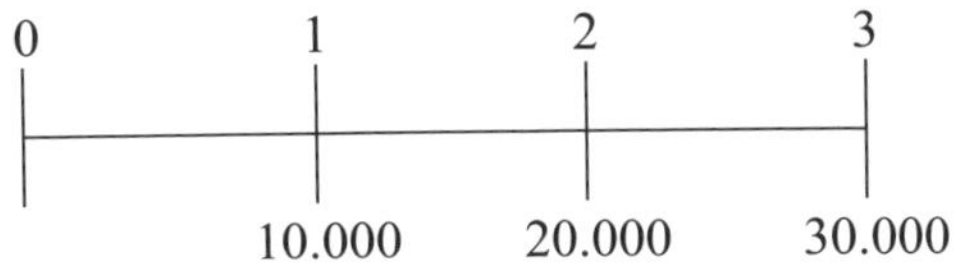

$ZW = 55.390 \times 1{,}035^3 = 61.412$

8. Zeitstrahl:

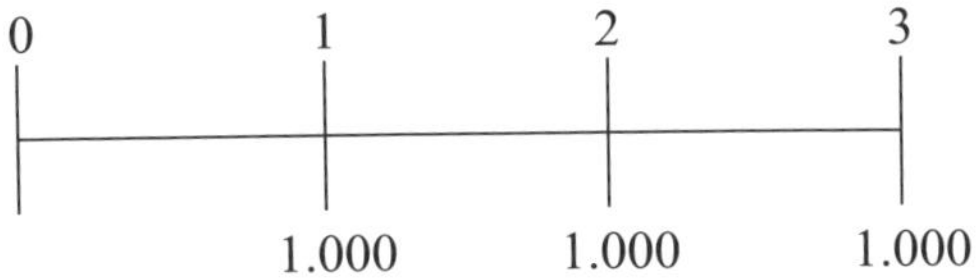

$$BW = \frac{1.000}{1{,}05} + \frac{1.000}{1{,}05^2} + \frac{1.000}{1{,}05^3} = 952 + 907 + 864 = 2.723$$

Sobald wir den Barwert der Cashflows kennen, können wir den Endwert (dieses Barwerts) zum Zeitpunkt 3 berechnen.

$ZW_3 = 2.723 \times 1{,}05^3 = 3.152$

9. Zeitstrahl:

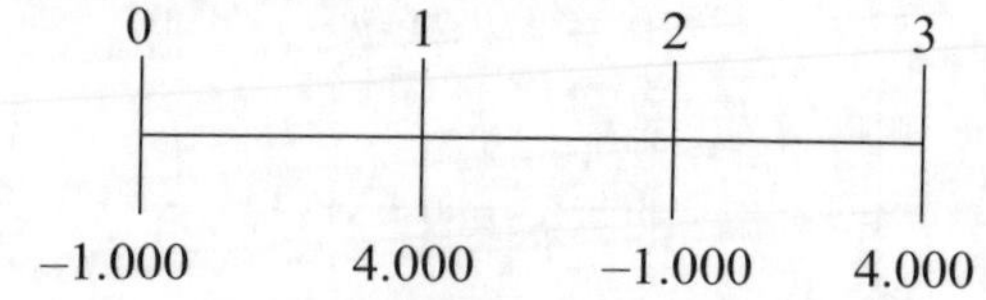

$$KW = -1.000 + \frac{4.000}{1{,}02} - \frac{1.000}{1{,}02^2} + \frac{4.000}{1{,}02^3}$$

$$= -1.000 + 3.921{,}57 - 961{,}17 + 3.769{,}29 = 5.729{,}69$$

Ja, diese Investitionsmöglichkeit sollte wahrgenommen werden.

10. Zeitstrahl:

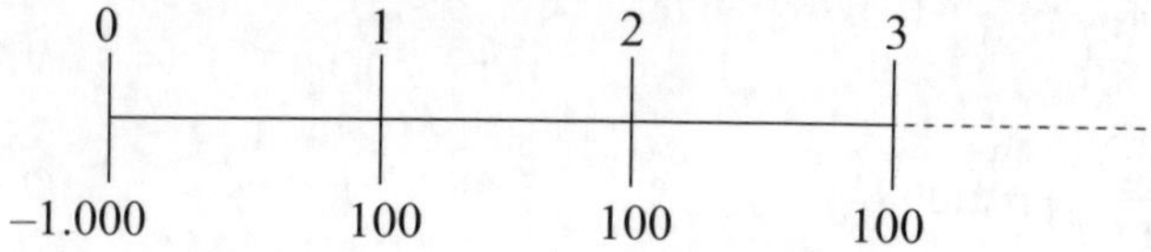

Um diese Entscheidung zu treffen, muss man den Kapitalwert berechnen. Die Cashflows, die diese Maschine generiert, sind eine ewige Rente und wir erhalten mit der Rentenformel einen Barwert von:

$$BW = \frac{100}{0{,}095} = 1.052{,}63$$

Somit ist der Kapitalwert = 1.052,63 – 1.000 = 52,63. Er sollte die Maschine bauen.

11. Zeitstrahl:

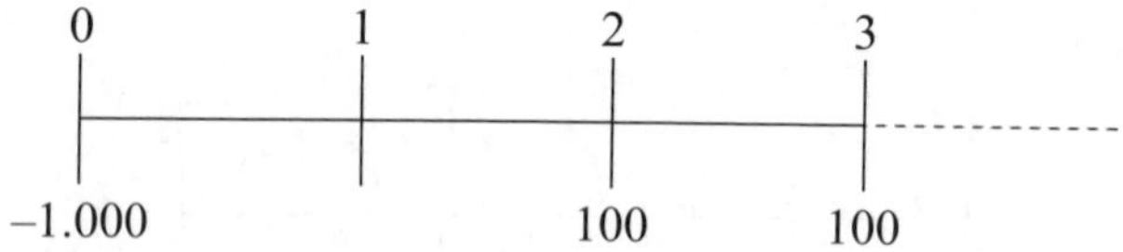

Um zu entscheiden, ob man die Maschine bauen sollte, muss man den Kapitalwert berechnen. Bei den Cashflows, die die Maschine generiert, handelt es sich um eine ewige Rente und die erste Zahlung erfolgt zum Zeitpunkt 2. Wir berechnen den Barwert zum *Zeitpunkt 1* und erhalten:

$$BW_1 = \frac{100}{0{,}095} = 1.052{,}63$$

Somit ist der heutige Wert:

$$BW_0 = \frac{1.052{,}63}{1{,}095} = 961{,}31$$

Der Kapitalwert beträgt also 961,31 – 1.000 = –38,69.

Er sollte die Maschine nicht bauen.

12. Zeitstrahl:

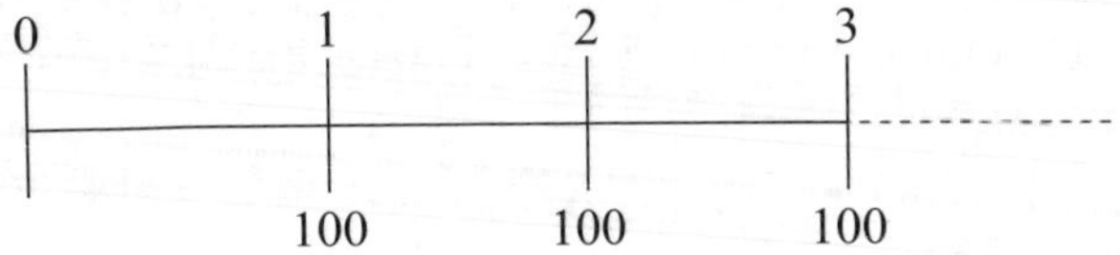

a) Der Wert der Anleihe entspricht dem Barwert der Cashflows. Wir verwenden die Rentenformel und erhalten:

$$BW = \frac{100}{0{,}04} = \text{GBP } 2.500$$

b) Der Wert der Anleihe entspricht dem Barwert der Cashflows. Die Cashflows sind eine ewige Rente plus die Zahlung, die unmittelbar erhalten wird.
$BW = 100 : 0{,}04 + 100 = \text{GBP } 2.600$

13. Zeitstrahl:

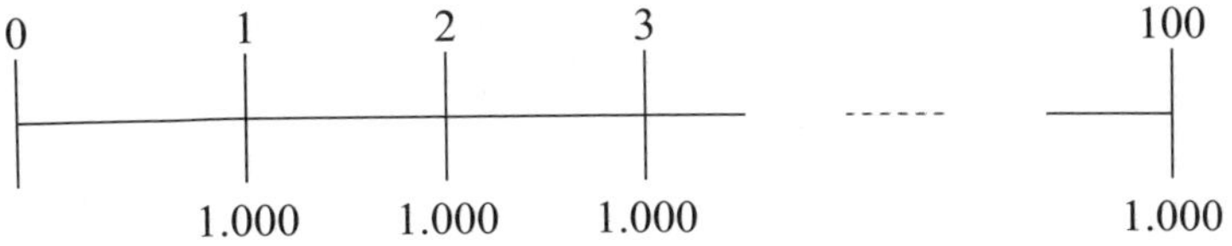

Die Cashflows stellen eine hundertjährige Annuität dar. Aus der Annuitätenformel erhalten wir:

$$BW = \frac{1.000}{0{,}07}\left(1 - \frac{1}{1{,}07^{100}}\right) = 14.269{,}25$$

14. Zeitstrahl:

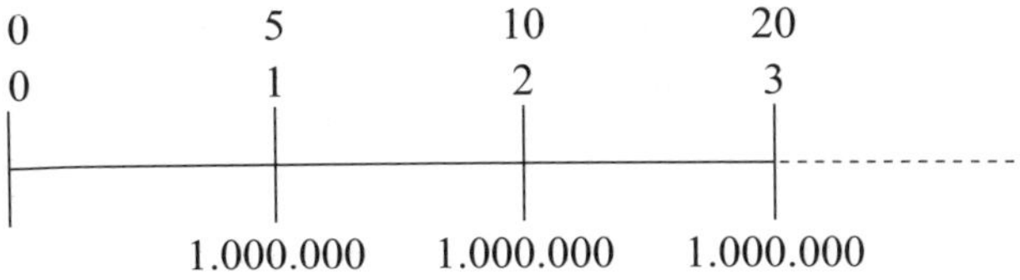

Zuerst brauchen wir den Fünfjahreszinssatz. Bei einem jährlichen Zinssatz von 8 % und einer Investition von EUR 1 Million in fünf Jahren ergibt sich aus der zweiten goldenen Regel $(1{,}08)^5 = 1{,}46932808$. Also beträgt der Fünfjahreszinssatz 46,93 %. Bei den Cashflows handelt es sich um eine ewige Rente, also:

$$BW = \frac{1.000.000}{0{,}46932808} = 2.130.833$$

15. a) Zeitstrahl:

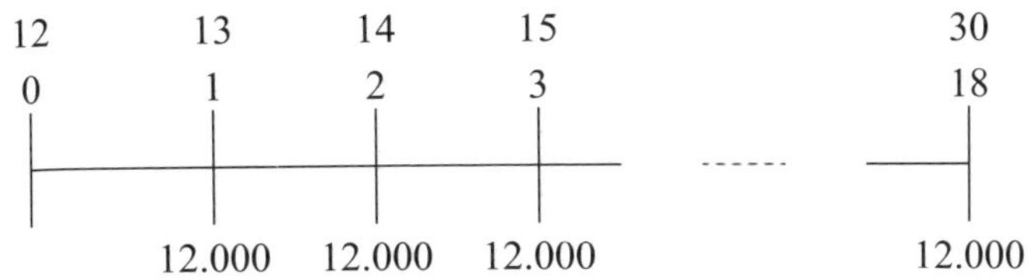

Um die Hypothek abzulösen, müssen Sie den Restbetrag zahlen. Die Restschuld entspricht dem Barwert der restlichen Zahlungen. Bei den restlichen Zahlungen handelt es sich um eine 18-jährige Annuität, also:

$$BW = \frac{12.000}{0{,}06}\left(1 - \frac{1}{1{,}06^{18}}\right) = 129.931{,}24$$

b) Zeitstrahl:

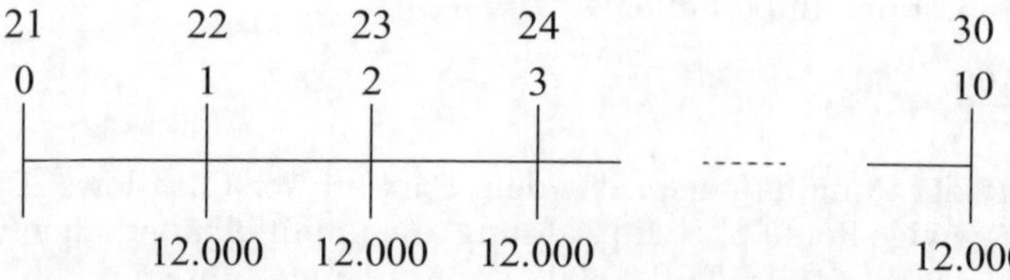

Um die Hypothek abzulösen, müssen Sie den Restbetrag zurückzuzahlen. Die Restschuld entspricht dem Barwert der restlichen Zahlungen. Bei den restlichen Zahlungen handelt es sich um eine 10-jährige Annuität, also:

$$BW = \frac{12.000}{0{,}06}\left(1 - \frac{1}{1{,}06^{10}}\right) = 88.321{,}04$$

c) Zeitstrahl:

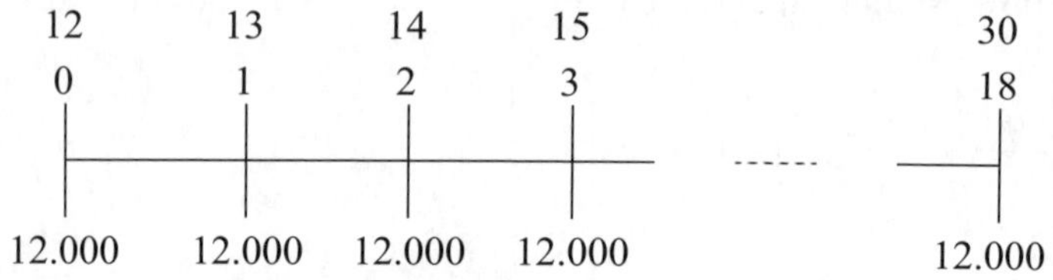

Wenn Sie sich dazu entscheiden, die Hypothek unmittelbar vor der zwölften Zahlung abzulösen, müssen Sie genau das zahlen, was Sie in Teilaufgabe (a) zahlen mussten sowie die zwölfte Zahlung selbst:
129.931,24 + 12.000 = 141.931,24.

16. Zeitstrahl:

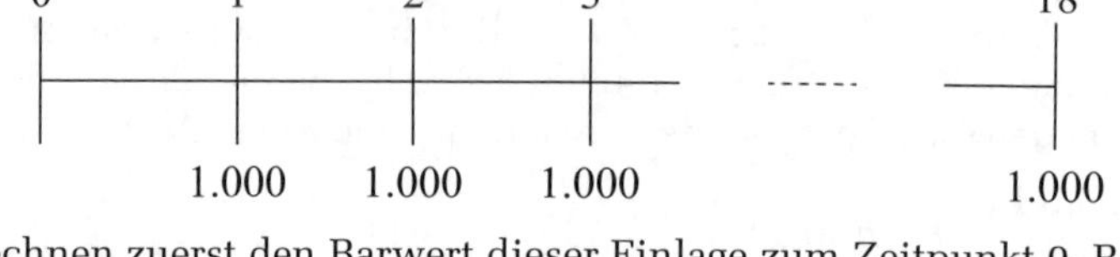

Wir berechnen zuerst den Barwert dieser Einlage zum Zeitpunkt 0. Bei dieser Einlage handelt es sich um eine 18-jährige Annuität:

$$BW = \frac{1.000}{0{,}03}\left(1 - \frac{1}{1{,}03^{18}}\right) = 13.753{,}51$$

Nun können wir den Endwert dieses Betrages ermitteln:
$ZW = 13.753{,}51(1{,}03)^{18} = 23.414{,}43$

17. a) Zeitstrahl:

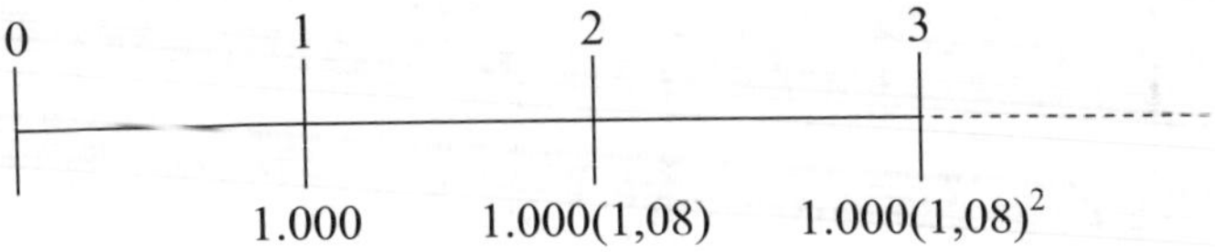

Aus der Formel für den Barwert einer wachsenden, ewigen Rente ergibt sich:

$$BW = \frac{1.000}{0,12 - 0,08} = 25.000$$

b) Zeitstrahl:

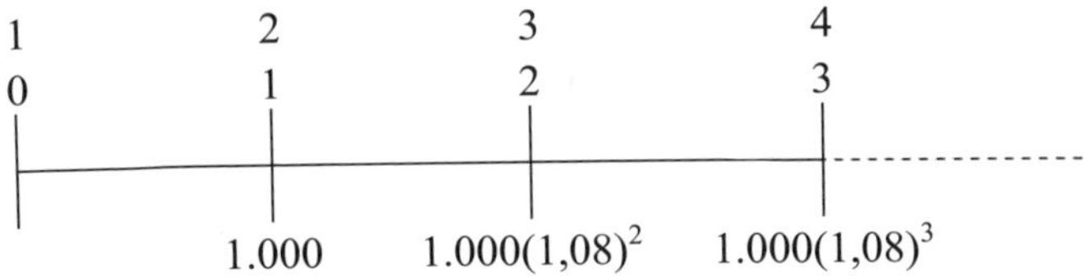

Aus der Formel für den Barwert einer wachsenden, ewigen Rente ergibt sich:

$$BW = \frac{1.000(1,08)}{0,12 - 0,08} = 27.000$$

18. Zeitstrahl:

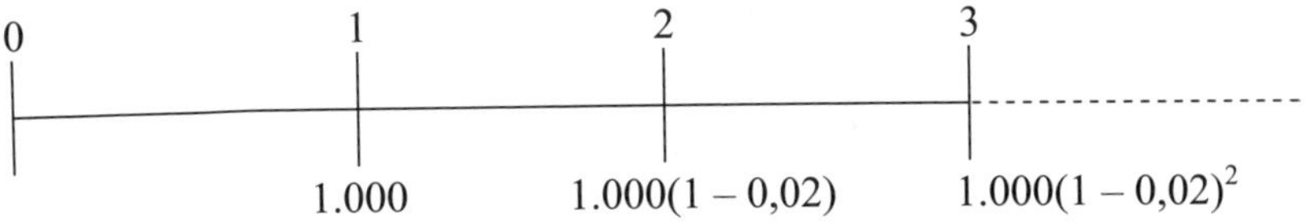

Wir müssen hier eine wachsende Rente mit einer **negativen** Wachstumsrate von –0,02 bewerten:

$$BW = \frac{1.000}{0,05 - (-0,02)} = 14.285,71$$

19. Zeitstrahl:

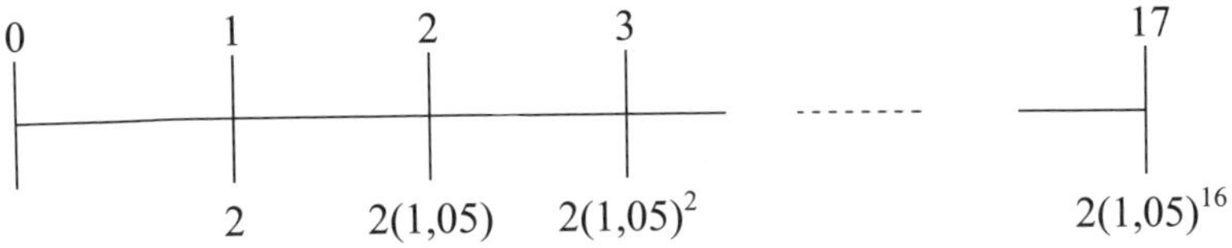

Es handelt sich um eine 17-jährige wachsende Annuität. Aus der Formel für wachsende Annuitäten ergibt sich:

$$BW = \frac{2.000.000}{0,1 - 0,05}\left(1 - \left(\frac{1,05}{1,1}\right)^{17}\right) = 21.861.455,80$$

20. Zeitstrahl:

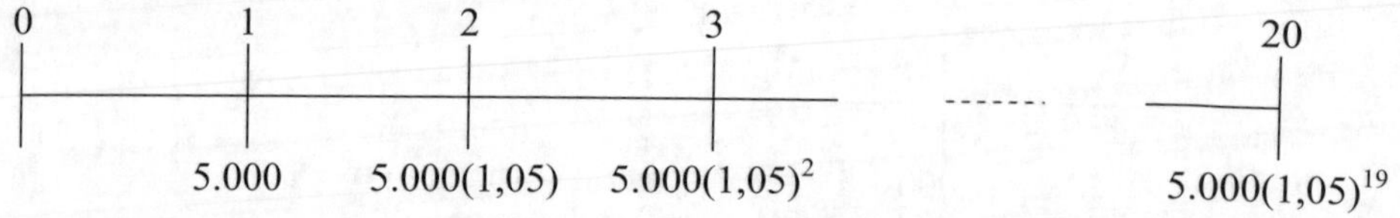

Dieser Wert entspricht dem Barwert einer 20-jährigen Annuität mit einer ersten Zahlung von EUR 5.000. Jedoch können wir hier nicht die Annuitätenformel verwenden, da $r = g$. Also können wir nur die Barwerte der Zahlungen ermitteln und diese addieren.

$$BW_{GA} = \frac{5.000}{1,05} + \frac{5.000(1,05)}{1,05^2} + \frac{5.000(1,05)^2}{1,05^3} + \ldots + \frac{5.000(1,05)^{19}}{1,05^{20}}$$
$$= \frac{5.000}{1,05} + \frac{5.000}{1,05} + \frac{5.000}{1,05} + \ldots + \frac{5.000}{1,05} = \frac{5.000}{1,05} \times 20 = 95.238.$$

21. Zeitstrahl:

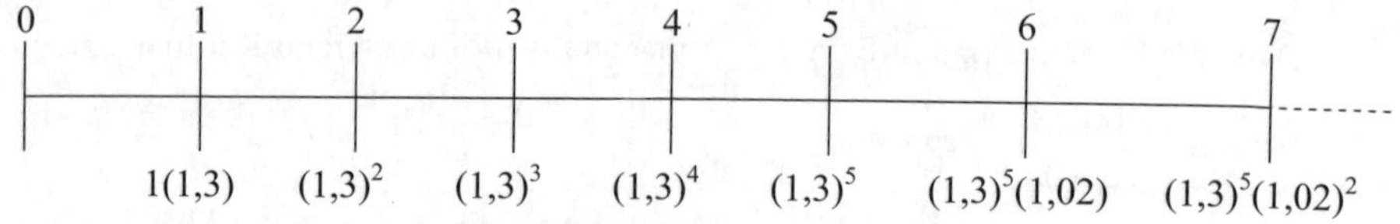

Dieses Problem besteht aus zwei Teilen:

(1) Einer wachsenden Annuität für 5 Jahre;

(2) Einer wachsenden ewigen Rente nach 5 Jahren.

Zuerst ermitteln wir den *BW* von (1):

$$BW_{GA} = \frac{1,3}{0,08 - 0,3}\left(1 - \left(\frac{1,3}{1,08}\right)^5\right) = \text{EUR } 9,02 \text{ Millionen}$$

Nun berechnen wir den *BW* von (2). Der Wert der wachsenden ewigen Rente zum Zeitpunkt 5 ist:

$$BW_5 = \frac{(1,3)^5(1,02)}{0,08 - 0,02} = \text{EUR } 63,12 \text{ Millionen} \Rightarrow$$

$$BW_0 = \frac{63,12}{1,08^5} = \text{EUR } 42,96 \text{ Millionen}$$

Wenn wir den Barwert von (1) und (2) addieren, erhalten wir den Barwert der künftigen Gewinne:

EUR 9,02 + EUR 42,96 = EUR 51,98 Millionen

22. Zeitstrahl:

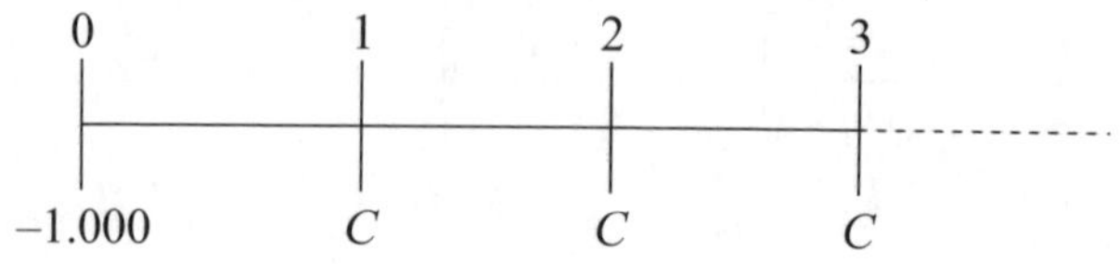

$$P \text{ (für Payment)} = \frac{C}{r} \Rightarrow C = P \times r = 1.000 \times 0{,}05 = \text{EUR } 50$$

23. Zeitstrahl (aus Sicht der Bank):

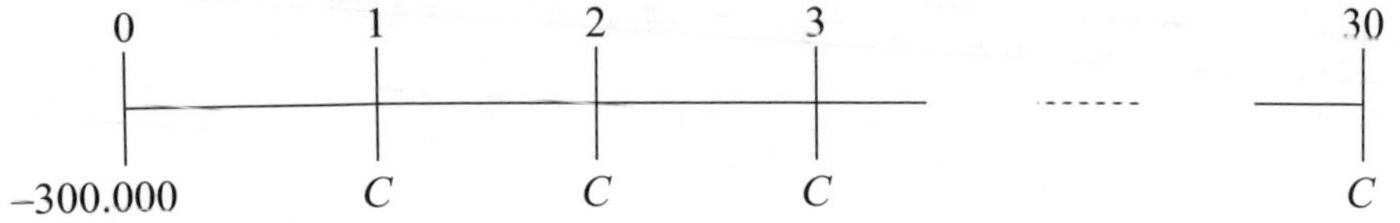

$$C = \frac{300.000}{\frac{1}{0{,}07}\left(1 - \frac{1}{1{,}07^{30}}\right)} = \text{EUR } 24.176$$

24. Zeitstrahl:

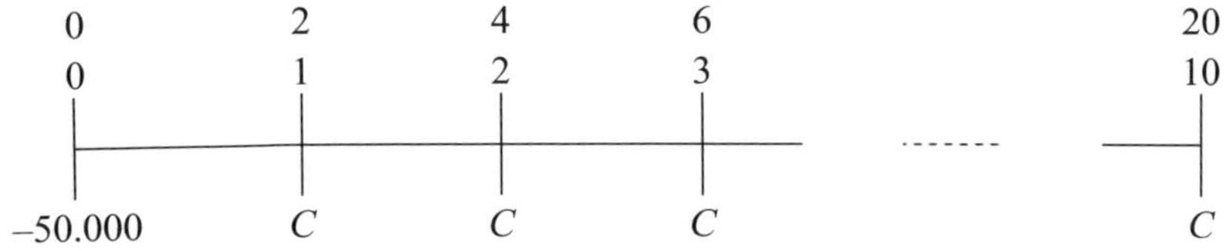

Bei dem Cashflow handelt es sich um eine Annuität. Zuerst berechnen wir den Zweijahreszinssatz: Der Jahreszinssatz liegt bei 4 % und EUR 1 ist in zwei Jahren $(1{,}04)^2 = 1{,}0816$ wert, also liegt der Zweijahreszinssatz bei 8,16 %. Die Gleichung für eine Darlehensrückzahlung ergibt:

$$C = \frac{50.000}{\frac{1}{0{,}0816}\left(1 - \frac{1}{1{,}0816^{10}}\right)} = \text{EUR } 7.505{,}34$$

25. Zeitstrahl: (X = die Abschlusszahlung)

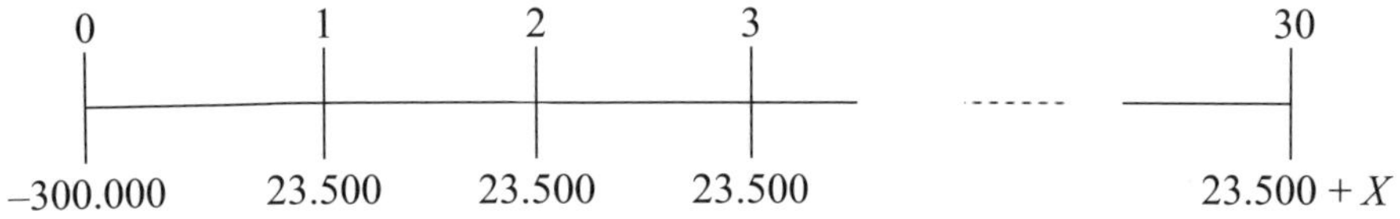

Der Barwert der Kreditzahlungen muss dem aufgenommenen Betrag entsprechen:

$$300.000 = \frac{23.500}{0{,}07}\left(1 - \frac{1}{1{,}07^{30}}\right) + \frac{X}{1{,}07^{30}}$$

Wir lösen nach X auf:

$$X = \left[300.000 - \frac{23.500}{0{,}07}\left(1 - \frac{1}{1{,}07^{30}}\right)\right](1{,}07)^{30} = \text{EUR } 63.848$$

26. Zeitstrahl:

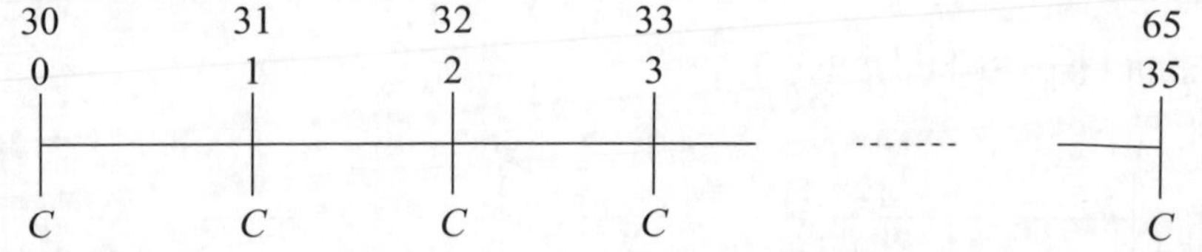

ZW = EUR 2 Millionen

Der Barwert der Cashflows muss dem Barwert der EUR 2 Millionen in 35 Jahren entsprechen. Die Cashflows sind eine 35-jährige Annuität plus heutige Zahlung, also ist der *BW*:

$$BW = \frac{C}{0{,}05}\left(1 - \frac{1}{1{,}05^{35}}\right) + C$$

Der Barwert der EUR 2 Millionen in 35 Jahren ist:

$$\frac{2.000.000}{1{,}05^{35}} = \text{EUR } 362.580{,}57$$

Wenn wir dies gleichsetzen, erhalten wir:

$$\frac{C}{0{,}05}\left(1 - \frac{1}{1{,}05^{35}}\right) + C = 362.580{,}57$$

$$\Rightarrow C = \frac{362.580{,}57}{\frac{1}{0{,}05}\left(1 - \frac{1}{1{,}05^{35}}\right) + 1} = \text{EUR } 20.868{,}91$$

27. Zeitstrahl:

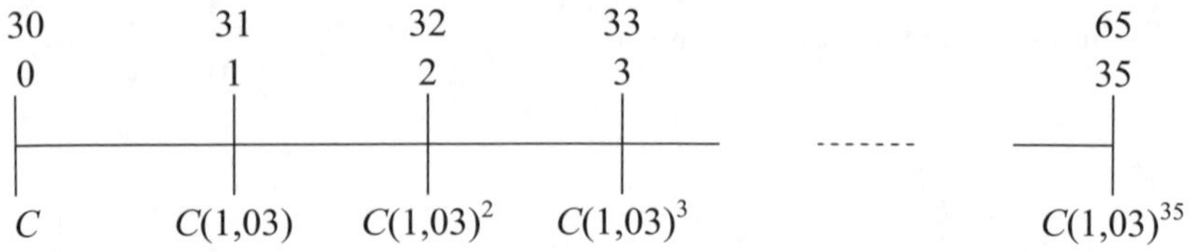

ZW = 2 Millionen

Der Barwert der Cashflows muss dem Barwert der EUR 2 Millionen in 35 Jahren entsprechen. Die Cashflows bestehen aus einer 35-jährigen wachsenden Annuität plus heutige Zahlung. Somit ist der Barwert:

$$BW = \frac{C(1{,}03)}{0{,}05 - 0{,}03}\left(1 - \left(\frac{1{,}03}{1{,}05}\right)^{35}\right) + C$$

Der Barwert der EUR 2 Millionen in 35 Jahren ist:

$$\frac{2.000.000}{1{,}05^{35}} = \text{EUR } 362.580{,}57$$

Setzen wir dieses gleich, erhalten wir:

$$\frac{C(1{,}03)}{0{,}05-0{,}03}\left(1-\left(\frac{1{,}03}{1{,}05}\right)^{35}\right)+C=362.580{,}57$$

Aufgelöst nach C:

$$C=\frac{362.580{,}57}{\frac{1{,}03}{0{,}05-0{,}03}\left(1-\left(\frac{1{,}03}{1{,}05}\right)^{35}\right)+1}=\text{EUR } 13.823{,}91$$

28. Zeitstrahl:

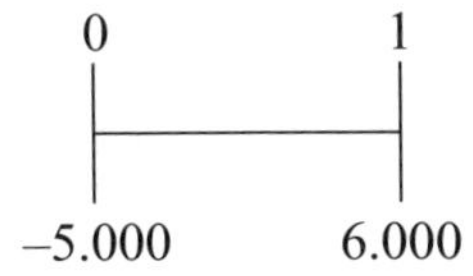

Der *IZF* ist der Zinssatz, bei dem gilt:

$$\frac{6.000}{1+r}=5.000=\frac{6.000}{5.000}-1=20\ \%$$

29. a) Zeitstrahl:

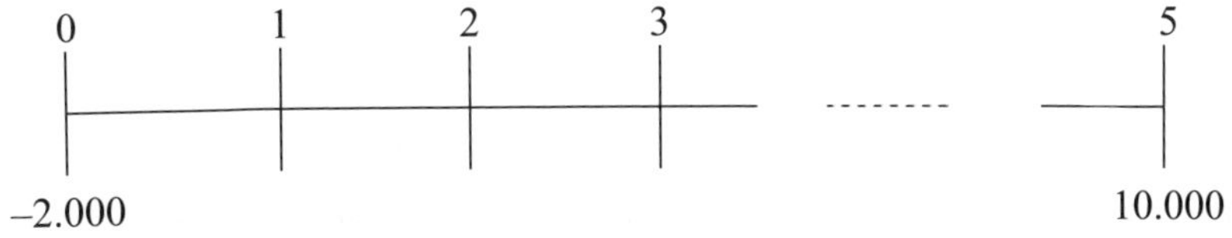

Der *IZF* ist die Lösung von 2.000 = 10.000 : $(1+r)^5$

$$\Rightarrow\ IZF=\left(\frac{10.000}{2.000}\right)^{1/5}-1=37{,}97\ \%.$$

b) Zeitstrahl:

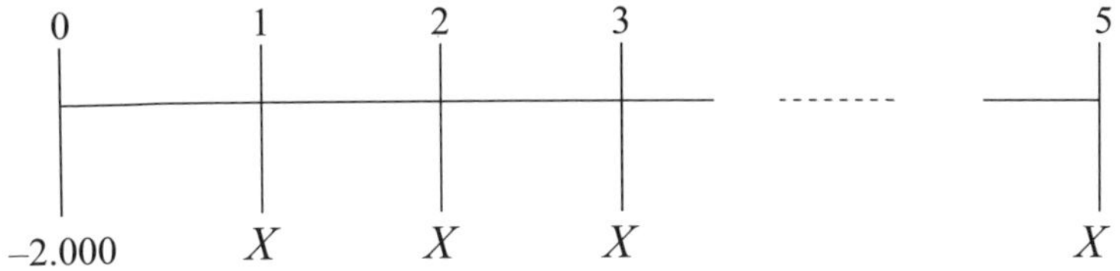

$$2.000=\frac{X}{IZF}$$

Somit

$$X=\frac{2.000\times IZF}{\left(1-\frac{1}{(1+IZF)^5}\right)}=\text{EUR } 949{,}27$$

30. Zeitstrahl:

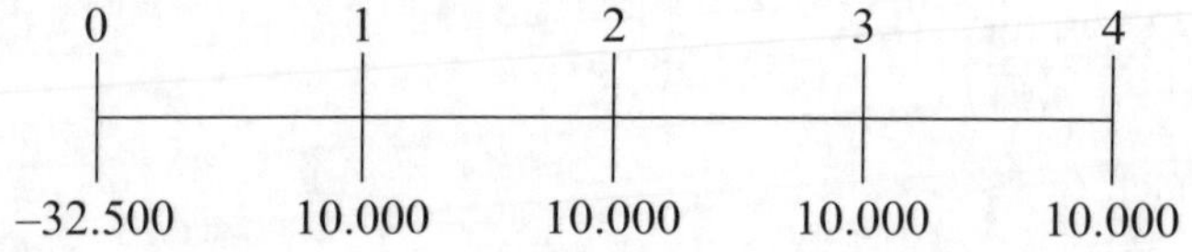

Der Barwert der Zahlungen für das Auto ist eine vierjährige Annuität:

$$BW = \frac{10.000}{r}\left(1 - \frac{1}{(1+r)^4}\right)$$

Setzen wir den *KW* des Zahlungsstroms gleich null und lösen nach *r* auf, erhalten wir den *IZF*:

$$KW = 0 = -32.500 + \frac{10.000}{r}\left(1 - \frac{1}{(1+r)^4}\right) \Rightarrow \frac{10.000}{r}\left(1 - \frac{1}{(1+r)^4}\right) = 32.500$$

Um *r* zu erhalten, müssen wir entweder raten oder den Annuitätenrechner verwenden. Sie können feststellen, dass $r = 8{,}85581\ \%$ die Lösung dieser Gleichung darstellt. Somit beträgt der *IZF* 8,86 %.

31. Zeitstrahl:

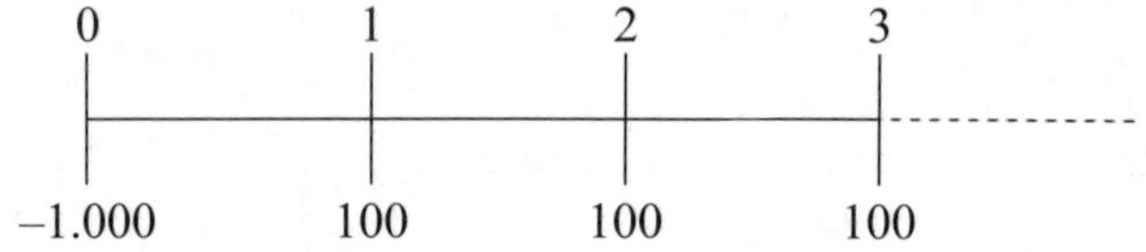

Bei der Zahlung handelt es sich um eine ewige Rente, also:

$$BW = \frac{100}{r}$$

Setzen wir den Kapitalwert des Zahlungsstroms gleich null und lösen nach *r* auf, erhalten wir den *IZF*:

$$KW = 0 = \frac{100}{r} - 1.000 \Rightarrow r = \frac{100}{1.000} = 10\ \%$$

Somit beträgt der *IZF* 10 %.

32. Zeitstrahl:

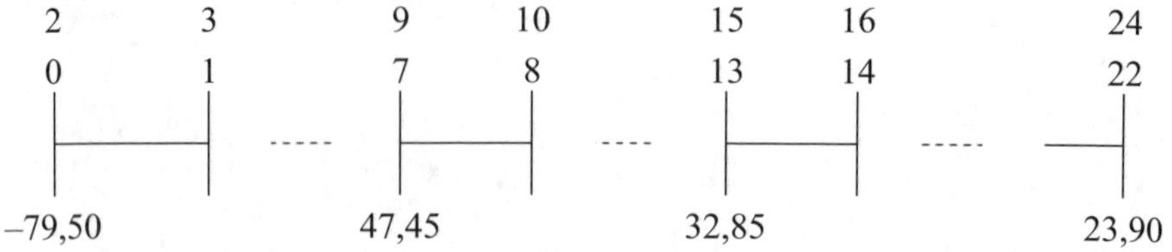

Der Barwert der Cashflows, der durch die Lagerung des Käses generiert wird, ist:

$$BW = \frac{47{,}45}{(1+r)^7} + \frac{32{,}85}{(1+r)^{13}} + \frac{23{,}90}{(1+r)^{22}}$$

Der *IZF* ist der Zinssatz *r*, bei dem der *KW* gleich null ist:

$$KW = 0 = -79{,}50 + \frac{47{,}45}{(1+r)^7} + \frac{32{,}85}{(1+r)^{13}} + \frac{23{,}90}{(1+r)^{22}}$$

Durch Iteration oder die Verwendung einer Annuitätentabelle, erhalten wir den Zinssatz $r = 2{,}28918\ \%$, der die Lösung dieser Gleichung ist. Der *IZF* ist somit 2,29 % pro Monat.

33. Zeitstrahl:

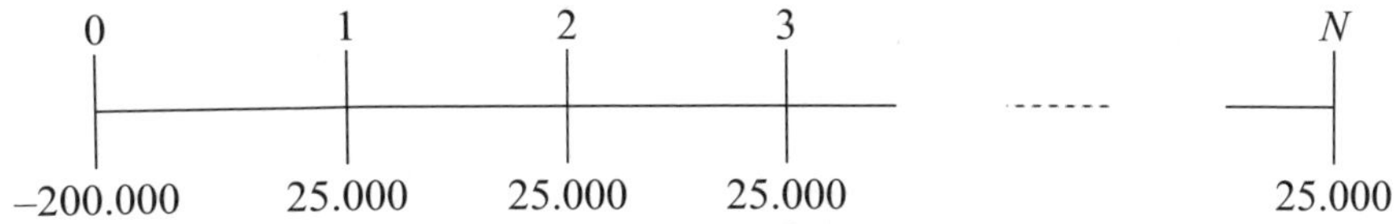

Sie deckt ihre Kosten wenn der *KW* der Cashflows null ist. Die Anzahl von Jahren *N*, für welche dies gilt, ist:

$$KW = -200.000 + \frac{25.000}{0{,}05}\left(1 - \frac{1}{1{,}05^N}\right) = 0$$

$$\Rightarrow 1 - \frac{1}{1{,}05^N} = \frac{200.000 \times 0{,}05}{25.000} = 0{,}04$$

$$\frac{1}{1{,}05^N} = 0{,}6 \Rightarrow 1{,}05^N = \frac{1}{0{,}6}$$

$$\ln(1{,}05)^N = -\ln\frac{1}{0{,}6}$$

$$N \ln(1{,}05) = -\ln(0{,}6)$$

$$N = \frac{-\ln(0{,}6)}{\ln(1{,}05)} = 10{,}5$$

Wenn sie also noch 10,5 Jahre oder länger lebt, ist die Investition vorteilhaft.

34. Zeitstrahl:

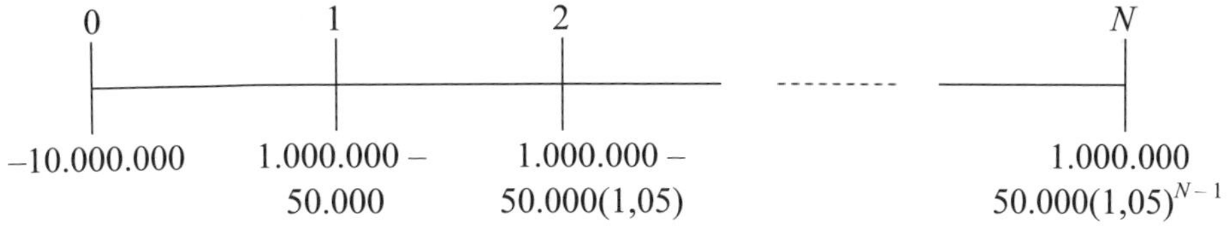

Die Anlage wird geschlossen, wenn:

$$1.000.000 - 50.000(1{,}05)^{N-1} < 0$$

$$(1{,}05)^{N-1} > \frac{1.000.000}{50.000} = 20$$

$$(N-1)\ln(1{,}05) > \ln(20)$$

$$N > \frac{\ln(20)}{\ln(1{,}05)} + 1 = 62{,}4$$

Das letzte Produktionsjahr wird in Jahr 62 sein.

Die Cashflows setzen sich aus zwei Teilen zusammen: der 62-jährigen Annuität der EUR 1.000.000 und der wachsenden Annuität.

Der Barwert der Annuität ist

$$BW_A = \frac{1.000.000}{0,06}\left(1-\frac{1}{1,06^{62}}\right) = 16.217.006$$

Der Barwert der wachsenden Annuität ist

$$BW_{GA} = \frac{-50.000}{0,06-0,05}\left(1-\left(\frac{1,05}{1,06}\right)^{62}\right) = -2.221.932$$

Barwert aller Cashflows:

$BW = 16.217.006 - 2.221.932 = \text{EUR } 13.995.074$

Also ist der Kapitalwert = 13.995.074 – 10.000.000 = EUR 3.995.074.

Sie sollten also investieren.

35. Zeitstrahl:

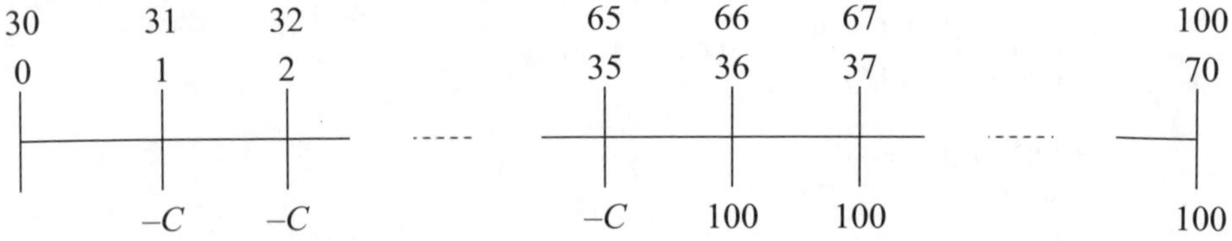

Der Barwert der Auszahlungen muss dem Barwert der Einzahlungen entsprechen. Wir teilen das Problem in Auszahlungen und Einzahlungen auf.

Auszahlungen: Die Auszahlungen sind die Beiträge, also eine 35-jährige Annuität mit der ersten Zahlung in einem Jahr:

$$BW_{\text{Auszahlungen}} = \frac{C}{0,07}\left(1-\frac{1}{1,07^{35}}\right)$$

Einzahlungen: Zahlungen nach dem Renteneintritt, also eine 35-jährige Annuität mit einer Zahlung von EUR 100.000 pro Jahr und der ersten Zahlung in 36 Jahren. Der Wert dieser Annuität im *Jahr 35* ist:

$$BW_{35} = \frac{100.000}{0,07}\left(1-\frac{1}{1,07^{35}}\right)$$

Der Wert heute ist der diskontierte Wert in 35 Jahren:

$$BW_{\text{Einzahlungen}} = \frac{BW_{35}}{1,07^{35}} = \frac{100.000}{0,07(1,07)^{35}}\left(1-\frac{1}{1,07^{35}}\right) = 121.272$$

Da der Barwert der Auszahlungen dem Barwert der Einzahlungen entsprechen muss (bzw. der *KW* der Cashflows muss null sein):

$$121.272 = \frac{C}{0,07}\left(1-\frac{1}{1,07^{35}}\right)$$

Wir lösen nach C auf und erhalten:

$$C = \frac{121.272 \times 0,07}{\left(1 - \frac{1}{1,07^{35}}\right)} = 9.366,29$$

36. Zeitstrahl (f = Bruchteil Ihres Gehalts, den Sie einzahlen):

30	31	32	...	65	66	67	...	100
0	1	2	...	35	36	37	...	70
	$75f$	$75(1,02)f$	...	$75(1,02)^{34}f$	100	100	...	100

Der Barwert der Auszahlungen muss dem Barwert der Einzahlungen entsprechen. Wir teilen das Problem in Auszahlungen und Einzahlungen auf.

Auszahlungen: Die Auszahlungen sind die Beiträge, also eine 35-jährige Annuität mit der ersten Zahlung in einem Jahr. Der Barwert davon ist:

$$BW_{\text{Auszahlungen}} = \frac{75.000f}{0,07 - 0,02}\left(1 - \left(\frac{1,02}{1,07}\right)^{35}\right)$$

Einzahlungen: Zahlungen nach dem Renteneintritt, also eine 35-jährige Annuität mit einer Zahlung von EUR 100.000 pro Jahr und der ersten Zahlung in 36 Jahren. Der Wert dieser Annuität im *Jahr 35* ist:

$$BW_{35} = \frac{100.000}{0,07}\left(1 - \frac{1}{1,07^{35}}\right)$$

Der Wert heute ist der diskontierte Wert in 35 Jahren:

$$BW_{\text{Einzahlungen}} = \frac{BW_{35}}{1,07^{35}} = \frac{100.000}{0,07(1,07)^{35}}\left(1 - \frac{1}{1,07^{35}}\right) = 121.272$$

Da der Barwert der Auszahlungen dem Barwert der Einzahlungen entsprechen muss (bzw. der KW der Cashflows muss null sein):

$$121.272 = \frac{75.000f}{0,07 - 0,02}\left(1 - \frac{1}{1,07^{35}}\right)$$

Wir lösen nach f, dem Anteil des Gehalts, den Sie einzahlen möchten, auf und erhalten:

$$f = \frac{121.272 \times (0,07 - 0,02)}{75.000\left(1 - \left(\frac{1,02}{1,07}\right)^{35}\right)} = 9,948\ \%$$

Also würden Sie rund 10 % Ihres Gehalts einzahlen. Das ergibt im ersten Jahr EUR 7.500, was weniger ist, als bei Frage 35.

Zinssätze

5

ÜBERBLICK

5.1 Wie Zinssätze angegeben und angepasst werden

1. Was würden Sie bevorzugen:
   a) Ein Bankkonto mit einem effektiven Jahreszinssatz von 5 % oder
   b) ein Konto mit halbjährlicher Zinszahlung von 2,5 % für drei Jahre?
   c) ein Konto mit Zinszahlungen von 7,5 % alle 18 Monate für drei Jahre?
   d) ein Konto mit monatlicher Zinszahlung von 0,5 % für drei Jahre?

2. Viele akademische Einrichtungen gewähren ihren Mitarbeitern ein Sabbatical. Alle sieben Jahre erhält ein Professor ein freies Jahr bei voller Bezahlung. Welchen Barwert hat der Betrag, den ein Professor während seiner Sabbatjahre erhält, wenn er insgesamt 42 Jahre arbeitet, EUR 70.000 pro Jahr verdient und der Zinssatz 6 % (effektiv) beträgt?

3. Sie haben drei Investitionsmöglichkeiten für eine einjährige Einlage: einen nominalen Jahreszinssatz von 10 % mit monatlicher Zinszahlung, einen nominalen Jahreszinssatz von 10 % mit jährlicher Zinszahlung und einen nominalen Jahreszinssatz von 9 % mit täglicher Zinszahlung. Berechnen Sie den effektiven Jahreszinssatz der jeweiligen Investitionsmöglichkeit. (Wir gehen von einem Jahr mit 365 Tagen aus.)

4. Sie überlegen, zu einer Bank zu wechseln, die ein Einlagenzertifikat mit einem nominalen Zinssatz von 8 % bei monatlicher Zinszahlung anbietet. Ihr derzeitiger Bankberater bietet Ihnen an, den Zinssatz an den von der anderen Bank gebotenen Zinssatz anzupassen. Bei Ihrer aktuellen Bank erhalten Sie eine halbjährliche Zinszahlung. Wie hoch muss die halbjährliche Zinszahlung sein, damit sie der des Einlagenzertifikats entspricht?

5. Ihr Bankkonto ist mit 5 % effektiv verzinst. Welcher nominale Jahreszinssatz ergibt sich für dieses Konto bei halbjährlicher Zinszahlung? Welchen nominalen Zinssatz erhalten wir bei einer monatlichen Zinszahlung?

6. Angenommen, der nominale Jahreszinssatz entspricht 8 % bei monatlicher Zinszahlung. Welchen Barwert hat eine Annuität mit halbjährlichen Zahlungen von EUR 100 für einen Zeitraum von fünf Jahren?

7. Sie können für einen Zeitraum von acht Monaten Zinszahlungen von EUR 50 auf eine Einlage von EUR 1.000 erhalten. Wenn der effektive Jahreszins ungeachtet der Investitionsdauer gleich bleibt, wie hoch ist dann die Zinszahlung auf eine Einlage von EUR 1.000 für
   a) 6 Monate?
   b) 1 Jahr?
   c) 1,5 Jahre?

8. Angenommen, Sie legen EUR 100 auf einem Bankkonto an und fünf Jahre später sind diese auf EUR 134,39 angewachsen.
   a) Welchen nominalen Jahreszins haben Sie bei halbjährlicher Zinszahlung erhalten?
   b) Welchen nominalen Jahreszins haben Sie bei monatlicher Zinszahlung erhalten?

9. Ihr Sohn wurde auf dem College angenommen. Dieses College garantiert, dass die Studiengebühren in den vier Jahren, die Ihr Sohn aufs College gehen wird, gleich bleiben. Die erste Zahlung in Höhe von EUR 10.000 ist in sechs Monaten fällig. Danach ist alle sechs Monate der gleiche Betrag zu zahlen, bis insgesamt acht Zahlungen erfolgt sind. Das College bietet ein Bankkonto mit einem festen nominalen Zins-

satz von 4 % (halbjährlich) an, von dem Sie alle sechs Monate Geld abheben können. Wie hoch ist der Betrag, den Sie heute einzahlen müssen, wenn Sie keine weiteren Einzahlungen beabsichtigen und die gesamten Studiengebühren von diesem Konto bezahlen möchten, so dass das Konto nach der letzten Zahlung bei null steht?

10. Sie zahlen Ihre Hypothek monatlich ab. Diese hat einen nominalen Zinssatz von 5 % (monatliche Zinszahlung). Welchen Anteil der Restschuld zahlen Sie jeden Monat an Zinsen?

5.2 Anwendung: Zinssätze und Darlehen

11. Die Oppenheimer Bank bietet eine Hypothek mit einer Laufzeit von 30 Jahren und einem effektiven Jahreszins von 5 3/8 %. Wie hoch wird Ihre monatliche Rückzahlung sein, wenn Sie EUR 150.000 aufnehmen möchten?

12. Sie planen die Umschuldung Ihrer Hypothek und möchten einen Kredit in Höhe der Restschuld Ihrer derzeitigen Hypothek aufnehmen. Die derzeitige monatliche Zahlung beträgt EUR 2.356 und Sie haben jede Zahlung fristgemäß getätigt. Die ursprüngliche Laufzeit der Hypothek war 30 Jahre und die Hypothek ist genau vier Jahre und acht Monate alt. Sie haben gerade Ihre monatliche Zahlung geleistet. Der Zinssatz der Hypothek beträgt 6 3/8 % (nominaler Zinssatz). Wie hoch ist die Restschuld der Hypothek heute?

13. Sie haben gerade Ihr Haus für EUR 1.000.000 in bar verkauft. Ihre Hypothek hatte eine ursprüngliche Laufzeit von 30 Jahren. Sie haben monatliche Zahlungen getätigt und der Anfangsbetrag war EUR 800.000. Die Hypothek ist derzeit genau 18½ Jahre alt und Sie haben gerade eine Zahlung getätigt. Wie viel bleibt Ihnen nach der Ablösung der Hypothek, wenn der Zinssatz auf die Hypothek bei 5,25 % (nominaler Zinssatz) liegt?

14. Sie haben gerade ein Haus gekauft und eine Hypothek über EUR 500.000 aufgenommen. Die Hypothek hat eine Laufzeit von 30 Jahren, Sie leisten monatliche Zahlungen und der nominale Zinssatz liegt bei 6 %.

a) Wie viel zahlen Sie im ersten Jahr an Zinsen und wie hoch ist die Tilgung?

b) Wie viel zahlen Sie im zwanzigsten Jahr (d.h. zwischen dem 19. und dem 20. Jahr ab heute) an Zinsen und wie hoch ist die Tilgung?

15. Ihre Hypothek hat eine Restlaufzeit von 25 Jahren bei einer nominalen Verzinsung von 7,625 %. Sie leisten monatliche Zahlungen in Höhe von EUR 1.449.

a) Wie hoch ist die Restschuld?

b) Angenommen, Sie können die Hypothekenzahlungen nicht mehr leisten und Ihnen steht die Zwangsversteigerung bevor. Die Bank bietet Ihnen eine Umschuldung an. Die Bank schätzt, dass der Erlös aus einer Zwangsversteigerung des Hauses EUR 150.000 betragen wird. Die Bank wird die Zahlungen soweit verringern, dass sie mindestens diesen Betrag (hinsichtlich des Barwertes) erhält. Welchen Mindestbetrag könnten Sie monatlich über die restliche Laufzeit Ihres Darlehens zahlen, so dass es für die Bank attraktiv bleibt, wenn wir davon ausgehen, dass die Zinssätze auf Hypotheken mit einer Laufzeit von 25 Jahren auf 5 % (nominal) gefallen sind?

16. Sie müssen für Ihren Studienkredit in den nächsten vier Jahren EUR 500 pro Monat zurückzahlen. Der nominale Zinssatz beträgt 9 % (bei monatlicher Verzinsung). Sie erwägen heute eine Sonderzahlung von EUR 100 zu leisten (d.h. eine Zahlung, die Sie nicht leisten müssten). Wie hoch ist die Schlusszahlung, wenn Sie weiterhin EUR 500 pro Monat zahlen, bis der Kredit abbezahlt ist? Welche effektive Rendite (ausgedrückt als nominaler Zinssatz mit monatlicher Zinszahlung) hat die Zahlung der EUR 100 gebracht?

17. Betrachten wir die Aufgabenstellung aus Frage 16. Da Sie nun wissen, dass Sonderzahlungen auf den Studienkredit die beste Investition sind, beschließen Sie, jeden Monat so viel wie möglich zu zahlen. Ihr Budget ermöglicht Ihnen, jeden Monat zusätzlich zu den erforderlichen Zahlungen von EUR 500 weitere EUR 250 bzw. insgesamt EUR 750 zu zahlen. Wie lange benötigen Sie, um den Kredit abzuzahlen?

18. Die Oppenheimer Bank bietet eine 30-jährige Hypothek mit einem nominalen Jahreszinssatz von 5,25 %. Bei dieser Hypothek beträgt Ihre monatliche Zahlung EUR 2.000. Außerdem bietet die Bank folgende Bedingungen: Anstelle der monatlichen Zahlung von EUR 2.000 können Sie die Hälfte der Zahlung alle zwei Wochen leisten (so dass 52 : 2 = 26 Zahlungen pro Jahr geleistet werden). Wie lange würden Sie bei dieser Variante benötigen, um die Hypothek von EUR 150.000 abzuzahlen, wenn der effektive Zinssatz des Darlehens unverändert bleibt?

19. Ihr Freund nennt Ihnen einen einfachen Trick, wie man die Zeit, die man für die Rückzahlung einer Hypothek benötigt, um ein Drittel verkürzen kann: Man verwendet das Weihnachtsgeld für eine Sonderzahlung jeweils am 1. Januar eines jeden Jahres (das heißt, man zahlt die monatliche Zahlung, die an diesem Tag fällig ist, zweimal). Wie lange dauert die Rückzahlung der Hypothek, wenn man die Hypothek am 1. Juli aufnimmt und die erste monatliche Zahlung somit am 1. August fällig wird und man jeweils am 1. Januar eine Sonderzahlung tätigt? Wir gehen von einer ursprünglichen Laufzeit von 30 Jahren und einem nominalen Jahreszinssatz von 12 % aus.

20. Sie brauchen ein neues Auto und der Händler bietet Ihnen einen Preis von EUR 20.000 zu folgenden Zahlungsoptionen: (a) Sie zahlen bar und erhalten einen Rabatt von EUR 2.000 oder (b) Sie leisten eine Anzahlung von EUR 5.000 und finanzieren den Rest mit einem zinslosen Darlehen über die nächsten 30 Monate. Da Sie jedoch gerade Ihren Job gekündigt haben und an einem MBA-Studiengang teilnehmen werden, haben Sie Schulden und werden diese frühestens in 2½ Jahren abzahlen können. Sie beabsichtigen, Ihre Kosten mit Ihrer Kreditkarte zu zahlen, die zum Glück einen niedrigen (festen) Zinssatz von 15 % (nominal) monatlich hat. Welche Zahlungsoption ist die beste für Sie?

21. Die Hypothek auf Ihr Haus ist fünf Jahre alt, hatte eine ursprüngliche Laufzeit von 30 Jahren und einen Zinssatz von 10 % (nominal). Sie leisten monatliche Zahlungen von EUR 1.402. In den vergangenen fünf Jahren sind die Zinssätze gefallen und Sie haben sich daher für eine Umschuldung entschieden. Das heißt, Sie werden die Restschuld in eine neue Hypothek übertragen. Die neue Hypothek hat eine Laufzeit von 30 Jahren, es sind monatliche Zahlungen erforderlich und der Zinssatz liegt bei 6⅝ % (nominal).

a) Welche monatlichen Zahlungen sind im Rahmen der neuen Hypothek erforderlich?

b) Welche monatlichen Zahlungen sollten nach der Umschuldung geleistet werden, wenn Sie die Hypothek weiterhin in 25 Jahren abzahlen wollen?

c) Nehmen wir an, Sie sind bereit, weiterhin monatlich EUR 1.402 zu zahlen. Wie lange dauert es dann, die Hypothek nach der Umschuldung abzuzahlen?

d) Nehmen wir an, Sie sind bereit, weiterhin monatlich EUR 1.402 zu zahlen und möchten die Hypothek in 25 Jahren abzahlen. Wie viel können Sie im Rahmen der Umschuldung zusätzlich aufnehmen?

22. Sie haben Kreditkartenverpflichtungen in Höhe von EUR 25.000, die einen nominalen Jahreszinssatz (bei monatlicher Zinszahlung) von 15 % haben. Jeden Monat zahlen Sie nur die monatliche Mindestzahlung. Sie müssen lediglich die angefallenen Zinsen zahlen. Sie haben ein Angebot für eine ansonsten identische Kreditkarte mit einem nominalen Jahreszinssatz von 12 % erhalten. Nach Berücksichtigung aller Alternativen entscheiden Sie sich für den Wechsel der Karte und werden den ausstehenden Saldo von der alten Karte auf die neue übertragen und außerdem weitere Schulden machen. Um wie viel können Sie heute die neue Karte belasten, ohne dass sich der monatliche Mindestbetrag, den Sie zahlen müssen, ändert?

5.3 Die Determinanten von Zinssätzen

23. Welcher nominale Zinssatz ist bei einer Inflationsrate von 5 % notwendig, um auf Ihre Investition einen realen Zinssatz von 3 % zu erhalten?

24. Kann der nominale Zinssatz, der einem Investor zur Verfügung steht, negativ sein? (*Hinweis:* Betrachten Sie den Zinssatz, den Sie auf Ihre Ersparnisse „unter der Matratze“ erhalten). Kann der reale Zinssatz negativ sein?

25. Betrachten Sie ein Projekt, bei dem eine Anfangsinvestition von EUR 100.000 erforderlich ist und das in fünf Jahren einen einmaligen Cashflow von EUR 150.000 generieren wird.

a) Welchen *KW* hat dieses Projekt, wenn der Fünfjahreszinssatz 5 % (effektiv) beträgt?

b) Welchen *KW* hat dieses Projekt, wenn der Fünfjahreszinssatz 10 % (effektiv) beträgt?

c) Wie hoch ist der höchste Fünfjahreszinssatz, bei dem dieses Projekt immer noch vorteilhaft wäre?

26. Die Zinsstruktur des risikolosen Zinssatzes ist unten dargestellt:

Laufzeit	1 Jahr	2 Jahre	3 Jahre	5 Jahre	7 Jahre	10 Jahre	20 Jahre
Zinssatz (effektiv, in %)	1,99	2,41	2,74	3,32	3,76	4,13	4,93

a) Berechnen Sie den Barwert einer Investition mit einer sicheren Auszahlung von EUR 1.000 in zwei Jahren und EUR 2.000 in fünf Jahren.

b) Welchen Barwert haben EUR 500, die Sie mit Sicherheit die nächsten fünf Jahre jeweils am Jahresende erhalten? Um die Zinssätze der fehlenden Jahre in der Tabelle zu ermitteln, interpolieren Sie linear zwischen den Jahren, für die die Zinssätze bekannt sind (zum Beispiel wäre der Zinssatz in Jahr 4 der Durchschnitt der Zinssätze in Jahr 3 und Jahr 5).

c) Welchen Barwert haben EUR 2.300, die Sie mit Sicherheit in jedem der nächsten 20 Jahre erhalten werden. Erschließen Sie die Zinssätze für die jeweiligen Jahre anhand der linearen Interpolation. (*Hinweis:* Verwenden Sie eine Excel-Tabelle.)

27. Verwenden Sie die Zinsstruktur aus Frage 26 und bestimmen Sie den Barwert einer Investition, die am Ende der Jahre 1, 2 und 3 jeweils EUR 100 zahlt. Welchen Kalkulationszinssatz sollten Sie verwenden, um diese Investition mit der Annuitätenformel korrekt zu bewerten?

5.4 Risiko und Steuern

28. Die beste verfügbare steuerpflichtige Investitionsmöglichkeit hat einen effektiven Jahreszinssatz von 4 %. Die beste Ihnen gebotene steuerfreie Investitionsmöglichkeit hat einen effektiven Jahreszinssatz von 3 %. Welche Investitionsmöglichkeit liefert die höhere Rendite nach Steuern, wenn man von einem Steuersatz von 30 % ausgeht?

29. Sie nehmen an einem MBA-Programm teil. Um die Studiengebühren zu zahlen, können Sie entweder einen normalen Studienkredit mit einem Zinssatz von 5,5 % (effektiv) – bei dem die Zinszahlungen nicht steuerliche abzugsfähig sind – oder einen steuerlich abzugsfähigen Eigenheimkredit mit einem nominalen Jahreszinssatz von 6 % aufnehmen. Sie gehen davon aus, dass Sie ein geringes Einkommen haben werden, so dass Ihr Steuersatz bei nur 15 % liegen wird. Für welchen Kredit sollten Sie sich entscheiden?

30. Ihr bester Freund bittet Sie um Rat bei einer Investitionsentscheidung. Sein Steuersatz liegt bei 35 % und er hat derzeit folgende Investitionen und Verbindlichkeiten:

- Einen Autokredit mit einer Restschuld von EUR 5.000 und einem nominalen Zinssatz von 4,8 % (bei monatlicher Zinszahlung).
- Kreditkarten mit einer offenen Verpflichtung von EUR 10.000 und einem nominalen Zinssatz von 14,9 % (bei monatlicher Zinszahlung).
- Ein Sparkonto mit einem Guthaben von EUR 30.000 und einem effektiven Jahreszinssatz von 5,5 %.
- Ein Geldmarktkonto mit einem Guthaben von EUR 100.000 und einem nominalen Zinssatz von 5,25 % (bei täglicher Zinszahlung).
- Eine steuerlich abzugsfähige Eigenheimhypothek mit einer Restschuld von EUR 25.000 und einem nominalen Zinssatz von 5 % (bei monatlicher Zinszahlung).

a) Welches Sparkonto hat den höheren Zinssatz nach Steuern?

b) Sollte Ihr Freund seine Ersparnisse für die Rückzahlung seiner offenen Verbindlichkeiten verwenden?

31. Sie haben ausstehende Schulden mit einem Zinssatz von 8 %, die jederzeit zurückgezahlt werden können. Der Zinssatz auf US-amerikanische Staatsanleihen beträgt nur 5 %. Sie möchten Ihre Schulden mit den Mitteln zurückzahlen, die Sie nicht anderweitig investieren. Welche Kapitalkosten sollten Sie bei der Bewertung einer neuen risikolosen Investitionsmöglichkeit verwenden, bis Ihre Schulden getilgt sind?

5.5 Die Opportunitätskosten des Kapitals

32. Im Sommer 2008 verloste Bestofthebest (BB), ein Privatunternehmen, bei einem Gewinnspiel einen Ferrari und 90.000 Britische Pfund, das waren damals rund USD 180.000. Sowohl der Ferrari als auch das Geld in 100 Pfundnoten wurden im Schaufenster ausgestellt. Wie viel kostete es das Unternehmen monatlich in Dollar, dieses Geld auszustellen, wenn der britische Zinssatz bei 5 % pro Jahr und der Dollarzinssatz bei 2 % pro Jahr (beide effektiv) lagen? Das heißt, wie hoch waren die Opportunitätskosten dafür, das Geld auszustellen, anstatt es auf ein Bankkonto einzuzahlen? (Steuern werden ignoriert).

33. Ihr Unternehmen möchte ein neues Telefonsystem kaufen. Sie können entweder jetzt EUR 32.000 zahlen oder 36 Monate lang EUR 1.000 pro Monat.

a) Angenommen, Ihr Unternehmen kann derzeit einen Kredit zu einem Zinssatz von 6 % pro Jahr (nominal bei monatlicher Zinszahlung) aufnehmen. Welcher Zahlungsplan ist attraktiver?

b) Angenommen, Ihr Unternehmen kann derzeit einen Kredit zu einem Zinssatz von 18 % pro Jahr (nominal bei monatlicher Zinszahlung) aufnehmen. Welcher Zahlungsplan wäre in diesem Fall attraktiver?

5.6 Lösungen

1. a) Wenn Sie EUR 1 auf das Bankkonto einzahlen, das für drei Jahre mit 5 % verzinst ist, erhalten Sie nach drei Jahren $1{,}05^3 = 1{,}15763$.

b) Ist das Konto mit 2,5 % halbjährlich verzinst, erhalten Sie nach drei Jahren $1{,}025^6 = 1{,}15969$. Also würden Sie 2,5 % alle sechs Monate präferieren.

c) Ist das Konto mit 7,5 % pro 18 Monate verzinst, erhalten Sie nach drei Jahren $1{,}075^2 = 1{,}15563$. Also würden Sie 5 % pro Jahr präferieren.

d) Ist das Konto mit 0,5 % pro Monat verzinst, erhalten Sie nach drei Jahren $1{,}005^{36} = 1{,}19668$. Also würden Sie 0,5 % pro Monat präferieren.

2. Zeitstrahl:

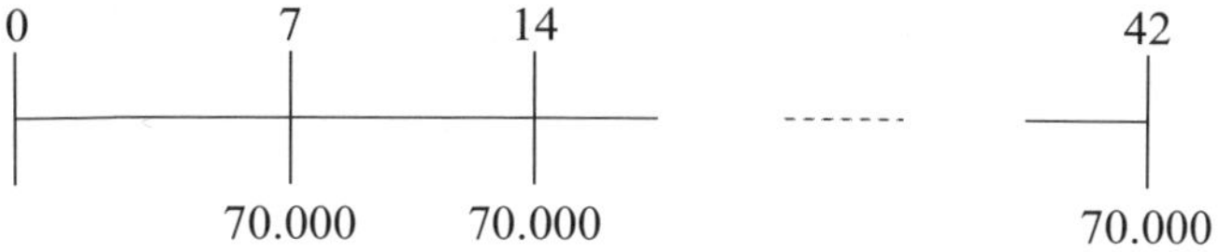

Da $1{,}06^7 = 1{,}50363$, ist der äquivalente Kalkulationszinssatz für eine Siebenjahresperiode 50,363 %.

Aus der Annuitätenformel erhalten wir:

$$BW = \frac{70.000}{0{,}50363}\left(1 - \frac{1}{1{,}50363^6}\right) = \text{EUR } 126.964$$

3. Für EUR 1, der auf ein Konto mit 10 % nominaler monatlicher Zinszahlung eingezahlt wird, erhalten Sie:

$$\left(1 + \frac{0{,}1}{12}\right)^{12} = \text{EUR } 1{,}10471$$

Also ist der effektive Jahreszinssatz 10,471 %.

Für EUR 1, der auf ein Konto mit 10 % nominaler jährlicher Zinszahlung eingezahlt wird, erhalten Sie:

1 + 0,1 = EUR 1,10

Also ist der effektive Jahreszinssatz 10 %.

Für EUR 1, der auf ein Konto mit 9 % nominaler täglicher Zinszahlung eingezahlt wird, erhalten Sie:

$$\left(1+\frac{0,09}{365}\right)^{365} = \text{EUR } 1,09416$$

Also beträgt der effektive Jahreszinssatz 9,416 %.

4. Mit dem nominalen Jahreszinssatz von 8 % können wir den effektiven Jahreszins wie folgt berechnen:

$$r_{eff} = \left(1+\frac{0,08}{12}\right)^{12} = 8,3\ \%$$

Für sechs Monate ergibt sich $1,083^{1/2} - 1 = 0,040672$. Also ist ein Zinssatz von 4,0672 % erforderlich, um dem Einlagenzertifikat zu entsprechen.

5. Wir verwenden die Formel für die Umwandlung des effektiven Zinssatzes in den nominalen Zinssatz:

$$\left(1+\frac{r_{nom}}{k}\right)^{k} = 1,05$$

Wir lösen nach r_{nom} auf:

$$r_{nom} = \left(1,05^{1/k} - 1\right)k$$

Bei jährlicher Zinszahlung $k = 1$, also $r_{nom} = 5\ \%$.

Bei halbjährlicher Zinszahlung $k = 2$, also $r_{nom} = 4,939\ \%$.

Bei monatlicher Zinszahlung $k = 12$, also $r_{nom} = 4,889\ \%$.

6. Wir verwenden den *BW* einer Annuitätenformel, wobei $n = 10$ Zahlungen und $C =$ EUR 100 und $r = 4,067\ \%$ pro Zinszahlungsintervall von sechs Monaten. Da wir hier einen nominalen Jahreszinssatz von 8 % mit monatlicher Zinszahlung haben: 8 % : 12 = 0,6667 % pro Monat bzw. $1,006667^6 - 1 = 4,067\ \%$ pro Halbjahr.

$$BW = 100 \times \frac{1}{0,04067}\left(1-\frac{1}{1,04067^{10}}\right) = \text{EUR } 808,39$$

7. $r_{eff} = 1,05^{12/8} - 1 = 7,593\ \%$

a) $1.000(1,07593^{1/2} - 1) = 37,27$

b) $1.000(1,07593 - 1) = 75,93$

c) $1.000(1,07593^{3/2} - 1) = 116,03$

8. Der effektive Jahreszinssatz wird wie folgt berechnet:

$$\left(\frac{f}{p}\right)^{1/5} - 1 = 1,3439^{1/5} - 1 = 6,0897\ \%$$

a) Anhand der Formel für den effektiven Jahreszinssatz können wir den nominalen Jahreszinssatz für die halbjährliche Zinszahlung berechnen:

$$r_{nom} = 2 \times \left\{ \left(r_{eff} + 1 \right)^{1/2} - 1 \right\} = 2 \times \left\{ 1{,}06897^{1/2} - 1 \right\} = 6\ \%$$

b) Genauso können wir den nominalen Jahreszinssatz der monatlichen Zinszahlung berechnen:

$$r_{nom} = 12 \times \left\{ \left(r_{eff} + 1 \right)^{1/12} - 1 \right\} = 12 \times \left\{ 1{,}06897^{1/12} - 1 \right\} = 5{,}926\ \%$$

9. Zeitstrahl:

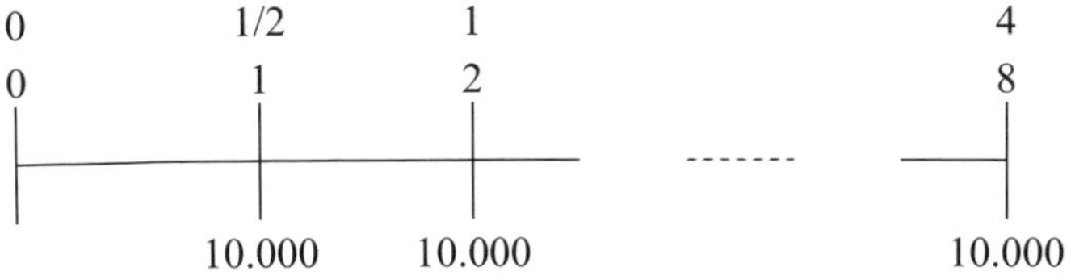

Der nominale Zinssatz von 4 % (halbjährlich) impliziert einen Kalkulationszinssatz von $\frac{4\ \%}{2} = 2\ \%$.

Also ist der Barwert $\frac{10.000}{0{,}02}\left(1 - \frac{1}{1{,}02^8}\right) = \text{EUR } 73.254{,}81$.

10. Wir verwenden die Formel für die Berechnung des Kalkulationszinssatzes aus dem nominalen Jahreszins:

$$\text{Kalkulationszinssatz} = \frac{5}{12} = 0{,}41667\ \%$$

11. Zeitstrahl:

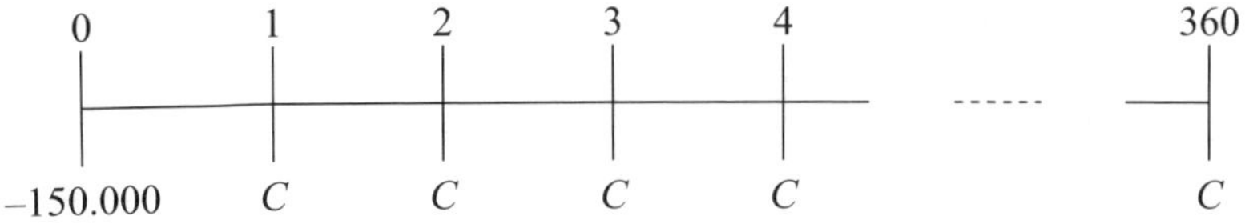

$(1 + 0{,}05375)^{1/12} = 1{,}0043725$

Somit impliziert der effektive Jahreszinssatz von 5 3/8 % einen Kalkulationszinssatz von 0,43725 %.

Wir verwenden die Formel für die Berechnung einer Darlehenszahlung:

$$C = \frac{150.000}{\frac{1}{0{,}0043725}\left(1 - \frac{1}{1{,}0043725^{360}}\right)} = \text{EUR } 828{,}02$$

12. Zeitstrahl:

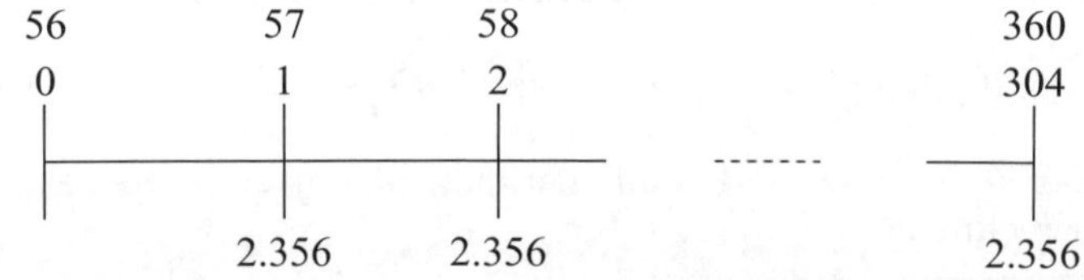

Um die Restschuld zu ermitteln, berechnen wir den Barwert der verbleibenden Zahlungen, indem wir den Zinssatz der Hypothek verwenden, um den Kalkulationszinssatz zu erhalten:

$$\text{Kalkulationszinssatz} = \frac{6{,}375}{12} = 0{,}53125\ \%$$

$$\text{Barwert} = \frac{2.356}{0{,}0053125}\left(1 - \frac{1}{1{,}0053125^{304}}\right) = \text{EUR } 354.900$$

13. Zuerst müssen wir die Darlehenszahlung berechnen.

Zeitstrahl:

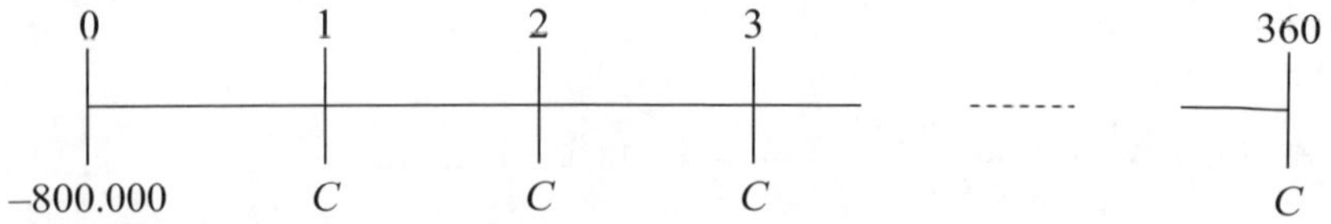

Der nominale Zinssatz von 5,25 (monatlich) impliziert einen Kalkulationszinssatz von $\frac{5{,}25}{12} = 0{,}4375\ \%$.

Wir verwenden die Formel für die Rückzahlung eines Darlehens:

$$C = \frac{800.000 \times 0{,}004375}{\left(1 - \frac{1}{1{,}004375^{360}}\right)} = \text{EUR } 4.417{,}63$$

Nun können wir den Barwert der Fortsetzung dieser Zahlungen berechnen. Der Zeitstrahl sieht aus wie folgt:

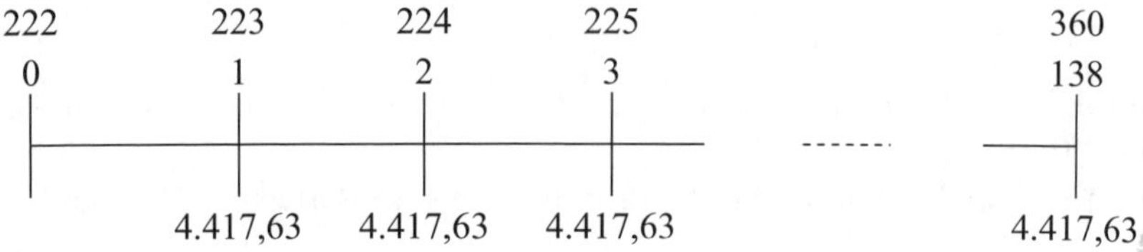

Wir verwenden die Formel für die Berechnung des Barwerts einer Annuität:

$$BW = \frac{4.417{,}63}{0{,}004375}\left(1 - \frac{1}{1{,}004375^{138}}\right) = \text{EUR } 456.931{,}41$$

Ihnen blieben also EUR 1.000.000 – EUR 456.931 = EUR 543.069.

ii) Durch die Sonderzahlung werden aus den EUR 100 heute in vier Jahren EUR 143,14. Wir haben behauptet, dass die Rendite dieser Investition dem Zinssatz des Darlehens entsprechen sollte. Prüfen wir nun, ob das der Fall ist:

EUR 100 × $(1{,}0075)^{48}$ = EUR 143,14, somit stimmt diese Behauptung. Also entspricht unser Gewinn dem nominalen Zins von 9 % (der Zinssatz des Kredits).

17. In diesem Fall haben wir folgenden Zeitstrahl:

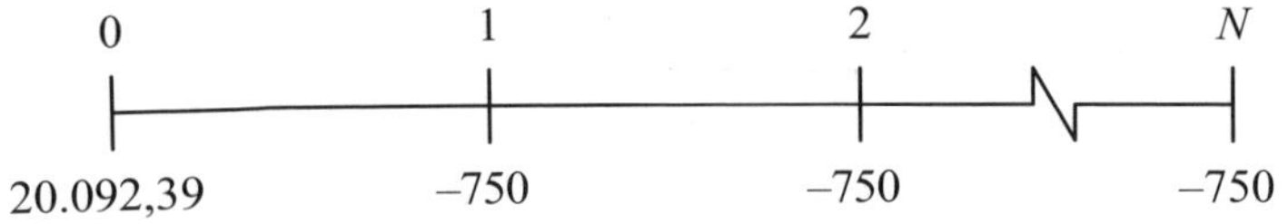

Wir wollen die Anzahl der erforderlichen monatlichen Zahlungen N ermitteln. Das heißt, wir müssen die Laufzeit der Annuität mit monatlichen Zahlungen von EUR 750 herausfinden, die den gleichen Barwert wie die Restschuld hat. Wir verwenden den Kreditzinssatz als Kalkulationszinssatz. Wie in *Kapitel 4* setzen wir die Restschuld und den Barwert der Kreditzahlungen gleich und lösen nach N auf:

$$\frac{750}{0{,}0075}\left(1-\frac{1}{1{,}0075^N}\right)=20.092{,}39$$

$$\frac{1}{1{,}0075^N}=1-0{,}200924=0{,}799076$$

$$1{,}0075^N=1{,}25145$$

$$N=\frac{\ln(1{,}25145)}{\ln(1{,}0075)}=30{,}02$$

Wir können auch die Annuitätentabelle verwenden, um nach N aufzulösen.

ZZR	ZINS	BARWERT	RMZ	ZW
30,02	0,75 %	20.092,39	–750	0

Durch die Sonderzahlungen zahlen wir den Kredit bereits nach 30 Monaten bzw. 2½ Jahren ab und nicht in den ursprünglich angesetzten 4 Jahren. Da N = 30,02 höher ist als 30, könnten wir entweder die 30. Zahlung um einen kleinen Betrag erhöhen oder eine sehr geringe 31. Zahlung leisten. Wir können die Annuitätentabelle verwenden, um die Restschuld nach 30 Zahlungen zu ermitteln:

ZZR	ZINS	BARWERT	RMZ	ZW
30	0,75 %	20.092,39	–750	–13,86

Wenn wir eine Schlusszahlung von EUR 750 + EUR 13,86 = EUR 763,86 leisten, ist der Kredit nach 30 Monaten abbezahlt.

18. Wenn wir vierzehntägig $\frac{2.000}{2}$ = EUR 1.000 zahlen, sieht der Zeitstrahl aus wie folgt:

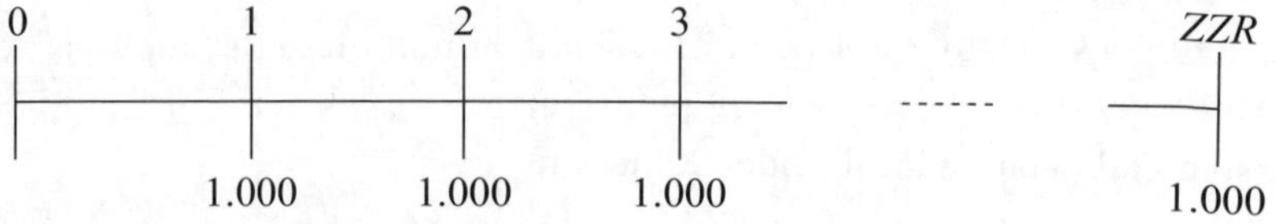

Da es jährlich 26 Zahlungen gibt:

$$(1{,}0525)^{1/26} = 1{,}001970$$

Der Kalkulationszinssatz beträgt somit 0,1970 %.

Um N zu berechnen, setzen wir den Barwert der Darlehenszahlungen und die Restschuld gleich

$$150.000 = \frac{1.000}{0{,}001970}\left(1 - \frac{1}{1{,}001970^N}\right)$$

und lösen nach N auf:

$$1 - \left(\frac{1}{1{,}001970}\right)^N = \frac{150.000 \times 0{,}001970}{1.000} = 0{,}2955$$

$$\left(\frac{1}{1{,}001970}\right)^N = 0{,}7045$$

$$N = \frac{\ln(0{,}7045)}{\ln\left(\frac{1}{1{,}001970}\right)} = 177{,}98$$

Also sind 178 Zahlungen erforderlich, um die Hypothek abzuzahlen. Da die Zahlungen vierzehntägig geleistet werden, dauert das 178 × 2 = 356 Wochen bzw. weniger als 7 Jahre. (Der Zeitraum ist kürzer, da rund zwei Sonderzahlungen pro Jahr geleistet werden.)

19. Die Höhe des Darlehens spielt hier keine Rolle, also gehen wir einfach von EUR 100.000 aus. Wir beginnen mit der Berechnung der monatlichen Rückzahlung. Der Kalkulationszinssatz ist 12 % : 12 = 1 %.

Zeitstrahl #1:

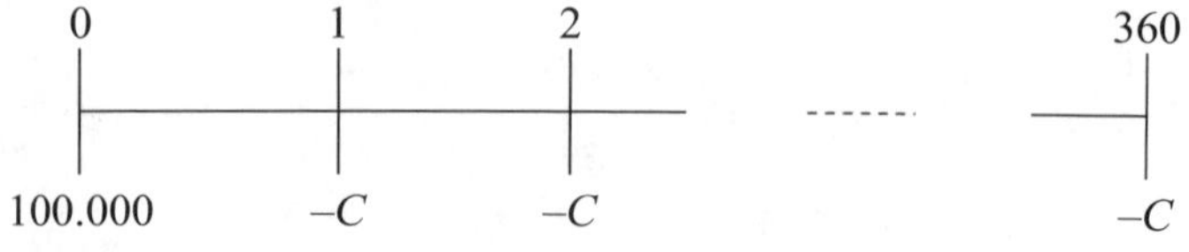

Wir verwenden die Formel für die Rückzahlung eines Darlehens:

$$C = \frac{100.000 \times 0{,}01}{\left(1 - \frac{1}{1{,}01^{360}}\right)} = \text{EUR } 1.028{,}61$$

Als Nächstes notieren wir die Cashflows mit der Sonderzahlung:

Zeitstrahl #2:

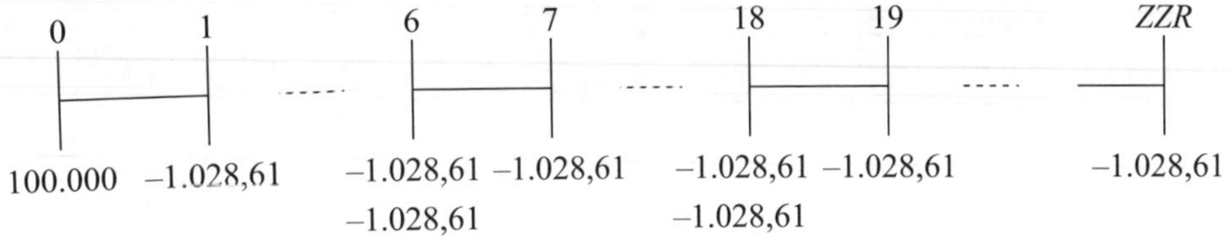

Der Cashflow besteht aus zwei Annuitäten.

i) Den ursprünglichen Zahlungen. Der Barwert dieser Zahlungen ist:

$$BW_{\text{urspr.}} = \frac{1.028{,}61}{0{,}01}\left(1-\left(\frac{1}{1{,}01}\right)^{N}\right)$$

ii) Den Sonderzahlungen jedes Jahr zu Weihnachten. Die Anzahl dieser Zahlungen ist m, wobei m die Anzahl an *Jahren* ist, über die das Darlehen läuft. (Für den Moment lassen wir die Möglichkeit außer Acht, dass m keine ganze Zahl ist). Da die Periode zwischen den Zahlungen ein Jahr beträgt, müssen wir zuerst den Kalkulationszinssatz berechnen.

$$(1{,}01)^{12} = 1{,}12683$$

Der Kalkulationszinssatz ist 12,683 %.

Nun besteht der Barwert der Sonderzahlung in Monat 6 aus den verbleibenden $m - 1$ Zahlungen (einer Annuität) und der Zahlung in Monat 6. Daher ist der Barwert:

$$BW_{6} = \frac{1.028{,}61}{0{,}12683}\left(1-\frac{1}{1{,}12683^{m-1}}\right)+1.028{,}61$$

Um den heutigen Wert zu erhalten, müssen wir diese Cashflows zum Monat 0 abzinsen. Wir erinnern uns, dass der monatliche Kalkulationszinssatz 1 % beträgt. Somit ist der heutige Wert der Sonderzahlung:

$$BW_{\text{sonder}} = \frac{BW_{6}}{1{,}01^{6}} = \frac{1.028{,}61}{0{,}12683\,(1{,}01)^{6}}\left(1-\frac{1}{1{,}12683^{m-1}}\right)+\frac{1.028{,}61}{1{,}01^{6}}$$

Um herauszufinden, wie lange die Rückzahlung des Darlehens dauert, müssen wir die Anzahl an Jahren ermitteln, die erforderlich sind, bis der Wert unserer Darlehenszahlungen einen Barwert zum Darlehenszinssatz hat, der dem aufgenommenen Betrag entspricht. Da die Anzahl der monatlichen Zahlungen $N = 12 \times m$ ist, können wir dies wie folgt darstellen und nach m auflösen:

$$100.000 = BW_{\text{urspr.}} + BW_{\text{sonder}}$$

$$100.000 = \frac{1.028{,}61}{0{,}01}\left(1-\left(\frac{1}{1{,}01}\right)^{12m}\right)+\frac{1.028{,}61}{0{,}12683\,(1{,}01)^{6}}\left(1-\frac{1}{1{,}12683^{m-1}}\right)+\frac{1.028{,}61}{1{,}01^{6}}$$

Die einzige Möglichkeit, m herauszufinden, ist eine Annährung, also zu raten. Die Antwort ist $m = 19{,}04$ Jahre oder rund 19 Jahre.

Tatsächlich liegt der Barwert der Zahlungen nach genau 19 Jahren bei:

$$BW = \frac{1.028{,}61}{0{,}01}\left(1-\left(\frac{1}{1{,}01}\right)^{228}\right)+\frac{1.028{,}61}{0{,}12683(1{,}01)^{6}}\left(1-\frac{1}{1{,}12683^{18}}\right)+\frac{1.028{,}61}{1{,}01^{6}}$$

$$= \text{EUR } 99.939$$

Da Sie ursprünglich EUR 100.000 aufgenommen haben, ist der Barwert dessen, was am Ende der 19 Jahre noch geschuldet wird, EUR 100.000 – EUR 99.939 = EUR 61. Der Endwert davon in 19 Jahren und einem Monat ist:

$61 \times (1{,}01)^{229} = \text{EUR } 596.$

Daher leisten Sie im ersten Monat des 19. Jahres eine Teilzahlung von EUR 596. Da man rund 19 Jahre braucht, um die Hypothek auf diese Weise abzuzahlen, was fast zwei Drittel der Laufzeit von 30 Jahren entspricht, hat Ihr Freund Recht.

20. Sie können mit etwaigen Beträgen, die Sie nicht für das Auto verwenden, Ihre Kreditkartenbelastung zurückzahlen. Die Rückzahlung des Kredits entspricht einer Investition, mit der Sie den Kreditzinssatz von 15 % (nominal) erzielen. Somit betragen Ihre Opportunitätskosten des Kapitals 15 % (nominal) pro Monat und der Kalkulationszinssatz liegt somit bei 15 : 12 = 1,25 % pro Monat. Wir berechnen den Barwert von Option (ii) zu diesem Kalkulationszinssatz und erhalten einen Betrag von:

$$BW_{(ii)} = -5.000+(-500)\times\frac{1}{0{,}0125}\left(1-\frac{1}{1{,}0125^{30}}\right) = -5.000-12.444 = -\text{EUR } 17.444$$

Somit ist es besser, den Händlerkredit aufzunehmen und etwaige übrige Beträge für die Rückzahlung der Kreditkartenbelastung zu verwenden.

21. a) Zuerst berechnen wir die Restschuld der Hypothek. Es verbleiben noch 25 × 12 = 300 Monate Laufzeit, daher sieht der Zeitstrahl aus wie folgt:

Zeitstrahl #1:

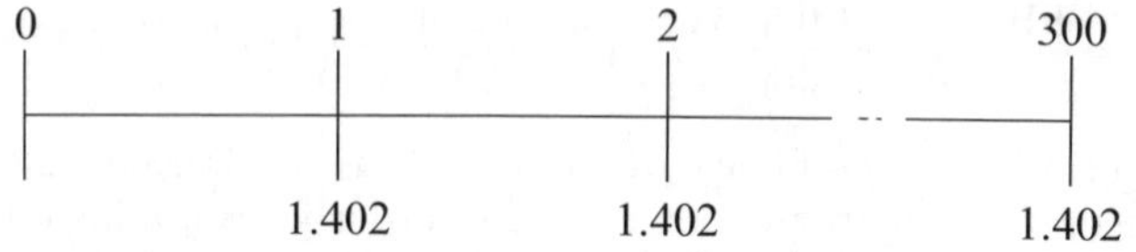

Um die Restschuld zu berechnen, diskontieren wir zum ursprünglichen Satz, also $\frac{10}{12} = 0{,}8333\ \%$.

$$BW = \frac{1.402}{0{,}008333}\left(1-\frac{1}{1{,}00833^{300}}\right) = \text{EUR } 154.286{,}22$$

Dann berechnen wir die Kreditzahlungen der neuen Hypothek.

Zeitstrahl #2:

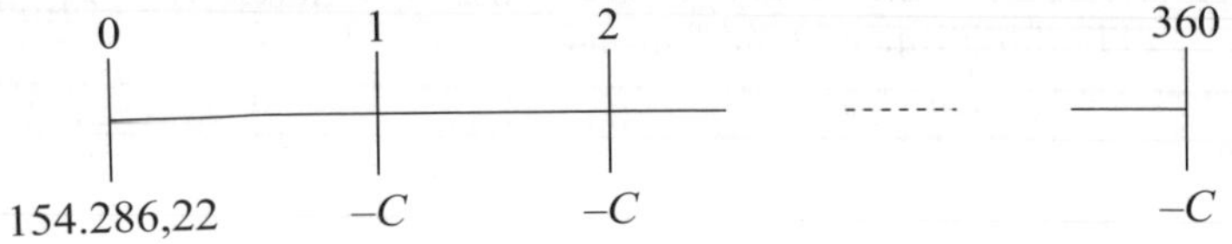

Der Kalkulationszinssatz des neuen Darlehens ist der neue Zinssatz des Darlehens:

$$\frac{6{,}625}{12} = 0{,}5521\ \%$$

Wir verwenden die Formel für die Rückzahlung eines Darlehens:

$$C = \frac{154.286{,}22 \times 0{,}005521}{\left(1-\left(\frac{1}{1{,}005521}\right)^{360}\right)} = \text{EUR } 987{,}93$$

b) $$C = \frac{154.286{,}22 \times 0{,}005521}{\left(1-\left(\frac{1}{1{,}005521}\right)^{300}\right)} = \text{EUR } 1.053{,}85$$

c) $$BW = \frac{1.402}{0{,}005521}\left(1-\frac{1}{1{,}005521^{N}}\right) = \text{EUR } 154.286{,}22 \Rightarrow N = 170 \text{ Monate}$$

(Um nach N aufzulösen, können Sie das Trial-and Error-Prinzip oder den Annuitätenrechner verwenden.)

d) $$BW = \frac{1.402}{0{,}005521}\left(1-\frac{1}{1{,}005521^{300}}\right) = \text{EUR } 205.255$$

Sie können 205.255 – 154.286 = EUR 50.969 behalten.

(Anmerkung: die Ergebnisse können aufgrund der Rundungen geringfügig abweichen.)

22. Der Kalkulationszinssatz der ursprünglichen Karte ist:

$$\frac{15}{12} = 1{,}25\ \%$$

Wenn wir davon ausgehen, dass Ihre derzeitige monatliche Zahlung dem aufgelaufenen Zins entspricht, entspricht diese:

$$\text{EUR } 25.000 \times \frac{0{,}15}{12} = \text{EUR } 312{,}50$$

Zeitstrahl:

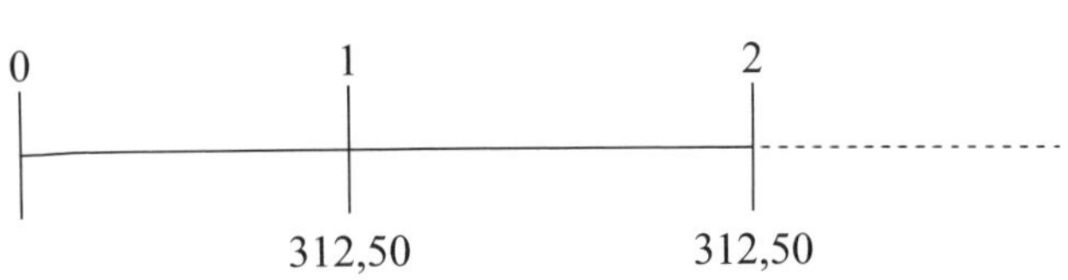

Es handelt sich um eine ewige Rente. Daher entspricht der Betrag, den Sie zum neuen Zinssatz aufnehmen können, diesem Cashflow, diskontiert zum neuen Zinssatz. Der neue Kalkulationszinssatz beträgt:

$$\frac{12}{12} = 1\ \%$$

Also, $BW = \frac{312{,}50}{0{,}01} = \text{EUR } 31{,}250$

Durch einen Wechsel der Kreditkarte können Sie weitere 31.500 − 25.000 = EUR 6.250 ausgeben.

Sie müssen auf diesen neuen Kredit keine Steuern zahlen, daher ist dies Ihr Nutzen *nach Steuern* aus dem Kartenwechsel.

23. $1 + r_r = \frac{1+r}{1+i}$ impliziert $1 + r = (1 + r_r)(1 + i) = (1{,}03)(1{,}05) = 1{,}0815$.

Somit ist ein nominaler Zinssatz von 8,15 % erforderlich.

24. Durch den Besitz von Barmitteln erhält der Investor einen nominalen Zinssatz von 0 %. Da ein Investor immer mindestens 0 % erhält, kann der nominale Zinssatz nicht negativ sein. Der reale Zinssatz kann jedoch negativ sein. Er ist dann negativ, wenn die Inflationsrate den nominalen Zinssatz übersteigt.

25.

a) $KW = -100.000 + 150.000 : 1{,}05^5 = \text{EUR } 17.529$

b) $KW = -100.000 + 150.000 : 1{,}10^5 = -\text{EUR } 6.862$

c) Der Interne Zinsfuß der Investition:
$IZF = (150.000 : 100.000)^{1/5} - 1 = 8{,}45\ \%$

26. a) Zeitstrahl:

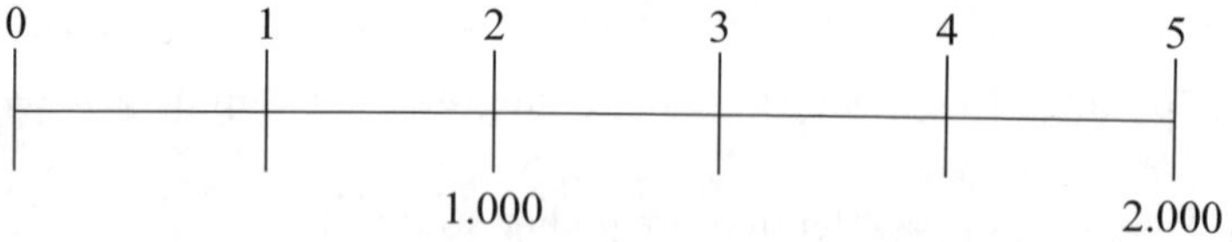

Da die Opportunitätskosten bei Investitionen mit unterschiedlichen Laufzeiten unterschiedlich sind, müssen wir die entsprechenden Kapitalkosten als Kalkulationszinssatz für diesen Cashflow verwenden:

$$BW = \frac{1.000}{1{,}0241^2} + \frac{2.000}{1{,}0332^5} = \text{EUR } 2.652{,}15$$

b) Zeitstrahl:

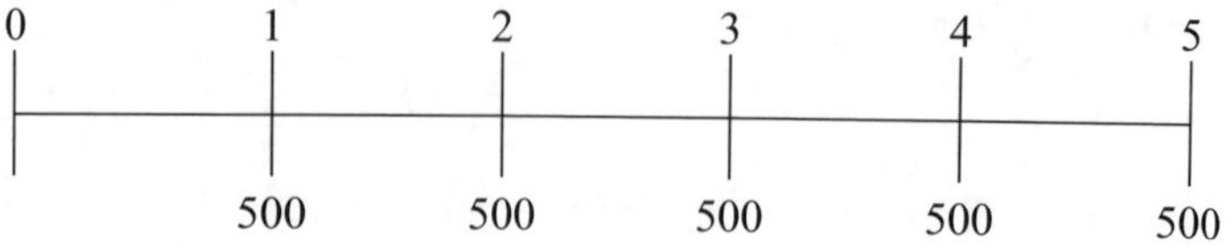

Da die Opportunitätskosten bei Investitionen mit unterschiedlicher Laufzeit unterschiedlich ausfallen, müssen wir die entsprechenden Kapitalkosten als

Kalkulationszinssatz für diesen Cashflow verwenden. Hier haben wir leider keinen Zinssatz für einen vierjährigen Cashflow, also interpolieren wir linear.

$$r_4 = \frac{1}{2}(2{,}74) + \frac{1}{2}(3{,}32) = 3{,}03$$

$$BW = \frac{500}{1{,}0199} + \frac{500}{1{,}0241^2} + \frac{500}{1{,}0274^3} + \frac{500}{1{,}0303^4} + \frac{500}{1{,}0332^5} = \text{EUR } 2.296{,}43$$

c) Zeitstrahl:

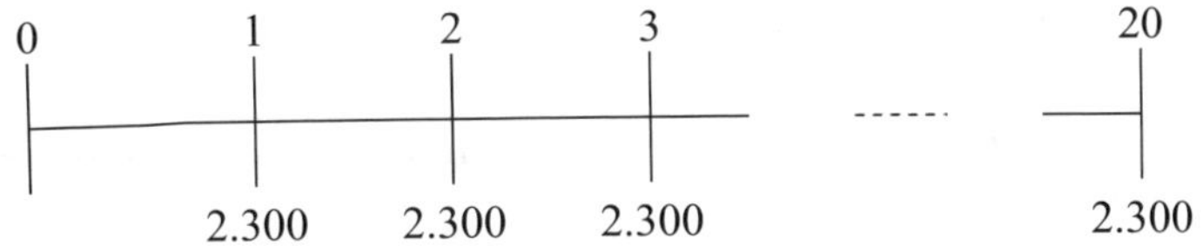

Da die Opportunitätskosten bei Investitionen mit unterschiedlicher Laufzeit unterschiedlich ausfallen, müssen wir die entsprechenden Kapitalkosten als Kalkulationszinssatz für diesen Cashflow verwenden. Hier haben wir für eine gewisse Anzahl an Jahren leider keinen Zinssatz, also interpolieren wir linear.

$$r_4 = \frac{1}{2}(2{,}74) + \frac{1}{2}(3{,}32) = 3{,}03$$

$$r_6 = \frac{1}{2}(2{,}32) + \frac{1}{2}(3{,}76) = 3{,}54$$

$$r_9 = \frac{1}{3}(3{,}76) + \frac{2}{3}(4{,}13) = 4{,}0067$$

$$r_{11} = \frac{9}{10}(4{,}13) + \frac{1}{10}(4{,}93) = 4{,}21$$

$$r_{12} = \frac{8}{10}(4{,}13) + \frac{2}{10}(4{,}93) = 4{,}29$$

$r_{13} = 4{,}37$

$r_{14} = 4{,}45$

$r_{15} = 4{,}53$

$r_{16} = 4{,}61$

$r_{17} = 4{,}64$

$r_{18} = 4{,}77$

$r_{19} = 4{,}85$

$$BW = \frac{2.300}{1+r_1} + \frac{2.300}{(1+r_2)^2} + \frac{2.300}{(1+r_3)^3} + \ldots + \frac{2.300}{(1+r_{20})^{20}}$$

$$= \frac{2.300}{1{,}0199} + \frac{2.300}{1{,}0241^2} + \frac{2.300}{1{,}0274^3} + \ldots + \frac{2.300}{1{,}0493^{20}} = \text{EUR } 30.636{,}56$$

27. $BW = 100 : 1{,}0199 + 100 : 1{,}0241^2 + 100 : 1{,}0274^3$ = EUR 285,61

Um den Kalkulationssatz zu ermitteln, der den Wert gemäß Annuitätenformel korrekt berechnen würde, lösen wir folgende Gleichung nach r auf:

$BW = 285{,}61 = 100 : (1 + r) + 100 : (1 + r)^2 + 100 : (1 + r)^3$ = EUR 285,61

Dies ist lediglich eine Berechnung des *IZF*. Gehen wir nach dem Trial-and-Error-Prinzip vor oder verwenden wir den Annuitätenrechner, dann $r = 2{,}50$ %. Zu beachten ist, dass dieser Zinssatz zwischen den angegebenen Zinssätzen für die Jahre 1, 2 und 3 liegt.

28. Der Zinssatz nach Steuern beträgt = 4 %(1 – 0,30) = 2,8 %, also weniger als der Zinssatz der steuerfreien Investition von 3 %.

29. Wir verwenden die Formel für die Umrechnung des nominalen Zinssatzes in den effektiven Zinssatz:

$$\left(1+\frac{0{,}06}{12}\right)^{12} = 1{,}06168$$

Der Eigenheimkredit hat somit einen effektiven Jahreszinssatz von 6,168 %. Da der Zinssatz auf einen steuerlich abzugsfähigen Kredit der Satz vor Steuern ist, müssen wir diesen in den Zinssatz **nach Steuern** umrechnen, damit ein Vergleich möglich ist.

$6{,}168 \times (1 - 0{,}15) = 5{,}243$ %

Da der Studienkredit einen höheren Zinssatz nach Steuern hat, sollte man sich für den Eigenheimkredit entscheiden.

30. a) Das Sparkonto hat einen effektiven Zinssatz von 5,5 % bzw. 5,5 % (1 – 0,35) = 3,575 nach Steuern. Das Geldmarktkonto hat einen Zinssatz von $(1 + 5{,}25\ \% : 365)^{365} - 1 = 5{,}39$ % bzw. 5,39 % (1 – 0,35) = 3,5 % nach Steuern. Daher bringt das Sparkonto höhere Zinsen.

b) Ihr Freund sollte die Kreditkartenverpflichtungen und den Autokredit zurückzahlen, da diese nachsteuerliche Zinssätze von 14,9 % (nominal) bzw. 4,8 % (nominal) aufweisen, was den Zinssatz auf die Guthaben übersteigt. Die Eigenheimhypothek sollte nicht zurückgezahlt werden, da ihr effektiver Zins = $(1 + 5\ \% : 12)^{12} - 1 = 5{,}12$ % und der Zinssatz nach Steuern nur 5,12 (1 – 0,35) = 3,33 % beträgt, was unter dem Zinssatz auf die Guthaben liegt.

31. Die angemessenen Kapitalkosten für eine neue risikolose Investition liegen bei 8 %, da Sie ohne Risiko 8 % durch die Rückzahlung der Schulden und die Vermeidung von Zinszahlungen erzielen könnten.

32. Da der Preis in Pfund ausgeschrieben ist, sollten wir den Pfundzinssatz verwenden (vergleichbares Risiko). $(1{,}05)^{(1/12)} - 1 = 0{,}4074$ %. 0,4074 % × 90.000 = 366,7 Pfund bzw. USD 733 pro Monat zum aktuellen Wechselkurs.

33. a) Die Zahlungen haben dasselbe Risiko wie das andere Fremdkapital des Unternehmens. Somit gilt: Opportunitätskosten = Kreditzinssatz. *BW*(36-monatige Annuität von 1.000 zu 6 % : 12 pro Monat) = EUR 32.871. Also sollte bar bezahlt werden.

b) *BW*(Annuität zu 18 % : 12 pro Monat) = EUR 27.661. Es sollte in Raten bezahlt werden.

Die Bewertung von Anleihen

6

ÜBERBLICK

6.1 Cashflows, Preise und Renditen von Anleihen

1. Wir betrachten eine Anleihe mit halbjährlicher Zinszahlung wie in unten dargestelltem Zeitstrahl (Perioden von sechs Monaten):

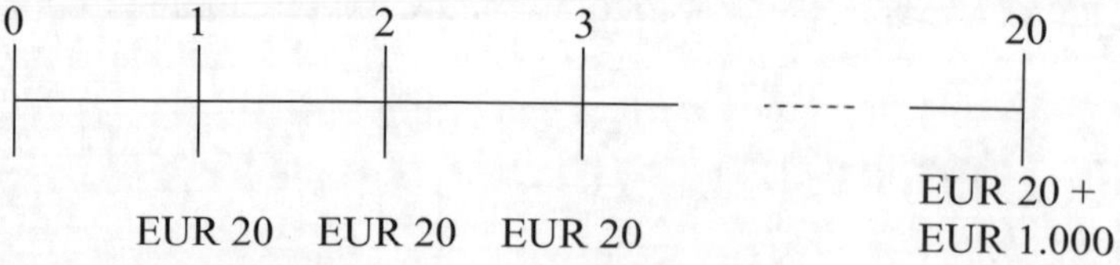

   a) Welche Laufzeit hat diese Anleihe (in Jahren)?

   b) Welchen Kuponzins hat diese Anleihe (in Prozent)?

   c) Wie lautet der Nennwert?

2. Folgende Tabelle zeigt die Preise verschiedener Nullkuponanleihen ohne Ausfallrisiko (ausgedrückt als Anteil des Nennwertes):

Laufzeit in Jahren	**1**	**2**	**3**	**4**	**5**
Preis (pro EUR 100 Nennwert)	EUR 95,51	EUR 91,05	EUR 86,38	EUR 81,65	EUR 76,51

   a) Berechnen Sie die Effektivverzinsung der jeweiligen Anleihen.

   b) Stellen Sie die Zinsstruktur der Nullkuponanleihen als Kurve dar (für die ersten fünf Jahre).

   c) Verläuft die Zinsstrukturkurve steigend, fallend oder ist sie flach?

3. Die derzeitige Zinsstrukturkurve von risikolosen Nullkuponanleihen sei wie folgt:

Laufzeit in Jahren	**1**	**2**	**3**	**4**	**5**
r_{eff}	5,00 %	5,50 %	5,75 %	5,95 %	6,05 %

   a) Wie hoch ist der Preis pro EUR 100 Nennwert einer risikolosen Nullkuponanleihe mit zweijähriger Laufzeit?

   b) Wie hoch ist der Preis pro EUR 100 Nennwert einer risikolosen Nullkuponanleihe mit vierjähriger Laufzeit?

   c) Wie hoch ist der risikolose Zinssatz bei einer Laufzeit von fünf Jahren?

4. Bloomberg.com gab bekannt, dass die 3-Monats-Treasury-Bonds für einen Preis von USD 100,002556 pro USD 100 Nennwert verkauft wurden. Welche jährliche Effektivverzinsung haben diese Anleihen?

5. Eine Anleihe mit Nennwert EUR 1.000, mit einer Laufzeit von 10 Jahren, einem Kuponzinssatz von 8 % und halbjährlichen Kuponzahlungen wird zu einem Preis von EUR 1.034,74 gehandelt.

   a) Welche jährliche Effektivverzinsung hat diese Anleihe?

   b) Welchen Preis hätte die Anleihe, wenn die Effektivverzinsung 9 % betragen würde?

6. Eine EUR 1.000 Anleihe mit fünfjähriger Laufzeit und jährlichen Kuponzahlungen hat einen Preis von EUR 900 und einen Effektivzins von 6 %. Wie hoch ist die Kuponzahlung auf diese Anleihe?

6.2 Das dynamische Verhalten von Anleihepreisen

7. Die Preise verschiedener Anleihen mit Nennwerten von EUR 1.000 sind in folgender Tabelle dargestellt:

Anleihe	A	B	C	D
Preis	EUR 972,50	EUR 1.040,75	EUR 1.150,00	EUR 1.000

Geben Sie für jede Anleihe an, ob sie mit einem Aufschlag, Abschlag oder zu pari gehandelt werden.

8. Erklären Sie, warum die Rendite einer Anleihe, die mit einem Abschlag gehandelt wird, den Kuponzinssatz der Anleihe übersteigt.

9. Ally Financial hat eine Anleihe mit einer Laufzeit von 10 Jahren, einem Nennwert von USD 1.000 und einem Kuponzinssatz von 7 % (jährliche Zahlungen) ausgegeben. Die Effektivverzinsung dieser Anleihe lag zum Zeitpunkt der Emission bei 6 %.
   a) Welchen Preis hatte die Anleihe zum Zeitpunkt der Emission?
   b) Welchen Preis hat die Anleihe unmittelbar vor der ersten Kuponzahlung, wenn wir von einem konstanten Effektivzins ausgehen?
   c) Welchen Preis hat die Anleihe unmittelbar nach der ersten Kuponzahlung, wenn wir von einem konstanten Effektivzins ausgehen?

10. Sie kaufen eine Anleihe mit zehnjähriger Laufzeit und einem jährlichen Kupon von 6 %. Sie halten die Anleihe 4 Jahre und verkaufen sie unmittelbar nach dem Erhalt der vierten Kuponzahlung. Die Effektivverzinsung der Anleihe beträgt sowohl bei Kauf als auch bei Verkauf der Anleihe 5 %,
   a) Welche Cashflows generieren Sie aus Ihrer Investition in die Anleihe pro EUR 100 Nennwert?
   b) Welchen internen Zinsfuß hat Ihre Investition?

11. Sie kaufen eine Nullkuponanleihe mit einer Laufzeit von 30 Jahren und einer Effektivverzinsung von 6 %. Sie halten die Anleihe fünf Jahre und verkaufen sie dann.
   a) Wenn zum Zeitpunkt des Verkaufs die Effektivverzinsung der Anleihe 6 % beträgt, welchen internen Zinsfuß hat Ihre Investition?
   b) Wenn zum Zeitpunkt des Verkaufs die Effektivverzinsung der Anleihe 7 % beträgt, welchen internen Zinsfuß hat Ihre Investition?
   c) Wenn zum Zeitpunkt des Verkaufs die Effektivverzinsung der Anleihe 5 % beträgt, welchen internen Zinsfuß hat Ihre Investition?
   d) Ist Ihre Investition risikolos, wenn Sie sie vor Fälligkeit verkaufen wollen, auch wenn diese Anleihe kein Ausfallrisiko hat?

12. Sie kaufen einen Treasury Bond mit dreißigjähriger Laufzeit und jährlichen Kuponzahlungen von 5 %, der anfänglich zum Nennwert gehandelt wird. In 10 Jahren ist die Effektivverzinsung der Staatsanleihe auf 7 % gestiegen.

a) Welchen internen Zinsfuß hätte Ihre Investition in die Anleihe, wenn Sie sie nun verkaufen?

b) Welchen internen Zinsfuß hätte Ihre Investition in die Anleihe, wenn Sie sie stattdessen bis zur Fälligkeit halten?

c) Ist ein Vergleich der *IZFs* aus (a) und (b) hilfreich bei der Entscheidung für oder gegen den Verkauf der Anleihe?

13. Die derzeitige Rendite einer einjährigen Nullkuponanleihe liegt bei 3 % während die Rendite einer Anleihe mit einer Laufzeit von fünf Jahren 5 % beträgt. Bei beiden Anleihen besteht kein Ausfallrisiko. Angenommen, sie wollen für ein Jahr investieren. Auf welchen Wert sollte der Zinssatz der 5-jährigen Anleihe innerhalb des ersten Jahres höchstens steigen, damit die Investition in die Anleihe mit fünfjähriger Laufzeit (ex post) gegenüber der einjährigen besser war?

6.3 Die Zinsstrukturkurve und Arbitrage mit Anleihen

Für die Aufgaben 14 bis 20 setzen wir folgende Zinsstruktur für Wertpapiere ohne Ausfallrisiko voraus:

Laufzeit (Jahre)	**1**	**2**	**3**	**4**	**5**
Nullkupon r_{eff}	4,00 %	4,30 %	4,50 %	4,70 %	4,80 %

14. Welchen Preis hat eine Nullkuponanleihe ohne Ausfallrisiko mit einer fünfjährigen Laufzeit und einem Nennwert von EUR 1.000?

15. Welchen Preis hat eine Anleihe ohne Ausfallrisiko mit einer dreijährigen Laufzeit, einem Nennwert von EUR 1.000 und einem jährlichen Kuponzins von 4 %? Welchen Effektivzins hat diese Anleihe?

16. Welche Laufzeit hat eine Anleihe ohne Ausfallrisiko mit jährlichen Kuponzahlungen und einem Effektivzins von 4 %? Warum?

17. Wir betrachten eine Anleihe ohne Ausfallrisiko mit vierjähriger Laufzeit, jährlichen Kuponzahlungen und einem Nennwert von EUR 1.000, die zum Nennwert ausgegeben wird. Welchen Kuponzinssatz hat diese Anleihe?

18. Sie kaufen eine Anleihe ohne Ausfallrisiko mit einer fünfjährigen Laufzeit, jährlichen Kuponzahlungen von 5 % und einem Nennwert von EUR 1.000.

a) Bestimmen Sie, ob diese Anleihe über, oder unter pari gehandelt wird, ohne Berechnungen anzustellen.

b) Welche Effektivverzinsung hat diese Anleihe?

c) Wie würde der neue Preis lauten, wenn der Effektivzins auf diese Anleihe auf 5,2 % stiege?

19. Die Preise von Nullkuponanleihen ohne Ausfallrisiko jeweils mit Nennwert von EUR 1.000 und unterschiedlicher Laufzeit sind in folgender Tabelle dargestellt:

Laufzeit (Jahre)	**1**	**2**	**3**
Preis (pro EUR 1.000 Nennwert)	EUR 970,87	EUR 938,95	EUR 904,56

Sie stellen fest, dass eine Anleihe ohne Ausfallrisiko mit dreijähriger Laufzeit, einem jährlichen Kuponzins von 10 % und einem Nennwert von EUR 1.000 heute EUR 1.183,50 kostet. Besteht hier eine Arbitragegelegenheit? Wenn ja, zeigen Sie, wie Sie von dieser Gelegenheit profizieren könnten. Wenn nicht, warum?

20. Sie erhalten folgende Informationen zu der Zinsstrukturkurve einer Kuponanleihe ohne Ausfallrisiko.

Laufzeit (Jahre)	**1**	**2**	**3**	**4**
Kuponzins (jährliche Zahlung)	0,00 %	10,00 %	6,00 %	12,00 %
Effektivverzinsung	2,000 %	3,908 %	5,840 %	5,783 %

a) Berechnen Sie aufgrund von Arbitrageüberlegungen den Effektivzins einer Nullkuponanleihe mit einer zweijährigen Laufzeit.

b) Wie sieht die Zinsstrukturkurve in den Jahren 1 bis 4 aus?

6.4 Unternehmensanleihen

21. Warum entspricht die erwartete Rendite einer Unternehmensanleihe nicht ihrer Effektivverzinsung?

22. Grummon Corporation hat Nullkuponanleihen mit einer fünfjährigen Laufzeit ausgegeben. Die Investoren gehen davon aus, dass eine Wahrscheinlichkeit von 20 % besteht, dass das Unternehmen in die Insolvenz gerät. Tritt dies ein, erwarten die Investoren, dass sie nur 50 Cent pro investierten Euro erhalten. Wie hoch ist der Preis und Effektivverzinsung dieser Anleihe, wenn die erwartete Rendite vor Investoren für diese Anleihe 6 % beträgt?

23. Andrew Industries zieht in Betracht, eine Anleihe mit dreißigjähriger Laufzeit, einem Kuponzinssatz von 7 % (jährliche Kuponzahlungen) und einem Nennwert von EUR 1.000 auszugeben. Andrew geht davon aus, dass man von Standard and Poor's ein A-Rating erhalten wird. Jedoch gibt es aufgrund der kürzlichen finanziellen Schwierigkeiten im Unternehmen eine Warnung von Standard and Poor's, dass man das Rating der Anleihen von Andrews Industries möglicherweise auf BBB herabstufen wird. Die Renditen von langfristigen Anleihen mit A-Rating liegen derzeit bei 6,5 % und Renditen von Anleihen mit BBB-Rating bei 6,9 %.

a) Welchen Preis hat die Anleihe, wenn das A-Rating für die Anleiheemission bestehen bleibt?

b) Welchen Preis hat die Anleihe im Falle einer Herabstufung?

24. HMK Enterprises möchte EUR 10 Millionen für Investitionsaufwendungen aufbringen. Das Unternehmen plant, Anleihen mit fünfjähriger Laufzeit, einem Nennwert von EUR 1.000 und einem Kuponzinssatz von 6,5 % (jährliche Zahlungen) zu emitieren. Folgende Tabelle zeigt die Effektivverzinsung von Kuponanleihen mit fünfjähriger Laufzeit (jährliche Zahlungen) und unterschiedlichen Ratings:

Rating	AAA	AA	A	BBB	BB
Effektivverzinsung	6,20 %	6,30 %	6,50 %	6,90 %	7,50 %

a) Welchen Preis haben die Anleihen im Falle eines AA-Ratings?

b) Wie hoch ist der gesamte Kapitalbetrag dieser Anleihen, die HMK ausgeben muss, um heute die EUR 10 Millionen zu erhalten, wenn wir davon ausgehen, dass die Anleihen ein AA-Rating erhalten? (Da HMK keinen Bruchteil einer Anleihe ausgeben kann, gehen wir davon aus, dass alle Bruchteile auf die nächste ganze Zahl gerundet werden.)

c) Welches Rating müssen die Anleihen erhalten, damit sie alle zum Nennwert verkauft werden können?

d) Angenommen, der Preis der Anleihen bei ihrer Emission liegt jeweils bei EUR 959,54. Welches Rating ist in diesem Fall wahrscheinlich? Handelt es sich um Junk Bonds?

25. Eine Unternehmensanleihe mit einem BBB-Rating hat eine Effektivverzinsung von 8,2 %. Ein US-Treasury-Bond hat eine Effektivverzinsung von 6,5 % (US-Konvention). Beide Anleihen zahlen einen halbjährlichen Kupon zu einem Satz von 7 % und haben eine Laufzeit von fünf Jahren.

a) Welchen Preis (ausgedrückt als prozentualer Anteil des Nennwertes in Höhe von 1.000 USD) hat der Treasury-Bond?

b) Welchen Preis (ausgedrückt als prozentualer Anteil des Nennwertes) hat die Unternehmensanleihe mit dem BBB-Rating?

c) Welchen Credit Spread hat die BBB-Anleihe?

6.5 Lösungen

1. a) Die Laufzeit beträgt 10 Jahre.

b) $(20 : 1.000) \times 2 = 4\ \%$, also ist der Kuponzinssatz 4 %.

c) Der Nennwert ist EUR 1.000.

2. a) Wir verwenden folgende Gleichung:

$$1 + r_{eff\,n} = \left(\frac{NW_n}{P}\right)^{1/n}$$

$$1 + r_{eff\,1} = \left(\frac{100}{95,51}\right)^{1/1} \Rightarrow r_{eff\,1} = 4,70\ \%$$

$$1 + r_{eff\,2} = \left(\frac{100}{91,05}\right)^{1/2} \Rightarrow r_{eff\,2} = 4,80\ \%$$

$$1 + r_{eff\,3} = \left(\frac{100}{86,38}\right)^{1/3} \Rightarrow r_{eff\,3} = 5,00\ \%$$

$$1 + r_{eff\,4} = \left(\frac{100}{81,65}\right)^{1/4} \Rightarrow r_{eff\,4} = 5,20\ \%$$

$$1 + r_{eff\,5} = \left(\frac{100}{76,51}\right)^{1/5} \Rightarrow r_{eff\,4} = 5,50\ \%$$

b) Die Zinsstrukturkurve ist unten dargestellt.

Zinsstrukturkurve der Nullkuponanleihe

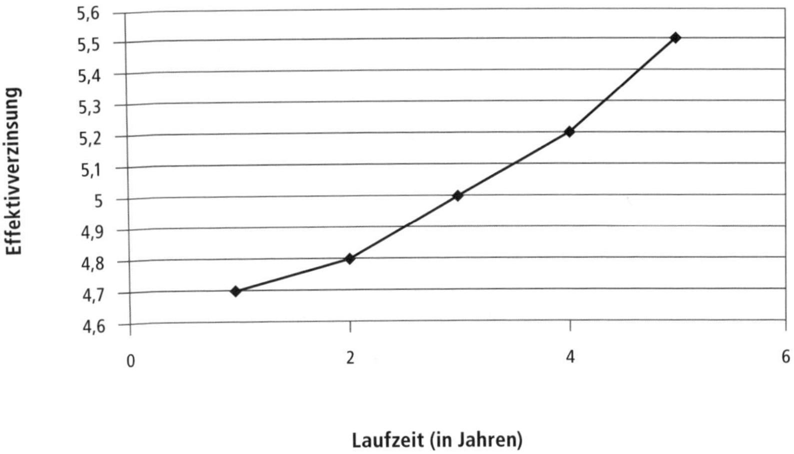

c) Die Zinsstrukturkurve ist steigend.

3. a) $P = 100 : (1{,}055)^2 = \text{EUR } 89{,}85$

b) $P = 100 : (1{,}0595)^4 = \text{EUR } 79{,}36$

c) 6,05 %

4. $\left(\frac{100}{100{,}002556}\right)^4 - 1 = -0{,}01022\ \%$

5. a) $\text{EUR } 1.034{,}74 = \frac{40}{\left(1+\frac{r_{eff}}{2}\right)} + \frac{40}{\left(1+\frac{r_{eff}}{2}\right)^2} + \ldots + \frac{40+1.000}{\left(1+\frac{r_{eff}}{2}\right)^{10}} \Rightarrow r_{eff} = 7{,}5\ \%$

Berechnung mittels Tabellenkalkulationsprogramm:

	ZZR	ZINS	BW	RMZ	NOM	Excel Formel
Gegeben	20		–1.034,74	40	1.000	
Auflösen nach ZINS		3,75 %				=ZINS(20;40;-1,034;74;1,000)

Also ist $r_{eff} = 3{,}75\ \% \times 2 = 7{,}50\ \%$.

b) $BW = \frac{40}{\left(1+\frac{0{,}09}{2}\right)} + \frac{40}{\left(1+\frac{0{,}09}{2}\right)^2} + L + \frac{40+1.000}{\left(1+\frac{0{,}09}{2}\right)^{20}} = \text{EUR } 934{,}96$

Berechnung mittels Tabellenkalkulationsprogramm:

Bei einem r_{eff} von 9 % = 4,5 % einem Kupon von 4,5 % halbjährlich, ist der neue Preis EUR 934,96.

	ZZR	ZINS	BW	RMZ	NOM	Excel Formel
Gegeben	20	4,50 %		40	1.000	
Auflösen nach BW			–934,96			=BW(0,045;20;40;1.000)

6. $900 = \frac{K}{(1+0{,}06)} + \frac{K}{(1+0{,}06)^2} + \ldots + \frac{K+1.000}{(1+0{,}06)^5} \Rightarrow K = \text{EUR } 36{,}26$

Also beträgt der Kuponzinssatz 3,626 %.

Berechnung von K mittels Tabellenkalkulationsprogramm mit Funktion „RMZ“:

	ZZR	ZINS	BW	RMZ	ZW	Excel Formel
Gegeben	5	6,00 %	–900,00		1.000	
Auflösen nach RMZ				36,26		=RMZ(0,06;5;–900;100)

Also beträgt der Kuponzinssatz 3,626 %.

7. Anleihe A wird mit einem Abschlag gehandelt. Anleihe D zu pari. Anleihen B und C mit einem Aufschlag.

8. Anleihen, die mit einem Abschlag gehandelt werden, erzielen eine Rendite sowohl aus dem Erhalt der Kuponzahlungen als auch aus dem Erhalt des Nennwerts, der den für die Anleihe gezahlten Preis übersteigt. Folglich übersteigt die Effektivverzinsung dieser Anleihe den Kuponzins.

9. a) Der Emissionspreis der Anleihe war:

$$P = \frac{70}{1+0{,}06} + \ldots + \frac{70+1.000}{(1+0{,}06)^{10}} = \text{USD } 1.073{,}60$$

b) Vor der ersten Kuponzahlung beträgt der Preis der Anleihe:

$$P = 70 + \frac{70}{1+0{,}06} + \ldots + \frac{70+1.000}{(1+0{,}06)^{9}} = \text{USD } 1.138{,}02$$

c) Nach der ersten Kuponzahlung beträgt der Preis der Anleihe:

$$P = \frac{70}{1+0{,}06} + \ldots + \frac{70+1.000}{(1+0{,}06)^{9}} = \text{USD } 1.068{,}02$$

10. a) Zuerst berechnen wir den Anfangspreis der Anleihe, indem wir die 10 jährlichen Kuponzahlungen von EUR 6 und den finalen Nennwert von EUR 100 zum Effektivzinssatz von 5 % diskontieren.

	ZZR	ZINS	BW	RMZ	NOM	Excel Formel
Gegeben	10	5,00 %		6	100	
Auflösen nach BW			–107,72			= BW(0,05;10;6;100)

Also beträgt der Anfangspreis der Anleihe EUR 107,72. (Zu beachten ist, dass die Anleihe über pari gehandelt wird).

Als nächstes berechnen wir den Preis, zu dem die Anleihe verkauft wird, also den Barwert der Cashflows der Anleihe bei einer Restlaufzeit von 6 Jahren.

	ZZR	ZINS	BW	RMZ	NOM	Excel Formel
Gegeben	6	5,00 %		6	100	
Auflösen nach BW			–105,08			= BW(0,05;6;6;100)

Also wurde die Anleihe zum Preis von EUR 105,08 verkauft. Die Cashflows aus der Investition sind in folgendem Zeitstrahl dargestellt:

Jahr	0	1	2	3	4
Kauf der Anleihe	–EUR 107,72				
Erhalt des Kupons		EUR 6	EUR 6	EUR 6	EUR 6
Verkauf der Anleihe					EUR 105,08
Cashflows	–EUR 107,72	EUR 6	EUR 6	EUR 6	EUR 111,08

b) Wir berechnen den *IZF* dieser Investition mittels eines Tabellenkalkulationsprogramms. Der Barwert entspricht dem Preis der Anleihe, der RMZ ist die Höhe des Kupons und der NOM ist hier der Verkaufspreis. Die Laufzeit der Investition ist N = 4 Jahre. Dann berechnen wir den *IZF* der Investition = 5 %. Da r_{eff} zum Zeitpunkt des Kaufs und des Verkaufs gleich war, entspricht der *IZF* dieser Investition dem r_{eff}.

	ZZR	ZINS	BW	RMZ	NOM	Excel Formel
Gegeben	4		–107,72	6	105,08	
Auflösen nach ZINS		5,00 %				=ZINS(4;6;-107,72;105,08)

11. a) Kaufpreis = 100 : $1{,}06^{30}$ = 17,41. Verkaufspreis = 100 : $1{,}06^{25}$ = 23,30. Rendite = $(23{,}30 : 17{,}41)^{1/5} - 1$ = 6,00 %. D.h., da die Effektivverzinsung bei Kauf und Verkauf gleich ist ⇒ $IZF = r_{eff}$.

b) Kaufpreis = 100 : $1{,}06^{30}$ = 17,41. Verkaufspreis = 100 : $1{,}07^{25}$ = 18,42. Rendite = $(18{,}42 : 17{,}41)^{1/5} - 1$ = 1,13 %. D.h., da die Effektivverzinsung steigt ⇒ $IZF <$ anfänglicher r_{eff}.

c) Kaufpreis = 100 : $1{,}06^{30}$ = 17,41. Verkaufspreis = 100 : $1{,}05^{25}$ = 29,53. Rendite = $(29{,}53 : 17{,}41)^{1/5} - 1$ = 11,15 %. D.h., da die Effektivverzinsung sinkt ⇒ $IZF >$ anfänglicher r_{eff}.

d) Bei einem vorzeitigen Verkauf besteht, auch wenn kein Ausfallrisiko besteht, das Risiko, dass sich die Effektivverzinsung verändert.

12. a) 3,17 %

b) 5 %

c) Ein Vergleich der *IZFs* ist nicht sinnvoll. Indem wir die Anleihe nicht zu ihrem derzeitigen Preis von USD 78,81 verkaufen, profitieren wir in Zukunft von der aktuellen Rendite von 7 % auf diesen Betrag.

13. Der Ertrag aus der Investition in die Einjahres-Anleihe entspricht der Rendite. Die Rendite aus der Investition in die Fünfjahres-Anleihe zum Anfangspreis p_0 und dem Verkauf nach einem Jahr zum Preis p_1 ist

$$\frac{p_1}{p_0} - 1\,.$$

$$p_0 = \frac{1}{(1{,}05)^5}$$

$$p_1 = \frac{1}{(1+y)^5}$$

Der Break-Even-Wert ist erreicht, wenn:

$$\frac{p_1}{p_0} - 1 = \frac{\dfrac{1}{(1+y)^4}}{\dfrac{1}{(1{,}05)^5}} - 1 = y_1 = 0{,}03$$

$$\frac{(1,05)^5}{(1+y)^4} = 1.03$$

$$y = \frac{(1,05)^{5/4}}{(1,03)^{1/4}} - 1 = 5,51\ \%$$

14. $P = \frac{NOM}{\left(1+r_{eff_N}\right)^N} = \frac{1.000}{(1+0,048)^5} = \text{EUR } 791,03$

15. Der Preis der Anleihe ist:

$$P = \frac{K}{1+r_{eff_1}} + \frac{K}{\left(1+r_{eff_2}\right)^2} + \ldots + \frac{K+NOM}{\left(1+r_{eff_N}\right)^N} = \frac{40}{(1+0,04)} + \frac{40}{(1+0,043)^2} + \frac{40+1.000}{(1+0,045)^3} = \text{EUR } 986,58$$

Der Effektivzins ist:

$$P = \frac{K}{1+r_{eff_1}} + \frac{K}{\left(1+r_{eff}\right)^2} + \ldots + \frac{K+NOM}{\left(1+r_{eff}\right)^N}$$

$$\text{EUR } 986,58 = \frac{40}{1+r_{eff}} + \frac{40}{(1+r_{eff})^2} + \frac{40+1.000}{\left(1+r_{eff}\right)^3} \Rightarrow r_{eff} = 4,488\ \%$$

16. Die Laufzeit muss ein Jahr betragen. Wäre sie länger als ein Jahr, gäbe es eine Arbitragegelegenheit.

17. $1.000 = K\left(\frac{1}{1+0,04} + \frac{1}{(1+0,043)^2} + \frac{1}{(1+0,45)^3} + \frac{1}{(1+0,47)^4}\right) + \frac{1.000}{(1+0,47)^4}$

$K = \text{EUR } 46,76$

Der Kuponzinssatz liegt somit bei 4,676 %.

18. a) Die Anleihe wird über pari gehandelt, da der Effektivzins der gewichtete Durchschnitt der Zinssätze auf die Nullkuponanleihen ist. Dies impliziert, dass ihr Zinssatz unter 5 %, dem Kuponzinssatz, liegt.

b) Um den Zinssatz zu errechnen, bestimmen wir zuerst den Preis:

$$P = \frac{K}{1+r_{eff_1}} + \frac{K}{\left(1+r_{eff_2}\right)^2} + \ldots + \frac{K+NOM}{\left(1+r_{eff_N}\right)^N}$$

$$= \frac{50}{(1+0,04)} + \frac{50}{(1+0,043)^2} + \frac{50}{(1+0,45)^3} + \frac{50}{(1+0,47)^4} \frac{50+1.000}{(1+0,48)^5} = \text{EUR } 1.010,05$$

Der Effektivzins ist:

$$P = \frac{K}{1+r_{eff}} + \frac{K}{\left(1+r_{eff}\right)^2} + \ldots + \frac{K+NOM}{\left(1+r_{eff}\right)^N}$$

$$1.010{,}05 = \frac{50}{\left(1+r_{eff}\right)} + \ldots + \frac{50+1.000}{\left(1+r_{eff}\right)^N} \Rightarrow r_{eff} = 4{,}77\ \%$$

c) Wenn der Zinssatz auf 5,2 % steigt, ist der neue Preis:

$$P = \frac{K}{1+r_{eff}} + \frac{K}{\left(1+r_{eff}\right)^2} + \ldots + \frac{K+ZW}{\left(1+r_{eff}\right)^N}$$

$$= \frac{50}{(1+0{,}52)} + \ldots + \frac{50+1.000}{(1+0{,}52)^N} = \text{EUR } 991{,}39$$

19. Zuerst finden wir heraus, ob der Preis der Kuponanleihe mit den von den anderen Anleihen implizierten Nullkuponzinsen übereinstimmt.

$$970{,}87 = \frac{1.000}{\left(1+r_{eff_1}\right)} \rightarrow r_{eff_1} = 3{,}0\ \%$$

$$938{,}95 = \frac{1.000}{\left(1+r_{eff_2}\right)} \rightarrow r_{eff_2} = 3{,}2\ \%$$

$$904{,}56 = \frac{1.000}{\left(1+r_{eff_3}\right)} \rightarrow r_{eff_3} = 3{,}4\ \%$$

Entsprechend diesen Nullkuponzinssätzen, sollte sich folgender Preis der Kuponanleihe ergeben:

$$\frac{100}{(1+0{,}03)} + \frac{100}{(1+0{,}32)^2} + \frac{100+1.000}{(1+0{,}34)^3} = \text{EUR } 1.186{,}00$$

Der Preis der Kuponanleihe ist zu niedrig, also besteht hier eine Arbitragegelegenheit. Um davon zu profizieren:

	Heute	1 Jahr	2 Jahre	3 Jahre
10 Kuponanleihen kaufen	–11.835,00	+1.000	+1.000	+11.000
Leerverkauf 1 Nullkuponanleihe – Laufzeit 1 Jahr	+970,87	–1.000		
Leerverkauf 1 Nullkuponanleihen – Laufzeit 2 Jahre	+938,95		–1.000	
Leerverkauf 11 Nullkuponanleihen – Laufzeit 3 Jahre	+9.950,16			–11.000
Nettocashflow	24,98	0	0	0

20. a) Wir konstruieren eine Nullkuponanleihe mit zweijähriger Laufzeit und verwenden dafür die Kuponanleihen mit einjähriger bzw. zweijähriger Laufzeit wie folgt:

	Cashflow in Jahr			
	1	2	3	4
Kuponanleihe mit zwei Jahren Laufzeit (Nennwert EUR 1.000)	100	1.100		
Abzgl. Anleihe mir einjähriger Laufzeit (Nennwert EUR 100)	–100			
Nullkuponanleihe mit zweijähriger Laufzeit (Nennwert EUR 1.100)	–	1.100		

Preis (Kuponanleihe mit zwei Jahren Laufzeit)

$$= \frac{100}{1{,}03908} + \frac{1.100}{1{,}03908^2} = \text{EUR } 1.115{,}05$$

$$\text{Preis (Anleihe mit einjähriger Laufzeit)} = \frac{100}{1{,}02} = \text{EUR } 98{,}04$$

Nach dem Gesetz des einheitlichen Preises gilt:

Preis (2 Jahre Nullkupon) = Preis (2 Jahre Kupon) – Preis (1 Jahr Kupon)

= 1.115,05 – 98,04 = 1.017,01

Bei diesem Preis pro EUR 1.100 Nennwert beträgt der Effektivzinssatz für die Nullkuponanleihe mit zweijähriger Laufzeit:

$$r_{eff}(2) = \left(\frac{1.100}{1.017{,}01}\right)^{1/2} - 1 = 4{,}000\ \%$$

b) Wir wissen bereits, dass $r_{eff}(1) = 2\ \%$, $r_{eff}(2) = 4\ \%$. Wir können eine Nullkuponanleihe mit einer Laufzeit von drei Jahren wie folgt konstruieren:

	Cashflow in Jahr			
	1	2	3	4
Kuponanleihe mit dreijähriger Laufzeit (Nennwert EUR 1.000)	60	60	1.060	
Abzgl. Nullkuponanleihe mit einjähriger Laufzeit (Nennwert EUR 60)	–60			
Abzgl. Nullkuponanleihe mit zweijähriger Laufzeit (Nennwert EUR 60)	–	–60		
Nullkuponanleihe mit dreijähriger Laufzeit (Nennwert EUR 1.060)	–	–	1.060	

$$\text{Preis (Kuponanleihe 3 Jahre)} = \frac{60}{1{,}0584} + \frac{60}{1{,}0584^2} + \frac{1.060}{1{,}0584^3} = \text{EUR } 1.004{,}29$$

Nach dem Gesetz des einheitlichen Preises gilt:

Preis (3 Jahre Nullkupon) = Preis (3 Jahre Kupon) – Preis (1 Jahr Nullkupon) – Preis (2 Jahre Nullkupon) = 1.004,29 – 60 : 1,02 – 60 : $1{,}04^2$ = EUR 889,99

Wir lösen nach r_{eff} auf:

$$r_{eff}(3) = \left(\frac{1.060}{889{,}99}\right)^{1/3} - 1 = 6{,}000\ \%$$

Genauso gehen wir bei der Nullkuponanleihe mit vierjähriger Laufzeit vor:

	Cashflow in Jahr			
	1	2	3	4
Kuponanleihe mit vierjähriger Laufzeit (Nennwert EUR 1.000)	120	120	120	1.120
Abzgl. Nullkuponanleihe mir einjähriger Laufzeit (Nennwert EUR 120)	–120			
Abzgl. Nullkuponanleihe mit zweijähriger Laufzeit (Nennwert EUR 120)	–	–120		
Abzgl. Nullkuponanleihe mit dreijähriger Laufzeit (Nennwert EUR 120)	–	–	–120	
Nullkuponanleihe mir vierjähriger Laufzeit (Nennwert EUR 1.120)	–	–	–	1.120

Preis (Kuponanleihe mit vierjähriger Laufzeit) =

$$\frac{120}{1.05783}+\frac{120}{1{,}05783^2}+\frac{120}{1{,}05783^3}+\frac{1120}{1{,}05783^4}=\text{EUR } 1.216{,}50$$

Nach dem Gesetz des einheitlichen Preises gilt:

Preis (4-jährige Nullkupon) = Preis (4-jährige Kupon) – *BW*(Kupons in Jahren 1 – 3) = 1.216,50 – 120 : 1,02 – 120 : $1{,}04^2$ – 120 : $1{,}06^3$ = EUR 887,15

Wir lösen nach r_{eff} auf:

$$r_{eff}(4)=\left(\frac{1.120}{887{,}15}\right)^{1/4}-1=6{,}000\ \%$$

Wir haben also unten dargestellte Zinsstrukturkurve berechnet:

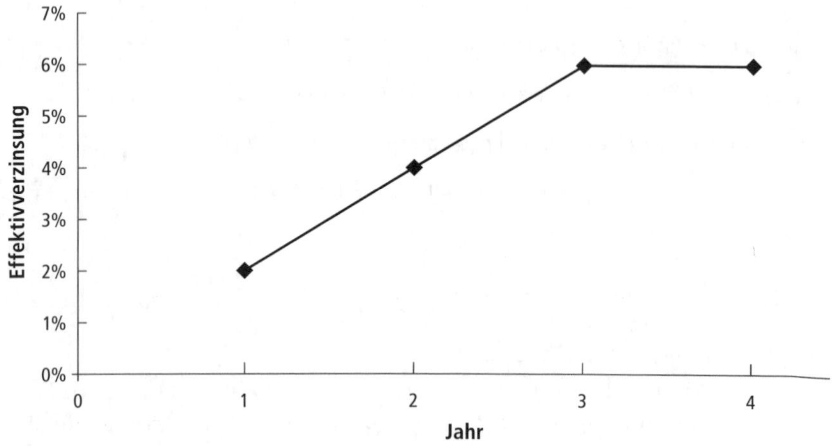

21. Die Effektivverzinsung einer Unternehmensanleihe basiert auf den versprochenen Zahlungen der Anleihe. Es besteht jedoch die Möglichkeit, dass das Unternehmen insolvent wird und weniger an seine Gläubiger auszahlt. Somit ist die erwartete Rendite einer Anleihe generell niedriger als die Effektivverzinsung.

Unternehmensanleihen unterliegen einem Kreditrisiko, also dem Risiko, dass der Schuldner insolvent wird und die Zahlungen nicht leisten kann. Folglich zahlen Investoren für Anleihen mit Kreditrisiko weniger, als sie für eine ansonsten identische, sichere Anleihe zahlen würden. Jedoch ist die Effektivverzinsung einer Anleihe mit Ausfallrisiko immer höher als die erwartete Rendite der Investition in diese Anleihe, da sie auf Basis der versprochenen Cashflows und nicht anhand der erwarteten Cashflows berechnet wird.

22. $\text{Preis} = \dfrac{100((1-d)+d(r))}{1{,}06^5} = 67{,}25$

$$r_{eff} = \left(\frac{100}{67{,}25}\right)^{1/5} - 1 = 8{,}26\ \%$$

23. a) Bei der ursprünglichen Emission hatte die Anleihe folgenden Preis:

$$P = \frac{70}{(1+0{,}065)} + \ldots + \frac{70+1.000}{(1+0{,}065)^{30}} = \text{EUR } 1.065{,}29$$

b) Bei einer Herabstufung fällt der Preis auf

$$P = \frac{70}{(1+0{,}069)} + \ldots + \frac{70+1.000}{(1+0{,}069)^{30}} = \text{EUR } 1.012{,}53.$$

24. a) Die Anleihen haben folgenden Preis:

$$P = \frac{65}{(1+0{,}063)} + \ldots + \frac{65+1.000}{(1+0{,}063)^{5}} = \text{EUR } 1.008{,}36$$

b) Jede Anleihe bringt EUR 1.008,36, also muss das Unternehmen

$$\frac{\text{EUR } 10.000.000}{\text{EUR } 1.008{,}36} = 9.917{,}13 \Rightarrow 9.918 \text{ Anleihen ausgeben.}$$

Dies entspricht einem Kapitalbetrag von $9.918 \times \text{EUR } 1.000 = \text{EUR } 9.918.000$.

c) Damit die Anleihen zum Nennwert verkauft werden können, muss der Kupon dem Zinssatz entsprechen. Da der Kupon bei 6,5 % liegt, muss der Zinssatz ebenfalls bei 6,5 % liegen oder ein A-Rating haben.

d) Zuerst berechnen wir die Rendite auf diese Anleihen:

$$959{,}54 = \frac{65}{\left(1+r_{eff}\right)} + \ldots + \frac{65+100}{\left(1+r_{eff}\right)^5} \Rightarrow r_{eff} = 7{,}5\ \%$$

Bei einer Rendite von 7,5 % ist ein BB-Rating wahrscheinlich. Anleihen mit einem BB-Rating sind Junk-Bonds.

25. a) $P = \dfrac{35}{(1+0{,}0325)} + \ldots + \dfrac{35+1.000}{(1+0{,}0325)^{10}} = \text{USD } 1.021{,}06 = 102{,}1\ \%$

b) $P = \dfrac{35}{(1+0{,}041)} + \ldots + \dfrac{35+1.000}{(1+0{,}041)^{10}} = \text{USD } 951{,}58 = 95{,}2\ \%$

c) $8{,}2\ \% - 6{,}5\ \% = 1{,}7\ \%$, d.h. 1,7 Prozentpunkte oder 170 Basispunkte

Investitionsentscheidungen

7

ÜBERBLICK

7.1 Der Kapitalwert und Einzelprojekte

1. Sie überlegen, in ein Start-Up-Unternehmen zu investieren. Der Gründer bittet Sie, ihm heute EUR 200.000 zu überlassen. Sie erwarten, aus diesem Investment in neun Jahren EUR 1.000.000 zu erhalten. Ihre risikoadjustierten Kapitalkosten für diese Investitionsmöglichkeit betragen 20 %. Welchen Kapitalwert hat die Investitionsmöglichkeit? Sollten Sie diese Investition vornehmen? Berechnen Sie den *IZF*. Bei welcher Veränderung der Kapitalkosten verändert sich die Entscheidung?

2. Sie planen, eine neue Fabrik zu eröffnen. Die Anfangsinvestition beträgt EUR 100 Millionen. Danach erwartet man Gewinne von EUR 30 Millionen am Ende eines jeden Jahres. Man geht davon aus, dass diese Cashflows für immer bestehen bleiben. Berechnen Sie den Kapitalwert dieser Investitionsmöglichkeit bei Kapitalkosten von 8 %. Sollten Sie diese Investition tätigen? Berechnen Sie den *IZF* und verwenden Sie ihn, um zu ermitteln, bei welchen Kapitalkosten die Entscheidung gerade noch unverändert bleibt.

3. Ihr Unternehmen plant die Einführung eines neuen Produkts, den XJ5. Die Anfangsinvestition beträgt EUR 10 Millionen und Sie erwarten für die nächsten fünf Jahre einen Cashflow von jährlich EUR 3 Millionen. Berechnen Sie die Kapitalwerte für unterschiedliche Kalkulationszinssätze zwischen 0 % und 30 % in 5 %-Schritten. Bei welchen Kalkulationszinssätzen ist dieses Projekt attraktiv?

4. Angeblich hat Bill Clinton USD 15 Millionen für die Erstellung seines Buches *My Way* bekommen. Er brauchte drei Jahre um das Buch zu schreiben. In dieser Zeit hätte er sich auch dafür bezahlen lassen können, Vorträge zu halten. Angesichts seiner Popularität nehmen wir an, er hätte USD 8 Millionen pro Jahr verdienen können (jeweils am Jahresende anfallend), wenn er Vorträge gehalten hätte, anstatt das Buch zu schreiben. Wir gehen davon aus, dass seine Kapitalkosten 10 % pro Jahr betragen.
   a) Welchen *KW* hat das Buchprojekt? Etwaige Lizenzzahlungen sollen ignoriert werden.
   b) Angenommen, das Buch bringt nach seiner Fertigstellung Lizenzgebühren in Höhe von USD 5 Millionen im ersten Jahr (am Jahresende) ein und die Lizenzgebühren werden (für immer) um 30 % pro Jahr abnehmen. Welchen *KW* hat das Buchprojekt mit den Lizenzgebühren?

5. FastTrack Bikes, Inc. plant die Entwicklung eines neuen Rennrads. Die Entwicklung wird sechs Jahre in Anspruch nehmen und EUR 200.000 pro Jahr kosten. Nach Produktionsbeginn wird das Rennrad zehn Jahre lang EUR 300.000 pro Jahr generieren. Wir nehmen an, dass die Kapitalkosten 10 % betragen.
   a) Berechnen Sie den Kapitalwert dieser Investitionsmöglichkeit unter der Annahme, dass alle Cashflows am Ende des jeweiligen Jahres anfallen. Sollte das Unternehmen dieses Projekt umsetzen?
   b) Wie müssen sich die Kapitalkosten verändern, damit sich diese Entscheidung ändert? (*Hinweis:* Berechnen Sie den *IZF* anhand einer Excel-Tabelle.)
   c) Welchen Kapitalwert hat das Projekt, wenn die Kapitalkosten 14 % betragen?

6. OpenSeas, Inc. bewertet den Kauf eines neuen Kreuzfahrtschiffes. Das Schiff würde EUR 500.000 Millionen kosten und wäre 20 Jahre in Betrieb. OpenSeas erwartet jährliche Cashflows aus dem Betrieb des Schiffes von EUR 70 Millionen (am Ende eines jeden Jahres) und die Kapitalkosten betragen 12 %.

a) Berechnen Sie die Kapitalwerte für unterschiedliche Kapitalkosten im Bereich von 0 % bis 25 %.

b) Schätzen Sie anhand einer Grafik den *IZF* (auf das nächste ganze %).

c) Ist der Kauf gemäß dieser Schätzung attraktiv?

d) Wie weit könnten die Kapitalkosten von OpenSeas (nächstes ganzes %) abweichen, ohne dass sich Ihre Entscheidung ändert?

7.2 Die interne Zinsfußregel

7. Ihnen wurde eine langfristige Investitionsmöglichkeit angeboten, bei der der von Ihnen eingezahlte Betrag auf das Hundertfache steigen soll. Sie können heute EUR 1000 investieren und sollen in 40 Jahren EUR 100.000 erhalten. Ihre Kapitalkosten dieser (sehr riskanten) Investition betragen 25 %. Was besagt die interne Zinsfußregel im Hinblick auf die Entscheidung für oder gegen diese Investition? Was besagt die Kapitalwertregel? Stimmen sie überein?

8. Stimmt die interne Zinsfußregel mit der Kapitalwertregel in Aufgabe 2 überein?

9. Wie viele *IZFs* kommen in Teilaufgabe a) von Frage 4 vor? Gibt uns die Zinsfußregel in diesem Fall die korrekte Antwort? Wie viele *IZFs* kommen in Teilaufgabe b) von Frage 4 vor? Ist die interne Zinsfußregel in diesem Fall anwendbar?

10. Professor Wendy Smith wurde folgendes Angebot unterbreitet: Eine Kanzlei würde sie gerne ein Jahr lang beschäftigen und dafür im Voraus EUR 50.000 zahlen. Im Gegenzug könnte die Kanzlei über 8 Stunden ihrer Zeit pro Monat verfügen. Der Stundensatz von Smith liegt bei EUR 550 und ihre Opportunitätskosten des Kapitals liegen bei 15 % (effektiv).Was rät die interne Zinsfußregel bezüglich dieser Investitionsgelegenheit? Was sagt die Kapitalwertregel?

11. Innovation Company überlegt, ein neues Softwareprodukt auf den Markt zu bringen. Die Anfangskosten für die Entwicklung und Vermarktung des Produkts betragen EUR 5 Millionen. Das Produkt soll 10 Jahre lang einen Gewinn von EUR 1 Million pro Jahr einbringen. Das Unternehmen wird Produktsupport anbieten, der (für immer) EUR 100.000 pro Jahr kosten wird. Wir gehen davon aus, dass alle Gewinne und Kosten am Jahresende auftreten.

a) Welchen Kapitalwert hat diese Investition, wenn die Kapitalkosten 6 % betragen? Sollte das Unternehmen dieses Projekt umsetzen? Wiederholen Sie diese Analyse mit Kalkulationszinssätzen von 2 % bzw. 12 %.

b) Wie viele interne Zinsfüße hat diese Investitionsgelegenheit?

c) Kann hier die interne Zinsfußregel für die Bewertung dieser Investition angewendet werden? Begründen Sie Ihre Entscheidung.

12. Sie betreiben eine Kohlebergbaugesellschaft und überlegen, einen weiteren Schacht zu betreiben. Die Erschließung des Fördergebietes selbst wird EUR 120 Millionen kosten. Wird dieses Geld sofort ausgegeben, wird der Schacht in den nächsten 10 Jahren EUR 20 Millionen generieren. Danach ist die Kohle abgebaut und der Standort muss gereinigt und umweltgerecht instandgehalten werden. Altlastenbeseitigung und Instandhaltung werden (für immer) EUR 2 Millionen pro Jahr kosten. Was sagt die interne Zinsfußregel hinsichtlich dieser Investition aus? Was sagt die Kapitalwertregel, wenn die Kapitalkosten bei 8 % liegen?

13. Ihr Unternehmen wendet jährlich EUR 500.000 für die Wartung von Anlagen auf. Aufgrund eines Wirtschaftsabschwungs überlegt das Unternehmen, diese Kosten in den nächsten drei Jahren einzusparen. Wird dieser Plan umgesetzt, müssen in vier Jahren EUR 2 Millionen für den Ersatz mangelhafter Geräte ausgegeben werden.

a) Berechnen Sie den *IZF* für einen Wartungsverzicht!

b) Welche Entscheidung würden Sie aufgrund der internen Zinsfußregel treffen?

c) Wie hoch müssen die Kapitalkosten sein, damit der Verzicht auf die Instandhaltung eine gute Entscheidung ist?

14. Sie planen eine Investition in eine neue Goldmine in Südafrika. Das Gold liegt sehr tief, so dass die Mine eine Anfangsinvestition von EUR 250 Millionen erfordert. Nach dieser Investition wird die Mine für die nächsten 20 Jahre Umsatzerlöse in Höhe von EUR 30 Millionen pro Jahr generieren. Die Auszahlungen für den Betrieb der Mine belaufen sich auf EUR 10 Millionen pro Jahr. Nach 20 Jahren ist die Goldmine erschöpft. Sie muss dann laufend stabilisiert werden, was (für immer) EUR 5 Millionen pro Jahr kosten wird. Berechnen Sie den *IZF* dieser Investition. (*Hinweis:* Stellen Sie den *KW* als Funktion des Kalkulationszinssatzes dar.)

15. Ihr Unternehmen wurde damit beauftragt, eine neue Software für das Kursanmeldungssystem einer Universität zu entwickeln. Im Rahmen dieses Vertrages erhalten Sie eine Vorauszahlung in Höhe von EUR 500.000. Sie gehen davon aus, dass die Entwicklungskosten für die nächsten drei Jahre bei EUR 450.000 pro Jahr liegen werden. Nach Lieferung des neuen Systems erhalten Sie in genau vier Jahren von der Universität eine Abschlusszahlung von EUR 900.000.

a) Welche internen Zinsfüße hat das Projekt?

b) Ist das Projekt attraktiv, wenn die Kapitalkosten 10 % betragen?

Nehmen wir an, Sie können die Bedingungen dieses Vertrages neu verhandeln und erhalten in vier Jahren eine Abschlusszahlung in Höhe von EUR 1 Million.

c) Welchen *IZF* hat das Projekt nun?

d) Ist sie zu diesen Bedingungen attraktiv?

16. Sie planen den Bau einer neuen Anlage in einem abgelegenen Gebiet, um dort das Erz aus einer geplanten Mine zu verarbeiten. Der Bau der Anlage wird etwa ein Jahr dauern und EUR 100 Millionen kosten. Nach der Fertigstellung wird sie am Ende eines jeden Jahres über die Nutzungsdauer der Anlage hinweg Cashflows von EUR 15 Millionen generieren. Die Anlage wird 20 Jahre nach der Inbetriebnahme nutzlos, da dann das gesamte Erz abgebaut sein wird. Dann werden EUR 200 Millionen für die Schließung und Wiederherstellung des ursprünglichen Zustands des Standortes zu zahlen sein. Die Kapitalkosten betragen 12 %.

a) Welchen Kapitalwert hat dieses Projekt?

b) Ist Anwendung der internen Zinsfußregel für dieses Projekt verlässlich? Begründen Sie Ihre Entscheidung.

c) Welchen internen Zinsfuß hat dieses Projekt?

7.3 Die Amortisationsregel

17. Sie möchten einen Film produzieren. Der Film erfordert eine Anfangsinvestition von EUR 10 Millionen und wird in einem Jahr fertig sein. Nach seiner Veröffentlichung wird erwartet, dass er EUR 5 Millionen in einem Jahr und dann die folgenden vier Jahre EUR 2 Millionen pro Jahr einspielen wird. Berechnen Sie den Amortisationszeitpunkt dieser Investition. Würden Sie den Film produzieren, wenn Sie eine Amortisationsdauer von maximal zwei Jahren vorgeben? Hat der Film bei Kapitalkosten von 10 % einen positiven Kapitalwert?

7.4 Die Auswahlentscheidung bei mehreren Projekten

18. Sie arbeiten für einen Spielgerätehersteller und müssen sich zwischen zwei Projekten zu entscheiden.

Cashflows am Jahresende (in EUR Tsd.)

Projekt	**0**	**1**	**2**	***IZF***
Spielhaus	–30	15	20	10,4 %
Burg	–80	39	52	8,6 %

Sie können nur ein Projekt umsetzen. Verwenden Sie die inkrementelle interne Zinsfußregel und Kapitalkosten von 8 % um die korrekte Entscheidung zu treffen.

19. Sie bewerten die folgenden zwei Projekte:

Cashflows am Jahresende (EUR Tsd.)

Projekt	**0**	**1**	**2**
X	–30	20	20
Y	–80	40	60

Verwenden Sie den inkrementellen internen Zinsfuß, um die Spanne der Kalkulationszinssätze zu ermitteln, bei denen die Durchführung der jeweiligen Projekte optimal ist. Beachten Sie, dass Sie auch die Spanne mit einbeziehen sollten, bei der die Durchführung des Projektes nicht sinnvoll ist.

20. Wir betrachten zwei Investitionsprojekte, die beide eine Anfangsinvestition von EUR 10 Millionen erfordern und beide die nächsten 10 Jahre jedes Jahr einen konstanten, positiven Betrag einbringen. Unter welchen Bedingungen kann man diese Projekte anhand ihrer *IZF* vergleichen?

21. Ihnen wird eine sichere Investitionsgelegenheit angeboten, die heute eine Investition von EUR 1.000 erfordert und in zwei Jahren eine Auszahlung von EUR 500 und in 5 Jahren von weiteren EUR 750 erbringen wird.

a) Welchen *IZF* hat diese Investition?

b) Angenommen man kann entweder diese Investition tätigen oder das Geld in eine sichere Anlageform anlegen, die ungeachtet der Laufzeit mit 5 % pro Jahr effektiv verzinst ist. Kann man nun die Entscheidung durch einen Vergleich des effektiven Jahreszinssatzes mit dem internen Zinsfuß der Investition treffen? Begründen Sie Ihre Entscheidung.

22. Facebook liegen zwei Angebote für die Überholung seiner Netzwerkinfrastruktur vor. Das erste Angebot von Huawei erfordert eine Anfangsinvestition von EUR 20 Millionen und generiert die nächsten drei Jahre jährliche Einsparungen in Höhe von EUR 20 Millionen. Das zweite Angebot von Cisco erfordert eine Anfangsinvestition von EUR 100 Millionen und wird in den nächsten drei Jahren jedes Jahr eine Einsparung von EUR 60 Millionen ermöglichen.

a) Welchen *IZF* haben die einzelnen Angebote für Facebook?

b) Welchen Kapitalwert haben die beiden Angebote für Facebook, wenn die Kapitalkosten dieser Investition bei 12 % liegen?

Angenommen, Cisco modifiziert sein Angebot und bietet Facebook stattdessen einen Leasingvertrag an. Im Rahmen dieses Leasingvertrages zahlt Facebook vorab EUR 20 Millionen und dann für die nächsten drei Jahre EUR 35 Millionen jährlich. Die Einsparung für Facebook ist dabei dieselbe, wie bei dem ursprünglichen Angebot von Cisco.

c) Welche Cashflows resultieren für Facebook aus diesem Leasingvertrag einschließlich der Einsparungen? Welchen *IZF* hat das Angebot von Cisco jetzt?

d) Ist das neue Angebot besser für Facebook als das ursprüngliche?

7.5 Projektauswahl bei beschränkten Ressourcen

23. Natasha's Flowers ist ein Blumengeschäft. Jeden Tag werden die Blumen auf dem Großmarkt frisch eingekauft. Dem Einkäufer steht jeden Tag ein Budget von EUR 1.000 zur Verfügung. Die unterschiedlichen Blumen haben unterschiedliche Gewinnspannen. Zudem ist die Menge an Blumen, die im Laden verkauft werden kann, durch die Ladenfläche beschränkt. Aufgrund der letzten Verkaufserfahrungen konnten folgende Kapitalwerte für den Verkauf von folgenden Blumen geschätzt werden:

	***KW* pro Strauß**	**Kosten pro Strauß**	**Max. Sträuße**
Rosen	EUR 3	EUR 20	25
Lilien	EUR 8	EUR 30	10
Veilchen	EUR 4	EUR 30	10
Orchideen	EUR 20	EUR 80	5

Welche Blumen sollte der Laden jeden Tag kaufen?

24. Orchid Biotech Company prüft mehrere Entwicklungsprojekte für neue Medikamente. Eine exakte Prognose der Cashflows ist zwar schwierig, aber das Unternehmen hat folgende Schätzungen hinsichtlich des anfänglichen Kapitalbedarfs und der Kapitalwerte der Projekte erarbeitet. Da die Personalanforderungen der einzelnen Projekte sehr unterschiedlich sind, hat das Unternehmen außerdem die Anzahl an Forschungsmitarbeitern geschätzt, die für die Projekte benötigt werden (alle Kosten sind in EUR Millionen angegeben).

Projektnummer	Anfangskapital	Anzahl an Forschungsmitarbeitern	*KW*
I	10	2	10,1
II	15	3	19,0
III	15	4	22,0
IV	20	3	25,0
V	30	12	60,2

a) Nehmen wir an, Orchid verfügt über ein Gesamtbudget von EUR 60 Millionen. Wie sollte Orchid diese Projekte priorisieren?

b) Nehmen wir ferner an, dass Orchid derzeit nur 12 Forscher beschäftigt und nicht davon ausgeht, dass in naher Zukunft weitere Mitarbeiter eingestellt werden können. Wie sollte Orchid dann die Projekte priorisieren?

c) Warum kann der Rentabilitätsindex für die Priorisierung der Projekte nicht verwendet werden kann, wenn Orchid stattdessen 15 Forschungsmitarbeiter zur Verfügung hat. Welches Projekt sollte in diesem Fall ausgewählt werden?

7.6 Lösungen

1. $$KW = \left(\frac{1.000.000}{1{,}2^9}\right) - 200.000 = -6.193$$

$$IZF = \left(\frac{1.000.000}{200.000}\right)^{1/9} - 1 = 19{,}58\ \%$$

Dieses Projekt sollte nicht umgesetzt werden. Bei einem Rückgang der Kapitalkosten um nur 20 – 19,58 = 0,42 % würde sich die Entscheidung ändern.

2. $KW = -100 + 30 : 8\ \% =$ EUR 275 Millionen. Ja, man sollte sich für diese Investition entscheiden.

$IZF: 0 = -100 + 30 : IZF$. $IZF = 30 : 100 = 30\ \%$. In Ordnung, solange die Kapitalkosten nicht höher als 30 % sind.

3.

r	*KW*	*IZF*
0 %	5.000	15,24
5 %	2.988	
10 %	1.372	
15 %	0,056	
20 %	–1.028	
25 %	–1.932	
30 %	–2.693	

Das Projekt sollte umgesetzt werden, solange der Kalkulationszinssatz unter 15,24 liegt.

4. a) Zeitstrahl:

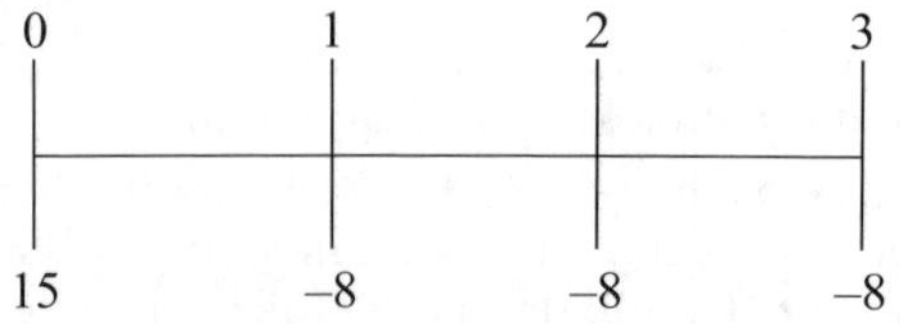

$$KW = 15 - \frac{8}{0,1}\left(1 - \frac{1}{1,1^3}\right) = -\text{USD } 4.895 \text{ Millionen}$$

b) Zeitstrahl:

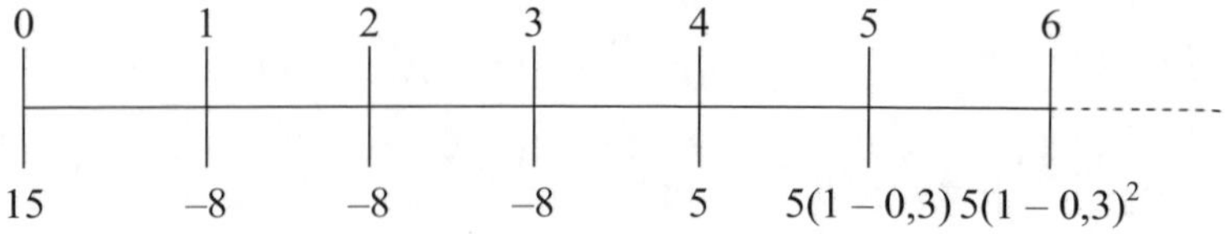

Zuerst berechnen wir den *BW* der Lizenzgebühren in Jahr 3. Die Lizenzgebühren stellen eine abnehmende ewige Rente dar:

$$KW_5 = \frac{5}{0,1-(-0,3)} = \frac{5}{0,4} = 12,5 \text{ Millionen}$$

Der Wert heute beträgt also:

$$KW_{\text{Lizenz}} = \frac{12,5}{1,1^3} = 9,391$$

Dies addieren wir nun zum *KW* aus Teilaufgabe (a) hinzu:
$KW = -4,895 + 9,391 =$ USD 4.496.619.

5. a) Zeitstrahl:

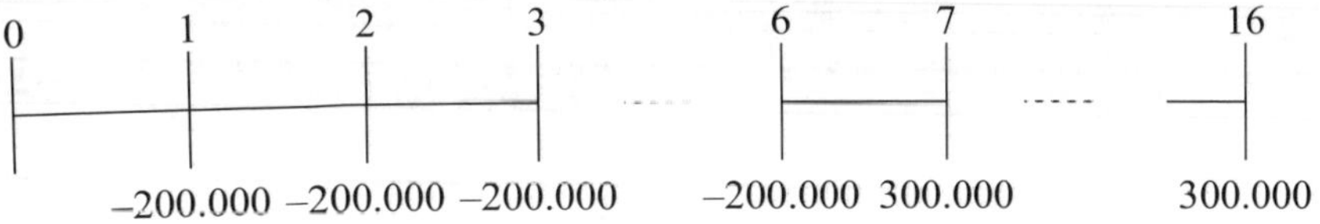

$$KW = -\frac{200.000}{r}\left(1-\frac{1}{(1+r)^6}\right)+\left(\frac{1}{(1+r)^6}\right)\frac{300.000}{r}\left(1-\frac{1}{(1+r)^{10}}\right)$$

$$= -\frac{200.000}{0,1}\left(1-\frac{1}{1,1^6}\right)+\left(\frac{1}{1,1^6}\right)\frac{300.000}{0,1}\left(1-\frac{1}{1,1^{10}}\right)$$

$$= \text{EUR } 169.482$$

$KW > 0$, also sollte das Unternehmen dieses Projekt umsetzen.

b) Wir setzen den $KW = 0$ und lösen nach r (anhand einer Tabelle) auf und erhalten einen *IZF* von 12,66 %.

Sind die Kapitalkosten um 2,66 %-Punkte höher, verändert sich die Entscheidung und das Projekt sollte nicht umgesetzt werden.

	1	2	3	4	5	6	7	8	9	10
	–200	–200	–200	–200	–200	–200	300	300	300	300
IZF	12,66%									
KW										
10%	EUR 169.482									
14%	–EUR 64.816									

c) Zeitstrahl:

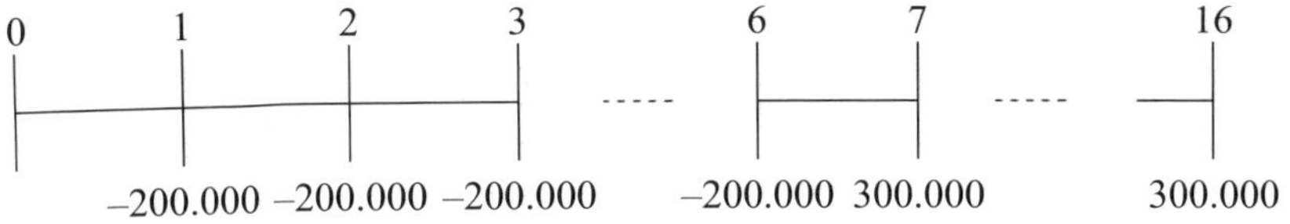

$$KW = -\frac{200.000}{r}\left(1-\frac{1}{(1+r)^6}\right)+\left(\frac{1}{(1+r)^6}\right)\frac{300.000}{r}\left(1-\frac{1}{(1+r)^{10}}\right)$$

$$= -\frac{200.000}{0,14}\left(1-\frac{1}{1,14^6}\right)+\left(\frac{1}{1,14^6}\right)\frac{300.000}{1,14}\left(1-\frac{1}{1,14^{10}}\right)$$

$$= -\text{EUR } 64.816$$

6. a) Kapitalwerte der Investition in das Kreuzfahrtschiff:

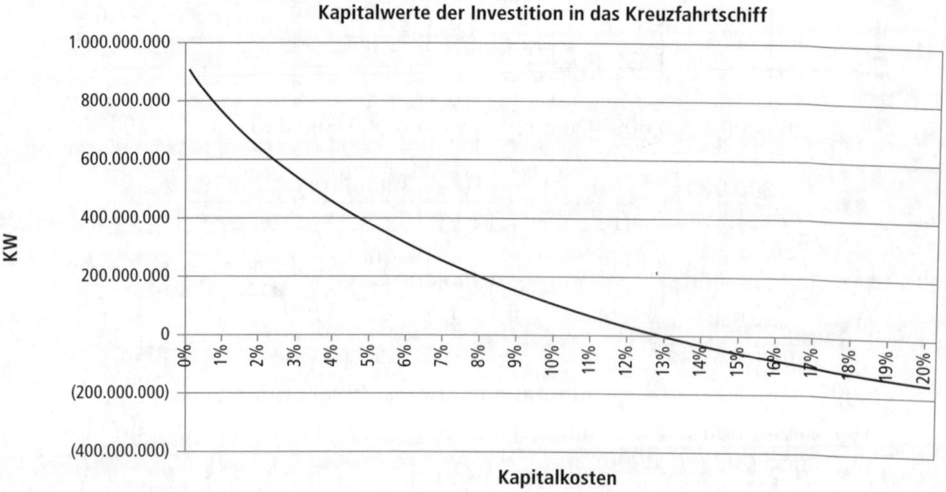

b) Der *IZF* ist der Punkt, an dem die Kurve die *x*-Achse schneidet. In diesem Fall liegt dieser nah an 13 %. Verwenden wir Excel, ergibt sich ein *IZF* von 12,72 %.

c) Ja, da der *KW* beim Kalkulationszinssatz von 12 % positiv ist.

d) Der Kalkulationszinssatz könnte um 0,72 Prozentpunkte abweichen, ohne dass sich die Investitionsentscheidung ändern würde.

r	***KW*** **(in EUR Tsd.)**
0 %	900,00
5 %	372,35
10 %	95,95
12 %	22,860
13 %	–8,27
15 %	–61,85
20 %	–159,13
25 %	–223,23

7. $IZF = \left(\frac{100.000}{1.000}\right)^{1/40} - 1 = 12{,}2\ \%$

$$KW = \frac{100.000}{1{,}25^{40}} - 1.000 = -986{,}71$$

Die Regeln stimmen überein – man sollte diese Investition nicht tätigen.

8. Zeitstrahl:

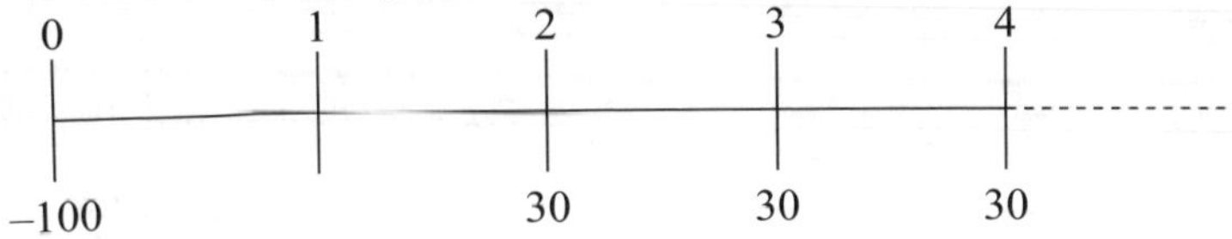

$$KW = \left(\frac{1}{1{,}08}\right)\frac{30}{0{,}08} - 100 = \text{EUR } 247{,}22 \text{ Millionen}$$

Die *IZR*-Regel ergibt:

$$\left(\frac{1}{1+r}\right)\frac{30}{r} - 100 = 0 \Rightarrow r = 24{,}16\ \%$$

Da der *IZF* über dem Kalkulationszinssatz von 8 % liegt, zeigt die interne Zinsfußregel dasselbe Resultat wie die Kapitalwertregel.

9. Zeitstrahl:

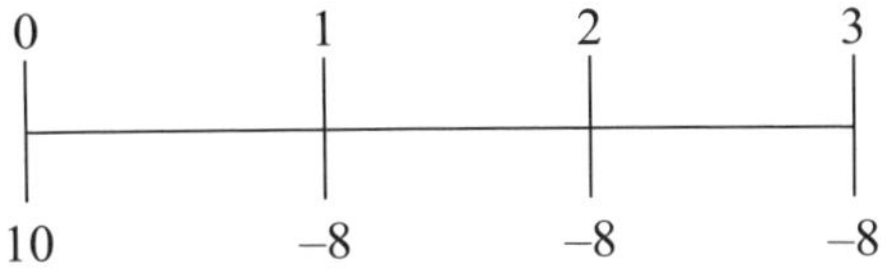

Der *IZR* ist der *r*, der folgende Gleichung auflöst:

$$KW = 0 = 10 - \frac{8}{r}\left(1 - \frac{1}{(1+r)^3}\right)$$

Um festzustellen, wie viele Lösungen diese Gleichung hat, stellen wir den Kapitalwert als Funktion von *r* dar.

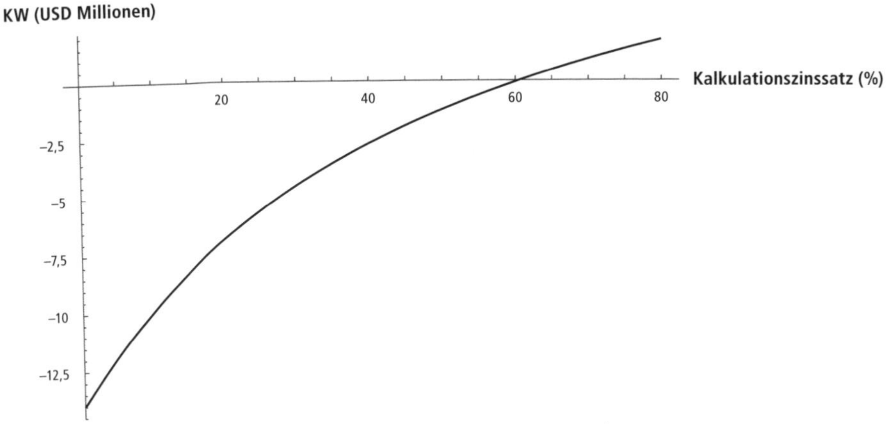

Aus dieser Darstellung ergibt sich ein *IZF* von 60,74 %.

Da der *IZF* viel höher ist, als der Kalkulationszinssatz, spricht die interne Zinsfußregel für das Schreiben des Buches. Da es jedoch ein Projekt mit negativem Kapitalwert ist (aus Aufgabe 4a), gibt uns der *IZF* hier die falsche Antwort.

Zeitstrahl:

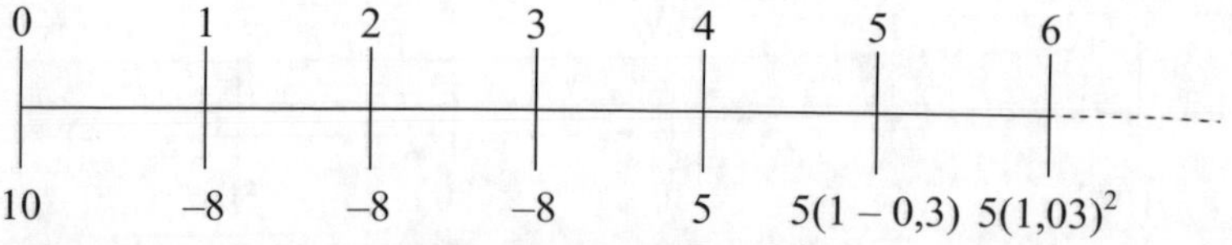

Aus 4(b) kennen wir den Kapitalwert dieser Cashflows

$$KW = 10 - \frac{8}{r}\left(1 - \frac{1}{(1+r)^3}\right) + \frac{1}{(1+r)^3}\left(\frac{5}{r+0,3}\right)$$

Stellen wir den Kapitalwert als Funktion des Kalkulationszinssatzes dar, erhalten wir:

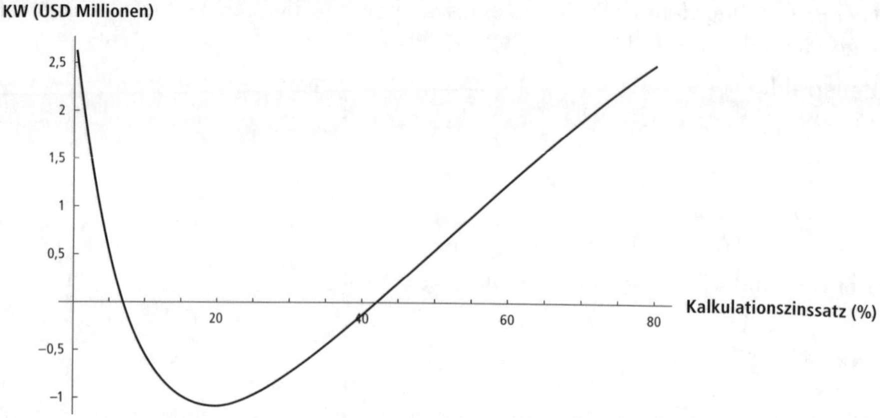

Diese Darstellung zeigt, dass es hier zwei *IZF* gibt: 7,165 % und 41,568 %. In diesem Fall gibt uns der *IZF* keine eindeutige Antwort, also ist die *IZR* hier *nicht* anwendbar.

10. Der Zeitstrahl dieser Investitionsgelegenheit ist:

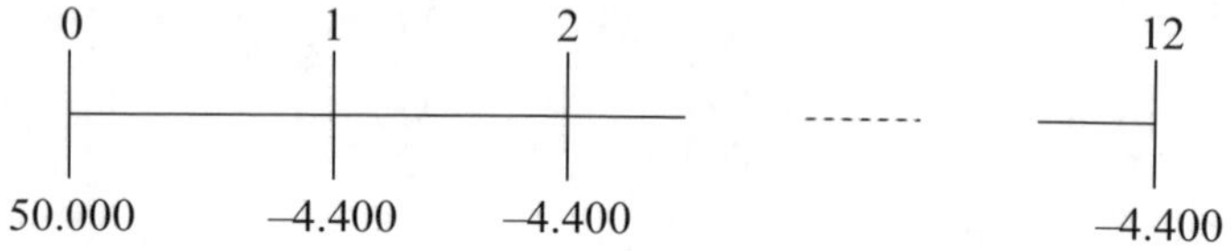

Wir berechnen den Kapitalwert des Zahlungsstroms

$$KW = 50.000 - \frac{4.400}{r}\left(1 - \frac{1}{(1+r)^{12}}\right)$$

Um den *IZF* zu berechnen, setzen wir den *KW* null und lösen nach *r* auf. Aus der Annuitätentabelle ergibt sich:

ZZR	ZINS	*BW*	*RMZ*	*ZW*
12	0,8484 %	50.000	–4.400	0

Der monatliche *IZF* beträgt 0,8484 und da

$(1{,}008484)^{12} = 1{,}106696,$

entsprechen 0,8484 % monatlich einem effektiven Jahreszinssatz von 10,67 %. Die Kapitalkosten betragen 15 %, daher sollte Smith diese Gelegenheit laut der internen Zinsfußregel nicht wahrnehmen.

Sehen wir nun, was die Kapitalwertregel sagt. Wenn man EUR 1 bei einem effektiven Zins von 15 % investiert, erhält man nach einem Monat

$(1{,}15)^{1/12} = 1{,}011715.$

Somit liegt der monatliche Kalkulationszinssatz bei 1,1715 %. Wir berechnen den Kapitalwert anhand dieses Kalkulationszinssatzes und erhalten:

$$KW = 50.000 - \frac{4.400}{0{,}011715}\left(1 - \frac{1}{1{,}011715^{12}}\right) = \text{EUR } 1.010{,}06$$

Dieser ist positiv und somit sollte man das Angebot annehmen. Smith kann also relativ sicher bei dieser Entscheidung sein. Auf Grundlage der Differenz zwischen dem *IZF* und den Kapitalkosten müssten ihre Kapitalkosten 15 – 10,67 = 4,33 % *niedriger* sein, damit sich diese Entscheidung umkehren würde.

11. a) Zeitstrahl:

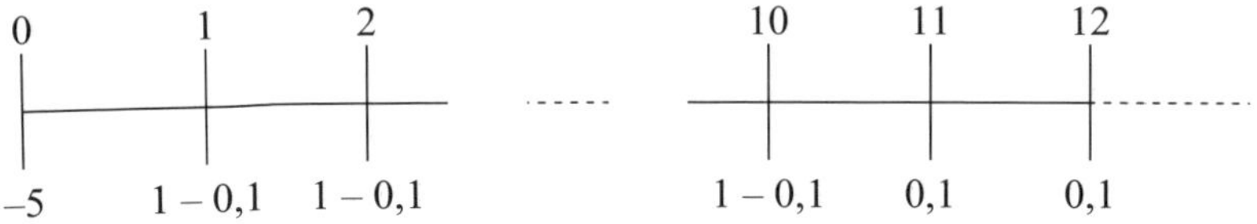

Der Barwert der Gewinne ist:

$$BW_{\text{Gewinne}} = \frac{1}{r}\left(1 - \frac{1}{(1+r)^{10}}\right)$$

Der Barwert der Kosten für den Support ist:

$$BW_{\text{Support}} = \frac{0{,}1}{r}$$

$$KW = -5 + BW_{\text{Gewinne}} - BW_{\text{Support}} = -5 + \frac{1}{r}\left(1 - \frac{1}{(1+r)^{10}}\right) - \frac{0{,}1}{r}$$

$r = 6$ % dann $KW =$ EUR 693.420,38

$r = 2$ % dann $KW =$ –EUR 1.017.414,99

$r = 12$ % dann $KW =$ –EUR 183.110,30

b) Aus der Antwort auf Teilaufgabe (a) haben wir zwei interne Zinsfüße: 2,745784 % und 10,879183 %

c) Die interne Zinsfußregel ist in diesem Fall nicht aussagekräftig, da es zwei *IZF* gibt und die interne Zinsfußregel daher bei der Bewertung dieser Investition nicht angewendet werden kann.

12. Der Zeitstrahl dieser Investitionsgelegenheit ist:

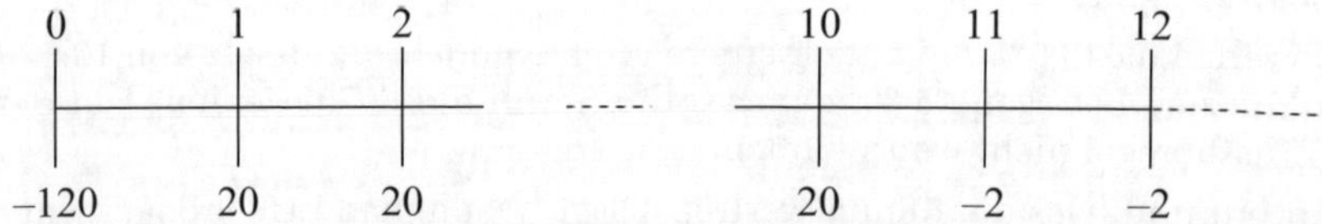

Wir berechnen den Kapitalwert des Zahlungsstroms:

$$KW = -120 + \frac{20}{r}\left(1 - \frac{1}{(1+r)^{10}}\right) - \frac{2}{r(1+r)^{10}}$$

Sie können zeigen, dass $r = 0{,}02924$ bzw. $0{,}08723$ einen *KW* von null ergibt. Es gibt also zwei interne Zinsfüße, somit kann die interne Zinsfußregel nicht angewendet werden. Sehen wir nun, was die Kapitalwertregel ergibt. Wir verwenden die Kapitalkosten von 8 % und erhalten:

$$KW = -120 + \frac{20}{r}\left(1 - \frac{1}{(1+r)^{10}}\right) - \frac{2}{r(1+r)^{10}} = 2.621.791$$

Somit hat die Investition einen positiven Kapitalwert von EUR 2.621.791. In diesem Fall ist der *KW* als Funktion des Kalkulationszinssatzes *n*-förmig.

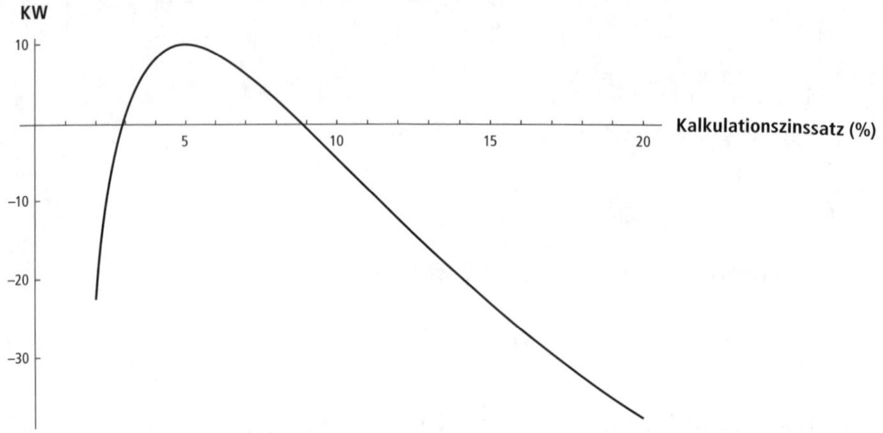

Wenn die Kapitalkosten *zwischen* 2,93 % und 8,72 % liegen, sollte diese Investition durchgeführt werden.

13. a) $IZF = 15{,}091$

b) Nicht auf Wartung verzichten.

c) Kapitalkosten $> IZF = 15{,}091$ %

	1	2	3	4
	500	500	500	–2.000
IZF =	15,09 %			
KW bei 10 % =		–EUR 122,60		
Positiver *KW* nur wenn *r* > 15,09 %.				

14. Zeitstrahl:

$$BW_{\text{Betriebsgewinn}} = \frac{20}{r}\left(1 - \frac{1}{(1+r)^{20}}\right)$$

Im Jahr 20 beträgt der BW der Kosten für die Stabilisierung $BW_{20} = \frac{5}{r}$

Also ist der Barwert heute $BW_{\text{Stabilisationskosten}} = \frac{1}{(1+r)^{20}}\left(\frac{5}{r}\right)$

$$KW = -250 + \frac{20}{r}\left(1 - \frac{1}{(1+r)^{20}}\right) - \frac{1}{(1+r)^{20}}\left(\frac{5}{r}\right)$$

Eine grafische Darstellung ergibt:

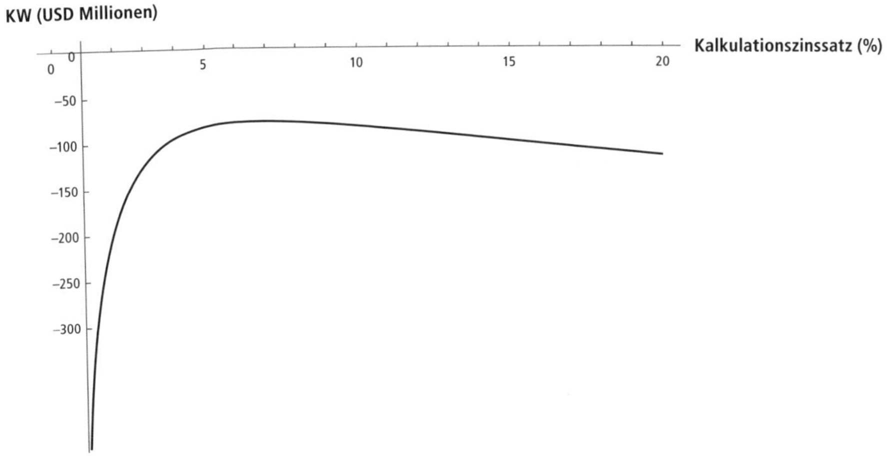

Also existiert kein *IZR*.

15. a)

	0	1	2	3	4
	500	–450	–450	–450	900
IZF =	8,53 %				
IZF =	31,16 %				
KW bei 10 % = –EUR 4,37					

b) Nein.

c)

	500	–450	–450	–450	1000
IZF =	#NUM!	(existiert nicht)			
IZF =	#NUM!				
KW bei 10 % = EUR 63,93					

d) Ja.

16. Zeitstrahl:

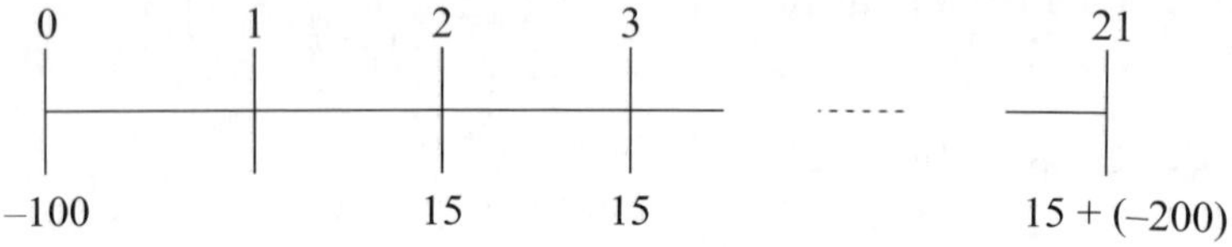

a) $KW = -100 + \dfrac{15\dfrac{1}{r}\left(1-\dfrac{1}{(1+r)^{20}}\right)}{(1+r)} - \dfrac{200}{(1+r)^{21}}$

Bei $r = 12$ %, $KW = -18{,}5$ Millionen

b) Nein, die interne Zinsfußregel ist nicht verlässlich, da bei diesem Projekt ein negativer Cashflow auf die positiven folgt.

c) Da die gesamten Cashflows gleich null sind (–100 + 15 × 20 – 200= 0) muss ein *IZF* 0 sein. Da die Cashflows mehr als einmal ihre Vorzeichen ändern, haben wir einen zweiten *IZF*. Dieser *IZF* löst auf:

$$\frac{15\dfrac{1}{r}\left(1-\dfrac{1}{(1+r)^{20}}\right)}{(1+r)} - \frac{200}{(1+r)^{21}} - 100 = 0$$

Wir können das Trial-and-Error-Prinzip oder Excel anwenden oder das Kapitalwertprofil erstellen, um den zweiten *IZF* von 7,06 % zu berechnen. Da es zwei *IZF* gibt, ist diese Regel nicht anwendbar.

17. Zeitstrahl:

0	1	2	3	4	5	6
–10	0	5	2	2	2	2

Es dauert 5 Jahre, bis sich die Anfangsinvestition amortisiert hat, der Amortisationszeitpunkt ist also in fünf Jahren. Sie werden diesen Film folglich *nicht* produzieren.

$$KW = -10 + \frac{5}{(1+r)^2} + \frac{2}{r}\left(1 - \frac{1}{(1+r)^4}\right)\frac{1}{(1+r)^2}$$

$$= -10 + \frac{5}{1{,}1^2} + \frac{2}{0{,}1(1{,}1)^2}\left(1 - \frac{1}{1{,}1^4}\right) = -\text{EUR } 628.322$$

Also stimmt die *KW*-Methode in diesem Fall mit der Amortisationsregel überein.

18. Zeitstrahl:

	0	1	2
Spielhaus	–30	15	20
Burg	–80	39	52

Wir subtrahieren die Cashflows des Spielhauses von denen der Burg:

–50	24	32

$$KW = -50 + \frac{24}{1+r} + \frac{32}{(1+r)^2}$$

Wir lösen nach r auf:

$$r = \frac{-2(50) + 24 + \sqrt{24^2 + 4(50)(32)}}{2(50)} = 7{,}522\ \%$$

Da der inkrementelle Zinsfuß mit 7,522 % *niedriger* ist als die Kapitalkosten von 8 %, sollte das Spielhaus gewählt werden.

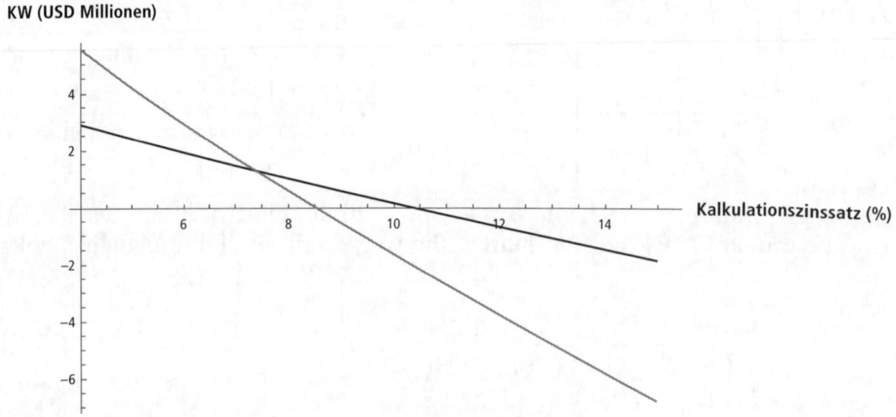

19. Um den inkrementellen internen *IZF* zu berechnen, müssen wir zuerst die Differenz zwischen den Cashflows ermitteln. Berechnen Sie *Y-X*, um sicherzustellen, dass die inkrementelle Nettoinvestition negativ ist und die übrigen Cashflows positiv:

	Cashflows am Jahresende (in EUR Tsd.)			
Projekt	0	1	2	*IZR*
X	−30	20	20	21,53 %
Y	−80	40	60	15,14 %
Y-X	−50	20	40	11,65 %

Da alle Projekte einen negativen Cashflow haben, dem positive Cashflows folgen, kann die *IZR*-Regel für die Entscheidungsfindung angewendet werden. Die inkrementelle interne Zinsfußregel besagt, dass *Y* gegenüber *X* bei allen Diskontsätzen unter 11,65 % zu bevorzugen ist. Die interne Zinsfußregel besagt, dass *X* bei Diskontsätzen unter 21,53 % ausgeführt werden sollte. Das bedeutet, man sollte *Y* bei Zinssätzen bis zu 11,65 %, *X* bei Zinssätzen zwischen 11,65 % und 21,53 % und keines der Projekte bei Sätzen über 21,53 % umsetzen.

20. Sie haben denselben Umfang und dieselbe Dauer (10-jährige Annuität). Solange sie das gleiche Risiko haben (und somit die gleichen Kapitalkosten), können wir sie anhand ihrer *IZF* vergleichen.

21. a) 6,16 %

b) Ja. Da deren Dauer, Umfang und Risiko (sicher) gleich sind, kann man die Investition mit dem höheren internen Zinsfuß wählen.

22. a) Huawei: 83,9 %, Cisco: 36,3 %

b) Huawei: EUR 28,0 Millionen, Cisco: EUR 44,1 Millionen

c) $CF = -20, 25, 25, 25, IZF = 111{,}9\ \%$

d) Nein! Trotz des höheren *IZF*, beinhaltet es eigentlich vorab eine Kreditaufnahme von EUR 80 Millionen und eine jährliche Zahlung von EUR 35 Millionen. Das entspricht Fremdkapitalkosten von 14,9 %, was höher als die Fremdkapitalkosten von AOL ist.

23.

	KW pro Strauß	Kosten pro Strauß	Sträuße max.	Profitabilitätsindex (pro Strauß)	Investition max.
Rosen	EUR 3	EUR 20	25	0,150	EUR 500
Lilien	EUR 8	EUR 30	10	0,267	EUR 300
Veilchen	EUR 4	EUR 30	10	0,133	EUR 300
Orchideen	EUR 20	EUR 80	5	0,250	EUR 400

Kaufen: Lilien für EUR 300, Orchideen für EUR 400 und Rosen für EUR 300

24.

	KW /Anfangskapital	*KW* /Mitarbeiter
I	1,01	5,1
II	1,27	6,3
III	1,47	5,5
IV	1,25	8,3
V	2,01	5,0

a) Nach dem Rentabilitätsindex sollten die Projekte V, III und II ausgewählt werden. Dies ist auch die optimale Wahl der Projekte (da das Budget durch diese Projekte vollständig aufgebraucht wird).

b) Die Rentabilitätsindexregel unter Verwendung der Ressourcenbeschränkung allein priorisiert die Projekte IV, II, III und I, da das Projekt mit dem nächsthöchsten Rentabilitätsindex (also *KW*/Mitarbeiter), V, nicht ausgeführt werden kann, ohne die Ressourcenbeschränkung zu verletzen. Diese Projekte können außerdem im Rahmen des derzeitigen Budgets ausgeführt werden, da sie eine Investition von genau EUR 60 Millionen erfordern. Die einzige andere denkbare Option ist, nur Projekt V umzusetzen, welches allerdings einen geringeren Kapitalwert generiert. Also ist die anfängliche Wahl der Projekte optimal.

c) Kann nicht verwendet werden, da man die Ressourcenbeschränkung nicht genau trifft. Also sollten Projekt V und IV gewählt werden.

Grundlagen der Investitionsplanung

8

ÜBERBLICK

8.1 Prognose von Einnahmen

1. Hyperion verkauft seinen neuesten Farbdrucker, den Hyper 500, für EUR 350. Man plant, den Preis im nächsten Jahr auf EUR 300 herabzusetzen. Die Herstellungskosten des Hyper 500 betragen EUR 200 pro Einheit und man erwartet, dass in diesem Jahr 20.000 Einheiten verkauft werden. Durch die Preissenkung steigen die Umsätze auf 25.000 verkaufte Einheiten ab dem Zeitpunkt der Gültigkeit.
   a) Angenommen, Hyperion senkt den Preis sofort auf EUR 300. Welche inkrementelle Auswirkung hätte dies auf das diesjährige EBIT?
   b) Nehmen wir nun an, dass Hyperion in den nächsten drei Jahren für jeden verkauften Drucker zusätzliche Umsätze in Höhe von EUR 75 pro Jahr durch den Verkauf von Tintenpatronen erwartet und die Bruttogewinnspanne dabei 70 % beträgt. Welche inkrementelle Auswirkung auf das EBIT der nächsten drei Jahre hätte dann die diesjährige Preissenkung?

8.2 Bestimmung des freien Cashflows und des Kapitalwertes

2. Castle View Games möchte in eine neue Abteilung zur Entwicklung von Videospielen investieren. Für die Bewertung dieser Entscheidung stellt das Unternehmen Prognosen hinsichtlich des für das Projekt benötigten Umlaufvermögens an. Der CFO hat folgende Schätzungen abgegeben (in EUR Millionen):

	Jahr 1	Jahr 2	Jahr 3	Jahr 4	Jahr 5
Barmittel	6	12	15	15	15
Forderungen	21	22	24	24	24
Vorräte	5	7	10	12	13
Verbindlichkeiten	18	22	24	25	30

   Berechnen Sie unter der Annahme, dass Castle View derzeit kein Umlaufvermögen in diese Abteilung investiert hat, die Cashflows der ersten fünf Jahre dieser Investition basierend auf der Veränderung des Umlaufvermögens.

3. Mersey Chemicals stellt Polypropylen her und transportiert dieses in Tankwagen zu den Kunden. Derzeit ist geplant, in vier Jahren zwei weitere Tankwagen anzuschaffen. Aufgrund einer geplanten Fabrikerweiterung könnte es jedoch erforderlich sein, die zwei Fahrzeuge bereits in zwei statt in vier Jahren zu kaufen. Die derzeitigen Kosten für einen Tankwagen liegen bei EUR 2 Millionen und man geht davon aus, dass diese Kosten konstant bleiben werden. Auch wenn für die Tankwagen eine unbegrenzte Nutzungsdauer unterstellt wird, werden die Anschaffungskosten linear über fünf Jahre steuerlich abgeschrieben. Der Steuersatz von Mersey liegt bei 20 %. Welche inkrementellen freien Cashflows sollten in die Bewertung der geplanten Fabrikerweiterung aufgenommen werden, um den vorgezogenen Kauf der Tankwagen zu berücksichtigen?

4. Elmdale Enterprises plant eine Erweiterung der Produktionsanlagen. Auch wenn die langfristigen Cashflows schwer zu schätzen sind, hat das Management folgende Cashflows für die ersten zwei Jahre prognostiziert (in EUR Millionen).

	Jahr 1	Jahr 2
Umsatzerlöse	125	160
Herstellungskosten und Betriebsaufwand ohne Abschreibung	40	60
Abschreibung	25	36
Anstieg des Nettoumlaufvermögens	5	8
Investitionsaufwand	30	40
Ertragssteuersatz	35 %	35 %

a) Welcher NOPAT wird aus dem Projekt in den Jahren 1 und 2 erzielt?

b) Wie hoch sind die freien Cashflows dieses Projektes in den ersten beiden Jahren?

8.3 Die Auswahl unter mehreren Alternativen

5. Vor einem Jahr hat Ihr Unternehmen eine Maschine für EUR 110.000 erworben, die in der Produktion eingesetzt wird. Sie haben erfahren, dass nun eine neue Maschine erhältlich ist, die viele Vorteile bietet. Sie können diese heute für EUR 150.000 kaufen und linear über 10 Jahre abschreiben, danach hat sie keinen Schrottwert. Sie erwarten, dass die neue Maschine die nächsten 10 Jahre ein EBIDTA (Gewinn vor Zinsen, Steuern, Abschreibung und Amortisation) von EUR 40.000 pro Jahr erwirtschaften wird. Durch die derzeitige Maschine wird ein erwarteter EBITDA von EUR 20.000 pro Jahr erwirtschaftet. Sie wird linear über ihre Nutzungsdauer von 11 Jahren abgeschrieben und hat danach keinen Schrottwert, so dass der Abschreibungsaufwand für diese Maschine derzeit EUR 10.000 jährlich beträgt. Alle anderen Kosten der beiden Maschinen sind identisch. Der heutige Marktwert der derzeitigen Maschine beträgt EUR 50.000. Der Steuersatz des Unternehmens liegt bei 45 % und die Opportunitätskosten für diese Art von Maschinen liegen bei 10 %. Ist es rentabel, die ein Jahr alte Maschine zu ersetzen?

6. Beryl's Iced Tea mietet derzeit eine Abfüllanlage für EUR 50.000 pro Jahr, einschließlich aller Wartungskosten. Man zieht in Betracht, diese Anlage stattdessen zu kaufen und vergleicht dabei zwei Optionen:

   a) Kauf der gegenwärtig gemieteten Maschine für EUR 150.000. Die Wartungskosten für diese Maschine betragen EUR 20.000 pro Jahr.

   b) Kauf einer neuen, moderneren Maschine für EUR 250.000. Hier betragen die jährlichen Wartungskosten EUR 15.000 und die Abfüllkosten werden um EUR 10.000 pro Jahr reduziert. Außerdem werden EUR 35.000 für die Schulung der Bedienmannschaft aufgewendet.

   Angenommen, der geeignete Kalkulationszinssatz ist 8 % und das Gerät wird heute gekauft. Alle Wartungs- und Abfüllkosten werden am Jahresende bezahlt, genauso wie die Miete für die Anlage. Zudem wird die Anlage linear über sieben Jahre abgeschrieben und hat nach einer Nutzungsdauer von 10 Jahren einen zu vernachlässigenden Schrottwert. Der Steuersatz liegt bei 35 %. Sollte Beryl`s Iced Tea die Maschine weiterhin mieten, sich zum Kauf der derzeitigen oder der moderneren Maschine entscheiden?

8.4 Weitere Anpassungen des freien Cashflows

7. Ihr Unternehmen bewertet derzeit ein Projekt, bei dem eine neue Betriebsausstattung im Wert von EUR 7,5 Millionen erworben werden müsste. Ermitteln Sie den Barwert des abschreibungsbedingten Steuervorteils für die unten angegebenen Abschreibungsvarianten, wenn in die Ausstattung investiert wird und der Steuersatz 20 % beträgt. Beachten Sie, dass die aussagekräftigen Kapitalkosten zur Berechnung des Ertrags aus der beschleunigten Abschreibung in Höhe von 5 % dem risikolosen Zinssatz entsprechen, weil der abschreibungsbedingte Steuervorteil (unter der Annahme, dass der Steuersatz des Unternehmens sich nicht verändert) eigentlich ein risikoloser Cashflow ist.

a) Linear über zehn Jahre, beginnend in einem Jahr

b) Linear über fünf Jahre, beginnend in einem Jahr

c) Wenn die Anlagen in Periode 1 steuerlich voll abzugsfähig wären.

8. Arnold Inc., erhält einen Auftrag für die Herstellung hochwertiger Proteinriegel, die von Bodybuildern zur Nahrungsergänzung verwendet werden. Für das Projekt soll das bestehende Lagerhaus genutzt werden, welches das Unternehmen vor drei Jahren für EUR 1 Million gekauft hat und das derzeit für EUR 120.000 vermietet wird. Man geht nicht davon aus, dass sich die Miete in den nächsten Jahren verändern wird. Zusätzlich zur Nutzung des Lagerhauses, ist eine Anfangsinvestition für Maschinen und andere Geräte in Höhe von EUR 1,4 Millionen erforderlich. Diese Investition kann linear über die nächsten 10 Jahre steuerlich voll abgeschrieben werden. Jedoch plant Arnold, das Projekt am Ende des achten Jahres zu beenden und die Maschinen und Geräte für EUR 500.000 zu verkaufen. Schließlich ist für das Projekt zu Beginn noch eine Erhöhung des Nettoumlaufvermögen in Höhe von 10 % des Umsatzes des ersten Jahres erforderlich. Danach entspricht das Nettoumlaufvermögen 10 % der prognostizierten Umsätze im Folgejahr. Man erwartet im ersten Jahr einen Umsatz von EUR 4,8 Millionen, der acht Jahre lang konstant bleiben wird. Die Herstellungskosten insgesamt und der Betriebsaufwand (ohne Abschreibung) betragen 80 % des Umsatzes und der Steuersatz auf die Gewinne liegt bei 30 %.

a) Ermitteln Sie die freien Cashflows des Projektes.

b) Welchen *KW* hat das Projekt bei Kapitalkosten von 15 %?

9. Bay Properties plant die Einführung einer Immobilienabteilung. Folgende Vierjahres-Prognose wurde für die freien Cashflows dieser Abteilung erstellt:

	Jahr 1	Jahr 2	Jahr 3	Jahr 4
Freier Cashflow	–EUR 185.000	–EUR 12.000	EUR 99.000	EUR 240.000

Wir gehen davon aus, dass die Cashflows nach vier Jahren (für immer) um 3 % pro Jahr steigen. Welchen Fortführungswert haben die Cashflows, welche nach dem

Jahr 4 anfallen, im Jahr 4, wenn die Kapitalkosten für diese Abteilung 14 % betragen? Welchen Wert hat die Abteilung heute?

10. Ihr Unternehmen möchte die Gründung einer neuen Betriebsabteilung bewerten. Sie haben eine Cashflow-Prognose für die nächsten fünf Jahre erstellt und die Kapitalkosten auf 12 % geschätzt. Nun möchten Sie den Fortführungswert berechnen. Für das letzte Jahr Ihrer Fünfjahresprognose haben Sie folgende Werte ermittelt:

	Jahr 5
Umsatzerlöse	1.200
Betriebsergebnis	100
Nettoergebnis	50
Freie Cashflows	110
Buchwert des Eigenkapitals	400

a) Sie prognostizieren, dass die künftigen freien Cashflows nach Jahr 5 (für immer) um 2 % pro Jahr wachsen werden. Schätzen Sie den Fortführungswert in Jahr 5 anhand der Formel für die wachsende ewige Rente.

b) Sie haben mehrere Unternehmen untersucht, die in derselben Branche tätig sind, wie Ihre neue Abteilung. Das durchschnittliche *KGV* dieser Unternehmen liegt bei 30. Schätzen Sie den Fortführungswert unter der Annahme, dass das *KGV* Ihrer Abteilung in Jahr 5 das gleiche ist, wie das der Vergleichsunternehmen.

c) Das durchschnittliche Kurs-Buchwert-Verhältnis der Vergleichsunternehmen liegt bei 4,0. Schätzen Sie den Fortführungswert anhand des Kurs-Buchwert-Verhältnisses.

11. Im September 2008 hat die US-Steuerbehörde das Steuerrecht geändert und gestattet seitdem Banken, beim Erwerb anderer Banken deren steuerliche Verlustvorträge gegen künftige Gewinne aufzurechnen und so Steuern zu sparen (zuvor war die steuerliche Absetzbarkeit für die erwerbende Bank gesetzlich beschränkt). Angenommen, Fargo Bank übernimmt die Covia Bank, die einen steuerlichen Verlustvortrag von EUR 74 Milliarden aufweist. Welchen Barwert hat dieser steuerliche Verlustvortrag aus Sicht der Fargo Bank, wenn die Kapitalkosten 8 % betragen, die Fargo Bank künftig zu versteuernde Gewinne von EUR 10 Milliarden pro Jahr erwirtschaftet und der Steuersatz bei 30 % liegt? Wie würde sich der Barwert verändern, wenn noch das alte Steuerrecht gelten würde, das die Abschreibungssumme auf 80 % des Gewinns vor Steuern beschränkt?

8.5 Die Analyse eines Projektes

12. Bauer Industries ist ein Automobilhersteller. Das Management prüft derzeit ein Angebot für den Bau einer Anlage, in der Kleintransporter hergestellt werden sollen. Bauer plant, Kapitalkosten von 12 % für die Bewertung dieses Projektes anzusetzen. Auf Grundlage umfangreicher Analysen wurden folgende Prognosen für die inkrementellen freien Cashflows erstellt (in EUR Millionen):

	Jahr 0	Jahre 1–9	Jahr 10
Umsatzerlöse		100	100
Herstellungskosten (außer Abschreibung)		–35	–35
Marketingaufwand		–10	–10
Abschreibung		–15	–15
= *EBIT*		40	40
Steuern (35 %)		–14	–14
= Nettoergebnis ohne Verschuldung		26	26
+ Abschreibung		+15	+15
Erhöhung des Nettoumlaufvermögens		–5	–5
Investitionsaufwand	–150		
+ Fortführungswert			+12
= Freier Cashflow	–150	36	48

a) Welchen *KW* hat das Projekt gemäß diesem Szenario?

b) Aufgrund einer Analyse der Marketingabteilung ist Bauer hinsichtlich seiner Umsatzprognose unsicher. Insbesondere möchte das Management die Sensitivität des *KW* gegenüber den unterstellten Umsatzzahlen untersuchen. Welchen *KW* hat das Projekt, wenn die Umsätze 10 % über den Prognosen liegen? Welchen *KW* hat es, wenn die Umsätze 10 % unter der Prognose liegen? Die Herstellungskosten bleiben jeweils gleich.

c) Anstatt anzunehmen, dass die Cashflows dieses Projekts konstant sind, möchte das Management die Sensitivität der Analysen gegenüber einem möglichen Anstieg der Umsätze und Betriebsausgaben analysieren. Das Management nimmt dabei an, dass Umsätze, Herstellungskosten und Marketingaufwand in Jahr 1 wie in der Tabelle sind und dann jedes Jahr beginnend in Jahr 2 um 2 % steigen. Außerdem geht das Management davon aus, dass die Anfangsinvestition (und somit die Abschreibung), Zuwächse des Nettoumlaufvermögens und der Fortführungswert auf dem in der Tabelle anfänglich genannten Stand bleiben. Welchen *KW* hat dieses Projekt unter diesen alternativen Annahmen? Wie verändert sich der *KW*, wenn die Umsatzerlöse und Betriebsausgaben um 5 % pro Jahr und nicht um 2 % steigen?

d) Um die Sensitivität dieses Projektes gegenüber dem Kalkulationszinssatz zu analysieren, möchte das Management den *KW* auf Basis verschiedener Kalkulationszinssätze berechnen. Zeichnen Sie den Zusammenhang, wobei der Kalkulationszinssatz auf der *x*-Achse und der *KW* auf der *y*-Achse liegt und zwar für Kalkulationszinssätze zwischen 5 % und 30 %. Bei welchen Kalkulationszinssätzen hat das Projekt einen positiven *KW*?

8.6 Lösungen

1. a) Veränderung des EBIT = Bruttogewinn mit Preissenkung – Bruttogewinn ohne Preissenkung
   = 25.000 × (300 – 200) – 20.000 × (350 – 200)
   = –EUR 500.000

   b) Veränderung des EBIT durch den Umsatz aus den Tintenpatronen
   = 25.000 × EUR 75 × 0,70 – 20.000 × EUR 75 × 0,70 = EUR 262.500
   Also erhalten wir folgende Auswirkung auf das EBIT der nächsten drei Jahre:
   Jahr 1: EUR 262.500 – 500.000 = –237.500
   Jahr 2: EUR 262.500
   Jahr 3: EUR 262.500

2.

	Jahr 0	Jahr 1	Jahr 2	Jahr 3	Jahr 4	Jahr 5
Barmittel		6	12	15	15	15
Forderungen		21	22	24	24	24
Vorräte		5	7	10	12	13
Verbindlichkeiten		18	22	24	25	30
Nettoumlaufvermögen (1+2+3–4)	0	14	19	25	26	22
Anstieg des Nettoumlaufvermögens		14	5	6	1	–4

3.

Jahr	0	1	2	3	4	5	6	7	8	9	10
Mit Erweiterung											
Investitionsaufwand			–4								
Abschreibungsbedingter Steuervorteil				0,16	0,16	0,16	0,16	0,16			
FCF	0	0	–4	0,16	0,16	0,16	0,16	0,16	0	0	0
Ohne Erweiterung											
Investititionsaufwand					–4						
Abschreibungsbedingter Steuervorteil						0,16	0,16	0,16	0,16	0,16	
FCF	0	0	0	0	–4	0,16	0,16	0,16	0,16	0,16	0
Inkrementeller *FCF* (mit – ohne)	0	0	–4	0,16	4,16	0	0	0	–0,16	–0,16	0

4. a)

		Jahr 1	Jahr 2
Inkrementelle Einnahmenprognose (Mio. EUR)			
1	Umsatzerlöse	125,0	160,0
2	Herstellungskosten und Betriebsaufwand ohne Abschreibung	–40,0	–60,0
3	Abschreibung	–25,0	–36,0
4	**EBIT**	60,0	64,0
5	Ertragssteuer 35 %	–21,0	–22,4
6	**Nettoergebnis ohne Verschuldung (NOPAT)**	**39,0**	**41,6**

b)

Freie Cashflows (Mio. EUR)		1	2
7	+ Abschreibung	25,0	36,0
8	– Investitionsaufwand	–30,0	–40,0
9	– Anstieg des Nettoumlaufvermögens	–5,0	–8,0
10	**Freier Cashflow**	**29,0**	**29,6**

5. Ersetzt man die Maschine, erhöht sich das EBITDA um 40.000 – 20.000 = 20.000. Der Abschreibungsaufwand erhöht sich um EUR 15.000 – EUR 10.000 = EUR 5.000. Also steigt der freie Cashflow in den Jahren 1 bis 10 um (20.000) × (1 – 0,45) + (0,45)(5.000) = 13.250.

In Jahr 0 betragen die Anschaffungskosten für die neue Maschine EUR 150.000. Da die derzeitige Maschine einen Buchwert von EUR 110.000 – 10.000 (Abschreibung in einem Jahr) = EUR 100.000 hat, bringt der Verkauf einen Kapitalertrag von EUR 50.000 – 100.000 = –EUR 50.000. Dieser Verlust bringt eine Steuerersparnis von 0,45 × 50.000 = EUR 22.500, so dass der nachsteuerliche Ertrag aus dem Verkauf einschließlich dieser Steuerersparnis EUR 72.500 beträgt. Also erhalten wir einen freien Cashflow in Jahr 0 durch das Ersetzen der Maschine von:

–150.000 + 72.500 = –EUR 77.500

Kapitalwert für den Ersatz der Maschine = –77.500 + 13.250 × (1 : 0,10)(1 – 1 : $1{,}10^{10}$) = EUR 3.916. Der Austausch der Maschine führt zu einem kleinen Gewinn.

6. Wir können folgende Gleichung verwenden, um die freien Cashflows der drei möglichen Alternativen zu ermitteln:

$$\text{Freier Cashflow} = \overbrace{(\text{Einnahmen} - \text{Ausgaben} - \text{Abschreibung}) \times (1 - t_c)}^{\text{Nettoergebnis ohne Verschuldung}} \\ + \text{Abschreibung} - \text{Investitionen in Sachanlagen} - \Delta NUV$$

Zu beachten ist, dass wir nur die Bestandteile der freien Cashflows berücksichtigen müssen, die bei den jeweiligen Alternativen unterschiedlich sind. Da zum Beispiel das Nettoumlaufvermögen bei allen Alternativen gleich ist, können wir es ignorieren.

Mit folgender Tabelle berechnen wir den jeweiligen freien Cashflow der Alternativen. Zu beachten ist, dass jede Alternative einen negativen Kapitalwert hat. Dieser stellt den Barwert der jeweiligen Kosten dar. Wir sollten die Alternative mit dem höchsten *KW* (geringste Kosten) wählen, was in diesem Fall der Kauf der derzeitigen Anlage ist.

a) Siehe Tabelle

b) Siehe Tabelle

		0	1	2	3	4	5	6	7	8	9	10
	Maschine mieten											
1	Miete		–50.000	–50.000	–50.000	–50.000	–50.000	–50.000	–50.000	–50.000	–50.000	–50.000
2	*FCF* (Miete)		–32.500	–32.500	–32.500	32.500	–32.500	–32.500	–32.500	–32.500	–32.500	–32.500
3	*KW* bei 8%	**–218.078**										
	Kauf der derzeitigen Maschine											
4	Wartung		–20.000	–20.000	–20.000	–20.000	–20.000	–20.000	–20.000	–20.000	–20.000	–20.000
5	Abschreibung		21.429	21.429	21.429	21.429	21.429	21.429	21.429			
6	Kapitalaufwand	–150.000										
7	*FCF* (Kauf derzeigies Gerät)	–150.000	–5.500	–5.500	–5.500	–5.500	–5.500	–5.500	–5.500	–13.000	–13.000	–13.000
8	*KW* bei 8%	**–198.183**										
	Kauf der modernen Maschine											
9	Wartung		–15.000	–15.000	–15.000	–15.000	–15.000	–15.000	–15.000	–15.000	–15.000	–15.000
10	Sonstige Kosten	–35.000	10.000	10.000	10.000	10.000	10.000	10.000	10.000	10.000	10.000	10.000
11	Abschreibung		35.714	35.714	35.714	35.714	35.714	35.714	35.714			
12	Kapitalaufwand	–250.000										
13	*FCF* (Kauf modernes Gerät)	–272.750	9.250	9.250	9.250	9.250	9.250	9.250	9.250	–3.250	–3.250	–3.250
14	*KW* bei 8%	**–229.478**										

7.

Kosten der Anlage	7,5
Steuersatz	20,00%
Kapitalkosten	5,00%

Abschreibungsbedingter Steuervorteil (Steuern x Abschreibung)

	Barwert abschreibungsbedingter Steuervorteil	Jahr 0	Jahr 1	Jahr 2	Jahr 3	Jahr 4	Jahr 5	Jahr 6	Jahr 7	Jahr 8	Jahr 9	Jahr 10
a	**1.158**		0,150	0,150	0,150	0,150	0,150	0,150	0,150	0,150	0,150	0,150
b	**1.299**		0,300	0,300	0,300	0,300	0,300					
c	**1.500**	3										

8. a) Annahmen:

Das Lagerhaus kann nach 8 Jahren wieder für EUR 120.000 vermietet werden.

Das Nettoumlaufvermögen wird nach 8 Jahren vollständig zum Buchwert wiedererlangt.

$FCF = EBIT\ (1 - \tau)$ + Abschreibung – Investitionsaufwand – Veränderung des Umlaufvermögens

FCF in Jahr 0: –1,4 Millionen Investitionsaufwand – 0,48 Millionen Veränderung des Nettoumlaufvermögens = –1,88 Millionen.

FCF in den Jahren 1–7:

EUR 4,8 Millionen	Umsätze
–EUR 3,84 Millionen	–Kosten (80 %)
EUR 0,96 Millionen	= Bruttogewinn
–EUR 0,12 Millionen	–Mietausfall
–EUR 0,14 Millionen	**–Abschreibung**
EUR 0,70 Millionen	= EBIT
–EUR 0,21 Millionen	–Steuern (30 %)
EUR 0,49 Millionen	$= (1 - \tau) \times$ EBIT
EUR 0,14 Millionen	**+ Abschreibung**
EUR 0,63 Millionen	= *FCF*

Zu beachten ist, dass es in den Jahren 1 – 7 keine weitere Investitionsaufwendungen oder Investitionen in das Nettoumlaufvermögen gibt.

FCF in Jahr 8: EUR 0,63 Millionen + [EUR 0,5 Millionen – 0,30 × (EUR 0,5 Millionen – 0,28 Millionen)] + EUR 0,48 Millionen = EUR 1,544 Millionen

Beachten Sie, dass der Buchwert der Betriebsgegenstände beim Verkauf immer noch EUR 0,28 Millionen beträgt und dass nur die Differenz zwischen dem Verkaufspreis (EUR 0,5 Millionen) und dem Buchwert besteuert wird.

Das Nettoumlaufvermögen (EUR 0,48 Millionen) wird zum Buchwert wiedererlangt und dessen Verkauf wird überhaupt nicht versteuert.

b) Der Kapitalwert entspricht dem Barwert der Cashflows in den Jahren 0 bis 8:

$KW = -$ EUR 1,88 Millionen

+ eine Annuität von EUR 0,63 Millionen über 7 Jahre

$$+\frac{\text{EUR } 1{,}544 \text{ Millionen}}{1{,}15^8}$$

$$= -1{,}88 + \frac{0{,}63}{0{,}15}\left(1 - \frac{1}{1{,}15^7}\right) + \frac{1{,}544}{1{,}15^8}$$

= EUR 1,2458 Millionen

9. Der erwartete Cashflow in Jahr 5 ist 240.000 × 1,03 = 247.200. Wir können die Cashflows in Jahr 5 und darüber hinaus als wachsende ewige Rente bewerten:

Fortführungswert in Jahr 4 = 247.200 : (0,14 – 0,03) = EUR 2.247.273

Dann können wir den Wert der Abteilung berechnen, indem wir die *FCFs* in den Jahren 1 bis 4 zusammen mit dem Fortführungswert diskontieren:

$$KW = \frac{-185.000}{1{,}14} + \frac{-12.000}{1{,}14^2} + \frac{99.000}{1{,}14^3} + \frac{240.000 + 2.247.273}{1{,}14^4} = 1.367.973$$

10. a) *FCF* in Jahr 6 = 110 × 1,02 = 112,2

Fortführungswert in Jahr 5 = 112,2 : (12 % – 2 %) = EUR 1.122

b) Wir können den Fortführungswert wie folgt schätzen:

Fortführungswert in Jahr 5 = (Gewinne in Jahr 5) × (KGV in Jahr 5)

= EUR 50 × 30 = EUR 1.500.

c) Wir können den Fortführungswert wie folgt berechnen:

Fortführungswert in Jahr 5 = (Buchwert in Jahr 5) × (KBV in Jahr 5)

= EUR 400 × 4 = EUR 1.600

11. Wir können in den nächsten sieben Jahren EUR 10 Milliarden und in Jahr 8 EUR 4 Milliarden steuerlich geltend machen. Bei einem Steuersatz von 30 % entspricht dies einer Steuerersparnis von EUR 3 Milliarden in den Jahren 1–7 und EUR 1,2 Milliarden in Jahr 8.

$$BW = 3 \times \frac{1}{0{,}08}\left(1 - \frac{1}{1{,}08^7}\right) + \frac{1{,}2}{1{,}08^8} = \text{EUR } 16{,}27 \text{ Milliarden}$$

Unter dem alten Steuerrecht könnten wir nur USD 8 Milliarden pro Jahr steuerlich geltend machen, so dass es insgesamt 10 Jahre dauern würde, um das Guthaben voll ausschöpfen zu können: Wir könnten in den nächsten neun Jahren USD 8 Milliarden steuerlich geltend machen und in Jahr 10 USD 2 Milliarden. In den nächsten sieben Jahren USD 10 Milliarden und in Jahr 8 USD 4 Milliarden. Bei einem Steuersatz von 30 % entspricht das einer Steuerersparnis in Höhe von USD 3 Milliarden in den Jahren 1 – 7 und USD 1,2 Milliarden in Jahr 8.

$$BW = 2,4 \times \frac{1}{0,08}\left(1 - \frac{1}{1,08^9}\right) + \frac{0,6}{1,08^{10}} = \text{USD } 15,27 \text{ Milliarden}$$

12.

Prognostizierte Freie Cashflows (EUR 000) — Jahr	0	1	2	3	4	5	6	7	8	9	10
1 Umsatzerlöse	–	100	100	100	100	100	100	100	100	100	100
2 Herstellungskosten	–	–35	–35	–35	–35	–35	–35	–35	–35	–35	–35
3 Marketingaufwand	–	–10	–10	–10	–10	–10	–10	–10	–10	–10	–10
4 Abschreibung	–	–15	–15	–15	–15	–15	–15	–15	–15	–15	–15
5 EBIT	–	40	40	40	40	40	40	40	40	40	40
6 Steuern 35%	–	–14	–14	–14	–14	–14	–14	–14	–14	–14	–14
7 Nettoergebnis ohne Verschuldung	–	26	26	26	26	26	26	26	26	26	26
8 Abschreibung	–	15	15	15	15	15	15	15	15	15	15
9 Anstieg des NUV	–	–5	–5	–5	–5	–5	–5	–5	–5	–5	–5
10 Investitionsaufwand	–150	–	–	–	–	–	–	–	–	–	–
11 Fortführungswert	–	–	–	–	–	–	–	–	–	–	12
12 Freier Cashflow	–150	36	36	36	36	36	36	36	36	36	48
13 KW bei 12%	57,3	–	–	–	–	–	–	–	–	–	–

a) Der Kapitalwert der freien Cashflows ist

$$KW = -150 + 36 \times \frac{1}{0,12}\left(1 - \frac{1}{1,12^9}\right) + \frac{48}{1,12^{10}} = \text{EUR } 57,3 \text{ Millionen.}$$

b)

Anfängliche Umsätze	90	100	110
Kapitalwert	20,5	57,3	94,0

c)

Wachstumsrate	0 %	2 %	5 %
Kapitalwert	57,3	72,5	98,1

d) *KW* ist positiv bei Kalkulationszinssätzen unter dem *IZF* von 20,6 %.

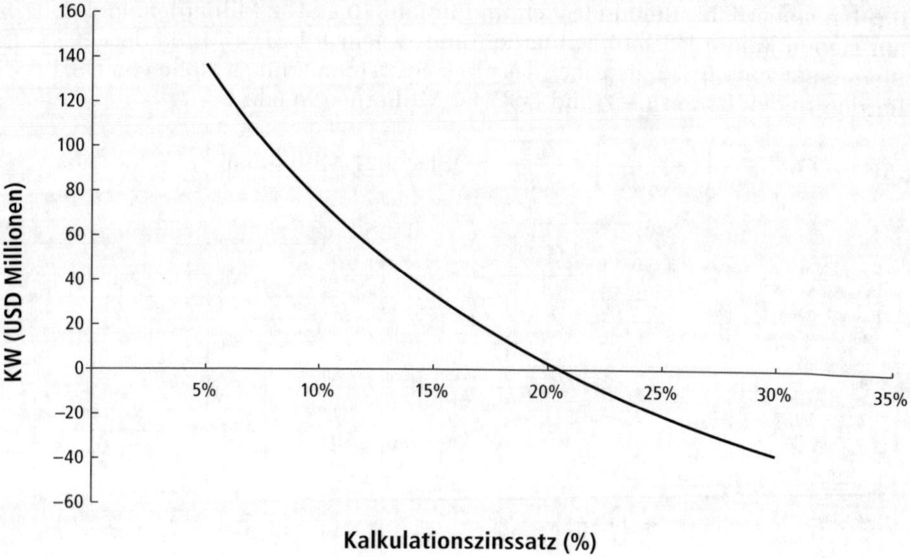
160
140
120
100
80
60
40
20
0
−20
−40
−60
KW (USD Millionen)
5%
10%
15%
20%
25%
30%
35%
Kalkulationszinssatz (%)

Die Bewertung von Aktien

9

ÜBERBLICK

9.1 Das Dividendendiskontierungsmodell

1. Evco, Inc. hat derzeit einen Aktienkurs von EUR 50 und wird in einem Jahr eine Dividende von EUR 2 ausschütten. Die Eigenkapitalkosten betragen 15 %. Zu welchem Kurs müsste man die Aktie direkt nach der Dividendenzahlung in einem Jahr verkaufen können, damit der aktuelle Kurs gerechtfertigt wäre?

2. Die Anle Corporation hat aktuell einen Aktienkurs von EUR 20 und wird in einem Jahr eine Dividende von EUR 1 ausschütten. Der erwartete Kurs direkt nach der Dividendenzahlung liegt bei EUR 22.
   a) Wie hoch ist die erwartete Dividendenrendite von Anle?
   b) Wie hoch ist die erwartete Kurssteigerungsrate von Anle?
   c) Wie hoch sind die Eigenkapitalkosten von Anle?

3. Die Acap Corporation wird am Ende dieses Jahres eine Dividende von EUR 2,80 pro Aktie und am Ende des nächsten Jahres EUR 3 pro Aktie ausschütten. Sie gehen davon aus, dass der Aktienkurs von Acap in zwei Jahren bei EUR 52 liegen wird. Die Eigenkapitalkosten von Acap betragen 10 %.
   a) Welchen Kurs wären Sie heute bereit, für eine Aktie von Acap zu zahlen, wenn Sie beabsichtigen, die Aktie zwei Jahre zu halten?
   b) Nehmen wir stattdessen an, Sie möchten die Aktie ein Jahr lang halten. Zu welchem Kurs erwarten Sie, die Aktie in einem Jahr verkaufen zu können?
   c) Welchen Kurs wären Sie unter Berücksichtigung Ihrer Antwort auf Teilaufgabe (b) bereit, heute für eine Aktie zu zahlen, wenn Sie beabsichtigten, die Aktie ein Jahr lang zu halten? Wir verhält sich dies zu Ihrer Antwort auf Teilaufgabe (a)?

4. Krell Industries hat heute einen Aktienkurs von EUR 22. Welche Dividendenrendite und Eigenkapitalkosten hat Krell, wenn man davon ausgeht, dass Krell dieses Jahr eine Dividende von EUR 0,88 zahlen wird und dass der Aktienkurs am Ende des Jahres auf EUR 23,54 steigen wird?

9.2 Die Anwendung des Dividendendiskontierungsmodells

5. Die NoGrowth Corporation zahlt derzeit eine Dividende von EUR 2 pro Jahr und wird diese Dividende für immer zahlen. Welcher Aktienkurs ergibt sich, wenn die Eigenkapitalkosten 15 % pro Jahr betragen?

6. Summit Systems schüttet dieses Jahr eine Dividende von EUR 1,50 aus. Wenn wir davon ausgehen, dass die Dividende von Summit pro Jahr um 6 % steigt, wie hoch ist dann der Aktienkurs bei Eigenkapitalkosten von 11 %?

7. Die Kenneth Cole Productions (KCP) hat die Dividendenzahlung Anfang 2016 ausgesetzt. Angenommen, Sie gehen nicht davon aus, dass KCP vor 2018 wieder Dividenden ausschütten wird. Sie erwarten, dass die Dividende im Jahr 2018 bei USD 0,40 pro Jahr (gezahlt am Ende des Jahres) liegen und danach um 5 % pro Jahr steigen wird. Welchen Wert je Aktie erhalten wir am Ende des Jahres 2016, wenn die Eigenkapitalkosten von KCP 11 % betragen?

8. DFB, Inc. erwartet dieses Jahr Gewinne von EUR 5 je Aktie und plant, eine Dividende von EUR 3 an die Aktionäre auszuschütten. DFB wird EUR 2 pro Aktie thesaurieren, um diese in neue Projekte mit einer erwarteten Rendite von 15 % pro Jahr zu investieren. Angenommen, DFB wird diese Ausschüttungsquote, Thesaurierungsquote und Rendite auf neue Investitionen in Zukunft beibehalten und die Anzahl der im Umlauf befindlichen Aktien nicht verändern.

a) Welche Wachstumsrate würden Sie für die Gewinne von DFB prognostizieren?

b) Welchen Aktienkurs würden Sie für DFB schätzen, wenn die Eigenkapitalkosten bei 12 % liegen?

c) Angenommen, DFB zahlt dieses Jahr stattdessen eine Dividende von EUR 4 pro Aktie und thesauriert nur EUR 1 der Gewinne je Aktie. Welchen Aktienkurs würden Sie nun schätzen, wenn DFB diese höhere Ausschüttungsquote in Zukunft beibehält? Sollte DFB die Dividende erhöhen?

9. Cooperton Mining hat gerade eine Dividendenkürzung von EUR 4 auf EUR 2,50 je Aktie bekannt gegeben. Die daraus entstehenden zusätzlichen Mittel sollen für eine Expansion verwendet werden. Vor dieser Bekanntgabe ging man von einer Wachstumsrate der Dividenden von 3 % aus und der Aktienkurs lag bei EUR 50. Man erwartet, dass die Wachstumsrate der Dividenden mit der Expansion bei 5 % liegen wird. Welchen Aktienkurs würden Sie nach der Bekanntgabe erwarten? (Gehen Sie davon aus, dass das Risiko von Cooperton nach der Expansion unverändert bleibt.) Hat die Expansion einen positiven Kapitalwert?

10. Die Gillette Corporation wird in einem Jahr eine jährliche Dividende von USD 1,76 ausschütten. Analysten erwarten, dass die Dividende danach bis zum fünften Jahr um 12 % pro Jahr wachsen wird. Danach wird sich das Wachstum auf 2 % pro Jahr einpendeln. Welchen Wert je Aktie erhalten wir nach dem Dividendendiskontierungsmodell, wenn die Eigenkapitalkosten des Unternehmens bei 8 % liegen?

11. Die Colgate-Palmolive Company hat gerade eine jährliche Dividende von USD 1,76 ausgeschüttet. Analysten prognostizieren für die kommenden fünf Jahre ein jährliches Wachstum der Dividenden in Höhe von USD 0,12 pro Jahr. Danach erwartet man ein Wachstum der Gewinne zum derzeitigen Branchendurchschnitt von 4 % pro Jahr. Zu welchem Kurs sollte das Unternehmen seine Aktien gemäß dem Dividendendiskontierungsmodell verkaufen, wenn die Eigenkapitalkosten bei 6,5 % liegen und die Ausschüttungsquote beibehalten wird?

12. Welchen Wert hat ein Unternehmen mit einer anfänglichen Dividende *Div*, die n Jahre mit einer Rate g_1 (d.h. bis Jahr $n + 1$) und danach für immer mit einer Rate g_2 wächst, wenn die Eigenkapitalkosten r entsprechen?

9.3 Das Total-Payout-Modell und das Free-Cashflow-Diskontierungsmodell

13. Cisco Systems zahlt keine Dividenden, hat aber im letzten Jahr Aktien im Wert von EUR 5 Milliarden zurückgekauft. Schätzen Sie die Marktkapitalisierung von Cisco mit Eigenkapitalkosten von 12 % und unter der Annahme, dass der Betrag, der für den Aktienrückkauf verwendet wird, pro Jahr um 8 % steigt. Welchem Aktienkurs entspricht dies, wenn Cisco 6 Milliarden Aktien im Umlauf hat?

14. Maynard Steel plant, dieses Jahr eine Dividende von EUR 3 auszuschütten. Das Unternehmen hat eine erwartete Gewinnwachstumsrate von 4 % pro Jahr und Eigenkapitalkosten von 10 %.

a) Schätzen Sie den Aktienkurs von Maynard unter der Annahme, dass die Ausschüttungsquote und die erwartete Wachstumsrate konstant bleiben und Maynard keine Aktien ausgibt oder zurückkauft.

b) Angenommen, Maynard beschließt, dieses Jahr eine Dividende von EUR 1 auszuschütten und die restlichen EUR 2 je Aktie für den Rückkauf von Aktien zu verwenden. Schätzen Sie den Aktienkurs von Maynard, wenn sich die Gesamtausschüttungsquote nicht verändert.

c) Wenn Maynard diese Aufteilung zwischen Dividendenzahlung und Rückkauf sowie die Ausschüttungsquote wie in Teilaufgabe (b) beibehält, mit welcher Rate wachsen dann die erwarteten Dividenden, der erwartete Gewinn pro Aktie und der erwartete Aktienkurs in der Zukunft?

15. IDX Technologies ist ein Privatunternehmen mit Sitz in Chicago und entwickelt Sicherheitssysteme. Im Rahmen Ihrer Geschäftsentwicklungsstrategie führen Sie Ende 2008 Verhandlungen mit dem Gründer von IDX bezüglich einer möglichen Übernahme des Unternehmens Ende 2008. Schätzen Sie den Wert von IDX je Aktie anhand des diskontierten freien Cashflows und folgender Daten:

- Fremdkapital: EUR 30 Millionen,
- überschüssige Barmittel: EUR 110 Millionen,
- ausstehende Aktien: 50 Millionen,
- erwarteter *FCF* in 2009: EUR 45 Millionen,
- erwarteter *FCF* in 2010: EUR 50 Millionen,
- künftige Wachstumsrate der *FCF* nach 2010: 5 %,
- gewichteter Durchschnitt der Kapitalkosten: 9,4 %.

9.4 Die Bewertung auf der Grundlage vergleichbarer Unternehmen

16. PepsiCo hat einen Aktienkurs von USD 170,51 und ein EPS von USD 7,31. Der Konkurrent von PepsiCo, die Coca-Cola Company hat ein EPS von USD 2,37. Schätzen Sie den Wert der Coca-Cola-Aktie anhand dieser Daten.

17. Angenommen, Kenneth Cole Productions hatte im Januar 2006 ein EPS von USD 1,65 und einen Buchwert des Eigenkapitals von USD 12,50 je Aktie.

a) Schätzen Sie den Aktienkurs von KCP anhand des durchschnittlichen KGV-Multiplikators aus Tabelle 9.1.

b) Welche Kursspanne schätzen Sie auf Grundlage des höchsten und des niedrigsten KGV-Multiplikators aus Tabelle 9.1?

c) Schätzen Sie anhand des durchschnittlichen Kurs-Buchwert-Multiplikators aus Tabelle 9.1 den Aktienkurs von KCP.

d) Welche Kursspanne schätzen Sie auf Grundlage des höchsten und des niedrigsten Kurs-Buchwert-Multiplikators aus Tabelle 9.1?

Ticker-symbol	Name	Aktien-kurs (USD)	Markt-kapita-lisierung (USD Millionen)	Unter-nehmens-wert (USD Millionen)	KGV	Kurs-Buch-wert	Unter-nehmens-wert/ Umsatz	Unter-nehmens-wert/ EBITDA
KCP	Kenneth Cole -Productions	26,75	562	465	16,21	2,22	0,90	8,36
NKE	NIKE, Inc.	84,20	21,830	20.518	16,64	3,59	1,43	8,75
PMMAY	Puma AG	312,05	5.088	4.593	14,99	5,02	2,19	9,02
RBK	Reebok International	58,72	3.514	3.451	14,91	2,41	0,90	8,58
WWW	Wolverine World Wide	22,10	1.257	1.253	17,42	2,71	1,20	9,53
BWS	Brown Shoe Company	43,36	800	1.019	22,62	1,91	0,47	9,09
SKX	Sketchers U.S.A.	17,09	683	614	17,63	2,02	0,62	6,88
SRR	Stride Rite Corp.	13,70	497	524	20,72	1,87	0,89	9,28
DECK	Deckers Outdoor Corp.	30,05	373	367	13,32	2,29	1,48	7,44
WEYS	Weyco Group	19,90	230	226	11,97	1,75	1,06	6,66
RCKY	Rocky Shoes & Boots	19,96	106	232	8,66	1,12	0,92	7,55
DFZ	R.G. Barry Corp.	6,83	68	92	9,20	8,11	0,87	10,75
BOOT	LaCrosse Footwear	10,40	62	75	12,09	1,28	0,76	8,30
			Durchschnitt (exkl. KCP)		**15,01**	**2,84**	**1,06**	**8,49**
			Maximum		+51 %	+186 %	+106 %	+27 %
			Minimum		−42 %	−61 %	−56 %	−22 %

Tabelle 9.1: Aktienkurse und Multiplikatoren für die Schuhindustrie, Januar 2006

18. Angenommen, die Kenneth Cole Productions hatte im Januar 2006 einen Umsatz von USD 518 Millionen, EBITDA von USD 55,6 Millionen, überschüssige Barmittel von USD 100 Millionen, Fremdkapital von 3 Millionen und 21 Millionen ausstehende Aktien.

a) Schätzen Sie anhand des Verhältnisses von Unternehmenswert zum Umsatz aus Tabelle 9.1 den Aktienkurs von KCP.

b) Welche Kursspanne schätzen Sie auf Grundlage des höchsten und des niedrigsten Verhältnisses von Unternehmenswert zum Umsatz aus Tabelle 9.1?

c) Verwenden Sie das durchschnittliche Verhältnis von Unternehmenswert zu EBITDA aus Tabelle 9.1, um den Aktienkurs von KCP zu schätzen.

d) Welche Kursspanne schätzen Sie auf Grundlage des höchsten und des niedrigsten Verhältnisses von Unternehmenswert zu EBITDA?

19. Die Kenneth Cole Productions stellt außer Schuhen auch Handtaschen, Kleidung und Accessoires her. Sie beschließen daher, mit KCP vergleichbare Unternehmen außerhalb der Schuhbranche zu berücksichtigen.

a) Angenommen, Fossil, Inc., hat ein Verhältnis von Unternehmenswert zu EBITDA von 9,73 und einen KG-Multiplikator von 18,4. Welchen Aktienkurs würden Sie anhand dieser Multiplikatoren auf Grundlage der Daten von KCP aus den Fragen 17 und 18 schätzen?

b) Angenommen, die Hilfiger Corporation hat ein Verhältnis von Unternehmenswert zu EBITDA von 7,19 und einen KG-Multiplikator von 17,2. Welchen Aktienkurs würden Sie für KCP angesichts dieser Multiplikatoren und auf Grundlage der Daten von KCP aus den Fragen 17 und 18 erwarten?

9.5 Informationen, Wettbewerb und Aktienkurse

20. Sie lesen in der Zeitung, dass Summit Systems aus Frage 6 seine Wachstumsprognosen korrigiert hat und nun ein Dividendenwachstum von 3 % pro Jahr für immer erwartet.

a) Welchen neuen Wert der Aktien von Summit Systems erhalten wir basierend auf dieser Information?

b) Wenn Sie Ihre Summit Systems Aktien verkaufen möchten, nachdem Sie diese Nachricht gelesen haben, welchen Preis erhalten Sie wahrscheinlich und warum?

21. Roybus, Inc., ein Hersteller von Flash-Speichern hat gerade bekanntgegeben, dass die Hauptproduktionsstätte in Taiwan durch einen Brand zerstört wurde. Auch wenn die Fabrik in vollem Umfang versichert war, wird sich der freie Cashflow des Unternehmens durch den Produktionsausfall am Ende dieses Jahres um EUR 180 Millionen und am Ende des nächsten Jahres um EUR 60 Millionen verringern.

a) Welche Veränderung des Aktienkurses würden Sie nach dieser Meldung erwarten, wenn Roybus 35 Millionen ausstehende Aktien und gewichtete durchschnittliche Kapitalkosten von 13 % hat? (Wir gehen davon aus, dass sich der Wert des Fremdkapitals von Roybus durch dieses Ereignis nicht verändert.)

b) Würden Sie erwarten, dass man die Aktie von Roybus nach dieser Meldung gewinnbringend verkaufen kann? (Mit Begründung.)

22. Apnex, Inc., ist ein Biotechnologieunternehmen, das kurz davor steht, die Ergebnisse einer klinischen Studie für ein neues potentielles Krebsmedikament bekanntzugeben. Im Falle einer erfolgreichen Studie wäre die Aktie EUR 70 wert. Im Falle eines Misserfolgs wäre die Aktie nur EUR 18 wert. Angenommen, die Aktie wird am Morgen vor der geplanten Bekanntgabe für EUR 55 gehandelt.

a) Welche Erwartungen scheinen Investoren angesichts des derzeitigen Aktienkurses bezüglich des Erfolgs der Studie zu haben?

b) Angenommen, Hedgefondsmanager Paul Kliner hat mehrere renommierte Wissenschaftler damit beauftragt, die öffentlich verfügbaren Daten bezüglich des Medikaments zu untersuchen und eine eigene Bewertung dessen Wirkung zu erstellen. Würde der Fonds von Kliner davon profitieren, die Aktie in den Stunden vor der Bekanntgabe zu handeln?

c) Was würde die Fähigkeit des Fonds beschränken, von dieser Information zu profitieren?

9.6 Lösungen

1. Unter Berücksichtigung des aktuellen Kurses von EUR 50, der Dividende von EUR 2 und der Kapitalkosten von 15 % lösen wir nach dem Aktienkurs in einem Jahr auf.

$$P_0 = \frac{Div_1 + P_1}{1 + r_E}$$

$$\Rightarrow 50 = \frac{2 + X}{1{,}15} \Rightarrow X = 55{,}50$$

Bei einem aktuellen Kurs von EUR 50 können wir davon ausgehen, dass wir die Aktie unmittelbar nach der Dividendenzahlung in einem Jahr für EUR 55,50 verkaufen können.

2. a) Dividendenrendite = 1 : 20 = 5 %

   b) Kurssteigerungsrate = (22 – 20) : 20 = 10 %

   c) Eigenkapitalkosten = 5 % + 10 % = 15 %

3. a) $P(0)$ = 2,80 : 1,10 + (3,00 + 52,00) : $1{,}10^2$ = EUR 48,00

   b) $P(1)$ = (3,00 + 52,00) : 1,10 = EUR 50,00

   c) $P(0)$ = (2,80 + 50,00) : 1,10 = EUR 48,00

4. Dividendenrendite = 0,88 : 22,00 = 4 %

   Kurssteigerungsrate = (23,54 – 22,00) : 22,00 = 7 %

   Erwartete Aktienrendite = r_E = 4 % + 7 % = 11 %

5. Wir gehen vereinfachend davon aus, dass Dividenden am Ende des Jahres gezahlt werden. Dann ergibt sich insgesamt eine Dividendenzahlung von EUR 2 pro Jahr. Wenn wir diese Dividende als ewige Rente betrachten, erhalten wir P = EUR 2,00 : 0,15 = EUR 13,33.

   Alternativ können wir, wenn die Dividenden vierteljährlich ausgeschüttet werden, diese als ewige Rente betrachten und einen vierteljährlichen Kalkulationszinssatz von $(1{,}15)^{1/4} - 1$ = 3,556 % verwenden. Dann ist P = EUR 0,50 : 0,03556 = EUR 14,06.

6. P = 1,50 : (11 % – 6 %) = EUR 30

7. $P(2017) = Div(2018) : (r - g)$ = 0,40 : (0,11 – 0,5) = USD 6,67

   $P(2016)$ = 6,67 : 1,11 = USD 6,01

8. a) g = Thesaurierungsquote × Rendite der neuen Investition
   = (2/5) × 15 % = 6 %

   b) P = 3 : (12 % – 6 %) = EUR 50

   c) g = (1/5) × 15 % = 3 %, P = 4 : (12 % – 3 %) = EUR 44,44.
   Nein, die Projekte haben einen positiven *KW* (die Rendite übersteigt die Kapitalkosten), daher sollte die Dividende nicht erhöht werden.

9. Schätzung von r_E: r_E = Dividendenrendite + g = 4 : 50 + 3 % = 11 %
Neuer Kurs: P = 2,50 : (11 % – 5 %) = EUR 41,67
In diesem Fall hat die Dividendenkürzung zum Zwecke der Expansion keinen positiven Kapitalwert.

10. Wert der ersten fünf Dividendenzahlungen:

$$BW_{1-5} = \frac{0,65}{0,08-0,12}\left(1-\left(\frac{1,12}{1,08}\right)^5\right) = \text{USD } 3,24$$

Wert der restlichen Dividendenzahlungen zum Zeitpunkt 5:

$$BW_5 = \frac{0,65(1,12)^4\,1,02}{0,08-0,02} = \text{USD } 17,39$$

Barwert zum Zeitpunkt 0:

$$BW_0 = \frac{17,39}{1,08^5} = \text{USD } 11,83$$

Somit erhalten wir einen Wert der Aktie von Gillette von:
$P = BW_{1-5} + BW_0$ = 3,24 + 11,83 = USD 15,07

11. Barwert der ersten fünf Dividenden:

$$BW_{\text{erste 5}} = \frac{1,76}{1,065} + \frac{1,88}{1,065^2} + \frac{2,00}{1,065^3} + \frac{2,12}{1,065^4} + \frac{2,24}{1,065^5} = 8,25$$

Barwert der verbleibenden Dividenden in Jahr 5:

$$BW_{\text{verbleibende in Jahr 5}} = \frac{2,12(1,04)}{0,065-0,04} = 93,18$$

Barwert zum Zeitpunkt 0:

$$BW_{\text{verbleibende}} = \frac{93,18}{1,065^5} = 68,01$$

Also ist der Kurs von Colgate:
$P = BW_{\text{erste 5}} + BW_{\text{verbleibende}} = 76,26$

12.
$$P_0 = \overbrace{\frac{Div_1}{r-g_1}\left(1-\left(\frac{1+g_1}{1+r}\right)^n\right)}^{n\text{-jährige Annuität mit konstantem Wachstum}} + \overbrace{\left(\frac{1+g_1}{1+r}\right)^n \frac{Div_1}{r-g_2}}^{BW\text{ des Endwertes}}$$

$$= \underbrace{\frac{Div_1}{r-g_1}}_{\text{ewige Rente mit konstantem Wachstum}} + \underbrace{\left(\frac{1+g_1}{1+r}\right)^n\left(\frac{Div_1}{r-g_2}-\frac{Div_1}{r-g_1}\right)}_{\text{Barwert der Differenz der ewigen Renten in Jahr } n}$$

13. Gesamte Auszahlung im nächsten Jahr = 5 Milliarden × 1,08 = EUR 5,4 Milliarden
Marktwert des Eigenkapitals = 5,4 : (12 % – 8 %) = EUR 135 Milliarden
Aktienkurs = 135 : 6 = EUR 22,50

14. a) Gewinnwachstum = Wachstum der *EPS* = Wachstum der Dividenden = 4 % Also, $P = 3 : (10\ \% - 4\ \%) =$ EUR 50.

b) Mit dem Total-Payout-Modell ergibt sich $P = 3 : (10\ \% - 4\ \%) =$ EUR 50.

c) $g = r_E -$ Dividendenrendite $= 10\ \% - 1 : 50 = 8\ \%$ (Beachten Sie: Es wird erwartet, dass der Aktienkurs mit der gleichen Rate wachsen wird wie Dividenden und die Aktienrendite.)

15. Ab 2010 erwarten wir, dass der *FCF* eine Wachstumsrate von 5 % haben wird. Also können wir den Unternehmenswert von IDX im Jahr 2009 anhand der Formel für wachsende ewige Renten schätzen: EUR 50 : (9,4 % – 5 %) = EUR 1.136. Wir addieren den Cashflow des Jahres 2009 hinzu und diskontieren ihn:

Unternehmenswert in 2008 = (EUR 45 + EUR 1.136) : (1,094) = EUR 1.080

Marktwert des Eigenkapitals = EUR 1.080 + 110 – 30 = EUR 1.160

Dividiert durch die Anzahl der Aktien: Wert je Aktie = EUR 1.160 : 50 = EUR 23,20

16. PepsiCo *KGV* = USD 170,51 : USD 7,31 = 23,33. Wenden wir dies auf Coca-Cola an: USD 2,37 × 23,33 = USD 55,28.

17. a) Aktienkurs = Durchschnittliches *KGV* × KCP EPS = 15,01 × USD 1,65 = USD 24,77

b) Minimum = 8,66 × USD 1,65 = USD 14,29; Maximum = 22,62 × USD 1,65 = USD 37,32

c) 2,84 × USD 12,50 = USD 35,50

d) Minimum = 1,12 × 12,50 = USD 14; Maximum = 8,11 × 12,50 = USD 101,38

18. a) Geschätzter Unternehmenswert von KCP = Durchschnittlicher Unternehmenswert / Umsatz × KCP Umsatz = 1,06 × USD 518 Millionen = USD 549 Millionen. Marktwert des Eigenkapitals = Unternehmenswert – Fremdkapital + Barmittel = USD 549 – 3 + 100 = USD 646 Millionen. Aktienkurs = Marktwert des Eigenkapitals : Anzahl der Aktien = USD 646 : 21 = 30,77

b) USD 16,21 – USD 58,64

c) Geschätzter Unternehmenswert von KCP = Durchschnittlicher Unternehmenswert : *EBITDA* × KCP *EBITDA* = 8,49 × USD 55,6 Millionen = USD 472 Millionen. Aktienkurs = (USD 472 – 3 + 100) : 21 = USD 27,10

d) USD 22,25 – USD 33,08

19. a) Verwendung des Unternehmenswerts zu EBITDA: Unternehmenswert = 55,6 × 9,73 = 541 Millionen, $P = (541 + 100 - 3) : 21 =$ USD 30,38.

Verwendung des *KGV*: $P = 1{,}65 \times 18{,}4 =$ USD 30,36.

Somit scheint, dass die KCP Aktie gegenüber der Fossil Aktie mit einem „Abschlag" gehandelt wird.

b) Verwendung des Unternehmenswerts zu EBITDA: Unternehmenswert = 55,6 × 7,19 = 400 Millionen, $P = (400 + 100 - 3) : 21 =$ USD 23,67

Verwendung des *KGV*: $P = 1{,}65 \times 17{,}2 =$ USD 28,38.

Somit scheint, dass die KCP Aktie gegenüber der Hilfiger Aktie mit einem „Aufschlag" gehandelt wird, wenn wir den Unternehmenswert zu EBITDA verwenden, jedoch gemäß *KGV* mit einem geringfügigen „Abschlag".

20. a) $P = 1{,}50 : (11\ \% - 3\ \%) = \text{EUR } 18{,}75$

b) Wenn effiziente Märkte vorliegen, wird die neue Wachstumsrate bereits im Aktienkurs enthalten sein und Sie würden EUR 18,75 pro Aktie erhalten. Sobald die Information über die korrigierte Wachstumsrate die Kapitalmärkte erreicht, wird sich diese schnell und effizient im Aktienkurs widerspiegeln.

21. a) $BW(\text{Veränderung des } FCF) = -180 : 1{,}13 - 60 : 1{,}13^2 = -206$

Veränderung von $V = -206$, also fällt P (bei gleichbleibendem Fremdkapitalwert) um 206 : 35 = EUR 5,89 je Aktie.

b) Sofern es sich um eine öffentliche Information in einem effizienten Markt handelt, wird der Aktienkurs unmittelbar die Neuigkeiten widerspiegeln und durch Handeln ist kein Gewinn zu erzielen.

22. a) Der Markt scheint eine Erfolgschance von etwas mehr als 50 % zu erwarten.

b) Ja, wenn sie bessere Informationen als andere Investoren haben.

c) Der Markt wäre illiquide; niemand würde die Aktie handeln, wenn man wüsste, dass Kliner bessere Informationen hat. Die Transaktionen von Kliner würden die Kurse signifikant verändern und die Gewinne beschränken.

Kapitalmärkte und die Bewertung des Risikos

10

ÜBERBLICK

10.1 Übliche Maße für Rendite und Risiko

1. Folgende Tabelle stellt die Wahrscheinlichkeitsverteilung der Ein-Jahres-Rendite der Startup, Inc. dar. Berechnen Sie
   a) die erwartete Rendite.
   b) die Standardabweichung der Rendite.

Wahrscheinlichkeit	40 %	20 %	20 %	10 %	10 %
Rendite	−100 %	−75 %	−50 %	−25 %	1.000 %

10.2 Historische Renditen von Aktien und Anleihen

2. Sie haben vor einem Jahr eine Aktie für EUR 50 gekauft und sie heute für EUR 55 verkauft. Die Aktie hat heute eine Dividende von EUR 1 ausgeschüttet.
   a) Wie hoch war Ihre realisierte Rendite?
   b) Welcher Teil der Rendite stammte aus der Dividendenrendite und wie viel aus der Kurssteigerung?
3. Wir betrachten Frage 2 erneut, gehen aber davon aus, dass der Aktienkurs um EUR 5 auf EUR 45 gefallen ist.
   a) Ändert sich die Kurssteigerungsrate? Warum, oder warum nicht?
   b) Ändert sich Ihre Dividendenrendite? Warum, oder warum nicht?
4. Berechnen Sie anhand der Daten folgender Tabelle die Rendite auf eine Investition in Boeing Aktien vom 2. Januar 2008 bis zum 2. Januar 2009 sowie vom 3. Januar 2011 bis zum 3. Januar 2012. Wir gehen davon aus, dass alle Dividenden sofort in Aktien reinvestiert werden.

Historische Aktien- und Dividendendaten von Boeing					
02.01.08	86,62		03.01.11	66,40	
06.02.08	79,91	0,40	09.02.11	72,63	0,42
07.05.08	84,55	0,40	11.05.11	79,08	0,42
06.08.08	65,40	0,40	10.08.11	57,41	0,42
05.11.08	49,55	0,40	08.11.11	66,65	0,42
02.01.09	45,25		03.01.12	74,22	

5. Wir betrachten eine Investition mit folgenden Renditen über einen Zeitraum von vier Jahren:

1	2	3	4
10 %	20 %	−5 %	15 %

a) Welche geometrische Durchschnittsrendite hat diese Investition über die vier Jahre?

b) Welche durchschnittliche jährliche Rendite (arithmetische Durchschnittsrendite) hat diese Investition über die vier Jahre?

c) Welches ist das bessere Maß für die Performance der Investition in der Vergangenheit?

d) Welches ist das bessere Maß für die erwartete Rendite der Investition im nächsten Jahr, wenn die Renditen der Investition unabhängig und identisch verteilt sind?

10.3 Der historische Trade-Off zwischen Risiko und Rendite

6. Wie unterscheidet sich die Beziehung zwischen der durchschnittlichen Rendite und historischen Volatilität einzelner Aktien von der Beziehung zwischen der durchschnittlichen Rendite und historischen Volatilität großer diversifizierter Portfolios?

10.4 Gemeinsames und unabhängiges Risiko

7. Wir betrachten zwei lokale Banken. Bank A hat 100 Kredite jeweils in Höhe von EUR 1 Million vergeben und erwartet, dass diese heute zurückgezahlt werden. Jeder Kredit hat eine Ausfallwahrscheinlichkeit von 5 %. In diesem Fall erhält die Bank keinerlei Rückzahlungen. Die Ausfallwahrscheinlichkeiten der Kredite sind voneinander unabhängig. Bank B hat nur einen Kredit in Höhe von EUR 100 Millionen vergeben, der ebenfalls heute zurückgezahlt werden soll. Dieser hat ebenfalls ein Ausfallrisiko von 5 %. Erklären Sie den Unterschied zwischen den Risikoarten, denen die Banken ausgesetzt sind. Welche Bank trägt das geringere Risiko? Warum?

8. Wir verwenden die Daten aus Frage 7 und berechnen:

a) Die erwartete Gesamtzahlung an jede Bank.

b) Die Standardabweichung der Gesamtzahlung an jede Bank.

10.5 Diversifikation von Aktienportfolios

9. Wir betrachten folgende zwei völlig separate Märkte. Die erwartete Rendite und Volatilität aller Aktien sind in beiden Märkten gleich. Im ersten Markt entwickeln sich alle Aktien in die gleiche Richtung – in guten Zeiten steigen alle Kurse gemeinsam und in schlechten Zeiten fallen sie gemeinsam. Im zweiten Markt sind die Renditen der Aktien voneinander unabhängig – der Kursanstieg einer Aktie hat keinen Einfluss auf die anderen Aktienkurse. Angenommen, Sie sind risikoavers und könnten in einen der beiden Märkte investieren, für welchen würden Sie sich entscheiden? Erklären Sie.

10. Erklären Sie, warum die Risikoprämie einer Aktie unabhängig von ihrem diversifizierbaren Risiko ist.

11. Geben Sie an, welches der folgenden Risiken eher systematisch oder diversifizierbar ist:

a) Das Risiko, dass Ihre Hauptproduktionsanlage aufgrund eines Unwetters geschlossen wird.

b) Das Risiko, dass die Wirtschaft abkühlt und die Nachfrage nach Ihren Produkten zurückgeht.

c) Das Risiko, dass Ihre besten Mitarbeiter abgeworben werden.

d) Das Risiko, dass das neue Produkt, das Sie aus Ihrer Forschungs- und Entwicklungsabteilung erwarten, nicht umgesetzt wird.

12. Angenommen, der risikolose Zinssatz beträgt 5 % und der Aktienmarkt erzielt pro Jahr mit gleicher Wahrscheinlichkeit eine Rendite von entweder 40 % oder –20 %. Vergleichen Sie diese beiden Investitionsstrategien: (i) eine Investition für ein Jahr in die risikolose Anlage und ein Jahr in den Markt oder (ii) eine Investition in den Markt für beide Jahre.

a) Welche Strategie hat die höchste erwartete finale Auszahlung?

b) Bei welcher Strategie hat die finale Auszahlung die höchste Standardabweichung?

c) Verringert das längere Halten der Aktien Ihr Risiko?

10.6 Die Messung des systematischen Risikos

13. Was ist ein effizientes Portfolio?

14. Was misst das Beta einer Aktie?

15. In den Nachrichten erfahren Sie, dass auf dem Aktienmarkt ein Kursanstieg von 10 % zu verzeichnen ist. Um wie viel sind Ihrer Einschätzung nach die folgenden Aktienkurse gesunken bzw. gestiegen: (1) Starbucks, (2) United Airlines, (3) Hormel und (4) McDonald's (als Grundlage dienen die Daten aus untenstehender Tabelle).

Unternehmen	Tickersymbol	Branche	Eigenkapital-Beta
Hormel Foods	HRL	Lebensmittelindustrie	0,16
Clorox	CLX	Haushaltschemikalien	0,18
SPDR Gold	GLD	Investmentgesellschaft	0,18
Campbell Soup	CPB	Lebensmittelindustrie	0,27
Walmart	WMT	Verbrauchermärkte	0,41
Newmont Mining	NEM	Bergbau/Goldminenbetreiber	0,49
Merck	MRK	Pharmaunternehmen	0,49
Consolidated Edison	ED	Versorgungsunternehmen	0,52
Procter & Gamble	PG	Konsumgüter	0,56

Unternehmen	Tickersymbol	Branche	Eigenkapital-Beta
Johnson & Johnson	JNJ	Pharmaunternehmen	0,60
Pfizer	PFE	Pharmaunternehmen	0,67
Amgen	AMGN	Biotechnologie	0,72
Pepsico	PEP	Getränkeindustrie	0,73
McDonalds	MCD	Schnellgastronomie	0,78
Coca-Cola	KO	Getränkeindustrie	0,83
Amazon.com	AMZN	Onlinehandel	0,88
United Parcel Service	UPS	Logistikunternehmen	0,91
Microsoft	MSFT	Technologieunternehmen/ Systemsoftware	0,93
Alphabet	GOOGL	Internetdienstleistungen/ Software	1,00
Starbucks	SBUX	Gastronomie	1,05
Apple	AAPL	Technologieunternehmen	1,06
Netflix	NFLX	Internet-Einzelhandel	1,09
eBay	EBAY	Internetdienstleistungen/ Software	1,10
Mastercard	MA	Datenverarbeitung	1,18
Southwest Airlines	LUV	Fluggesellschaft	1,25
Foot Locker	FL	Schuh-/Bekleidungseinzel-handel	1,30
Marriott International	MAR	Hotels/Freizeitanlagen	1,39
General Motors	GM	Automobilindustrie	1,49
Advanced Micro Devices	AMD	Halbleiterindustrie	1,51
Prudential Financial	PRU	Versicherungen	1,53
NVIDIA	NVDA	Halbleiterindustrie	1,53
Brunswick	BC	Freizeitartikel	1,60
Macys	M	Warenhaus/Einzelhandel	1,61
Nordstrom	JWN	Warenhaus/Einzelhandel	1,69

Unternehmen	Tickersymbol	Branche	Eigenkapital-Beta
Tesla	TSLA	Automobilindustrie	1,70
Toll Brothers	TOL	Bauunternehmen	1,76
Alcoa	AA	Aluminium	1,89
Wynn Resorts Ltd.	WYNN	Casino- und Glücksspielbranche	1,92
United Airlines	UAL	Fluggesellschaft	1,97
Avis Budget Group	CAR	Autovermietung	2,55

Tabelle 10.1: Betas im Hinblick auf den S&P 500 für einzelne Aktien (auf der Grundlage wöchentlicher Daten von 2017 bis 2022)
Quelle: capm.berkdemarzo.com.

16. Schätzen Sie anhand der Daten aus Tabelle 10.1, welche der folgenden Investitionen im Falle einer schweren Rezession wahrscheinlich den größten Verlust verbuchen werden: (1) Eine Investition von USD 2.000 in Hormel, (2) eine Investition von USD 1.500 in Macy's oder (3) eine Investition von USD 1.000 in Amazon.

10.7 Das Beta und die Kapitalkosten

17. Angenommen, die Marktrisikoprämie beträgt 5 % und der risikolose Zinssatz liegt bei 4 %. Berechnen Sie anhand der Daten in Tabelle 10.1 die erwartete Rendite einer Investition in:

a) Starbucks Aktien

b) Hormel Aktien

c) Avis Budget Group Aktien

18. Warum halten in Anbetracht der Ergebnisse aus Frage 17 nicht alle Investoren Aktien von Avis Budget Group anstatt solcher von Hormel?

19. Angenommen, die Marktrisikoprämie beträgt 6,5 % und der risikolose Zinssatz liegt bei 5 %. Berechnen Sie die Kapitalkosten der Investition in ein Projekt mit einem Beta von 1,2.

20. Geben Sie an, ob die folgenden Aussagen im Widerspruch zu einem effizienten Kapitalmarkt, dem CAPM oder beidem stehen.

a) Ein Wertpapier mit ausschließlich diversifizierbarem Risiko hat eine erwartete Rendite, die den risikolosen Zinssatz übersteigt.

b) Ein Wertpapier mit einem Beta von 1 hatte letztes Jahr eine Rendite von 15 %, als die Marktrendite bei 9 % lag.

c) Kleine Aktien mit einem Beta von 1,5 haben im Durchschnitt eher höhere Renditen als große Aktien mit einem Beta von 1,5.

10.8 Lösungen

1. a) $E[R] = -1(0{,}4) - 0{,}75(0{,}2) - 0{,}5(0{,}2) - 0{,}25(0{,}1) + 10(0{,}1) = 32{,}5\ \%$

   b) $Var(R) = (-1 - 0{,}325)^2 \times 0{,}4 + (-0{,}75 - 0{,}325)^2\ 0{,}2 + (-0{,}5 - 0{,}324)^2\ 0{,}2 + (-0{,}25 - 0{,}325)^2\ 0{,}1 + (10 - 0{,}325)^2\ 0{,}1 = 10{,}46$

   $\text{Standardabweichung} = \sqrt{10{,}46} = 3{,}235 = 323{,}5\ \%$

2. a) $R = \dfrac{1 + (55 - 50)}{50} = 0{,}12 = 12\ \%$

   b) $R_{\text{Div}} = \dfrac{1}{50} = 2\ \%$

   $R_{\text{Kurssteigerung}} = \dfrac{55 - 50}{50} = 10\ \%$

   Die realisierte Rendite auf diese Investition ist 12 %. Die Dividendenrendite ist 10 %.

3. a) $R_{\text{Kurssteigerung}} = 45 - 50 : 50 = -10\ \%$. Ja, die Kurssteigerungsrate ändert sich, da die Differenz zwischen dem aktuellen Kurs und dem Kaufpreis anders ist als in Frage 2.

   b) Die Dividendenrendite ändert sich nicht, da die Dividende die gleiche ist, wie in Frage 2.

   Die Kurssteigerungsrate ändert sich mit dem neuen niedrigeren Preis; die Dividendenrendite bleibt gleich.

4.

Datum	Kurs	Dividende	*R*	1+*R*
02.01.08	86,62			
06.02.08	79,91	0,40	–7,28 %	0,927153
07.05.08	84,55	0,40	6,31 %	1,063071
06.08.08	65,40	0,40	–22,18 %	0,778238
05.11.08	49,55	0,40	–23,62 %	0,763761
02.01.09	45,25		–8,68 %	0,913219
			–46,50 %	0,535006
03.01.11	66,40			
09.02.11	72,63	0,42	10,02 %	1,1001506

Datum	Kurs	Dividende	R	$1+R$
11.05.11	79,08	0,42	9,46 %	1,09458901
10.08.11	57,41	0,42	–26,87 %	0,73128477
08.11.11	66,65	0,42	16,83 %	1,16826337
03.01.12	74,22		11,36 %	1,11357839
			14,56 %	1,14564829

5. a)

1	2	3	4	Arithmetische Durchschnittsrendite
10 %	20 %	–5 %	15 %	10 %
				Geometrische Durchschnittsrendite
1,10	1,20	0,95	1,15	9,58 %

b) Siehe Tabelle oben.

c) Geometrische Durchschnittsrendite.

d) Arithmetische Durchschnittsrendite.

6. Bei großen Portfolios besteht eine Beziehung zwischen Rendite und Volatilität – Portfolios mit höherer Rendite haben eine höhere Volatilität. Bei Aktien besteht hier keine erkennbare Beziehung.

7. Die erwarteten Zahlungen sind die gleichen, Bank A trägt jedoch ein geringeres Risiko. Hier liegen viele unkorrelierte Kredite vor, deren Ausfall nicht die Ausfallwahrscheinlichkeit der restlichen Kredite beeinflusst.

8. a) Die erwarteten Gesamtzahlung ist bei beiden Banken gleich

Bank B = EUR 100 Millionen × 0,95 = EUR 95 Millionen

Bank A = (EUR 1 Million × 0,95) × 100 = EUR 95 Millionen

b) Bank B

$\text{Varianz} = (100 - 95)^2 \times 0{,}95 + (0 - 95)^2 \times 0{,}05 = 475$

$\text{Standardabweichung} = \sqrt{475} = 21{,}79$

Bank A

$\text{Varianz eines einzelnen Kredits} = (1 - 0{,}95)^2 \times 0{,}95 + (0 - 0{,}95)^2 \times 0{,}05 = 0{,}0475$

$\text{Standardabweichung eines einzelnen Kredits} = \sqrt{0{,}0475} = 0{,}2179$

Die Bank hat 100 Kredite vergeben, die alle unabhängig voneinander sind. Also ist die Standardabweichung des durchschnittlichen Kredits:

$$\frac{0{,}2179}{\sqrt{100}} = 0{,}02179$$

Jedoch hat die Bank 100 dieser Kredite vergeben, also ist die Standardabweichung des Portfolios $100 \times 0{,}02179 = 2{,}179$, was viel geringer ist, als bei Bank B.

9. Ein risikoaverser Anleger würde den Markt wählen, in dem die Renditen der Aktien voneinander unabhängig sind, da dieses Risiko in einem großen Portfolio durch Diversifikation eliminiert werden kann.

10. Durch Diversifikation können Investoren diversifizierbare Risiken aus ihrem Portfolio eliminieren, ohne dass ihnen Kosten entstehen. Daher verlangen sie dafür keine Risikoprämie.

11. a) Diversifizierbares Risiko

b) Systematisches Risiko

c) Diversifizierbares Risiko

d) Diversifizierbares Risiko

12. $R(\text{i}) = (1{,}05)(1{,}40) - 1 = 47\ \%$ oder $(1{,}05)(0{,}80) - 1 = -16\ \%$

$R(\text{ii}) = 1{,}4^2 - 1 = 96\ \%$; $1{,}4 \times 0{,}8 - 1 = 12\ \%$; $0{,}8 \times 1{,}4 - 1 = 12\ \%$; $0{,}8 \times 0{,}8 - 1 = -36\ \%$

a) $E[R](\text{i}) = (47\ \% - 16\ \%) : 2 = 15{,}5\ \%$

$E[R](\text{ii}) = (96\ \% + 12\ \% + 12\ \% - 36\ \%) : 4 = 21\ \%$

b) $SA(\text{i}) = \sqrt{(47\ \% - 15{,}5\ \%)^2 \times 0{,}5 + (-16\ \% - 15{,}5\ \%)^2 \times 0{,}5} = 31{,}5\ \%$

$SA(\text{ii}) = \sqrt{(96\ \% - 21\ \%)^2 \times 0{,}25 + (12\ \% - 21\ \%)^2 \times 0{,}50 + (-36\ \% - 21\ \%)^2 \times 0{,}25} = 47{,}5\ \%$

c) Nein.

13. Ein effizientes Portfolio ist dann effizient, wenn es nur systematisches und kein diversifizierbares Risiko aufweist.

14. Das Beta misst das systematische Risiko einer Aktie.

15. Beta × 10 % ergibt

Starbucks: 10.5 %

United Airlines: 19.7 %

Hormel: 1.6 %

McDonald's: 7.8 %

16. Je 10 % Rückgang des Marktes:

Rückgang bei Hormel: 10 % × 0,16 = 1,6 %

Verlust: 1,6 % × 2.000 = USD 32;

Rückgang bei Macy's: 10 % × 1,61 = 16,1 %

Verlust: 16,1 % × 1.500 = USD 241,50;

Rückgang bei Amazon: 10 % × 0,88 = 8,8 %

Verlust: 8,8 % × 1.000 = USD 88;

Das Macy's-Investment macht den größten Verlust.

17. a) 4 % + 1,05 × 5 % = 9,25 %

b) 4 % + 0,16 × 5 % = 4,8 %

c) 4 % + 2,55 × 5 % = 16,75 %

18. Die Aktie von Hormel hat ein geringeres Marktrisiko, so dass die erwartete Rendite nicht so hoch sein muss, damit Investoren sie halten. Die Performance der Aktie von Hormel ist in einer Rezession erheblich besser.

19. Kapitalkosten = $r_f + ß(E[R_{Mkt}] - r_f)$ = 5 % + 1,2 (6,5 %) = 12,8 %.

20. a) Diese Aussage steht im Widerspruch zu beidem.

b) Diese Aussage stimmt mit beidem überein, da es sich um realisierte Renditen handelt.

c) Diese Aussage steht im Widerspruch zum CAPM jedoch nicht unbedingt zu effizienten Kapitalmärkten.

Die optimale Portfolioallokation und das Capital-Asset-Pricing-Modell

11

ÜBERBLICK

11.1 Die erwartete Rendite eines Portfolios

1. Sie möchten Ihre Ersparnisse für den Ruhestand anlegen und haben beschlossen EUR 200.000 in drei Aktien anzulegen: 50 % des Geldes in GoldFinger Aktien (aktueller Kurs EUR 25), 25 % in Moosehead Aktien (aktueller Kurs EUR 80) und den Rest in Venture Associates Aktien (aktueller Kurs EUR 2). Was passiert, wenn der Kurs der GoldFinger Aktie auf EUR 30 steigt, die Moosehead Aktie auf EUR 60 fällt und die Venture Associates Aktie auf EUR 3 steigt?
   a) Welchen Wert hat Ihr Portfolio?
   b) Welche Rendite erbringt Ihr Portfolio?
   c) Wenn Sie nach der Kursänderung keine Aktien kaufen oder verkaufen, wie sind die drei Aktien in Ihrem Portfolio gewichtet?
2. Sie besitzen Aktien von drei Unternehmen: 600 Aktien von Apple Computer, 10.000 Aktien von Cisco Systems und 5.000 Aktien von Colgate-Palmolive. Die aktuellen Kurse und erwarteten Renditen von Apple, Cisco und Colgate-Palmolive sind USD 500, USD 20 und USD 100 bzw. 12 %, 10 % und 8 %.
   a) Wie sind die Portfoliogewichte dieser drei Aktien in Ihrem Portfolio?
   b) Wie hoch ist die erwartete Rendite Ihres Portfolios?
   c) Nehmen wir an, die Aktien von Apple steigen um USD 25 und die von Cisco um USD 5 und die Colgate-Palmolive-Aktie fällt um USD 13. Welche neue Portfoliogewichtung ergibt sich daraus?
   d) Wie hoch ist die erwartete Rendite des Portfolios bei den neuen Kursen, wenn man davon ausgeht, dass die erwarteten Renditen der Aktien gleich bleiben?
3. Wir betrachten ein Anlageuniversum, in dem es nur die drei folgenden Aktien gibt:

Aktie	Ausstehende Aktien gesamt	Aktueller Aktienkurs	Erwartete Rendite
First Bank	100 Millionen	EUR 100	18 %
Fast Mover	50 Millionen	EUR 120	12 %
Funny Bone	200 Millionen	EUR 30	15 %

   a) Berechnen Sie den Gesamtwert aller derzeit ausstehenden Aktien.
   b) Welchen Anteil am gesamten ausstehenden Wert haben die einzelnen Aktien?
   c) Sie halten das Marktportfolio, das heißt, Sie haben die Portfoliogewichte gewählt, die der Antwort zu Teilaufgabe (b) entsprechen. Wie hoch ist die erwartete Rendite Ihres Portfolios?
4. Es gibt zwei Möglichkeiten, die erwartete Rendite eines Portfolios zu berechnen: Entweder man berechnet die erwartete Rendite des Portfolios als Ganzes oder man berechnet den gewichteten Durchschnitt der erwarteten Renditen der einzelnen Portfoliobestandteile. Welche Berechnungsform führt zu einer höheren Rendite?

11.2 Die Volatilität eines Portfolios mit zwei Aktien

5. Angenommen, zwei Aktien haben eine Korrelation von 1. Wenn die erste Aktie in diesem Jahr überdurchschnittliche Renditen hat, wie hoch ist dann die Wahrscheinlichkeit, dass die zweite Aktie ebenfalls eine überdurchschnittliche Rendite hat?

6. Angenommen, die Aktie von Wesley Publishing hat eine Volatilität von 60 % während die Aktie von Addison Printing eine Volatilität von 30 % hat. Welche Volatilität haben folgende Portfolios aus Addison (A) und Wesleys (W), wenn die Korrelation dieser Aktien 25 % beträgt:

a) $x_A = 100$ %?

b) $x_A = 75$ % und
$x_B = 25$ %?

c) $x_A = 50$ % und
$x_B = 50$ %?

7. Angenommen, die Aktien von Avon und Nova haben eine Volatilität von 50 % bzw. 25 % und sie sind vollkommen negativ korreliert. Welches Portfolio aus diesen beiden Aktien hat ein Risiko von null?

8. Angenommen, die Volatilität der Aktienrendite von Tex beträgt 40 % und die der Aktienrendite von Mex 20 %. Wenn die Aktienrenditen von Tex und Mex nicht korreliert sind,

a) Welches Portfolio dieser beiden Aktien hat dieselbe Volatilität wie Mex alleine?

b) Welches Portfolio dieser beiden Aktien hat die geringstmögliche Volatilität?

11.3 Die Volatilität eines großen Portfolios

9. Angenommen, die durchschnittliche Aktienrendite hat eine Volatilität von 50 % und die Korrelation zwischen Aktienpaaren beträgt 20 %. Schätzen Sie die Volatilität eines gleichgewichteten Portfolios mit (a) einer Aktie, (b) 30 Aktien und (c) 1.000 Aktien.

10. Wie hoch ist die Volatilität eines gleichgewichteten Portfolios in einer Branche, in der Aktien eine Volatilität von 50 % und eine Korrelation von 40 % haben, wenn sich das Portfolio vergrößert?

11. Betrachten Sie ein gleichgewichtetes Portfolio aus Aktien, in dem jede Aktie eine Volatilität von 40 % hat und die Korrelation zwischen jedem Aktienpaar 20 % beträgt.

a) Wie hoch ist die Volatilität des Portfolios, wenn die Anzahl der Aktien gegen unendlich geht?

b) Wie hoch ist die durchschnittliche Korrelation der Aktien in diesem Portfolio?

12. Aktie A hat eine Volatilität von 65 % und eine Korrelation von 10 % mit Ihrem derzeitigen Portfolio. Aktie B hat eine Volatilität von 30 % und eine Korrelation von 25 % mit Ihrem derzeitigen Portfolio. Sie halten derzeit beide Aktien. Was wird die Volatilität Ihres Portfolios erhöhen: (i) der Verkauf eines kleinen Anteils der Aktie B und Investition des Verkaufserlöses in Aktie A oder (ii) der Verkauf eines kleinen Anteils der Aktie A und Investition des Verkaufserlöses in Aktie B?

11.4 Risiko und Rendite: Die Zusammensetzung eines effizienten Portfolios

13. Angenommen, die Aktie von Ford Motors hat eine erwartete Rendite von 15 % und eine Volatilität von 42 % und Molson Coors Brewing hat eine erwartete Rendite von 11 % und eine Volatilität von 32 %. Wenn diese beiden Aktien unkorreliert sind,

a) wie hoch sind die erwartete Rendite und die Volatilität eines Portfolios aus 73 % Ford-Motor-Aktien und 27 % Molson-Coors-Aktien?

b) bildet eine Investition Ihres ganzen Geldes angesichts Ihrer Antwort auf Teilaufgabe (a) in die Molson-Coors-Aktie ein effizientes Portfolio dieser beiden Aktien?

c) bildet eine Investition Ihres ganzen Geldes in die Aktie von Ford Motors ein effizientes Portfolio dieser beiden Aktien?

14. Angenommen, die Intel Aktie hat eine erwartete Rendite von 26 % und eine Volatilität von 50 %, während die Coca Cola Aktie eine erwartete Rendite von 6 % und eine Volatilität von 25 % hat. Angenommen, diese beiden Aktien sind vollkommen negativ korreliert (d.h. ihr Korrelationskoeffizient ist –1).

a) Berechnen Sie die Portfoliogewichtung, bei der das Portfolio risikolos ist.

b) Wie hoch ist der risikolose Zinssatz in diesem Markt, wenn es keine Arbitragemöglichkeiten gibt?

Bei den Fragen 15 bis 21 gehen wir davon aus, dass Johnson & Johnson und die Walgreen Company die unten dargestellten erwarteten Renditen und Volatilitäten und eine Korrelation von 22 % haben.

	E[R]	SA[R]
Johnson & Johnson	7 %	16 %
Walgreen Company	10 %	20 %

15. Berechnen Sie (a) die erwartete Rendite und (b) die Volatilität (Standardabweichung) eines Portfolios, das zu gleichen Teilen aus Aktien von Johnson & Johnson und von Walgreen besteht.

16. Wenn die Korrelation zwischen den Aktien von Johnson & Johnson und Walgreen im Portfolio aus Frage 15 steigen würde,

a) würde dann die erwartete Rendite des Portfolios steigen oder fallen?

b) würde die Volatilität des Portfolios steigen oder fallen?

17. Berechnen Sie (a) die erwartete Rendite und (b) die Volatilität (Standardabweichung) eines Portfolios, das aus einer Long Position in Höhe von USD 10.000 in Johnson & Johnson Aktien und einer Short Position in Höhe von USD 2.000 in Walgreen Aktien besteht.

18. Verwenden Sie die Daten aus Frage 15 und berechnen Sie die erwartete Rendite und die Volatilität (Standardabweichung) eines Portfolios, das aus Aktien von Johnson & Johnson und Walgreen besteht und verwenden Sie dafür mehrere, verschiedene Portfoliogewichtungen. Stellen Sie die erwartete Rendite als Funktion der Portfoliovolatilität dar. Anhand Ihrer Kurve identifizieren Sie die Spanne der Portfoliogewichtung der Aktie von Johnson & Johnson, die effiziente Kombinationen dieser beiden Aktien darstellen und runden diese auf den nächsten ganzen Prozentpunkt.

19. Fred hat ein Portfolio mit einer Volatilität von 30 %. Er entscheidet sich für einen Leerverkauf einer kleinen Anzahl von Aktien mit einer Volatilität von 40 % und wird die Erträge in sein Portfolio investieren. Wie hoch ist die Korrelation zwischen der Aktie, die er leerverkauft hat, und seinem ursprünglichen Portfolio mindestens, damit diese Transaktion das Risiko seines Portfolios reduziert?

20. Angenommen, die Aktie von Target hat eine erwartete Rendite von 20 % und eine Volatilität von 40 %. Die Aktie von Hershey hat eine erwartete Rendite von 12 % und eine Volatilität von 30 % und die beiden Aktien sind unkorreliert.

a) Wie hoch sind die erwartete Rendite und die Volatilität eines gleichgewichtete Portfolios dieser beiden Aktien?

Betrachten Sie eine neue Aktie mit einer erwarteten Rendite von 16 % und einer Volatilität von 30 %. Die neue Aktie sei mit den Aktien von Target und Hershey unkorreliert.

b) Lohnt es sich, diese Aktie allein statt dem Portfolio in Teilaufgabe (a) zu halten?

c) Können Sie Ihr Portfolio aus Teilaufgabe (a) verbessern, indem Sie die neue Aktie in Ihr Portfolio aufnehmen?

21. Sie möchten EUR 10.000 anlegen. Sie beschließen, EUR 20.000 in Google zu investieren und Aktien von Yahoo! im Wert von EUR 10.000 leer zu verkaufen. Die erwartete Rendite von Google beträgt 15 % und die Volatilität 30 % und die erwartete Rendite von Yahoo! beträgt 12 % bei einer Volatilität von 25 %. Die Aktien haben eine Korrelation von 0,9. Wie hoch sind die erwartete Rendite und die Volatilität dieses Portfolios?

22. Sie erwarten, dass die HGH Aktie nächstes Jahr eine Rendite von 20 % und eine Volatilität von 30 % aufweisen wird. Sie haben EUR 25.000 und möchten insgesamt EUR 50.000 in HGH investieren und die restlichen EUR 25.000 beschaffen, indem Sie entweder KBH oder LWI Aktien leerverkaufen. Die KBH und LWI Aktien haben eine erwartete Rendite von 10 % und eine Volatilität von 20 %. Welche Aktie sollte man leerverkaufen, wenn KBH eine Korrelation von +0,5 mit HGH hat und LWI eine Korrelation von –0,50 mit HGH?

11.5 Risikolose Anlageformen und Kreditaufnahme

23. Angenommen, Sie haben EUR 100.000 in bar und möchten weitere EUR 15.000 zu einem Zinssatz von 4 % aufnehmen und in den Aktienmarkt investieren. Sie investieren die gesamten EUR 115.000 in ein Portfolio J mit einer erwarteten Rendite von 15 % und einer Volatilität von 25 %.

a) Wie hoch sind die erwartete Rendite und die Volatilität (Standardabweichung) Ihrer Investition?

b) Wie hoch ist Ihre Rendite, wenn J über das Jahr um 25 % steigt?

c) Welche Rendite realisierten Sie, wenn J über das Jahr um 20 % fällt?

24. Sie haben derzeit EUR 100.000 in ein Portfolio mit einer erwarteten Rendite von 12 % und einer Volatilität von 8 % investiert. Angenommen, der risikolose Zinssatz beträgt 5 % und es gibt ein anderes Portfolio mit einer erwarteten Rendite von 20 % und einer Volatilität von 12 %.

a) Welches Portfolio hat eine höhere erwartete Rendite als Ihr Portfolio, jedoch die gleiche Volatilität?

b) Welches Portfolio hat eine geringere Volatilität als Ihr Portfolio, jedoch die gleiche erwartete Rendite?

25. Angenommen, der risikolose Zinssatz beträgt 4 %. Sie sind Finanzberater und müssen *einen* der unten stehendend Fonds Ihren Kunden empfehlen. Welchen Fonds Sie auch empfehlen, Ihre Kunden werden diesen dann mit einem risikolosen Kredit anteilig Höhe ihrem gewünschten Risikoniveau kombinieren.

	Erwartete Rendite	Volatilität
Fonds A	10 %	10 %
Fonds B	15 %	22 %
Fonds C	6 %	2 %

Welchen Fonds würden Sie empfehlen, ohne die Risikopräferenz Ihrer Kunden zu kennen?

26. Angenommen, alle Investoren möchten ein Portfolio halten, das bei einem bestimmten Volatilitätsniveau die höchstmögliche Rendite erzielt. Warum werden sich alle Investoren für das gleiche Portfolio aus riskanten Aktien entscheiden, wenn es zusätzlich eine risikolose Anlageform gibt?

11.6 Das Tangentialportfolio und geforderte Renditen

27. Zusätzlich zu risikolosen Wertpapieren haben Sie in den Tanglewood Fonds, einem breitgestreuten Aktienfonds mit einer erwarteten Rendite von 12 % und einer Volatilität von 25 % investiert. Derzeit beträgt der risikolose Zinssatz 4 %. Ihr Broker schlägt Ihnen vor, einen Venture-Capital-Fonds in Ihr Portfolio aufzunehmen. Der Venture-Capital-Fonds hat eine erwartete Rendite von 20 %, eine Volatilität von 80 % und eine Korrelation von 0,2 mit dem Tanglewood Fonds. Berechnen Sie die geforderte Rendite und verwenden Sie diese, um zu entscheiden, ob Sie den Venture-Capital-Fonds in Ihr Portfolio aufnehmen sollten.

28. Ihnen bietet sich eine Investitionsmöglichkeit, deren erwartete Rendite Ihre geforderte Rendite angesichts Ihres derzeitigen Portfolios übersteigt. Was können Sie daraus für Ihr derzeitiges Portfolio schließen?

29. Sie haben derzeit (abgesehen von risikolosen Wertpapieren) ausschließlich in den Natasha Fonds investiert. Dieser hat eine erwartete Rendite von 14 % und eine Volatilität von 20 %. Der aktuelle risikolose Zinssatz beträgt 3,8 %. Ihr Broker schlägt Ihnen vor, die Hannah Corporation in Ihr Portfolio aufzunehmen. Die Aktien der Hannah Corporation haben eine erwartete Rendite von 20 %, eine Volatilität von 60 % und eine Korrelation von 0 mit dem Natasha Fonds.

a) Hat Ihr Broker Recht?

b) Sie befolgen den Rat Ihres Brokers und investieren einen erheblichen Betrag in Hannah Aktien, so dass, wenn man nur Ihre riskanten Investitionen betrachtet, 60 % in den Natasha Fonds und 40 % in Hannah Aktien investiert sind. Als Sie Ihrem Finanzprofessor von Ihrer Investition erzählen, sagt er, dass Sie einen Fehler gemacht hätten und Ihre Investition in Hannah reduzieren sollten. Hat Ihr Finanzprofessor Recht?

c) Sie beschließen, dem Rat Ihres Finanzprofessors zu folgen und reduzieren Ihre Investition in Hannah Aktien. Nun sind 15 % in Hannah investiert und der Rest in den Natasha Fonds. Ist dies der Anteil an Hannah Aktien, den Sie halten sollten?

30. Berechnen Sie jeweils die Sharpe Ratio der drei Portfolios aus Frage 29. Welche Portfoliogewichtung der Hannah Aktie maximiert die Sharpe Ratio?

11.7 Das Capital-Asset-Pricing-Modell

31. Wenn das CAPM das Risiko korrekt bewertet, ist das Marktportfolio ein effizientes Portfolio. Warum?

32. Ein großes Pharmaunternehmen, DRIg, hat gerade bekanntgegeben, dass es über ein potentielles Heilmittel gegen Krebs verfügt. Der Aktienkurs steigt an diesem Tag von EUR 5 auf EUR 100. Ein Freund ruft Sie an, um Ihnen mitzuteilen, dass er DRIg Aktien besitzt. Sie antworten stolz, dass Sie diese ebenfalls besitzen. Da Sie seit einiger Zeit befreundet sind, wissen Sie, dass er, wie auch Sie, das Marktportfolio hält. Somit haben Sie beide auch in diese Aktie investiert. Ihnen beiden sind lediglich die erwartete Rendite und die Volatilität wichtig. Der risikolose Zinssatz beträgt 3 % p.a. nominal. Bis zur Bekanntgabe der Neuigkeiten bestand das Marktportfolio zu 0,2 % aus DRIg Aktien.

a) Nach der Ankündigung stieg der Wert Ihres Portfolios um 1 % (wir gehen davon aus, dass sich alle anderen Kursänderungen gegenseitig aufgehoben haben, so dass die Marktrendite ohne die DRIg Aktie null gewesen wäre). Wie haben Sie Ihr Vermögen angelegt?

b) Das Vermögen Ihres Freundes stieg um 2 % Wie hat er investiert?

33. Ihr Investmentportfolio besteht aus einer Investition von EUR 15.000 ausschließlich in Aktien von Amazon. Angenommen, der risikolose Zinssatz beträgt 5 %, die Amazon-Aktie hat eine erwartete Rendite von 12 % und eine Volatilität von 40 % und das Marktportfolio hat eine erwartete Rendite von 10 % und eine Volatilität von 18 %. Gemäß den Annahmen des CAPM,

a) welche alternative Investition hat die geringstmögliche Volatilität bei gleicher erwarteter Rendite wie Amazon? Wie hoch ist die Volatilität dieser Investition?

b) welche Investition hat die höchstmögliche erwartete Rendite bei gleicher Volatilität wie Amazon? Wie hoch ist die erwartete Rendite dieser Investition?

11.8 Die Bestimmung der Risikoprämie

34. Angenommen, der risikolose Zinssatz beträgt 2,3 % und das Marktportfolio hat eine erwartete Rendite von 7,2 % und eine Volatilität von 13,8 %. Die Merck-&-Co.-Aktie (Ticker: MRK) hat eine Volatilität von 18,2 % und eine Korrelation mit dem Markt von 0,051 %.

a) Wie hoch ist das Beta von Merck & Co. in Bezug auf den Markt?

b) Wie hoch ist nach den Annahmen des CAPM die erwartete Rendite?

35. Angenommen, die Autodesk-Aktie hat ein Beta von 2,40, während die Costco-Aktie ein Beta von 0,73 hat. Wie hoch ist nach dem CAPM die erwartete Rendite eines Portfolios, das zu 65 % aus Autodesk-Aktien und zu 35 % aus Costco-Aktien besteht, wenn der risikolose Zinssatz 6 % und die erwartete Rendite dies Marktportfolios 11,5 % betragen?

36. Wie hoch ist die Risikoprämie von einer Aktie mit einem Beta von null? Bedeutet das, dass man die Volatilität eines Portfolios mindern kann, ohne die erwartete Rendite zu verändern, indem man die Aktien mit einem Beta von null in einem Portfolio durch risikolose Investitionsobjekte ersetzt?

11.9 Lösungen

1. a) n_i sei die Anzahl der Aktien i, dann gilt:

$$n_G = \frac{200.000 \times 0,5}{25} = 4.000$$

$$n_M = \frac{200.000 \times 0,25}{80} = 625$$

$$n_V = \frac{200.000 \times 0,25}{2} = 25.000$$

Der neue Wert des Portfolios ist:

$p = 30n_G + 60\ n_M + 3\ n_V = \text{EUR } 232.500$

b) Rendite $= \frac{232.500}{200.000} - 1 = 16,25\ \%$

c) Die Gewichtung des Portfolios entspricht:

GoldFinger: $\frac{n_G \times 30}{232.500} = 51,61\ \%$

Moosehead: $\frac{n_M \times 60}{232.500} = 16,13\ \%$

Venture: $\frac{n_V \times 3}{232.500} = 32,26\ \%$

2.

		Kurs	E[R]	Wert	a.	b.	Neuer Kurs	Neuer Wert	c.	d.
Apple	600	500	12	300.000	0,3	3,6	525	315.000	0,315	3,78
Cisco	10.000	20	10	200.000	0,2	2	25	250.000	0,25	2,5
Colgate	5.000	100	8	500.000	0,5	4	87	435.000	0,435	3,48
		Gesamt		1.000.000		9,6				9,76

3.

Aktie	Ausstehenden Aktien gesamt	Aktueller Aktienkurs	Erwartete Rendite	Wert	b.	
First Bank	100 Millionen	EUR 100	18 %	EUR 10.000	0,454545455	8,18 %
Fast Mover	50 Millionen	EUR 120	12 %	EUR 6.000	0,272727273	3,27 %
Funny Bone	200 Millionen	EUR 30	15 %	EUR 6.000	0,272727273	4,09 %
			a. In Millionen	EUR 22.000		c. 15,55 %

4. Beide Berechnungsformen führen zum gleichen Ergebnis.

5. Da die Korrelation 1 ist, bewegen sie sich immer gleichläufig, somit liegt die Wahrscheinlichkeit bei 1.

6.

		Volatilität	Korrelation
	Wesley	60 %	25 %
	Addison	30 %	
	Portfolio		
	x_A	x_W	Volatilität
a)	100 %	0 %	30,00 %
b)	75 %	25 %	30,00 %
c)	50 %	50 %	36,74 %

7. Die Aktie von Avon hat das zweifache Risiko, also muss die Gewichtung von Nova zweimal so hoch sein, wie die Gewichtung von Avon. ⇒ 1/3 Avon, 2/3 Nova.

8. a) $0{,}20^2 \overset{!}{=} x^2 0{,}4^2 + (1-x)^2\, 0{,}2 + 2(x)(1-x)(0{,}4)(0{,}2)0$

$0{,}20^2 = x^2 0{,}4^2 + (1^2 - 2x + x^2)0{,}2^2$

$0 = 0{,}20x^2 - 0{,}08x + 0{,}04$

Lösung mit Lösungsformel der quadratischen Gleichung:

$x = 0\,;\ \ x = 0{,}4$

⇒ Ein Portfolio mit $x_{Tex} = 0{,}4$ und $x_{Mex} = 0{,}6$ hat dieselbe Volatilität wie ein Portfolio nur bestehend aus Mex-Aktien.

b) $VAR = x^2 0{,}4^2 + (1-x)^2 0{,}2^2 + 2(x)(1-x)(0{,}4)(80{,}2)0$

$VAR = x^2 0{,}4^2 + (1^2 - 2x + x^2)0{,}2^2$

$VAR = 0{,}20x^2 - 0{,}08x$

$\frac{\delta VAR}{\delta x} \overset{!}{=} 0$

$0{,}40x - 0{,}08 = 0$

$x = 0{,}20$

⇒ Ein Portfolio mit $x_{Tex} = 0{,}2$ und $x_{Mex} = 0{,}8$ hat geringstmögliche Volatilität.

9.

Standardabweichung	50 %
Varianz	0,25
Korrelation	20 %
Kovarianz	0,05
N	Volatilität
1	50,0 %
30	23,8 %
1.000	22,4 %

10. $\sqrt{\text{durchschnittliche Cov}} = (0{,}5 \times 0{,}5 \times 0{,}4)^{0{,}5} = 31{,}62\%$

11. a) Durchschnittliche Kovarianz = 40 % × 40 % × 20 % = 0,032

Volatilität = $(0{,}032)^{0{,}5}$ = 17,89 %

b) $Corr = SA(R_p) : SA(R_i)$ = 17,89 % : 40 % = 44,72 %

12. Laut

$$SA(R_P) = \sum_i \overbrace{\underset{\substack{\uparrow\\ \text{Gehaltener}\\ \text{Betrag } i}}{x_i} \times \underset{\substack{\uparrow\\ \text{Gesamtrisiko}\\ \text{von } i}}{SA(R_i)} \times \underset{\substack{\uparrow\\ \text{Anteil des}\\ \text{Risikos von } i,\\ \text{der mit } P \text{ geteilt wird}}}{Corr(R_i,\ R_P)}}^{\text{Beitrag von Wertpapier } i \text{ zur Volatilität des Portfolios}}$$

ist der marginale Beitrag zum Risiko $SA(R_i) \times Corr(R_i, R_p)$.

Bei A: 65 % × 10 % = 6,5 %

Bei B: 30 % × 25 % = 7,5 %

Also steigt die Volatilität, wenn wir A verkaufen und B zu unserem Portfolio hinzufügen.

13. a)

	A	B	Corr
E[R]	15 %	11 %	
Volatilität	42 %	32 %	0 %
x_A	x_B	Volatilität	*E[R]*
73 %	27 %	31,85 %	13,92 %

b) Nein, da dominiert von dem Portfolio aus a).

c) Ja, nicht dominiert.

14. a) Wenn diese beiden Aktien vollkommen negativ korreliert sind, können sich die Kurse nur in gegenläufige Richtungen bewegen. Da die Volatilität der Intel Aktie doppelt so hoch ist, wie die der Coca Cola Aktie, müssen wir doppelt soviele Coca Cola Aktien halten, um das Risiko der Intel Aktie auszugleichen. Das heißt, unser Portfolio sollte zu 2/3 aus Coca Cola und zu 1/3 aus Intel bestehen.. Wir können dies anhand von folgender Gleichung prüfen:

$$Var(R_P) = x_1^2 SA(R_1)^2 + x_2^2 SA(R_2)^2 + 2x_1x_2 Corr(R_1,\ R_2) SA(R_1) SA(R_2)$$

$$\Rightarrow Var(R_p) = (2/3)^2\ SA(R_{\text{Coke}})^2 + (1/3)^2 SA(R_{\text{Intel}})^2$$
$$+ 2(2/3)(1/3) Corr(R_{\text{Coke},}\ R_{\text{Intel}})\ SA(R_{\text{Coke}}) SA(R_{\text{Intel}})$$
$$= (2/3)^2\ (0{,}25^2) + (1/3)^2 (0{,}50^2)\ + 2(2/3)(1/3)(-1)(0{,}25)(0{,}50) = 0$$

b) Laut

$$E\left[R_p\right] = E\left[\sum_i x_i R_i\right] = \sum_i E\left[x_i R_i\right] = \sum_i x_i E\left[R_i\right]$$

ist die erwartete Rendite des Portfolios:

$E[R_p] = (2/3)\ E[R_{\text{Coke}}] + (1/3) E[R_{\text{Intel}}]$

$= (2/3)6\ \% + (1/3)26\ \%$

$= 12{,}67\ \%$

Da das Portfolio kein Risiko hat, muss der risikolose Zinssatz ebenfalls bei 12,67 % liegen, damit keine Arbitragemöglichkeit besteht.

15. In diesem Fall sind die Portfoliogewichte $x_j = x_w = 0{,}50$. Aus der allgemeinen Gleichung

$E\left[R_p\right] = E\left[\sum_i x_i R_i\right] = \sum_i E\left[x_i R_i\right] = \sum_i x_i E\left[R_i\right]$ ergibt sich:

$E[R_p] = x_j\, E[R_j] + x_w\, E[R_w]$

$= 0{,}50(7\ \%) + 0{,}50(10\ \%)$

$= 8{,}5\ \%$

Wir können die Gleichung

$$Var(R_P) = x_1^2 SA(R_1)^2 + x_2^2 SA(R_2)^2 + 2x_1x_2 Corr(R_1,\ R_2) SA(R_1) SA(R_2)$$

anwenden und erhalten:

$$SA\left(R_p\right) = \sqrt{x_j^2 SA(R_j)^2 + x_w^2 SA(R_w)^2 + 2x_j x_w Corr(R_j, R_w) SA(R_j) SA(R_w)}$$

$$= \sqrt{0{,}50^2(0{,}16^2) + 0{,}50^2(0{,}20)^2 + 2(0{,}50)(0{,}50)(0{,}22)(0{,}16)(0{,}20)}$$

$$= 14{,}1\ \%$$

16. a) Die erwartete Rendite würde unter der Annahme dass sich nur die Korrelation ändert, konstant bleiben: $0{,}5 \times 0{,}07 + 0{,}5 \times 0{,}10 = 0{,}085$.

b) Die Volatilität des Portfolios würde steigen (aufgrund des Korrelationsterms in der Gleichung für die Volatilität eines Portfolios).

17. In diesem Fall beträgt die Gesamtinvestition USD 10.000 – 2.000 = USD 8.000, so dass die Portfoliogewichte $x_j = 10.000 : 8.000 = 1{,}25$ und $x_w = -2.000 : 8.000 = -0{,}25$ sind.

Aus

$E\left[R_p\right] = E\left[\sum_i x_i R_i\right] = \sum_i E\left[x_i R_i\right] = \sum_i x_i E\left[R_i\right]$

erhalten wir:

$E[R_p] = x_j\, E[R_j] + x_w\, [R_w]$

$= 1{,}25(7\ \%) - 0{,}25(10\ \%)$

$= 6{,}25\ \%$

Wir können die Gleichung

$$Var(R_P) = x_1^2 SA(R_1)^2 + x_2^2 SA(R_2)^2 + 2x_1x_2 Corr(R_1,\ R_2) SA(R_1) SA(R_2)$$

anwenden und erhalten:

$$SA\left(R_p\right) = \sqrt{x_j^2 SA(R_j)^2 + x_w^2 SA(R_w)^2 + 2x_j x_w Corr(R_j, R_w) SA(R_j) SA(R_w)}$$

$$= \sqrt{1{,}25^2(0{,}16^2) + (-0{,}25)^2(0{,}20)^2 + 2(1{,}25)(-0{,}25)(0{,}22)(0{,}16)(0{,}20)}$$

$$= 19{,}5\ \%$$

18. Die effizienten Portfolios sind ungefähr diejenigen, bei denen höchstens 65 % in J&J investiert sind (das ist das Portfolio mit der geringsten Volatilität).

x(J&J)	*x*(Walgreen)	*SA*	*E*[*R*]
–50 %	150 %	29,30 %	11,50 %
–40 %	140 %	27,32 %	11,20 %
–30 %	130 %	25,38 %	10,90 %
–20 %	120 %	23,50 %	10,60 %
–10 %	110 %	21,70 %	10,30 %
0 %	100 %	20,00 %	10,00 %
10 %	90 %	18,42 %	9,70 %
20 %	80 %	16,99 %	9,40 %
30 %	70 %	15,77 %	9,10 %
40 %	60 %	14,79 %	8,80 %
50 %	50 %	14,11 %	8,50 %
60 %	40 %	13,78 %	8,20 %
65 %	35 %	13,75 %	8,05 %
70 %	30 %	13,82 %	7,90 %
80 %	20 %	14,23 %	7,60 %
90 %	10 %	14,97 %	7,30 %
100 %	0 %	16,00 %	7,00 %
110 %	–10 %	17,27 %	6,70 %
120 %	–20 %	18,73 %	6,40 %
130 %	–30 %	20,34 %	6,10 %
140 %	–40 %	22,07 %	5,80 %
150 %	–50 %	23,88 %	5,50 %

19. Wir verändern bei einem kleinen Transaktionsvolumen der Leerverkauf von A und die Investition in *P* das Risiko gemäß:

$SA(R_p) - SA(R_a)\ Corr(R_a, R_p)$

Wir erhalten das Risiko des Portfolios und verlieren das Risiko, das A mit dem Portfolio gemeinsam hat. Damit dieses negativ ist, muss gelten:

$SA(R_p) : SA(R_a) < Corr(R_a, R_p)$

oder

Corr > 30 % : 40 % = 75 %

20. a)

	A	B	Corr
E[R]	20 %	12 %	
Volatilität	40 %	30 %	0 %
X_A	*X_B*	Volatilität	*E[R]*
50 %	50 %	25,0 %	16,0 %

b) Nein, sie hat dieselbe erwartete Rendite bei einer höheren Volatilität.

c) Ja, durch das Hinzufügen dieser Aktie und die Reduktion des Gewichtes auf die anderen wird das Risiko reduziert, während die erwartete Rendite unverändert bleibt.

21. Erwartete Rendite = 18 %

$$SA = \sqrt{2^2 0{,}3^2 + (-1)^2 0{,}25^2 + 2 \times (-1) \times 0{,}90 \times 0{,}3 \times 0{,}25} = 39{,}05\ \%$$

22. Beide Strategien haben eine erwartete Rendite von 2(20 %) – 1(10 %) = 30 %.

Das Portfolio hat jedoch eine geringere Volatilität, wenn die Korrelation +0,5 beträgt; Da man eine POSITIVE Korrelation leerverkauft, wird das Risiko reduziert.

+2 HGH – KBH Volatilität = 52,9 %

+2 HGH – LWI Volatilität = 72,1 %

23. a) $x = \dfrac{115.000}{100.000} = 1{,}15$

$E[R] = r_f + x(E[R_j] - r_f) = 4\ \% + 1{,}15(11\ \%) = 16{,}55\ \%$

Volatilität = $x\ SA(R_j) = 1{,}15\ 25\ \% = 28{,}75\ \%$

b) $R = \dfrac{115.000(1{,}25) - 15.000(1{,}04)}{100.000} - 1 = 28{,}15\ \%$

c) $R = \dfrac{115.000(0{,}80) - 15.000(1{,}04)}{100.000} - 1 = -23{,}6\ \%$

24. Wenn man einen Betrag x in das alternative Portfolio und einen Betrag $(1- x)$ risikolos anlegt, betragen die erwartete Rendite und die Volatilität:

$E[R_x] = r_f + x(E[R_0] - r_f) = 5\ \% + x(20\ \% - 5\ \%) = SA(R_x) = xSA(R_0) = x(12\ \%)$

a) Um also die Volatilität von 8 % aufrechtzuerhalten, muss gelten $x = 8\ \% : 12\ \% = 2/3$. Man sollte EUR 66.667 in das andere Portfolio investieren und die restlichen EUR 33.333 in die risikolose Anlageform. Ihre erwartete Rendite wird dann bei 15 % liegen.

b) Um die erwartete Rendite von 12 % beizubehalten, muss x folgendes erfüllen: $5\ \% + x(15\ \%) = 12\ \%$, also $x = 46{,}667\ \%$. Nun sollten Sie EUR 46.667 in das andere Portfolio und EUR 53.333 in die risikolose Investition investieren, was Ihre Volatilität auf 5,6 % verringert.

25. Die Sharpe Ratios von A, B und C sind 0,6, 0,5 und 1, also würden Sie sich für C entscheiden. Dies ist, egal welche Risikopräferenz Ihre Kunden haben, die beste Wahl.

26. Investoren, die ihre erwartete Rendite bei einem bestimmten Volatilitätsniveau maximieren wollen, werden sich für Portfolios entscheiden, die ihre Sharpe Ratio erhöhen. Das Portfolio, das dies erfüllt, ist eine Kombination aus einer risikolosen Anlage und einem einzigen Portfolio riskanter Wertpapiere – dem Tangentialportfolio.

27. $E[R] = 4\ \% + 80\ \%(0{,}2) \times \frac{(12\ \% - 4\ \%)}{25\ \%} = 9{,}12\ \%$

Sie sollten einen Teil des Venture Fonds zu Ihrem Portfolio hinzufügen, da seine erwartete Rendite die geforderte Rendite übersteigt.

28. Ihr derzeitiges Portfolio ist nicht effizient.

29.

	Anfängliches Portfolio	60–40 Portfolio	85–15 Portfolio
Natasha Fonds			
Erwartete Rendite	0,14	0,14	0,14
Volatilität	0,2	0,2	0,2
Hannah Aktie			
Erwartete Rendite	0,2	0,2	0,2
Volatilität	0,6	0,6	0,6
Risikoloser Zinssatz	0,038	0,038	0,038
Portfoliogewicht in Hannah	0	0,4	0,15
Erwartete Rendite des Portfolios	0,14	0,164	0,149
Volatilität des Portfolios	0,2	0,268328157	0,192353841
Beta	0	2	1,459459459
Geforderte Rendite	0,038	0,29	0,2

a) Ja, da die erwartete Rendite der Hannah Aktie die geforderte Rendite übersteigt.

b) Ja, da die erwartete Rendite der Hannah Aktie geringer ist, als die geforderte Rendite.

c) Ja, da nun die geforderte Rendite und die erwartete Rendite gleich sind.

30.

	Anfängliches Portfolio	60–40 Portfolio	85–15 Portfolio
Natasha Fonds			
Erwartete Rendite	0,14	0,14	0,14
Volatilität	0,2	0,2	0,2
Hannah Aktie			
Erwartete Rendite	0,2	0,2	0,2
Volatilität	0,6	0,6	0,6
Risikoloser Zinssatz	0,038	0,038	0,038
Portfoliogewicht in Hannah	0	0,4	0,15
Erwartete Rendite des Portfolios	0,14	0,164	0,149
Volatilität des Portfolios	0,2	0,268328157	0,192353841
Sharpe Ratio	0,51	0,469574275	0,577061522
	0,09002	0,097166359	0,102053829

Die Sharpe Ratio wir bei einer Investition von 15 % in Hannah Aktie maximiert.

31. Alle Investoren möchten ihre Sharpe Ratios durch die Wahl effizienter Portfolios maximieren. Wenn es eine risikolose Anlage gibt, bedeutet das, dass sich alle Investoren für dieselbe Anlage entscheiden und da die Summe der Portfolios aller Investoren das Marktportfolio ist, muss dieses effiziente Portfolio das Marktportfolio sein.

32. a) 26,16 % sind in das Marktportfolio investiert, der Rest in risikolose Anlagen.

b) 53,53 % sind in das Marktportfolio investiert, der Rest in risikolose Anlagen.

33. a) Nach den Annahmen des CAPM ist der Markt effizient; das heißt eine teilweise fremdfinanzierte Position im Marktportfolio hat die höchste erwartete Rendite eines jeden Portfolios bei einer bestimmten Volatilität und die geringste Volatilität bei einer bestimmten erwarteten Rendite. Indem man teilweise fremdfinanzierte Positionen im Marktportfolio hält, kann man folgende erwartete Rendite erzielen:

$E[R_p] = r_f + x(E[R_m] - r_f) = 5\ \% + x \times 5\ \%$

Setzen wir dies gleich 12 % erhalten wir: $12 = 5 + 5x \Rightarrow x = 1{,}4$

Bei dem Portfolio lässt sich also bei der gleichen Rendite wie Amazon eine deutlich niedrigere Volatilität erreichen, indem man EUR 15.000 × 1,4 = EUR 21.000 in das Marktportfolio investiert und EUR 21.000 – EUR 15.000 = EUR 6.000 als Kredit aufnimmt. *Die Volatilität beträgt dann*

$SA(R_p) = xSA(R_m) = 1{,}4 \times 18 = 25{,}2\ \%.$

Beachten Sie, dass das Ergebnis deutlich unter der Volatilität von Amazon liegt.

b) Eine teilweise fremdfinanzierte Position im Marktportfolio hat eine Volatilität $SA(R_p) = xSA(R_m) = x \times 18\ \%$.

Setzen wir dies mit der Volatilität von Amazon gleich, erhalten wir:

$40\ \% = x \times 18\ \%$

$$x = \frac{40}{18} = 2{,}222$$

Bei dem Portfolio lässt sich also bei der gleichen Volatilität wie Amazon eine deutlich höhere erwartete Rendite erreichen, indem man EUR 15.000 × 2,2 = EUR 33.000 in das Marktportfolio investiert und einen Kredit von 33.000 – 15.000 = 18.333,33 aufnimmt.

$E[R_p] = r_f + x(E[R_m] - r_f) = 5\ \% + 2{,}222 \times 5\ \% = 16{,}11\ \%$

Beachten Sie, dass die erwartete Rendite deutlich höher ist als die von Amazon.

34. a) $\beta = 0{,}051 \frac{0{,}182}{0{,}138} = 0{,}067$

b) $E[R] = 0{,}04 + 0{,}067(0{,}072 - 0{,}023) = 2{,}63\ \%$

35. $\beta = (0{,}65)(2{,}4) + (0{,}35)(0{,}73) = 1{,}8155$

$E[R] = 0{,}06 + (1{,}8155)(0{,}115 - 0{,}04) = 15{,}99\ \%$

36. Risikoaufschlag = 0. Diese ist mit dem Markt unkorreliert und somit besteht kein zusätzliches Risiko, wenn man diese in das Portfolio aufnimmt.

Zu beachten ist, dass, da die Aktie mit sich selbst positiv korreliert ist, muss diese, um ein Beta von null zu haben, mit den anderen Aktien negativ korreliert sein. Somit gleicht sie die Risiken der anderen Aktien aus. Also wird dadurch das Risiko nicht reduziert.

Die Schätzung der Kapitalkosten

12

ÜBERBLICK

12.1 Die Eigenkapitalkosten

1. Pepsico hat ein Beta von 0,57. Wenn der risikolose Zinssatz 3 % beträgt und die erwartete Rendite des Marktportfolios 8 % ist, wie hoch sind dann die Eigenkapitalkosten von Pepsico?

2. Angenommen, das Marktportfolio hat eine erwartete Rendite von 10 % und eine Volatilität von 20 %, während die Microsoft Aktie eine Volatilität von 30 % hat.

a) Sollten wir angesichts dieser höheren Volatilität erwarten, dass die Eigenkapitalkosten von Microsoft über 10 % liegen?

b) Was müsste zudem zutreffen, damit die Eigenkapitalkosten von Microsoft 10 % betragen?

3. Der Aluminiumhersteller Alcoa hat ein Beta von 2,0, während Hormel Foods ein Beta von 0,45 hat. Welches dieser Unternehmen hat höhere Eigenkapitalkosten und wie viel höher sind diese, wenn die Marktrisikoprämie 5 % beträgt?

12.2 Das Marktportfolio

4. Angenommen, alle Investitionsmöglichkeiten der ganzen Welt sind auf die in folgender Tabelle genannten fünf Aktien begrenzt. Woraus besteht das Marktportfolio (was sind die Portfoliogewichte)?

Aktie	Kurs (EUR)	Anzahl der ausstehenden Aktien (in Millionen)
A	10	10
B	20	12
C	8	3
D	50	1
E	45	20

5. Verwenden Sie die Daten aus Frage 4 unter der Annahme, dass Sie ein Marktportfolio halten und EUR 12.000 in Aktie C investiert haben.

a) Wie viel haben Sie in Aktie A investiert?

b) Wie viele Aktien B halten Sie?

c) Welche Transaktionen müssten Sie durchführen, um ein Marktportfolio aufrechtzuerhalten, wenn der Kurs der Aktie C plötzlich auf EUR 4 pro Aktie fällt?

6. Standard and Poor's veröffentlicht unter anderem den S&P Equal Weight Index, eine gleichgewichtete Version des S&P 500.

a) Welche Transaktionen müsste man als Reaktion auf die täglichen Kursänderungen durchführen, um ein Portfolio aufrechtzuerhalten, das diesen Index nachbildet?

b) Eignet sich dieser Index als Proxy für das Marktportfolio?

7. Angenommen, Sie möchten anstelle des S&P 500 ein breiteres Markportfolio aller US-amerikanischen Aktien und Anleihen als Proxy für das Marktportfolio verwenden. Könnten Sie, wenn Sie das CAPM anwenden, dieselbe Schätzung für die Marktrisikoprämie verwenden? Wenn nicht, wie würden Sie dann die zu verwendende korrekte Risikoprämie schätzen?

8. Von Anfang 1999 bis Anfang 2009 hatte der S&P 500 eine negative Rendite. Bedeutet das, dass die Marktrisikoprämie, die wir im CAPM verwenden sollten, negativ ist?

12.3 Fremdkapitalkosten

9. Mitte des Jahres 2017 hatte Ralston Purina mit AA bewertete Anleihen mit einer Restlaufzeit von 10 Jahren und einer Effektivverzinsung von 2,36 % im Umlauf.
   a) Wie hoch ist die höchste erwartete Rendite, die diese Anleihe haben könnte?
   b) Zu dieser Zeit hatten Staatsanleihen mit ähnlicher Laufzeit eine Rendite von 1,36 %. Könnten diese Anleihen eine erwartete Rendite haben, die der in Ihrer Antwort auf Teilaufgabe (a) entspricht?
   c) Wenn Sie der Ansicht sind, dass die Anleihen von Ralston Purina ein Ausfallrisiko von 0,5 % pro Jahr haben und dass die erwartete Verlustrate bei einem Ausfall bei 48 % liegen würde, wie hoch würden Sie dann die erwartete Rendite dieser Anleihen schätzen?

10. Mitte des Jahres 2012 hatte die Rite Aid ausstehende Anleihen mit sechsjähriger Laufzeit, einem CCC-Rating und einer Effektivverzinsung von 17,3 %. Zu dieser Zeit hatten Staatsanleihen mit ähnlicher Laufzeit eine Rendite von 3 %. Angenommen, die Marktrisikoprämie liegt bei 6 % und Sie glauben, dass die Anleihen von Rite Aid ein Beta von 0,31 haben.
    a) Welches jährliche Ausfallrisiko würde mit der Effektivverzinsung dieser Anleihen übereinstimmen, wenn die erwartete Verlustrate dieser Anleihe bei einem Ausfall 58 % beträgt?
    b) Mitte 2015 hatten die Anleihen von Rite Aid eine Rendite von 6,6 %, während Staatsanleihen mit ähnlicher Laufzeit eine Rendite von 1,6 % hatten. Welche Ausfallwahrscheinlichkeit würden Sie jetzt schätzen?

11. Die Dunley Corporation plant Anleihen mit fünfjähriger Laufzeit auszugeben. Man geht davon aus, dass die Anleihen ein BBB-Rating erhalten werden. Angenommen, AAA-Anleihen mit der gleichen Laufzeit haben eine Rendite von 4 %. Gehen Sie von einer Marktrisikoprämie von 5 % aus und verwenden Sie die Daten aus folgenden Tabellen:

Rating:	**AAA**	**AA**	**A**	**BBB**	**BB**	**B**	**CCC**	**CC-C**
Ausfallrate:								
Durchschnitt	0,0 %	0,1 %	0,2 %	0,5 %	2,2 %	5,5 %	12,2 %	14,1 %
In Rezessionen	0,0 %	1,0 %	3,0 %	3,0 %	8,0 %	16,0 %	48,0 %	79,0 %

Tabelle 12.1: Jährliche Ausfallraten nach der Bewertung von Schuldtiteln (1920–2011)

Nach der Bewertung	**A und höher**	**BBB**	**BB**	**B**	**CCC**
Durchschn. Beta	< 0,05	0,10	0,17	0,26	0,31
Nach Laufzeit	**(BBB und höher)**	**1–5 Jahre**	**5–10 Jahre**	**10–15 Jahre**	**> 15 Jahre**
Durchschn. Beta		0,01	0,06	0,07	0,14

Tabelle 12.2: Durchschnittliche Fremdkapital-Betas nach Rating und Laufzeit
Quelle: S. Schaefer und I. Strebulaev, „Risk in Capital Structure Arbitrage", Stanford GSB Arbeitspapier, 2009.

a) Schätzen Sie die Rendite, die Dunley unter der Annahme einer erwarteten Verlustrate von 60 % bei einem Ausfall in durchschnittlicher Wirtschaftslage zahlen muss. Wie hoch ist der Spread gegenüber AAA-Anleihen, den das Unternehmen zahlen muss?

b) Schätzen Sie die Rendite, die Dunley in einer Rezession zahlen müsste, wenn die erwartete Verlustrate 80 % beträgt, das Fremdkapital-Beta und die Marktrisikoprämie jedoch die gleichen sind, wie bei durchschnittlichen wirtschaftlichen Bedingungen. Wie hoch ist der Spread von Dunley gegenüber AAA nun?

c) Tatsächlich würde man in einer Rezession vielleicht einen Anstieg der Risikoprämien und Betas erwarten. Berechnen Sie Teilaufgabe (b) erneut, jedoch unter der Annahme, dass die Marktrisikoprämie und das Fremdkapital-Beta jeweils um 20 % steigen; das heißt, sie entsprechen in einer Rezession 1,2-mal ihrem Wert.

12.4 Die Kapitalkosten eines Projekts

12. Die IDX Tech möchte ihre Investition in moderne Sicherheitssysteme erweitern. Das Projekt wird mit Eigenkapital finanziert. Sie versuchen, den Wert der Investition zu ermitteln und müssen dessen Kapitalkosten schätzen. Sie finden folgende Daten einer Aktiengesellschaft, die in derselben Branche tätig ist.

Ausstehendes Fremdkapital (Buchwert, AA-Rating)	EUR 400 Millionen
Anzahl der ausstehenden Aktien	80 Millionen
Aktienkurs	EUR 15
Buchwert des Eigenkapitals pro Aktie	EUR 6
Eigenkapital-Beta	1,20

Wie lautet Ihre Schätzung für das Beta dieses Projekts? Welche Annahmen sind nötig?

13. Im Juni 2015 hatte Cisco Systems eine Marktkapitalisierung von USD 130 Milliarden. Das Fremdkapital in Höhe von USD 25 Milliarden hatte ein A-Rating, und das Unternehmen hatte Barmittel von USD 60 Milliarden. Das geschätzte Eigenkapital-Beta lag bei 1,11.

a) Wie hoch war der Unternehmenswert von Cisco?

b) Angenommen, das Fremdkapital-Beta von Cisco lag bei null, schätzen Sie Ciscos Unlevered Beta.

14. Betrachten Sie folgende Daten von Fluggesellschaften aus dem Jahr 2009:

Name des Unternehmens	Gesamtmarktwert des Eigenkapitals (USD Millionen)	Unternehmenswert gesamt (USD Millionen)	Eigenkapital-Beta	Rating des Fremdkapitals
Delta Air Lines (DAL)	4.938,5	17.026,5	2,04	BB
Southwest Airlines (LUV)	4.896,8	6.372,8	0,966	A/BBB
JetBlue Airways (JBLU)	1.245,5	3.833,5	1,91	B/CCC
Continental Airlines (CAL)	1.124,0	4.414,0	1,99	B

a) Verwenden Sie die Schätzungen aus Tabelle 12.2, um das Fremdkapital-Beta dieser Unternehmen zu schätzen (verwenden Sie den Durchschnitt, falls mehrere Ratings angegeben sind).

b) Schätzen Sie das Asset-Beta dieser Unternehmen.

c) Wie hoch ist auf Grundlage dieser Unternehmen das durchschnittliche Asset-Beta dieser Branche?

12.5 Merkmale des Projektrisikos und der Einfluss der Finanzierung

15. Weston Enterprises ist ein vollständig eigenfinanziertes Unternehmen mit zwei Geschäftsbereichen. Die Softdrink Abteilung hat ein Asset-Beta von 0,60, erwartet dieses Jahr freie Cashflows von EUR 50 Millionen und antizipiert eine ewige Wachstumsrate von 3 %. Der Geschäftsbereich Industriechemikalien hat ein Asset-Beta von 1,20, antizipiert dieses Jahr einen freien Cashflow von EUR 70 Millionen und eine ewige Wachstumsrate von 2 %. Angenommen, der risikolose Zinssatz liegt bei 4 % und die Marktrisikoprämie bei 5 %.

a) Schätzen Sie den Wert der beiden einzelnen Geschäftsbereiche.

b) Schätzen Sie das derzeitige Eigenkapital-Beta und die Eigenkapitalkosten von Weston. Sind diese Kapitalkosten für die Bewertung der Projekte von Weston nützlich? Wie wird sich das Eigenkapital-Beta von Weston über die Zeit wahrscheinlich verändern?

16. Harrison Holdings, Inc. (HHI) hat einen aktuellen Aktienkurs von EUR 32. HHI hat 20 Millionen Aktien im Umlauf und Fremdkapital von EUR 64 Millionen. Der Gründer von HHI, Harry Harrison machte ein Vermögen mit Fast Food Restaurants. Er verkaufte einen Teil seines Fast Food Imperiums und kaufte ein professionelles Hockey Team. Die einzigen Vermögensgegenstände von HHI sind das Hockey Team und 50 % der ausstehenden Aktien der Restaurantkette Harry's Hotdogs. Harry's Hotdogs (HDG) hat einen Gesamtwert des Eigenkapitals von EUR 850 Millionen und einen operativen Unternehmenswert von EUR 1,05 Milliarden. Sie informieren sich und stellen fest, dass das durchschnittliche Asset-Beta anderer Fast Food Ketten bei 0,75 liegt. Sie stellen ferner fest, dass das Fremdkapital von HHI und HDG zu hoch bewertet ist und schätzen daher, dass das Beta des Fremdkapitals beider Unternehmen null ist. Schließlich führen Sie eine Regressionsanalyse der historischen Aktienkurse von HHI im Vergleich mit dem S&P 500 durch und schätzen ein Eigenkapital-Beta von 1,33. Schätzen Sie auf Grundlage dieser Informationen das Beta der Investition von HHI in das Hockey Team.

17. Ihr Unternehmen betreibt ein Stahlwerk. Im Durchschnitt betragen die Umsatzerlöse des Werks EUR 30 Millionen pro Jahr. Alle Kosten des Werks sind variable Kosten und betragen konstant 80 % der Umsatzerlöse, einschließlich der Energiekosten, die ein Viertel der Kosten des Werks ausmachen bzw. im Durchschnitt EUR 6 Millionen pro Jahr betragen. Die Anlage hat ein Asset-Beta von 1,25, der risikolose Zinssatz beträgt 4 % und die Marktrisikoprämie 5 %. Der Steuersatz liegt bei 40 % und es gibt keine weiteren Kosten.

a) Schätzen Sie den Wert der Anlage heute ohne Wachstum.

b) Angenommen, Sie schließen einen langfristigen Vertrag ab, der den gesamten Energiebedarf des Werks zu einem Festpreis von EUR 3 Millionen pro Jahr (vor Steuern) deckt. Wie hoch ist der Wert dieser Anlage mit diesem Vertrag?

c) Wie würde dieser Vertragsabschluss in Teilaufgabe (b) die Kapitalkosten des Werks verändern?

18. Unida Systems hat 40 Millionen Aktien im Umlauf, die für EUR 10 pro Aktie gehandelt werden. Außerdem hat Unida Fremdkapital in Höhe von EUR 100 Millionen. Die Eigenkapitalkosten betragen 15 %, die Fremdkapitalkosten 8 % und der Steuersatz liegt bei 40 %.

a) Wie hoch sind die Kapitalkosten bei unterstellter Eigenfinanzierung?

b) Wie hoch sind die Fremdkapitalkosten von Unida nach Steuern?

c) Wie hoch ist der WACC?

12.6 Lösungen

1. 3 % + 0,57 × (8 % – 3 %) = 5,85 %

2. a) Nein, die Volatilität beinhaltet auch das diversifizierbare Risiko und kann somit nicht verwendet werden, um die Eigenkapitalkosten zu bewerten.

b) Die Microsoft Aktie müsste ein Beta von 1 haben.

3. Die Eigenkapitalkosten von Alcoa sind um 5 % × (2 – 0,45) = 7,75 % höher.

4. Der Gesamtmarktwert = 10 × 10 + 20 × 12 + 8 × 3 + 50 × 1 + 45 × 20 = EUR 1,314 Milliarden

Aktie	Portfoliogewicht
A	$\frac{10\times10}{1.314}=7{,}61\ \%$
B	$\frac{20\times12}{1.314}=18{,}26\ \%$
C	$\frac{8\times3}{1.314}=1{,}83\ \%$

Aktie	Portfoliogewicht
D	$\frac{50}{1.314} = 3{,}81\ \%$
E	$\frac{45 \times 20}{1.314} = 68{,}49\ \%$

5. a) $12.000 \times (MW_A : MW_C) = 12.000 \times (10 \times 10) : (8 \times 3) = \text{EUR } 50.000$

b) $12.000 : 8 = 1.500$ Aktien B

$1.500 \times$ (Aktien B : Aktien C) $= 1.500 \times 12 : 3 = 6.000$ Aktien B

c) Es sind keine Transaktionen erforderlich; es ist ein passives Portfolio.

6. a) Um jeweils die gleiche Investition aufrechtzuerhalten, muss man Gewinner verkaufen und Verlierer kaufen.

b) Nein. Das Marktportfolio sollte das Gesamtportfolio aller Investoren vertreten. Jedoch müssten die Investoren insgesamt mehr Aktien mit einer größeren Marktkapitalisierung halten; das Marktportfolio ist wertgewichtet und nicht gleichgewichtet.

7. Nein, die erwartete Rendite dieses Portfolios wäre bedingt durch die Anleihen geringer.

8. Nein. Die Investoren haben keine negative Rendite erwartet. Um die erwartete Rendite zu schätzen, benötigen wir viel längere Zeitreihen.

9. a) Nahezu risikolos $\Rightarrow E[r] = 2{,}36\ \%$

b) Nein.

c) $y - p \times \text{L} = 2{,}36\ \% - 0{,}5\ \% \times 0{,}48 = 2{,}12\ \%$

10. a) $R_d = 3\ \% + 0{,}31(6\ \%) = 4{,}86\ \%$

$= y - p \times \text{L} = 17{,}3\ \% - p(0{,}58)$

$p = (17{,}3\ \% - 4{,}86\ \%) : 0{,}58 = 21{,}45\ \%$

b) $p = (6{,}6\ \% - 1{,}6\ \% - 0{,}31(6\ \%))/0{,}58 = 5{,}41\ \%$

11. a) Verwendung des CAPM, um die erwartete Rendite anhand der AAA-Rendite als r_f zu schätzen:

$r + 0{,}1 \times r_p = 4\ \% + 0{,}10(5\ \%) = 4{,}5\ \%$

Also $y - p \times \text{L} = 4{,}5\ \%$

$y = 4{,}5\ \% + p(60\ \%) = 4{,}5\ \% + 0{,}5\ \% \times (60\ \%) = 4{,}80\ \%$

Spread $= 0{,}80\ \%$

b) Verwendung des CAPM, um die erwartete Rendite anhand der AAA-Rendite als r_f zu schätzen:

$r + 0{,}1 \times r_p = 4\ \% + 0{,}10 \times 5\ \% = 4{,}5\ \%$

$y = 4{,}5\ \% + 3\ \% \times 80\ \% = 6{,}90\ \%$

Spread $= 2{,}9\ \%$

c) Verwendung des CAPM, um die erwartete Rendite anhand der AAA-Rendite als r_f zu schätzen:

$r + 0{,}1 \times 1{,}2 \times r_p \times 1{,}2 = 4\ \% + 0{,}10(5\ \%)1{,}2^2 = 4{,}72\ \%$

Also $y - p \times 1 = 4{,}5\ \%$

$y = 4{,}72\ \% + p(80\ \%) = 4{,}72\ \% + 3\ \%(80\ \%) = 7{,}12\ \%$

Spread = 3,12 %

12. Angenommen, das Fremdkapital ist risikolos und Marktwert = Buchwert. Angenommen, vergleichbare Assets tragen dasselbe Risiko wie dieses Projekt.

$\beta_E = 1{,}20, \beta_D = 0$

$E = 15 \times 80 = 1.200$

$D = 400$

$\beta_U = (1.200 : 1.600) \times 1{,}20 + (400 : 1.600) \times 0 = 0{,}90$

13. a) $V = E + D - C = 130 + 25 - 60 =$ USD 95 Milliarden

b) Nettoverschuldung = 25 − 60 = −35

$\beta_U = (130 : 95) \times 1{,}11 + (-35 : 95) \times 0 = 1{,}52$

14.

Name des Unternehmens	Gesamtmarktwert des Eigenkapitals	Operativer Unbehmenswert gesamt (in USD Millionen)	2-Jahres-Beta	Fremdkapital-Ratings	Fremdkapital-Beta	Asset-Beta
Delta Air Lines (DAL)	4.938,50	17.026,50	2,04	BB	0,17	0,712
Southwest Airlines (LUV)	4.896,80	6.372,80	0,966	A/BBB	0,075	0,760
JetBlue Airways (JBLU)	1.245,50	3.833,50	1,91	B/CCC	0,285	0,813
Continental Airlines (CAL)	1.124,00	4.414,00	1,99	B	0,26	0,701
					Durchschnitt	**0,746**

15. a) Softdrink:

$r_U = 4\ \% + 0{,}6 \times 5\ \% = 7\ \%$

$V = 50 : (7\ \% - 3\ \%) = 1.250$

Chemikalien:

$r_U = 4\ \% + 1{,}20 \times 5\ \% = 10\ \%$

$V = 70 : (10\ \% - 2\ \%) = 875$

Insgesamt: 1.250 + 875 = EUR 2.125 Milliarden

b) Beta von Weston (Portfolio):

$1.250 : 2.125 \times 0,6 + 875 : 2.125 \times 1,2 = 0,85$

$r_E = 4\ \% + 0,85 \times 5\ \% = 8,25\ \%$. Nein, es ist nicht hilfreich. Die einzelnen Geschäftsbereiche tragen entweder ein geringeres oder ein höheres Risiko. Über die Zeit wird das Eigenkapital-Beta von Weston auf 0,6 zurückgehen, da der Geschäftsbereich Softdrinks eine höhere Wachstumsrate hat und somit einen größeren Anteil am Unternehmen darstellen wird.

16. Eigenkapital HHI = 32×20 = EUR 640 Millionen

Fremdkapital HHI = EUR 64 Millionen

Asset-Beta HHI = $(640 : (640 + 64))1,33 + (64 : (640 + 64))0 = 1,21$

Portfoliowert von Hotdogs = $850 : 2 = 425$

Wert des Hockey Teams = $(640 + 64) - 425$ = EUR 279

$\beta_E = 0,75 \times 1.050 : 850 = 0,93$ (Eigenkapital-Beta Hotdog)

Also, wenn β = Beta des Hockey Teams:

$(425 : (425 + 279))0,93 + (279 : (425 + 279)) \times \beta = 1,21$

$\beta = 1,64$

Beta des Hockey Teams = 1,64

17. a) *FCF* (nach Steuern) = $(30 - 0,8(30))(1 - 0,40) = 3,6$ Millionen

$r_U = 4\ \% + 1,25 \times 5\ \% = 10,25\ \%$

$V = 3,6 : 0,1025 = 35,12$ Millionen

b) *FCF* (nach Steuern) ohne Energiekosten = $(30 - 18)(1 - 0,40) = 7,2$

$r_U = 10,25\ \%$

Energiekosten nach Steuern = $3(1 - 0,40) = 1,8$

$r_f = 4\ \%$

$V = 7,2 : 0,1025 - 1,8 : 0,04 = 70,24 - 45 = 25,24$ Millionen

c) *FCF* (nach Steuern) = $7,2 - 1,8 = 5,4$

$5,4 : 25,24 = 21,4\ \%$

Das Risiko steigt, da die Energiekosten nun fixe Kosten sind. Somit sind höhere Kapitalkosten angemessen.

18. a) $E = 40 \times$ EUR 10 = EUR 400

D = EUR 100

$r_U = 400 : 500 \times 15\ \% + 100 : 500 \times 8\ \% = 13,6\ \%$

b) $r_D = 8\ \% \times (1 - 40\ \%) = 4,8\ \%$

c) $r_{WACC} = 400 : 500 \times 15\ \% + 100 : 500 \times 4,8\ \% = 12,96\ \%$

Anlegerverhalten und Kapitalmarkteffizienz

13

ÜBERBLICK

13.1 Wettbewerb und Kapitalmärkte

1. Angenommen, alle Investoren haben die gleichen Informationen und sind nur an der erwarteten Rendite und der Volatilität interessiert. Wenn neue Informationen über eine Aktie bekannt werden, können sich diese Informationen auf Kurse und Renditen anderer Aktien auswirken? Wenn ja, warum?

2. Angenommen, das CAPM-Gleichgewicht trifft vollkommen zu. Wenn der risikolose Zinssatz steigt *und alles andere gleich bleibt,*

a) ist das Marktportfolio immer noch effizient?

b) Wenn Ihre Antwort auf (a) ja ist, erklären Sie, warum. Wenn nicht, beschreiben Sie, welche Aktien Kaufgelegenheiten darstellen würden und welche Aktien Verkaufsgelegenheiten.

13.2 Informationen und rationale Erwartungen

3. Sie wissen, dass es informierte Anleger auf dem Aktienmarkt gibt. Sie selbst haben keine Informationen über Aktien. Beschreiben Sie eine Investitionsstrategie, die garantiert, dass Sie kein Geld an die informierten Anleger verlieren und erklären Sie, warum dies funktioniert.

4. Welches sind die einzigen Bedingungen, unter denen das Marktportfolio nicht effizient sein könnte.

5. Erklären Sie, was folgender Satz bedeutet: Das Marktportfolio ist eine Hecke, die die Schafe vor den Wölfen schützt, aber nichts kann die Schafe vor sich selbst schützen.

6. Sie tätigen Transaktionen in einem Markt, auf dem es einige hochqualifizierte Anleger gibt, die besser informiert sind als Sie. Jeden Tag wählen Sie nach dem Zufallsprinzip fünf Aktien aus, die Sie kaufen und fünf Aktien, die Sie verkaufen.

a) Wird diese Strategie langfristig höhere, niedrigere oder die gleichen Renditen bringen wie eine Investition in das Marktportfolio?

b) Würde sich Ihre Antwort auf Teilaufgabe (a) verändern, wenn alle Anleger auf dem Markt gleich informiert und qualifiziert wären?

13.3 Das Verhalten von Privatanlegern

7. Warum impliziert das CAPM, dass Investoren nur sehr selten handeln sollten?

8. Ihr Bruder Joe ist Chirurg und ist schwer von Selbstüberschätzung betroffen. Er handelt sehr gerne Aktien und ist von seinen Prognosen hundertprozentig überzeugt. Tatsächlich ist er genauso uninformiert wie die meisten anderen Anleger auch. Es gibt das Gerücht, dass Vital Signs (ein Start-Up-Unternehmen, das Warnschilder für die Medizinindustrie herstellt) ein Übernahmeangebot von EUR 20 pro Aktie erhalten wird. Ohne das Übernahmeangebot wird die Aktie für EUR 15 gehandelt. Die Unsicherheit bezüglich des Übernahmeangebots wird sich in den nächsten Stunden aufklären. Ihr Bruder ist sich sicher, dass diese Übernahme stattfinden wird und hat seinen Broker angewiesen, die Aktie zu jedem Kurs unter EUR 20 zu kaufen. Die korrekte Wahrscheinlichkeit dieser Übernahme liegt bei

50 %. Nur wenige Investoren sind informiert und wissen, ob diese Übernahme tatsächlich stattfinden wird. Auch sie haben Orders platziert. Sonst handelt niemand diese Aktie.

a) Beschreiben Sie, was mit den Kursen geschehen wird, sobald diese Orders platziert wurden, wenn die Übernahme tatsächlich in ein paar Stunden stattfindet. Ist der Gewinn Ihres Bruders positiv, negativ oder null?

b) Welche Spanne möglicher Kurse könnte sich ergeben, sobald die Orders platziert sind und die Übernahme nicht stattfindet? Ist der Gewinn Ihres Bruders positiv, negativ oder null?

c) Ist der erwartete Gewinn Ihres Bruders positiv, negativ oder null?

9. Um die Umschlagshäufigkeit aus untenstehender Abbildung 13.1 zu relativieren, führen wir bezüglich der durchschnittlichen Umschlagshäufigkeit pro Aktie eines Investors eine Überschlagsrechnung für den Fall durch, dass es seine Investitionsstrategie ist, in den S&P 500 zu investieren. Da der S&P 500 wertgewichtet ist, wären Transaktionen erforderlich, wenn Standard and Poor's die einzelnen Aktien ändert. (Wir ignorieren andere, weniger wichtige Gründe, wie Neuemissionen oder Aktienrückkäufe.) Angenommen, es werden 23 Aktien pro Jahr (der historische Durchschnitt seit 1962) verändert, wie hoch schätzen Sie die Umschlagshäufigkeit pro Aktie eines Investors? Wir gehen davon aus, dass die durchschnittliche Anzahl der ausstehenden Aktien, die in den Index aufgenommen oder entfernt werden, der durchschnittlichen Anzahl der ausstehenden Aktien des S&P 500 entsprechen.

Abbildung 13.1: Jährliche Umschlagshäufigkeit von Aktien der New Yorker Börse von 1970 bis 2015
Das Diagramm stellt die jährliche Umschlagshäufigkeit von Aktien (Anzahl der in dem Jahr gehandelten/Gesamtzahl der Aktien) dar. Hier ist der Anstieg der Umschlagshäufigkeit über die letzten Jahre zu beachten. Eine solche Umschlagshäufigkeit lässt sich nur schwer mit dem CAPM vereinbaren, das besagt, dass die Anleger passive Marktportfolios halten sollten.
Quelle: www.nyxdata.com

13.4 Systematische Verzerrungseffekte beim Handeln von Wertpapieren

10. Wie wirkt sich der Dispositionseffekt auf die steuerlichen Verpflichtungen der Anleger aus?

11. Angenommen, alle Anleger neigen zum Dispositionseffekt. Soeben wurde eine neue Aktie zu einem Kurs von EUR 50 ausgegeben und alle Anleger haben diese Aktie heute gekauft. In einem Jahr gibt es eine Übernahme dieser Aktie. Je nach den Meldungen, die über das Jahr bekannt werden, wird diese für EUR 60 oder EUR 40 erfolgen. Die Aktie zahlt keine Dividende. Anleger werden die Aktie verkaufen, wenn der Kurs um mehr als 10 % gestiegen ist.

a) Angenommen, in sechs Monaten werden gute Neuigkeiten bekannt (was ein Übernahmeangebot von EUR 60 impliziert). Zu welchem Gleichgewichtskurs wird die Aktie nach Bekanntwerden der Neuigkeiten gehandelt, d.h. bei welchem Kurs entsprechen sich Angebot und Nachfrage?

b) Angenommen, Sie sind der einzige Anleger, der nicht dem Dispositionseffekt unterliegt und Ihre Transaktionen sind so gering, dass sie sich nicht auf den Kurs auswirken. Welche Strategie würden Sie Ihrem Broker auftragen, ohne zu wissen, welche Meldungen bekannt werden?

13.5 Die Effizienz des Marktportfolios

12. Davita Spencer ist Managerin bei Half Dome Asset Management. Sie kann bis zu einem Volumen von EUR 100 Millionen ein Alpha von 2 % generieren. Für höhere Volumina reichen ihre Kenntnisse nicht aus, so dass sie keinen Mehrwert schaffen kann und ihr Alpha null ist. Half Dome berechnet eine Gebühr von 1 % pro Jahr auf das verwaltete Gesamtvermögen (jeweils Anfang des Jahres). Angenommen, die Anleger bevorzugen immer Investitionen mit positivem Alpha und kein Anleger würde in einen Fonds mit negativem Alpha investieren. Im Gleichgewicht, also wenn kein Investor Fondsanteile verkaufen oder kaufen möchte,

a) welches Alpha erwarten die Investoren von dem Fonds von Davita?

b) wie hoch ist das von Davita verwaltete Vermögen?

c) wie hoch sind die Gebühren, die Half Dome generiert?

13. Angenommen, die Wirtschaft besteht aus drei Anlegertypen. 50 % unterliegen dem Herdenverhalten, 45 % sind passive Investoren, die dieses Buch gelesen haben und das Marktportfolio halten, und 5 % sind informierte Händler. Das Portfolio der informierten Anleger hat ein Beta von 1,5 und eine erwartete Rendite von 15 %. Die erwartete Marktrendite beträgt 11 % und der risikolose Zinssatz 5 %.

a) Welches Alpha erzielen die informierten Anleger?

b) Welches Alpha erzielen die passiven Anleger?

c) Wie hoch ist die erwartete Rendite der Investoren mit Herdenverhalten?

d) Welches Alpha erzielen die Investoren mit Herdenverhalten?

13.6 Auf Anlagestile zurückgehende Handelsstrategien und die Debatte über die Markteffizienz

14. Erklären Sie den Größeneffekt.

15. Angenommen, alle Unternehmen haben die gleichen erwarteten Dividenden. Wie ist die Beziehung zwischen ihren Marktwerten und ihren erwarteten Renditen, wenn sie unterschiedliche erwartete Renditen haben? Wie ist die Beziehung zwischen ihren Dividendenrenditen und ihren erwarteten Renditen?

16. Jedes der sechs Unternehmen in folgender Tabelle wird jedes Jahr die dort ausgewiesene Dividende als ewige Rente ausschütten.

Unternehmen	Dividende (EUR Millionen)	Kapitalkosten (%/Jahr)
S1	10	8
S2	10	12
S3	10	14
B1	100	8
B2	100	12
B3	100	14

a) Berechnen Sie unter Verwendung der Kapitalkosten in der Tabelle den Marktwert dieser Unternehmen.

b) Ordnen Sie die drei S-Unternehmen anhand ihres Marktwertes und betrachten Sie die Rangordnung der Kapitalkosten. Wie hoch wäre die erwartete Rendite eines selbstfinanzierenden Portfolios, das aus einer Long Position in das Unternehmen mit dem höchsten Marktwert und aus einer Short Position in das Unternehmen mit dem niedrigsten Marktwert besteht? (Die erwartete Rendite eines selbstfinanzierenden Portfolios ist die gewichtete durchschnittliche Rendite der einzelnen Wertpapiere.) Wiederholen Sie dies mit den B-Unternehmen.

c) Ordnen Sie alle sechs Unternehmen anhand ihrer Marktwerte. Wie ist hier die Rangordnung der Kapitalkosten? Wie hoch wäre die erwartete Rendite eines selbstfinanzierenden Portfolios, das aus einer Long Position in das Unternehmen mit dem höchsten Marktwert und aus einer Short Position in das Unternehmen mit dem niedrigsten Marktwert besteht?

d) Wiederholen Sie Teilaufgabe (c), ordnen Sie jedoch die Unternehmen entsprechend der Dividendenrendite und nicht des Marktwerts. Welche Schlussfolgerung können Sie bezüglich der Ordnung gemäß der Dividendenrendite gegenüber der Ordnung gemäß der Marktwerte ziehen?

17. Betrachten Sie folgende Aktien und nehmen Sie einen risikolosen Zinssatz von 3 % und eine Marktrisikoprämie von 7 % an.

	Marktkapitalisierung (EUR Millionen)	Erwartete Liquidationsdividende (EUR Millionen)	Beta
Aktie A	800	1.000	0,77
Aktie B	750	1.000	1,46
Aktie C	950	1.000	1,25
Aktie D	900	1.000	1,07

a) Welche erwartete Rendite prognostiziert das CAPM für diese Aktien?

b) Die Prognosen des CAPM entsprechen nicht den tatsächlich erwarteten Renditen, also trifft das CAPM nicht zu. Sie beschließen, diese Tatsache genauer zu untersuchen. Um zu sehen, welche Art von Fehler das CAPM macht, beschließen Sie, eine Regression zwischen der tatsächlich erwarteten Renditen und der vom CAPM prognostizierten erwarteten Renditen durchzuführen. Welchen Schnittpunkt mit der y-Achse und welche Steigung hat die Regressionsgerade?

c) Was sind die Residualtermen der Regression in (d)? D.h., berechnen Sie für jede Aktie die Differenz zwischen der tatsächlich erwarteten Rendite und der Regressionsgeraden, die wir durch den Schnittpunkt mit der y-Achse und der Steigung in (b) erhalten haben.

d) Welches Vorzeichen hat die Korrelation zwischen den Residualtermen, die Sie in (c) berechnet haben, und der Marktkapitalisierung?

e) Welche Schlussfolgerung können Sie aus Ihrer Antwort auf Teilaufgabe (b) aus Aufgabe 4 im Lehrbuch und Teilaufgabe (d) dieser Frage im Hinblick auf die Beziehung zwischen der Unternehmensgröße (Marktkapitalisierung) und den Renditen ziehen?

18. Erklären Sie, wie man eine Handelsstrategie mit positivem Alpha aufbaut, wenn die Aktien, die in der Vergangenheit relativ hohe Renditen hatten, eher positive Alphas haben, während Aktien mit relativ geringen Renditen in der Vergangenheit eher negative Alphas haben.

19. Wenn man historische Renditen für den Aufbau einer Handelsstrategie mit positivem Alpha verwenden kann, ist das ein Beleg dafür, dass das Marktportfolio nicht effizient ist. Erklären Sie, warum.

20. Erklären Sie, warum man vermuten könnte, dass Aktien Alphas ungleich null aufweisen, wenn das Proxy für das Marktportfolio keine hohe Korrelation mit dem echten Marktportfolio aufweist, auch wenn das echte Marktportfolio effizient ist.

21. Erklären Sie, warum das Marktportfolio nicht effizient ist, wenn manche Anleger systematischen Verzerrungseffekten bezüglich ihres Verhaltens unterliegen, während andere sich für effiziente Portfolios entscheiden.

22. Erklären Sie, warum ein Mitarbeiter, dem nur die erwartete Rendite und die Volatilität wichtig sind, eher einen geringeren Betrag in Aktien seines Unternehmens investieren wird, als ein Anleger, der nicht für dieses Unternehmen arbeitet.

13.7 Mehrfaktoren-Risikomodelle

Folgende Tabelle mit geschätzten Faktorbetas dient als Grundlage für die Aufgaben 23–25.

Faktor	MSFT	XOM	GE
MKT	0,98	0,93	0,67
SMB	−0,65	0,22	0,48
HML	−0,36	0,94	0,36
PR1YR	−0,11	−0,10	−0,80

23. Verwenden Sie die in der Tabelle dargestellten geschätzten Faktorbetas und die geschätzten erwarteten Renditen aus Tabelle 13.1 und berechnen Sie die Risikoprämie der Aktie von General Electric (Ticker: GE) anhand der FFC-Faktorspezifikation. (Berechnen Sie das Ergebnis pro Jahr, indem Sie es mit 12 multiplizieren.) GEs CAPM-Beta über die gesamte Laufzeit beträgt 1,02. Vergleichen Sie das Ergebnis mit der Risikoprämie, die Sie anhand des CAPM geschätzt haben.

Faktorportfolio	Durchschnittliche Monatsrendite (%)	95 %-Konfidenzband (%)
MKT − r_f	0,68	±0,31
SMB	0,20	±0,18
HML	0,35	±0,21
PR1YR	0,64	±0,27

Tabelle 13.1: Durchschnittliche Monatsrenditen des FFC-Portfolios von 1927 bis 2022
Quelle: Kenneth French http://mba.tuck.dartmouth.edu/pages/faculty/ken.french/data_library.html

24. Sie prüfen gerade eine mögliche Investition in ein Projekt im Energiesektor. Die Investition hat das gleiche Risiko wie die Aktie von Exxon Mobile (Ticker: XOM). Verwenden Sie die Daten aus Tabelle 13.1 und oben stehender Tabelle und berechnen Sie die Kapitalkosten anhand der FFC-Faktorspezifikation bei einem risikolosen Zinssatz von 3 % p.a.

25. Sie arbeiten für die Microsoft Corporation (Ticker: MSFT) und überlegen, ein neues Softwareprodukt zu entwickeln. Das Risiko dieser Investition entspricht dem des Unternehmens. Verwenden Sie die Daten aus Tabelle 13.1 und oben stehender Tabelle und berechnen Sie die Kapitalkosten anhand der FFC-Faktorspezifikation bei einem risikolosen Zinssatz von 3 % p.a.. Das CAPM-Beta von Microsoft über die gesamte Laufzeit beträgt 0,88. Welche Kapitalkosten würden Sie anhand des CAPM schätzen?

13.8 Lösungen

1. Ja. Werden neue Informationen über eine Aktie bekannt, verändern sie die Attraktivität dieser Aktie. Wenn sich andere Aktienkurse nicht verändern, würden Investoren das Portfoliogewicht dieser Aktie erhöhen wollen, was impliziert, dass sie nicht das Marktportfolio halten würden.

2. a) Nein.

   b) Aktien mit Betas (berechnet anhand des Marktportfolios vor der Veränderung des risikolosen Zinssatzes) größer als eins werden positive Alphas haben und wären somit eine Kaufgelegenheit. Dementsprechend wären Aktien mit Betas kleiner als eins Verkaufsgelegenheiten.

3. Man investiert in das Marktportfolio. Da der durchschnittliche Anleger das Marktportfolio halten muss, sichern Sie sich durch eine Investition in das Marktportfolio die Rendite des durchschnittlichen Anlegers. Wenn die informierten Anleger höhere Renditen erzielen als der durchschnittliche Anleger, muss jemand geringere Renditen erzielen. Indem Sie das Marktportfolio halten, können Sie sicherstellen, dass Sie das nicht sind.

4. Das Marktportfolio kann nur dann ineffizient sein (so dass es möglich ist, den Markt zu schlagen), wenn eine erhebliche Anzahl an Anlegern

   1. keine rationalen Erwartungen hat, so dass sie Informationen falsch interpretiert und der Ansicht ist, dass sie ein positives Alpha erreicht, auch wenn sie tatsächlich ein negatives Alpha erzielt, oder
   2. sich für andere Aspekte ihres Portfolios als die erwartete Rendite und die Volatilität interessiert und somit bereit ist, ineffiziente Wertpapierportfolios zu halten.

5. Indem sie in das Marktportfolio investieren, können sich die Anleger selbst davor schützen, von Investoren mit besseren Informationen ausgebeutet zu werden. Indem sie sich dafür entscheiden, nicht in das Marktportfolio zu investieren, setzen sie sich der Gefahr aus, ausgebeutet zu werden. Tun sie das aus Selbstüberschätzung, werden sie Geld verlieren.

6. a) Sie werden aus zwei Gründen eine niedrigere Rendite erzielen: 1. Transaktionskosten und 2. werden Sie jedes mal verlieren, wenn Sie Trades mit einem informierten Investor durchführen. Natürlich wird in diesem Fall nur 2. die unterdurchschnittliche Rendite verursachen.

   b) Hier sind die einzige Verlustquelle die Transaktionskosten. In diesem Fall sollten mindestens die Kosten Ihrer Transaktionen gedeckt sein, so dass Sie die gleiche Rendite erzielen.

7. Da sie das Marktportfolio halten sollten, welches wertgewichtet ist und somit bei Kursänderungen keine Maßnahmen erfordert, um die Wertgewichte zu erhalten.

8. a) In diesem Fall platzieren die informierten Händler und Ihr Bruder Kauforders für einen Kurs unter EUR 20, also ist der einzige Gleichgewichtskurs EUR 20 und niemand handelt die Aktie. Daher ist der Gewinn Ihres Bruders null.

   b) In diesem Fall werden die informierten Händler Verkaufsorders für jeden Kurs über EUR 15 platzieren und Ihr Bruder wird seine Kauforder für jeden Preis unter EUR 20 platzieren. Der Handel findet zu irgendeinem einem Preis dazwischen statt und der Gewinn Ihres Bruders ist negativ.

   c) Negativ.

9. 46 : 523 = 8,8 %

10. Der Dispositionseffekt veranlasst Anleger dazu, Aktien zu verkaufen, deren Wert gestiegen ist, und an Aktien festzuhalten, deren Wert gefallen ist. Somit zahlen Anleger Kapitalertragsteuern, die sie hinausschieben könnten und zögern Steuerabzüge hinaus, die sie sofort geltend machen könnten. Aufgrund des Zeitwertes des Geldes, erhöhen diese Anleger dadurch ihre steuerlichen Verpflichtungen.

11. a) EUR 55

b) Kaufen, wenn der Kurs um 10 % oder mehr steigt.

12. a) Null

b) EUR 200 Millionen

c) EUR 2 Millionen

13. a) $0{,}15 - (0{,}05 + 1{,}5 \times (0{,}11 - 0{,}05)) = 0{,}01$

b) 0

c) $0{,}05 \times 15\ \% + 0{,}45 \times 11\ \% + 0{,}5 \times x = 11\ \%$, also $x = 10{,}6\ \%$

d) $0{,}05 \times 1\ \% + 0{,}45 \times 0\ \% + 0{,}5 \times x = 0$, also $x = -0{,}1\ \%$

14. Der Größeneffekt bezieht sich auf die empirische Beobachtung, dass Unternehmen mit einer geringen Marktkapitalisierung im Durchschnitt höhere durchschnittliche Renditen haben.

15. Unternehmen mit höheren erwarteten Renditen haben geringere Marktwerte und Unternehmen mit hohen Dividendenrenditen haben hohe erwartete Renditen.

16. a)

Unternehmen	Dividende	Kapitalkosten	Marktwert
S1	10	8 %	EUR 125,00
S2	10	12 %	EUR 83,33
S3	10	14 %	EUR 71,43
B1	100	8 %	EUR 1.250,00
B2	100	12 %	EUR 833,33
B3	100	14 %	EUR 714,29

b)

Unternehmen	Marktwert	Kapitalkosten	Gewichte des selbstfinanzierenden Portfolios
S1	EUR 125,00	8 %	1
S2	EUR 83,33	12 %	
S3	EUR 71,43	14 %	–1
B1	EUR 1.250,00	8 %	1
B2	EUR 833,33	12 %	
B3	EUR 714,29	14 %	–1
	E[*R*] (S-Unternehmen)	–6,00 %	
	E[*R*] (B-Unternehmen)	–6,00 %	

c)

Unternehmen	Marktwert	Kapitalkosten	Gewichte des selbstfinanzierenden Portfolios
B1	EUR 1.250,00	8 %	1
B2	EUR 833,33	12 %	
B3	EUR 714,29	14 %	
S1	EUR 125,00	8 %	
S2	EUR 83,33	12 %	
S3	EUR 71,43	14 %	–1
	E[*R*] (alle Unternehmen)	–6,00 %	

Unternehmen mit geringeren Kapitalkosten liegen in der Rangfolge eher höher, aber die Rangordnung ist nicht perfekt.

d)

Unternehmen	Marktwert	Kapitalkosten	Gewichte des selbstfinanzierenden Portfolios
S1	EUR 125,00	8 %	–1
B1	EUR 1.250,00	8 %	
S2	EUR 83,33	12 %	
B2	EUR 833,33	12 %	
S3	EUR 71,43	14 %	

B3	EUR 714,29	14 %	1
	$E[R]$ (alle Unternehmen)	6,00 %	

Da die Dividendenrendite den Kapitalkosten entspricht, ist diese Rangordnung im Gegensatz Teilaufgaben (b) und (c) perfekt. Unternehmen mit höheren Dividendenrenditen haben höhere Kapitalkosten.

17. a)

	Marktkapitalisierung (in EUR Millionen)	**Erwartete Liquidationsdividende (EUR Millionen)**	**Beta**	**Erwartete Rendite gemäß Aufgabe 4**	**CAPM**
Aktie A	800	1.000	0,77	0,25	0,0839
Aktie B	750	1.000	1,46	0,33333333	0,1322
Aktie C	950	1.000	1,25	0,05263158	0,1175
Aktie D	900	1.000	1,07	0,11111111	0,1049

b) Steigung: 0,78297881

Achsenabschnitt: 0,10093495

c)

	Erwartete Rendite gemäß Aufgabe 4	**Erwartete Rendite gemäß Regression**	**Residualterme**
Aktie A	0,25	0,16662688	0,08337312
Aktie B	0,33333333	0,20444475	0,12888858
Aktie C	0,05263158	0,19293496	–0,1403034
Aktie D	0,11111111	0,18306943	–0,0719583

d)

	Erwartete Rendite gemäß Aufgabe 4	**Residualterme**	**Marktkapitalisierung (in EUR Millionen)**
Aktie A	0,25	0,08337312	800
Aktie B	0,33333333	0,12888858	750
Aktie C	0,05263158	–0,1403034	950
Aktie D	0,11111111	–0,0719583	900

Korrelation: –0,9984206

e) Die Korrelation ist negativ. Dies stimmt mit den empirischen Beobachtungen hinsichtlich der Renditen kleiner und großer Aktien überein.

18. Man kauft die Aktien, die in der Vergangenheit eine gute Performance zeigten, und verkauft die Aktien mit schlechter Performance.

19. Ist das Marktportfolio effizient, haben alle Aktien ein Alpha von null und man könnte keine Strategie mit positivem Alpha aufbauen.

20. Da das Proxy für das Marktportfolio keine hohe Korrelation mit dem Marktportfolio aufweist, wird es bestimmte Komponenten des systematischen Risikos nicht erfassen. Die Alphas spiegeln die Risikokomponenten wider, die das Proxy nicht erfasst.

21. Das Marktportfolio ist eine Kombination der Portfolios aller Anleger. Da manche Anleger ineffiziente Portfolios halten, die auf systematische Weise ineffizient sind, ist die Summe aller Portfolios nicht effizient. Da die übrigen Anleger effiziente Portfolios halten, ist die Kombination der Portfolios aller Anleger nicht effizient.

22. Mitarbeiter haben gewissermaßen bereits in Form von Humankapital in das Unternehmen investiert. Dies sollten sie bei ihrer optimalen Diversifikationsstrategie berücksichtigen und daher sollten diese Aktien einen kleineren Anteil am Portfolio ausmachen.

23.

	Durschnittliche Monatsrendite FFC Portfolio (%)	**GE**
MKT – r_f	0,68	0,67
SMB	0,20	0,48
HML	0,35	0,36
PR1YR	0,64	–0,70

monatliche Risikoprämie: 0,23 %

jährliche Risikoprämie: 2,76 %

Die jährliche Risikoprämie, die auf dem CAPM-Beta beruht, beträgt $1{,}02 \times 0{,}68\ \% \times 12 = 8{,}32\ \%$.

24.

	Durschnittliche Monatsrendite FFC Portfolio (%)	**XOM**
MKT – r_f	0,68	0,93
SMB	0,20	0,22
HML	0,35	0,94
PR1YR	0,64	–0,10

monatliche Risikoprämie: 0,94 %

jährliche Risikoprämie: 11,30 %

risikoloser Zinssatz: 3,00 %

jährliche Kapitalkosten: 14,30 %

25.

	Durschnittliche Monatsrendite FFC Portfolio (%)	MSFT
MKT – r_f	0,68	0,98
SMB	0,20	–0,65
HML	0,35	–0,36
PR1YR	0,64	–0,11

monatliche Risikoprämie:	0,34 %
jährliche Risikoprämie:	4,08 %
risikoloser Zinssatz:	3,00 %
jährliche Kapitalkosten:	7,08 %
CAPM-Kapitalkosten:	7,18 %

Die Kapitalstruktur an einem vollkommenen Markt

14

ÜBERBLICK

14.1 Finanzierung durch Eigenkapital im Vergleich zur Finanzierung durch Fremdkapital

1. Betrachten wir ein Projekt mit freien Cashflows in einem Jahr von EUR 130.000 bzw. EUR 180.000, wobei jedes Ergebnis gleichermaßen wahrscheinlich ist. Die für dieses Projekt erforderliche Anfangsinvestition beträgt EUR 100.000 und die Kapitalkosten des Projekts betragen 20 %. Der risikolose Zinssatz liegt bei 10 %.
   a) Wie hoch ist der Kapitalwert dieses Projekts?
   b) Es sei angenommen, dass das Projekt als rein eigenfinanziertes Unternehmen an Investoren verkauft wird, um die Mittel für die Anfangsinvestition aufzubringen. Die Anteilsinhaber werden die Cashflows aus dem Projekt in einem Jahr erhalten. Wie viel Geld kann auf diese Weise beschafft werden? d.h. wie hoch ist der Anfangsmarktwert des rein eigenfinanzierten Eigenkapitals?
   c) Es sei angenommen, dass die anfänglichen EUR 100.000 stattdessen zum risikolosen Zinssatz von 10 % aufgenommen werden. Wie sind die Cashflows des fremdfinanzierten Eigenkapitals und wie hoch ist nach MM dessen Kapitalwert?

2. Sie sind Unternehmer und gründen ein Biotechunternehmen. Wenn Ihre Forschung erfolgreich ist, kann die Technologie für EUR 30 Millionen verkauft werden. Andernfalls ist sie nichts wert. Um Ihre Forschung zu finanzieren, müssen Sie EUR 2 Millionen aufbringen. Investoren sind bereit, Ihnen Anfangskapital in Höhe von EUR 2 Millionen bereitzustellen und zwar im Austausch gegen 50 % des Eigenkapitals des vollständig eigenfinanzierten Unternehmens.
   a) Wie hoch ist der Marktwert des Unternehmens ohne Fremdfinanzierung?
   b) Angenommen, Sie nehmen einen Kredit in Höhe von EUR 1 Millionen auf, welchen Bruchteil des Eigenkapitals des Unternehmens müssten Sie dann ausgeben, um die erforderliche weitere EUR 1 Million aufzubringen?
   c) Wie hoch ist der Wert Ihres Anteils am Eigenkapital des Unternehmens in den Teilaufgaben (a) und (b)?

3. Die Industrie AG verfügt über Vermögensgegenstände, die mit einer Wahrscheinlichkeit von 80 % in einem Jahr einen Marktwert von EUR 50 Millionen haben werden. Es besteht zu 20 % die Möglichkeit, dass die Vermögensgegenstände nur EUR 20 Millionen wert sein werden. Der aktuelle risikolose Zinssatz beträgt 5 % und die Vermögensgegenstände der Industrie AG haben Kapitalkosten von 10 %.
   a) Wie hoch ist der aktuelle Marktwert des Eigenkapitals der Industrie AG bei vollständiger Eigenfinanzierung?
   b) Stattdessen sei angenommen, die Industrie AG verfüge über Fremdkapital mit einem Nennwert von EUR 20 Millionen und einer Fälligkeit in einem Jahr. Wie hoch ist in diesem Fall nach MM der Wert des Eigenkapitals der Industrie AG?
   c) Wie hoch ist die erwartete Rendite des Eigenkapitals der Industrie AG ohne Fremdfinanzierung? Wie hoch ist die erwartete Rendite des Eigenkapitals mit Fremdfinanzierung?
   d) Wie hoch ist die geringstmögliche realisierbare Rendite des Eigenkapitals mit und ohne Fremdfinanzierung.

14.2 Modigliani-Miller I: Verschuldung, Arbitrage und Unternehmenswert

4. Angenommen, es gibt keine Steuern. Unternehmen ABC hat kein Fremdkapital und Unternehmen XYZ hat Fremdkapital in Höhe von EUR 5.000, auf das es Zinsen zu 10 % pro Jahr zahlt. Beide Unternehmen haben identische Projekte, die jährlich freie Cashflows von EUR 800 bzw. EUR 1.000 generieren. Nach Zinszahlung verwenden beide Unternehmen die verbleibenden Cashflows zur Zahlung der jährlichen Dividende.

a) Tragen Sie in unten stehende Tabelle die Zahlungen ein, die die Inhaber des Fremdkapitals und des Eigenkapitals der jeweiligen Unternehmen im Falle der beiden möglichen Cashflows erhalten.

	ABC		**XYZ**	
FCF	**Zahlung Fremdkapital**	**Dividende Eigenkapital**	**Zahlung Fremdkapital**	**Dividende Eigenkapital**
EUR 800				
EUR 1.000				

b) Angenommen, Sie halten 10 % des Eigenkapitals von ABC. Wie sähe ein anderes mögliches Portfolio aus, das die gleichen Cashflows liefern würde?

c) Angenommen, Sie halten 10 % des Eigenkapitals von XYZ. Wenn Sie einen Kredit zu 10 % aufnehmen könnten, wie sähe eine alternative Strategie aus, die die gleichen Cashflows liefern würde?

5. Es sei angenommen, Alpha Industries und Omega Technologie haben identische Vermögensgegenstände, die identische Cashflows generieren. Alpha Industries ist ein rein eigenfinanziertes Unternehmen und hat 10 Millionen Aktien im Umlauf, die zu einem Preis von EUR 22 pro Aktie gehandelt werden. Omega Technologie hat 20 Millionen Aktien im Umlauf und Fremdkapital in Höhe von EUR 60 Millionen.

a) Wie hoch wäre nach These I von MM der Aktienkurs von Omega Technologie?

b) Angenommen, die Aktien von Omega Technologie werden zu EUR 11 pro Aktie gehandelt. Welche Arbitragemöglichkeit besteht? Welche Annahmen sind erforderlich, um diese Möglichkeit auszuschöpfen?

6. Cisoft ist ein äußerst profitables Technologieunternehmen, das derzeit über Barmittel in Höhe von EUR 5 Milliarden verfügt. Das Unternehmen hat beschlossen, diese Mittel für den Rückkauf von Aktien einzusetzen, und hat diese Pläne bereits den Aktionären mitgeteilt. Derzeit ist Cisoft ein rein eigenfinanziertes Unternehmen und hat 5 Milliarden Aktien im Umlauf. Diese Aktien werden derzeit zu EUR 12 pro Aktie gehandelt. Cisoft hat außer Aktienoptionen für Mitarbeiter keine anderen Wertpapiere ausgegeben. Der aktuelle Marktwert dieser Optionen beträgt EUR 8 Milliarden.

a) Wie hoch ist der Marktwert der unbaren Vermögensgegenstände von Cisoft?

b) Wie hoch ist in vollkommenen Kapitalmärkten der Marktwert des Eigenkapitals von Cisoft nach dem Rückkauf der Aktien? Wie hoch ist der Wert pro Aktie?

7. Zetatron ist ein rein eigenfinanziertes Unternehmen mit 100 Millionen Aktien im Umlauf, die derzeit zu EUR 7,50 pro Aktie gehandelt werden. Vor einem Monat gab Zetatron bekannt, dass eine Veränderung der Kapitalstruktur geplant ist. Es sollen EUR 100 Millionen kurzfristige Verbindlichkeiten und EUR 100 Millionen langfristige Verbindlichkeiten aufgenommen werden. Außerdem werden EUR 100 Millionen als Vorzugsaktien ausgegeben. Die durch diese Emissionen beschafften EUR 300 Millionen und weitere EUR 50 Millionen Barmittel, die Zetatron bereits besitzt, werden für den Rückkauf bestehender Aktien eingesetzt. Diese Transaktion ist für heute angesetzt. Wir gehen von keinem vollkommenen Kapitalmarkt aus.

a) Wie sieht die Marktwertbilanz von Zetatron aus

i) vor dieser Transaktion?

ii) nach der Ausgabe der neuen Wertpapiere, jedoch vor dem Aktienrückkauf?

iii) nach dem Aktienrückkauf?

b) Wie viele ausstehende Aktien wird Zetatron nach Abschluss dieser Transaktion haben und wie hoch ist der Wert dieser Aktien?

14.3 Modigliani-Miller II: Verschuldung, Risiko und Kapitalkosten

8. Erklären Sie, was an folgender Aussage falsch ist: „Wenn ein Unternehmen Fremdkapital aufnimmt, das risikolos ist, da keine Möglichkeit eines Ausfalls besteht, verändert sich das Risiko des Eigenkapitals des Unternehmens nicht. Somit kann das Unternehmen von dem günstigen Fremdkapital profitieren, ohne dass die Eigenkapitalkosten steigen."

9. Angenommen, PayPal (PYPL) habe kein Fremdkapital und Eigenkapitalkosten in Höhe von 9,2 %. Der durchschnittliche Fremdkapitalanteil in der FinTech-Branche liegt bei 15 %. Wie hoch wären die Eigenkapitalkosten, wenn PayPal (PYPL) den für diese Branche durchschnittlichen Fremdkapitalanteil zu Fremdkapitalkosten von 6 % aufnehmen würde?

10. Global Pistons (GP) hat Stammaktien mit einem Marktwert von EUR 200 Millionen und Fremdkapital im Wert von EUR 100 Millionen. Investoren erwarten eine Rendite von 15 % auf die Aktie und 6 % auf das Fremdkapital. Wir gehen von einem vollkommenen Kapitalmarkt aus.

a) Angenommen, GP gibt neue Aktien in Höhe von EUR 100 Millionen aus, um das Fremdkapital zurückzukaufen. Wie hoch ist die erwartete Rendite der Aktie nach dieser Transaktion?

b) Angenommen, GP nimmt stattdessen Fremdkapital in Höhe von EUR 50 Millionen auf, um Aktien zurückzukaufen.

i) Wenn sich das Risiko des Fremdkapitals nicht verändert, wie hoch ist dann die erwartete Rendite der Aktie nach dieser Transaktion?

ii) Wenn das Risiko des Fremdkapitals steigt, wäre die erwartete Rendite der Aktie dann höher oder niedriger als in Teilaufgabe (a)?

11. Hubbard Industries ist ein rein eigenfinanziertes Unternehmen, dessen Aktien eine erwartete Rendite von 10 % haben. Hubbard führt eine fremdfinanzierte Rekapitalisierung durch, nimmt Fremdkapital auf und kauft Aktien zurück, bis der Verschuldungsgrad bei 0,60 liegt. Aufgrund des gestiegenen Risikos erwarten die Aktionäre nun eine Rendite von 13 %. Angenommen sei, dass es keine Steuern gibt und dass das Fremdkapital von Hubbard risikolos ist. Wie hoch sind die Fremdkapitalkosten?

12. Hartford Bergbau AG hat 50 Millionen Aktien, die derzeit zu EUR 4 pro Aktie gehandelt werden und Fremdkapital in Höhe von EUR 200 Millionen. Das Fremdkapital ist risikolos und mit 5 % verzinst. Die erwartete Rendite der Hartford Aktie beträgt 11 %. Angenommen, ein Minenstreik führt dazu, dass der Kurs der Hartford Aktie um 25 % auf EUR 3 fällt. Der Wert des risikolosen Fremdkapitals bleibt unterändert. Angenommen, es gibt keine Steuern und das Risiko der Vermögensgegenstände von Hartford bleibt unverändert. Was geschieht mit den Eigenkapitalkosten von Hartford?

13. Die Mercer AG ist ein rein eigenfinanziertes Unternehmen mit 10 Millionen Aktien im Umlauf und Fremdkapital in Höhe von EUR 100 Millionen. Der aktuelle Aktienkurs liegt bei EUR 75. Die Eigenkapitalkosten von Mercer liegen bei 8,5 %. Mercer hat gerade bekannt gegeben, dass Fremdkapital in Höhe von EUR 350 Millionen ausgegeben werden soll. Die aus diesem Fremdkapital entstehenden Erlöse werden dafür eingesetzt, die bestehenden Verbindlichkeiten zu zahlen und der Rest wird sofort in Form einer Sonderdividende ausgeschüttet. Wir gehen von einem vollkommenen Kapitalmarkt aus.

a) Berechnen Sie den Aktienkurs von Mercer kurz nach der Ankündigung der Rekapitalisierung, jedoch vor Durchführung der Transaktion.

b) Berechnen Sie den Aktienkurs bei Abschluss der Transaktion (*Hinweis:* Verwenden Sie die Marktwertbilanz).

c) Angenommen, das bestehende Fremdkapital von Mercer war risikolos bei einer erwarteten Rendite von 4,25 % und das neue Fremdkapital ist risikobehaftet bei einer erwarteten Rendite von 5 %. Schätzen Sie die Eigenkapitalkosten von Mercer nach der Transaktion.

14. Anfang 2018 hatte Qualcomm USD 15 Mrd. Fremdkapital, eine Eigenkapitalausstattung von insgesamt USD 88 Milliarden und ein Eigenkapital-Beta von 1,33 (laut Yahoo! Finance). In den Aktiva von Qualcomm enthalten waren USD 24 Milliarden Barmittel und risikolose Wertpapiere. Wir gehen von einem risikolosen Zinssatz von 3,1 % und eine Marktrisikoprämie von 3,9 % aus.

a) Wie hoch ist der Unternehmenswert von Qualcomm?

b) Wie hoch ist das Asset-Beta von Qualcomm?

c) Wie hoch ist der WACC von Qualcomm?

15. Die Indell AG hat einen aktuellen Marktwert von EUR 120 Millionen und der Betafaktor liegt bei 1,50. Indell hat außerdem risikoloses Fremdkapital. Das Unternehmen beschließt, seine Kapitalstruktur zu verändern. EUR 30 Millionen zusätzliches risikoloses Fremdkapital werden aufgenommen und mit weiteren EUR 10 Millionen Barmitteln für einen Aktienrückkauf verwendet. Welchen Betafaktor hat Indell in einem vollkommenen Kapitalmarkt nach dieser Transaktion?

14.4 Trugschlüsse bei der Kapitalstruktur

16. Yerba Industries ist ein rein eigenfinanziertes Unternehmen, dessen Aktien einen Betafaktor von 1,2 und eine erwartete Rendite von 12,5 % haben. Angenommen, das Unternehmen nimmt neues risikoloses Fremdkapital zu einer Rendite von 5 % auf und kauft 40 % seiner Aktien zurück. Gehen Sie von einem vollkommenen Kapitalmarkt aus.

a) Wie ist der Betafaktor der Yerba Aktie nach dieser Transaktion?

b) Wie hoch ist die erwartete Rendite der Yerba Aktien nach dieser Transaktion?

Nehmen Sie an, dass Yerba vor dieser Transaktion bei einem *KGV* von 14 (d.h. Aktienkurs geteilt durch die für das kommende Jahr erwarteten Gewinne) für das kommende Jahr Gewinne in Höhe von EUR 1,50 pro Aktie erwartete.

c) Wie hoch sind die erwarteten Gewinne pro Aktie nach dieser Transaktion? Ist diese Veränderung für die Aktionäre von Vorteil?

d) Wie hoch ist das künftige *KGV* nach dieser Transaktion? Ist diese Änderung des *KGV* angemessen?

17. Zelnor, Inc. ist ein rein eigenfinanziertes Unternehmen mit 100 Millionen Aktien im Umlauf, die derzeit für USD 8,5 pro Aktie gehandelt werden. Angenommen, Zelnor beschließt, Mitarbeitern im Rahmen eines neuen Vergütungsplans insgesamt 10 Millionen Aktien zu gewähren. Das Unternehmen argumentiert, dass dieser neue Vergütungsplan zur Mitarbeitermotivation beiträgt und dass dies eine bessere Strategie ist, als die Zahlung von Boni, da so dem Unternehmen keine Kosten entstehen.

a) Wenn der neue Vergütungsplan keine Auswirkung auf den Wert der Aktiva von Zelnor hat, wie hoch ist dann der Aktienkurs nach der Umsetzung dieses Plans?

b) Wie hoch sind die Kosten dieses Plans für die Investoren? Warum ist die Eigenkapitalemission in diesem Fall kostspielig?

14.5 Lösungen

1. a) $E[C(1)] = \frac{1}{2}(130.000 + 180.000) = 155.000$

$$KW = \frac{155.000}{1,20} - 100.000 = 129.167 - 100.000 = \text{EUR } 29.167$$

b) $\text{Eigenkapitalwert} = BW(C(1)) = \frac{155.000}{1,20} = 129.167$

c) Fremdkapitalzahlungen = 100.000, Eigenkapitalgebern fließen 20.000 oder 70.000 zu.

Der Kapitalwert des Eigenkapitals nach MM ist 129.167 – 100.000 = EUR 29.167.

2. a) Gesamtwert des Eigenkapitals = 2 × EUR 2 Millionen = EUR 4 Millionen

b) Laut MM beträgt der Gesamtwert des Unternehmens immer noch 4 Millionen. Das Fremdkapital in Höhe von EUR 1 Million impliziert einen Gesamtwert des Eigenkapitals von EUR 3 Millionen – somit müssen 33 % des Eigenkapitals verkauft werden, um EUR 1 Million zu beschaffen.

c) Bei (a), 50 % × EUR 4 Millionen = EUR 2 Millionen. Bei (b), 2/3 × EUR 3 Millionen = EUR 2 Millionen. Somit hat die Wahl der Kapitalstruktur in einem vollkommenen Kapitalmarkt keine Auswirkung auf den Anteilswert des Unternehmers.

3. a) E [Wert in einem Jahr] = 0,8(50) + 0,2(20) = 44.

$$BW = \frac{44}{1{,}10} = \text{EUR 40 Millionen.}$$

b) $D = \frac{20}{1{,}05} = 19{,}048.$ Somit $E = 40 - 19{,}048 =$ EUR 20,952 Millionen.

c) Ohne Verschuldung: $r = \frac{44}{40} - 1 = 10\ \%$

Mit Verschuldung: $r = \frac{44-20}{20{,}952} - 1 = 14{,}55\ \%$

d) Ohne Verschuldung: $r = \frac{20}{40} - 1 = -50\ \%$

Mit Verschuldung: $r = \frac{0}{20{,}952} - 1 = -100\ \%$

4. a)

	ABC		XYZ	
FCF	**Zahlung Fremdkapital**	**Dividende Eigenkapital**	**Zahlung Fremdkapital**	**Dividende Eigenkapital**
EUR 800	0	800	500	300
EUR 1.000	0	1.000	500	500

b) Eigenkapital (unverschuldetes Unternehmen) = Fremdkapital + Eigenkapital (verschuldetes Unternehmen). Wenn man 10 % des Fremdkapitals und 10 % des Eigenkapitals von XYZ kauft, erhält man die Cashflows 50 + (30, 50) = (80, 100).

c) Eigenkapital (verschuldetes Unternehmen) = Eigenkapital (unverschuldetes Unternehmen) + Kredit. Wenn man einen Kredit in Höhe von EUR 500 aufnimmt und 10 % von ABC kauft, erhält man die Cashflows (80, 100) – 50 = (30, 50).

5. a) V(Alpha) = 10 × 22 = 220 Millionen = V(Omega) = $D + E \Rightarrow E = 220 - 60 = 160$ Millionen ⇒ P = EUR 8 pro Aktie

b) Omega ist überbewertet. Man sollte 20 Aktien von Omega verkaufen, 10 Aktien von Alpha kaufen und einen Kredit von 60 aufnehmen. Anfangszahlung = 220 – 220 + 60 = 60. Hier wird davon ausgegangen, dass wir die Aktien zu den aktuellen Kursen handeln können und dass wir den Kredit zu den gleichen Bedingungen wie Omega aufnehmen können (oder Fremdkapital von Omega halten können, das wir zum gleichen Preis verkaufen können).

6. a) Aktiva = Barmittel + unbare Vermögensgegenstände, Passiva = Eigenkapital + Optionen, unbare Vermögensgegenstände = Eigenkapital + Optionen – Barmittel = 12 × 5 + 8 – 5 = 63 Milliarden

b) Eigenkapital = 60 – 5 = 55. Nach einem Rückkauf von

$$\frac{5 \text{ Milliarden}}{12} = 0{,}417 \text{ Milliarden Aktien}$$

verbleiben 4.583 Milliarden Aktien.

$$\text{Wert pro Aktie} = \frac{55}{4.583} = \text{EUR } 12 \text{ (unverändert)}$$

7. a) i) A = 50 Barmittel + 700 unbare Vermögensgegenstände
P = 750 Eigenkapital

ii) A = 350 Barmittel + 700 unbare Vermögensgegenstände
P = 750 Eigenkapital + 100 kurzfristige Verbindlichkeiten + 100 langfristige Verbindlichkeiten + 100 Vorzugsaktien

iii) A = 700 unbare Vermögensgegenstände
P = 400 Eigenkapital + 100 kurzfristige Verbindlichkeiten + 100 langfristige Verbindlichkeiten + 100 Vorzugsaktien

b) Rückkauf von

$$\frac{350 \text{ Millionen}}{7{,}50} = 46{,}67 \text{ Millionen Aktien}$$

⇒ 53,33 Millionen Aktien verbleiben. Der Aktienkurs beträgt

$$\frac{400 \text{ Millionen}}{53{,}33 \text{ Millionen}} = 7{,}50 \text{ pro Aktie (unverändert)}$$

8. Jede Fremdfinanzierung erhöht die Eigenkapitalkosten. Risikoloses Fremdkapital erhöht diese am stärksten (da sie das Risiko nicht teilt).

9. Bei Fremdkapitalkosten von 6 %:

$$r_E = r_U + \frac{D}{E}(r_U - r_D)$$

$$r_E = 0{,}092 + \frac{0{,}15}{0{,}85}(0{,}092 - 0{,}06)$$

$= 0{,}0976$

$= 9{,}76\ \%$

10. a) $\text{WACC} = \frac{2(15\ \%)}{3} + \frac{6\ \%}{3} = 12\ \% = r_u.$

b) i) $r_E = r_U + D/E\,(r_U - r_D) = 12\% + \frac{150(12\ \% - 6\ \%)}{150} = 18\ \%$

ii) Wenn r_D höher ist, ist r_E niedriger. Das Fremdkapital teilt einen Teil des Risikos.

11. $\text{WACC} = r_U = 10\ \% = \frac{1}{1{,}6} 13\ \% + \frac{0{,}6}{1{,}6} x \Rightarrow 1{,}6(10\ \%) - 13\ \% = 0{,}6x \Rightarrow x = 5\ \%$

12. $r_U = \text{WACC} = \frac{1}{2}(11\ \%) + \frac{1}{2}(5\ \%) = 8\ \%$

$$r_E = 8\ \% + \frac{200}{150}(8\ \% - 5\ \%) = 12\ \%$$

13. a) MM ⇒ keine Veränderung, EUR 75

b) $V = 75 \times 10 + 100 = 850$ Millionen

$D = 350$ Millionen

$E = 850 - 350 = 500$

Aktienkurs = 500 : 10 = EUR 50

c) $R_U = (750 : 850) \times 8{,}5\ \% + (100 : 850) \times 4{,}25\ \% = 8\ \%$

$R_E = 8\ \% + 350 : 500(8\ \% - 5\ \%) = 10{,}1\ \%$

14. a) 88 + 15 – 24 = 79 Mrd.

b) Da das Fremdkapital risikolos ist, gilt $ß = \frac{E}{E+D} ß_E$

$$= \frac{88}{79}(1{,}33) = 1{,}48$$

c) $r_{WACC} = r_f + ß\left(E\left[R_{Mkt}\right] - r_f\right) = 3{,}1\ \% + 1{,}48 \times 3{,}9\ \% = 8{,}87\ \%$

15. Indell erhöht seine Nettoverschuldung um EUR 40 Millionen (EUR 30 Millionen neues Fremdkapital + EUR 10 Millionen ausgezahlte Barmittel). Daher sinkt der Wert des Eigenkapitals auf 120 – 40 = EUR 80 Millionen.

Ist das Fremdkapital risikolos, gilt:

$$ß_E = ß_U\left(1 + \frac{D}{E}\right) = \frac{ß_U(E+D)}{E} = ß_U \times \frac{V}{E}$$

D ist die Nettoverschuldung und V der operative Unternehmenswert. Die einzige Veränderung in der Gleichung ist der Wert des Eigenkapitals. Daher gilt:

$$ß'_E = ß_E \frac{E}{E'} = 1{,}50 \frac{120}{80} = 2{,}25$$

16. a) $ß_E = ß_U(1 + D : E) = 1{,}2\left(1 + \frac{40}{60}\right) = 2$

b) $r_E = r_f + ß\left(r_m - r_f\right) \Rightarrow r_m - r_f = \frac{12{,}5\ \% - 5\ \%}{1{,}2} = 6{,}25\ \%$

$\Rightarrow r_E = 5\ \% + 2(6{,}25\ \%) = 17{,}5\ \%$ aus dem CAPM,

oder r:

$$r_E = r_U + D : E\left(r_U - r_D\right) = 12{,}5\ \% + \frac{40(12{,}5\ \% - 5\ \%)}{60} = 17{,}5\ \%$$

c) $K = 14(1{,}50) = \text{EUR } 21.$

Kreditaufnahme 40 %(21) = 8,4;

Zinsen = 5 %(8,4) = 0,42

Gewinne = 1,50 – 0,42 = 1,08; pro Aktie $= \frac{1{,}08}{0{,}60} = 1{,}80$

Kein Nutzen, da das Risiko höher ist. Der Aktienkurs bleibt unverändert.

d) $KGV = \frac{21}{1{,}80} = 11{,}67.$ Es fällt aufgrund des höheren Risikos.

17. a) Aktiva = 850 Millionen. Neue Aktien = 110. ⇒ Kurs $= \frac{850}{110} =$ USD 7,73

b) Kosten = 100(8,50 – 7,73) = 77,3 Millionen = 10(7,73). Die Eigenkapitalemission unterhalb des Marktkurses ist kostspielig.

Fremdkapital und Steuern

15

ÜBERBLICK

15.1 Der fremdfinanzierungsbedingte Steuervorteil

1. Pelamed Pharma verbuchte im Jahr 2016 ein EBIT von EUR 325 Millionen. Außerdem hatte Pelamed einen Zinsaufwand von EUR 125 Millionen und einen Ertragsteuersatz von 25 %.
   a) Wie hoch war das Nettoergebnis von Pelamed im Jahr 2016?
   b) Wie hoch waren insgesamt das Nettoergebnis und die Zinszahlungen von Pelamed im Jahr 2016?
   c) Wie hoch wäre das Nettoergebnis gewesen, wenn Pelamed keinen Zinsaufwand gehabt hätte? Wie verhält sich das zu Ihren Antworten in Teilaufgabe (b)?
   d) Wie hoch war der fremdfinanzierungsbedingte Steuervorteil im Jahr 2016?
2. Grommit Anlagenbau erwartet für das nächste Jahr ein Nettoergebnis von EUR 20,75 Millionen und einen freien Cashflow von EUR 22,15 Millionen. Der Ertragsteuersatz liegt bei 20 %.
   a) Wie verändert sich das Nettoergebnis, wenn Grommit seine Verschuldung erhöht, so dass der Zinsaufwand um EUR 1 Million steigt?
   b) Wie verändert sich der freie Cashflow bei dieser Erhöhung des Zinsaufwands?

15.2 Bewertung des fremdfinanzierungsbedingten Steuervorteils

3. Die Arnell Industrie AG hat gerade Fremdkapital in Höhe von EUR 10 Millionen (zum Nennwert) ausgegeben. Das Unternehmen zahlt nur auf dieses Fremdkapital Zinsen. Der Ertragsteuersatz von Arnell liegt für die absehbare Zukunft bei 21 %.
   a) Wie hoch ist der jährliche fremdfinanzierungsbedingte Steuervorteil, wenn wir davon ausgehen, dass Arnell auf das Fremdkapital 6 % Zinsen zahlt?
   b) Welchen Barwert hat der fremdfinanzierungsbedingte Steuervorteil, wenn das Risiko dem des Kredits entspricht?
   c) Nehmen wir stattdessen an, dass der Zinssatz auf das Fremdkapital 5 % beträgt. Welchen Barwert hat der fremdfinanzierungsbedingte Steuervorteil in diesem Fall?
4. Es sind nun zehn Jahre vergangen seit Arnell EUR 10 Millionen als Dauerschuld mit einem Zinssatz von 6 % wie in Aufgabe 3 ausgegeben hat. Die Steuersätze liegen weiterhin bei 21 %, jedoch sind die Zinssätze gefallen, so dass die aktuellen Fremdkapitalkosten von Arnell bei 4 % liegen.
   a) Wie hoch ist der jährliche fremdfinanzierungsbedingte Steuervorteil?
   b) Welchen Barwert hat der fremdfinanzierungsbedingte Steuervorteil heute?
5. Bay Transport Systeme (BTS) hat derzeit ausstehendes Fremdkapital in Höhe von EUR 30 Millionen. Zusätzlich zu einem Zinssatz von 6,5 % plant BTS jährlich 5 % des verbleibenden Saldos zurückzuzahlen. Wenn der Grenzsteuersatz von BTS bei 25 % liegt und der fremdfinanzierungsbedingte Steuervorteil dasselbe Risiko trägt wie der Kredit, welchen Barwert hat der fremdfinanzierungsbedingte Steuervorteil aus dem Fremdkapital?

6. Die Safeco AG hat kein Fremdkapital und hält grundsätzlich überschüssige Barreserven in Höhe von USD 10 Millionen, die in risikolose Staatsanleihen investiert werden. Wie hoch sind die Kosten dafür, diese Reserve von USD 10 Millionen dauerhaft aufrechtzuerhalten, wenn Safeco einen Ertragsteuersatz von 21 % zahlt? (*Hinweis:* Welchen Barwert haben die zusätzlichen Steuern, die Safeco zahlen wird?)

7. Rumolt Motoren hat 13 Millionen Aktien zu einem Kurs von EUR 17 pro Aktie im Umlauf. Außerdem hat Rumolt Anleihen mit einem Gesamtmarktwert von derzeit EUR 313 Millionen ausgegeben. Angenommen, die Eigenkapitalkosten liegen bei 15 % und die Fremdkapitalkosten bei 10 %.
   a) Wie hoch ist der gewichtete Durchschnitt der Kapitalkosten vor Steuern?
   b) Wenn der Ertragsteuersatz bei 21 % liegt, wie hoch ist der gewichtete Durchschnitt der Kapitalkosten nach Steuern?

8. Summit Builders hat einen Verschuldungsgrad von 0,65, einen Ertragsteuersatz von 25 % und zahlt 7 % Zinsen auf Fremdkapital. Um welchen Betrag mindert der fremdfinanzierungsbedingte Steuervorteil aus dem Fremdkapital den WACC von Summit?

9. Heisener, ein Hersteller von akustischen Geräten, hat kein Fremdkapital und die Eigenkapitalkosten betragen 15 %. Angenommen, Heisener beschließt, die Verschuldung zu erhöhen und eine Fremdkapitalquote von 0,5 aufrechtzuerhalten. Wir gehen von Fremdkapitalkosten von 9 % und einem Ertragsteuersatz von 21 % aus. Wenn der WACC vor Steuern konstant bleibt, welchen WACC (effektiv nach Steuern) erhalten wir durch die Erhöhung der Verschuldung?

10. Restex hält einen Verschuldungsgrad von 0,95 aufrecht und hat Eigenkapitalkosten von 14 % sowie Fremdkapitalkosten von 8 %. Der Ertragsteuersatz liegt bei 28 % und die Marktkapitalisierung des Eigenkapitals beträgt EUR 248 Millionen.
    a) Man erwartet in einem Jahr einen freien Cashflow von EUR 9 Millionen. Welche konstante künftige Wachstumsrate entspricht dem aktuellen Marktwert des Unternehmens?
    b) Schätzen Sie die Höhe des fremdfinanzierungsbedingten Steuervorteils.

11. Acme Storage hat eine Marktkapitalisierung von USD 100 Millionen und ausstehendes Fremdkapital von USD 40 Millionen. Acme plant, diesen Verschuldungsgrad auch in Zukunft beizubehalten. Das Unternehmen zahlt einen Zinssatz von 7,5 % auf das Fremdkapital und unterliegt einem Ertragsteuersatz von 21 %.
    a) Wenn für das kommende Jahr ein freier Cashflow von USD 7 Millionen erwartet wird, und dieser voraussichtlich ein Wachstum von 3 % pro Jahr haben wird, welchen WACC hat Acme dann?
    b) Wie hoch ist der fremdfinanzierungsbedingte Steuervorteil von Acme?

12. Milton Industrie erwartet einen freien Cashflow von EUR 5 Millionen pro Jahr. Der Ertragsteuersatz liegt bei 21 % und die Kapitalkosten bei Eigenfinanzierung betragen 15 %. Das Unternehmen hat außerdem Fremdkapital von EUR 19,05 ausstehend und erwartet, dieses Verschuldungsniveau dauerhaft beizubehalten.
    a) Welchen Unternehmenswert hat Milton Industrie ohne Verschuldung?
    b) Welchen Unternehmenswert hat Milton Industrie mit Verschuldung?

13. Angenommen, Microsoft habe 8,15 Milliarden Aktien im Umlauf und zahlte einen Grenzsteuersatz von 37 %. Wenn Microsoft bekannt gibt, dass USD 52 Milliarden in bar in Form von Dividenden und Aktienrückkäufen an die Investoren ausgezahlt werden sollen und wenn die Investoren zuvor angenommen haben, dass Microsoft diesen Barüberschuss dauerhaft beibehalten wird, um welchen Betrag ändert sich dann der Aktienkurs nach dieser Ankündigung?

14. Kurz Biogas ist derzeit ein rein eigenfinanziertes Unternehmen und hat 20 Millionen Aktien zu einem Kurs von EUR 7,50 pro Aktie im Umlauf. Obwohl die Investoren derzeit davon ausgehen, dass Kurz ein rein eigenfinanziertes Unternehmen bleiben wird, plant Kurz die Ankündigung, dass ein Kredit von EUR 50 Millionen für einen Aktienrückkauf aufgenommen werden soll. Kurz wird nur Zinsen auf dieses Fremdkapital zahlen und hat keine weiteren Pläne bezüglich der Erhöhung oder Verringerung des Fremdkapitalbetrags. Kurz unterliegt einem Steuersatz von 25 %.

a) Welchen Marktwert haben die Vermögensgegenstände von Kurz vor der Ankündigung?

b) Welchen Marktwert haben die Aktiva von Kurz (einschließlich eines etwaigen fremdfinanzierungsbedingten Steuervorteils) unmittelbar nach der Fremdkapitalaufnahme, jedoch vor dem Aktienrückkauf?

c) Wie hoch ist der Aktienkurs unmittelbar vor dem Aktienrückkauf? Wie viele Aktien wird Kurz zurückkaufen?

d) Wie sehen Marktwertbilanz und Aktienkurs nach dem Aktienrückkauf aus?

15. Die Rally Handel AG ist ein rein eigenfinanziertes Unternehmen mit Vermögensgegenständen im Wert von EUR 25 Milliarden und 10 Milliarden Aktien im Umlauf. Rally plant, einen Kredit in Höhe von EUR 10 Milliarden aufzunehmen und diese Mittel für einen Aktienrückkauf einzusetzen. Der Ertragsteuersatz des Unternehmens liegt bei 21 % und Rally plant, dauerhaft Fremdkapital in Höhe von EUR 10 Milliarden beizubehalten.

a) Wie hoch wäre der Aktienkurs ohne die Erhöhung der Verschuldung?

b) Angenommen, Rally bietet im Rahmen des Aktienrückkaufs EUR 2,60 pro Aktie. Würden die Aktionäre zu diesem Preis verkaufen?

c) Es sei angenommen, dass Rally EUR 3,00 pro Aktie bietet und die Aktionäre ihre Aktien zu diesem Preis anbieten. Welchen Aktienkurs erhalten wir nach dem Rückkauf?

d) Wie hoch muss der Preis, den Rally anbietet, mindestens sein, damit die Aktionäre ihre Aktien anbieten? Welchen Aktienkurs erhalten wir nach dem Aktienrückkauf in diesem Fall?

15.3 Steuern für Fremd- und Eigenkapitalgeber

16. Der Ertragsteuersatz für Unternehmen liege in Ihrem Land bei 35 % und die Investoren zahlen 30 % auf Dividendenerträge bzw. Kapitalerträge und einen Steuersatz von 33,1 % auf Zinserträge. Ihr Unternehmen beschließt, Fremdkapital aufzunehmen, so dass es pro Jahr EUR 10 Millionen an Zinsen zahlen wird. Es wird diesen Zinsaufwand durch eine Dividendenkürzung finanzieren.

a) Wie viel erhalten die Fremdkapitalgeber nachdem sie die Steuern auf die erhaltenen Zinsen gezahlt haben?

b) Um wie viel muss das Unternehmen die Dividenden pro Jahr kürzen, um diesen Zinsaufwand zahlen zu können?

c) Um wie viel reduziert diese Kürzung den jährlichen nachsteuerlichen Ertrag der Eigenkapitalgeber?

d) Um wie viel reduziert sich der Betrag, den der Staat pro Jahr an Steuern erhält?

e) Wie hoch ist der effektive Steuervorteil des Fremdkapitals τ^*?

17. Markum Beteiligungen überlegt, seiner Kapitalstruktur dauerhaft Fremdkapital in Höhe von EUR 100 Millionen hinzuzufügen. Der Ertragsteuersatz liegt bei 25 %.

a) Wie hoch ist der fremdfinanzierungsbedingte Steuervorteil aus dem Fremdkapital ohne Steuern auf Anteilseignerebene?

b) Wenn Investoren einen Steuersatz von 37 % auf Zinserträge und einen Steuersatz von 20 % auf Dividenden- und Kapitalerträge zahlen, welchen Wert hat dann der fremdfinanzierungsbedingte Steuervorteil aus dem neuen Fremdkapital?

18. Garnet Corporation plant die Ausgabe risikolosen Fremdkapitals oder risikoloser Vorzugsaktien. Der Steuersatz für Anteilseigner auf Zinserträge liegt bei 35 % und der Steuersatz auf Dividenden bzw. Kapitalerträge aus Vorzugsaktien liegt bei 15 %. Jedoch sind die Dividenden auf Vorzugsaktien auf Unternehmensseite nicht abzugsfähig und der Ertragsteuersatz für Unternehmen beträgt 40 %.

a) Wie hoch sind die Kapitalkosten für risikolose Vorzugsaktien, wenn der risikolose Zinssatz auf Fremdkapital bei 6 % liegt?

b) Wie hoch sind die Kapitalkosten des Unternehmens nach Steuern? Welches Wertpapier ist für das Unternehmen günstiger?

c) Zeigen Sie, dass die Kapitalkosten nach Steuern den Kapitalkosten der Vorzugsaktien multipliziert mit $(1 - \tau^*)$ entsprechen.

19. Der Steuersatz auf Zinserträge betrage 35 % und der durchschnittliche Steuersatz auf Kapital- und Dividendenerträge in einem Land liege bei 10 %. Wie hoch muss der Ertragsteuersatz sein, damit aus Fremdkapital ein Steuervorteil entsteht?

15.4 Die optimale Kapitalstruktur mit Steuern

20. Ohne Verschuldung wird die IMPI AG ein Ergebnis nach Steuern von EUR 4,5 Millionen haben. Wie viel zusätzliches Fremdkapital kann IMPI dieses Jahr ausgeben und dennoch den fremdfinanzierungsbedingten Steuervorteil im nächsten Jahr ausschöpfen, wenn der Ertragsteuersatz bei 21 % liegt und IMPI 8 % Zinsen auf das Fremdkapital zahlt? (Nehmen wir an, dass die Einnahmen der IMPI AG mehr als EUR 25 Millionen betragen werden und dass die Steuerabzüge auf Zinserträge laut TCJA auf 30 % des EBIT beschränkt sind.)

21. Colt Systeme AG wird im kommenden Jahr ein EBIT von EUR 15 Millionen erzielen. Außerdem werden EUR 6 Millionen für Kapitalaufwendungen und die Erhöhung des Nettoumlaufvermögens aufgewendet und es entsteht ein Abschreibungsaufwand von EUR 3 Millionen. Colt ist derzeit ein rein eigenfinanziertes Unternehmen, unterliegt einem Ertragsteuersatz von 21 % und hat Eigenkapitalkosten von 10 %.

a) Wenn wir von einem Wachstum von 8,5 % pro Jahr ausgehen, welchen Marktwert hat das Eigenkapital heute?

b) Wenn der Zinssatz auf das Fremdkapital nur 8 % beträgt, wie viel kann Colt dann aufnehmen, ohne ein einen negativen Ertrag nach Steuern im kommenden Jahr zu erhalten?

c) Besteht ein steuerlicher Anreiz darin, eine Fremdkapitalquote zu wählen, die über 50 % liegt?

22. Die PMF AG kann im nächsten Jahr einen Zinsaufwand von bis zu 30 % des EBIT steuerlich geltend machen. Der höchstmögliche Betrag wird mit gleicher Wahrscheinlichkeit entweder EUR 10 Millionen, EUR 15 Millionen oder EUR 20 Millionen betragen. Der Ertragsteuersatz des Unternehmens liegt bei 35 % und die Investoren zahlen einen Kapitalertragsteuersatz von 15 % und einen Steuersatz von 35 % auf Zinserträge.

a) Welchen effektiven Steuervorteil aus dem Fremdkapital erhalten wir, wenn PMF im kommenden Jahr einen Zinsaufwand von EUR 8 Millionen haben wird?

b) Welchen effektiven Steuervorteil erhalten wir aus dem Fremdkapital bei Zinszahlungen über EUR 20 Millionen? (Verlustvorträge sind zu ignorieren.)

c) Wie hoch ist der erwartete Steuervorteil aus dem Fremdkapital bei Zinszahlungen zwischen EUR 10 Millionen und EUR 15 Millionen? (Verlustvorträge sind zu ignorieren.)

d) Welcher Zinsaufwand bietet PMF den höchsten Steuervorteil?

15.5 Lösungen

1. a) Nettoergebnis = EBIT − Zinsen − Steuern = (325 − 125) × (1 − 0,25) = EUR 150 Millionen

b) Nettoergebnis + Zinsen = 150 + 125 = EUR 275 Millionen

c) Nettoergebnis ohne Verschuldung = EBIT − Steuern = 325 × (1 − 0,25) = EUR 243,75 Millionen. Das ist 275 − 243,75 = EUR 31,25 Millionen weniger als in Teilaufgabe (b).

d) Fremdfinanzierungsbedingter Steuervorteil = 125 × 25 % = EUR 31,25 Millionen.

2. a) Das Nettoergebnis sinkt um den Zinsaufwand nach Steuern auf EUR 20,75 – 1 × (1 – 0,20) = EUR 19,95 Millionen.

b) Der freie Cashflow bleibt vom Zinsaufwand unbeeinflusst.

3. a) Fremdfinanzierungsbedingter Steuervorteil = EUR 10 × 6 % × 25 % = EUR 0,126 Millionen

b) *BW*(fremdfinanzierungsbedingter Steuervorteil) =

$$\frac{\text{EUR } 0{,}126}{0{,}06} = \text{EUR } 2{,}1 \text{ Millionen}$$

c) Fremdfinanzierungsbedingter Steuervorteil = EUR 10 × 5 % × 21 % = EUR 0,105 Millionen.

$$BW = \frac{\text{EUR } 0{,}105}{0{,}05} = \text{EUR } 2{,}1 \text{ Millionen}$$

4. a) Fremdfinanzierungsbedingter Steuervorteil = EUR 10 × 6 % × 21 % = EUR 0,126

b) *BW*(fremdfinanzierungsbedingter Steuervorteil) =

$$\frac{\text{EUR } 0{,}126}{0{,}04} = \text{EUR } 3{,}15 \text{ Millionen}$$

Alternativ liegt der neue Marktwert des Fremdkapitals bei $D = (10 \times 0{,}06) : 0{,}04 =$ EUR 15 Millionen. $\tau_c \times D = 21\ \% \times 15 =$ EUR 3,15 Millionen.

5. Fremdfinanzierungsbedingter Steuervorteil in Jahr 1 = EUR 30 × 6,5 % × 25 % = EUR 0,49 Millionen. Der fremdfinanzierungsbedingte Steuervorteil wird, wie auch der Restsaldo, sinken. Daher können wir den fremdfinanzierungsbedingten Steuervorteil als wachsende ewige Rente mit einer Wachstumsrate von $g = -5\ \%$ und $r = 6{,}5\ \%$ berechnen:

$$BW = \frac{\text{EUR } 0{,}49}{6{,}5\ \% + 5\ \%} = \text{EUR } 4{,}26 \text{ Millionen}$$

6. $D = -$USD 10 Millionen (negatives Fremdkapital)

Somit ist der *BW*(fremdfinanzierungsbedingter Steuervorteil) = $\tau_c \times D = -$USD 2,1 Millionen.

Dies ist der Barwert der künftigen Steuern, die Safeco für die Zinsen auf die Reserve zahlen wird.

7. a) $E =$ EUR $13 \times 17 =$ EUR 221 Millionen. $D =$ EUR 313 Millionen

$$\text{WACC vor Steuern} = \frac{221}{534} 15\ \% + \frac{313}{534} 10\ \% = 12{,}07\ \%$$

b) $$\text{WACC} = \frac{221}{534} 15\ \% + \frac{313}{534} 5\ \% (100\ \% - 21\ \%) = 10{,}84\ \%$$

8. $$\frac{D}{E+D} = \frac{0{,}65}{1{,}65} = 0{,}394.$$

Also, WACC = WACC vor Steuern – 0,394 (7 %)(0,25) = WACC vor Steuern – 0,69 %

Er wird um 0,69 % gemindert.

9. $$\text{WACC vor Steuern} = -\frac{D}{E+D} r_D \tau = 15\ \% - 0{,}5 \times 0{,}09 \times 0{,}21 = 14{,}01\ \%$$

10. a) $$\text{WACC} = \frac{1}{1{,}91} 14\ \% + \frac{0{,}91}{1{,}91} 8\ \% (1 - 0{,}28) = 10{,}07\ \%$$

$$V^L = E + D = 248 \times 1{,}91 = 473{,}68 = \frac{FCF}{\text{WACC} - g} = \frac{9}{0{,}1007 - g}$$

$$g = 0{,}1007 - \frac{9}{473{,}68} = 8{,}17\ \%$$

b) $$\text{WACC vor Steuern} = \frac{1}{1{,}91} 14\ \% + \frac{0{,}91}{1{,}91} 7\ \% = 11{,}14\ \%.$$

$$V^U = \frac{FCF}{\text{WACC vor Steuern} - g} = \frac{9}{0{,}1114 - 0{,}0817} = \text{EUR } 302{,}89 \text{ Millionen}$$

BW(fremdfinanzierungsbedingter Steuervorteil) = 473,68 – 302,89 = EUR 170,79 Millionen

11. a) $V^L = E + D = 140 = \frac{FCF}{\text{WACC} - g} = \frac{7}{\text{WACC} - 3\ \%}$

Also, WACC = 8 %.

b) WACC vor Steuern =

$$\text{WACC} + \frac{E}{E+D} r_D \tau_c = 8\ \% + \frac{40}{140}(7{,}5\ \%)(0{,}21) = 8{,}45\ \%$$

$$V^U = \frac{FCF}{\text{WACC vor Steuern} - g} = \frac{7}{0{,}0845 - 0{,}03} = \text{USD 128 Millionen}$$

BW(fremdfinanzierungsbedingter Steuervorteil) = $V^L - V^U$ = 140 – 128 = USD 12 Millionen

12. a) $V^U = \frac{5}{0{,}15} = \text{EUR 33,33 Millionen}$

b) $V^L = V^U + \tau_c D = 33{,}33 + 0{,}21 \times 19{,}05 = \text{EUR 37 Millionen}$

13. Die Reduktion der Barmittel entspricht einer Erhöhung der Verschuldung um USD 52 Milliarden. Der Barwert der Steuerersparnis = 37 % × 52 = USD 19,24 Milliarden. Dies entspricht einem Anstieg um 19,24 : 8,15 = USD 2,36 pro Aktie.

14. a) Aktiva = Eigenkapital = EUR 7,50 × 20 = EUR 150 Millionen

b) Aktiva = 150 (bestehend) + 50 (bar) + 25 % × 50 (fremdfinanzierungsbedingter Steuervorteil) = EUR 212,5 Millionen

c) E = Aktiva – Fremdkapital = 212,5 – 50 = EUR 162,5 Millionen

$$\text{Aktienkurs} = \frac{\text{EUR 162,5 Millionen}}{20} = \text{EUR 8,13}$$

Kurz kauft $\frac{50}{8{,}13} = 6{,}15$ Millionen Aktien zurück.

d) Aktiva = 150 (bestehend) + 25 % × 50 (fremdfinanzierungsbedingter Steuervorteil) = EUR 162,5 Millionen

Fremdkapital = EUR 50 Millionen

$E = A - D$ = 162,5 – 50 = EUR 112,5 Millionen

$$\text{Aktienkurs} = \frac{\text{EUR 112,5}}{20 - 6{,}15} = \text{EUR 8,12 pro Aktie}$$

15. a) $\text{Aktienkurs} = \frac{25}{10} = \text{EUR 2,50}$

b) Kurz vor dem Aktienrückkauf:

Aktiva = 25 (bestehend) + 10 (bar) + 21 % × 10 (fremdfinanzierungsbedingter Steuervorteil) = EUR 37,1 Milliarden

E = 37,1 – 10 = 27,1 Milliarden

$$\text{Aktienkurs} = \frac{27{,}1}{10} = \text{EUR 2,71}$$

Also werden die Aktionäre nicht für EUR 2,60 pro Aktie verkaufen.

c) Aktiva = 25 (bestehend) + 21 % × 10 (fremdfinanzierungsbedingter Steuervorteil) = EUR 27,1 Milliarden

$E = 27{,}1 - 10 = 17{,}1$ Milliarden

$$\text{Aktien} = 10 - \frac{10}{3} = 6{,}667 \text{ Milliarden}$$

$$\text{Aktienkurs} = \frac{17{,}1}{6{,}667} = \text{EUR } 2{,}564$$

d) In (b) haben wir den Aktienkurs vor dem Rückkauf von EUR 2,71 errechnet. Zu diesem Kurs hat Rally $10 - \frac{10}{2{,}71} = 6{,}31$ Millionen Aktien im Umlauf, die nach dem Rückkauf $\frac{17{,}1}{6{,}31} = \text{EUR } 2{,}71$ wert sind. Somit werden die Aktionäre bereit sein, zu diesem Preis zu verkaufen.

16. a) EUR 10 × (1 – 0,331) = EUR 6,69 Millionen pro Jahr

b) Bei einem Ertragsteuersatz von 35 % und einem Zinsaufwand von EUR 10 Millionen pro Jahr reduziert sich der Nettoertrag auf 10(1 – 0,35) = EUR 6,5 Millionen nach Ertragsteuern.

c) Dividendenkürzung um EUR 6,5 Millionen ⇒ EUR 6,5 × (1 – 0,30) = EUR 4,55 pro Jahr

d) Steuern auf Zinserträge = 0,331 × 10 = EUR 3,31 Millionen
Abzüglich Ertragsteuern = 0,35 × 10 = EUR 3,5 Millionen
Abzüglich Dividendensteuern = 0,30 × 6,5 = EUR 1,95 Millionen
⇒ Veränderung der Steuereinnahmen des Staates um 3,31 – 3,5 – 1,95 = – EUR 2,14 Millionen
(Dies entspricht (a) – (c).)

e) $\tau^* = 1 - \frac{(1-0{,}35)(1-0{,}30)}{1-0{,}331} = 32\ \%$

17. a) $BW = \tau_c D = 25\ \% \times 100 = \text{EUR } 25$ Millionen

b) $\tau^* = 1 - \frac{(1-0{,}25)(1-0{,}20)}{1-0{,}37} = 4{,}76\ \%$

$BW = \tau_c D = 4{,}76\ \% \times 100 = \text{EUR } 4{,}76$ Millionen

18. a) Die Investoren erhalten 6 % × (1 – 0,35) = 3,9 % nach Steuern aus dem risikolosen Fremdkapital. Sie müssen die gleiche Rendite nach Steuern auf die risikolosen Vorzugsaktie erhalten. Also betragen die Kapitalkosten der Vorzugsaktien

$$\frac{3{,}9}{1-0{,}15\ \%} = 4{,}59\ \%$$

b) Kapitalkosten nach Steuern von 6 % × (1 – 0,40) = 3,60 % sind aus Sicht des Unternehmens günstiger als die Kapitalkosten von 4,59 % für die Vorzugsaktien.

c) $\tau^* = 1 - \frac{(1-0{,}40)(1-0{,}15)}{1-0{,}35} = 21{,}54\ \%$

4,59 % × (1 – 0,2154) = 3,60 %

19. $\tau^* = 1 - \frac{(1-\tau_c)(1-\tau_e)}{1-\tau_i} > 0$, jedoch nur wenn $1-\tau_c < \frac{1-\tau_i}{1-\tau_e}$, oder:

$$\tau_c > 1 - \frac{1-\tau_i}{1-\tau_e} = 1 - \frac{0{,}65}{0{,}90} = 27{,}8\ \%$$

Somit besteht ein Steuervorteil durch das Fremdkapital so lange der Ertragsteuersatz des Investors über 27,8 % liegt.

20. Nettoergebnis von EUR 4,5 Millionen ⇒

$\frac{4{,}5}{1-0{,}21}$ = EUR 5,696 Millionen zu versteuerndes Einkommen

Also kann IMPI den Zinsaufwand um EUR 5,696 Millionen erhöhen, was Fremdkapital in Höhe von $\frac{5{,}696}{0{,}08}$ = EUR 71,2 Millionen entspricht.

21. a) $FCF =$
EBIT × (1 − τ) + Abschreibungen − Kapitalaufwand − ΔNettoumlaufvermögen
= 15 × (1 − 0,21) + 3 − 6 = 8,85

$$E = \frac{8{,}85}{10\ \% - 8{,}5\ \%} = \text{EUR } 590 \text{ Millionen}$$

b) Zinsaufwand von EUR 15 Millionen

⇒ Fremdkapital von $\frac{15}{0{,}08}$ = 187,5 Millionen

c) Nein. Sie sollten höchstens 187,5 Millionen aufnehmen. Es besteht kein fremdfinanzierungsbedingter Steuervorteil aus einer höheren Kreditaufnahme.

22. a) $\tau^* = 1 - \frac{(1-\tau_c)(1-\tau_e)}{1-\tau_i} = 1 - \frac{(1-0{,}35)(1-0{,}15)}{1-0{,}35} = 15\ \%$

b) Bei einem Zinsaufwand von mehr als EUR 20 Millionen ist das Nettoergebnis negativ, also $\tau_c = 0$.

Also $\tau^* = 1 - \frac{(1-\tau_c)(1-\tau_e)}{1-\tau_i} = 1 - \frac{(1-0)(1-0{,}15)}{1-0{,}35} = -31\ \%$

c) Bei einem Zinsaufwand zwischen EUR 10 Millionen und EUR 15 Millionen besteht eine 2/3-Chance, dass das Nettoergebnis positiv sein wird. Somit liegen die erwarteten Steuereinsparungen bei $\frac{2}{3} \times 35\ \% = 23{,}3\ \%$.

Also $\tau^* = 1 - \frac{(1-\tau_c)(1-\tau_e)}{1-\tau_i} = 1 - \frac{(1-0{,}233)(1-0{,}15)}{1-0{,}35} = -0{,}3\ \%$

d) Es besteht ein Steuervorteil bis zu einem Zinsaufwand von EUR 10 Millionen.

Finanzielle Notlage, Managementanreize und Information

16

ÜBERBLICK

16.1 Zahlungsausfall und Insolvenz an einem vollkommenen Markt

1. Gladstone Pharma GmbH wird ein neues Produkt auf den Markt bringen. Je nach Erfolg des neuen Produktes wird Gladstone nächstes Jahr einen der folgenden vier Werte haben: EUR 150 Millionen, EUR 135 Millionen, EUR 95 Millionen oder EUR 80 Millionen. Diese Umweltzustände sind alle gleich wahrscheinlich und das Risiko ist diversifizierbar. Gladstone wird über das Jahr keine Auszahlungen an die Investoren vornehmen. Wir gehen von einem risikolosen Zinssatz von 5 % und einem vollkommenen Kapitalmarkt aus.
   a) Welchen Wert hat das Eigenkapital von Gladstone ohne Verschuldung?

      Gehen wir nun davon aus, dass Gladstone im nächsten Jahr eine Nullkuponanleihe mit einem Nennwert von EUR 100 Millionen zurückzahlen muss.
   b) Welchen Wert hat das Fremdkapital von Gladstone?
   c) Welche Endfälligkeitsrendite hat das Fremdkapital? Wie hoch ist die erwartete Rendite?
   d) Welchen Wert hat das Eigenkapital von Gladstone? Welchen Gesamtwert hat Gladstone einschließlich des Fremdkapitals?

2. Die Baruk Industrie AG hat keine Barmittel und Fremdkapital von EUR 36 Millionen, das jetzt fällig ist. Der Marktwert der Aktiva von Baruk liegt bei EUR 81 Millionen und das Unternehmen hat keine anderen Passiva. Wir gehen von einem vollkommenen Kapitalmarkt aus.
   a) Es sei angenommen, dass Baruk 10 Millionen Aktien im Umlauf hat. Wie hoch ist der aktuelle Aktienkurs von Baruk?
   b) Wie viele neue Aktien muss Baruk ausgeben, um das Kapital zu beschaffen, das für die Rückzahlung des Fremdkapitals erforderlich ist?
   c) Wie hoch ist der Aktienkurs nach der Rückzahlung der Schulden?

16.2 Kosten der Insolvenz und der finanziellen Notlage

3. Wenn ein Unternehmen seinen Kreditverpflichtungen nicht nachkommt, erhalten die Fremdkapitalgeber häufig weniger als 50 % des ihnen geschuldeten Betrages. Ist die Differenz zwischen dem Betrag, der den Fremdkapitalgebern geschuldet wird und dem Betrag, den sie erhalten, als *Kosten* einer Insolvenz zu bezeichnen?

4. Welche Art von Unternehmen erleidet eher einen Verlust von Kunden im Falle einer finanziellen Notlage?
   a) Campbell Soup Company oder Intuit, Inc. (Hersteller einer Buchhaltungssoftware)?
   b) Allstate Corporation (eine Versicherungsgesellschaft) oder Reebock International (ein Bekleidungsunternehmen)?

5. Angenommen, die Tefco GmbH hat – sofern das Unternehmen weiter geführt wird – einen Wert von EUR 100 Millionen. Jedoch ist Fremdkapital in Höhe von EUR 120 Millionen jetzt fällig. Meldet das Unternehmen Insolvenz an, werden die Kosten der Insolvenz EUR 20 Millionen betragen und die restlichen EUR 80 Millionen gehen an die Gläubiger. Das Management schlägt vor, statt Insolvenz anzumelden, das Fremdkapital des Unternehmens im Rahmen eines Workouts gegen einen An-

teil des Eigenkapitals einzutauschen. Welchen Anteil am Eigenkapital des Unternehmens muss das Management mindestens den Gläubigern anbieten, damit das Workout erfolgreich ist?

16.3 Kosten einer finanziellen Notlage und Unternehmenswert

6. Wie in Aufgabe 1 wird Gladstone Pharma ein neues Produkt auf den Markt bringen. Je nach Erfolg des neuen Produktes wird Gladstone nächstes Jahr einen der folgenden vier Werte haben: EUR 150 Millionen, EUR 135 Millionen, EUR 95 Millionen oder EUR 80 Millionen. Diese Ergebnisse sind alle gleich wahrscheinlich und das Risiko ist diversifizierbar. Wir gehen von einem risikolosen Zinssatz von 5 % aus und davon, dass im Falle einer Insolvenz 25 % des Wertes der Vermögensgegenstände von Gladstone als Insolvenzkosten anfallen. (Wir ignorieren alle anderen Marktunvollkommenheiten, wie z.B. Steuern.)

a) Welchen Anfangswert hat das Eigenkapital von Gladstone ohne Verschuldung?

Gehen wir nun davon aus, dass Gladstone im nächsten Jahr eine Nullkuponanleihe mit einem Nennwert von EUR 100 Millionen zurückzahlen muss.

b) Welchen Wert hat das Fremdkapital von Gladstone?

c) Welche Endfälligkeitsrendite hat das Fremdkapital? Wie hoch ist die erwartete Rendite?

d) Welchen Wert hat das Eigenkapital von Gladstone? Welchen Gesamtwert hat Gladstone mit der Verschuldung?

Angenommen, Gladstone hat zu Beginn der Jahres 10 Millionen Aktien im Umlauf und kein Fremdkapital.

e) Wie lautet der Aktienkurs, wenn Gladstone kein Fremdkapital aufnimmt?

f) Wie lautet der Aktienkurs, wenn Gladstone Fremdkapital in Höhe von EUR 100 Millionen aufnimmt, das nächstes Jahr fällig wird und die Erlöse für den Rückkauf von Aktien einsetzt? Warum weicht Ihre Antwort von der in Teilaufgabe (e) ab?

7. Sie arbeiten für einen großen Automobilhersteller, der finanziell gut aufgestellt ist. Ihr Geschäftsführer findet, dass das Unternehmen mehr Fremdkapital aufnehmen sollte, um dadurch die Kosten für die Gewährleistungsansprüche seitens der Kunden zu senken. Um ihren Geschäftsführer zu zitieren: „Wenn wir insolvent werden, müssen wir die Gewährleistungsansprüche nicht mehr bedienen. Daher haben wir geringere Insolvenzkosten als die meisten Unternehmen und sollten mehr Fremdkapital einsetzen." Hat er Recht?

8. Ihr Unternehmen plant eine Emission von Fremdkapital mit einer Laufzeit von einem Jahr und hat folgende Schätzungen des fremdfinanzierungsbedingten Steuervorteils und der Wahrscheinlichkeit einer finanziellen Notlage mit Fremdkapital unterschiedlicher Höhe angestellt.

	Fremdkapital (in EUR Millionen)						
	0	40	50	60	70	80	90
BW(fremdfinanzierungsbedingter Steuervorteil in EUR Millionen)	0,00	0,76	0,95	1,14	1,33	1,52	1,71
Wahrscheinlichkeit einer finanziellen Notlage	0 %	0 %	1 %	2 %	7 %	16 %	31 %

Angenommen, das Unternehmen habe einen Betafaktor von Null, so dass der entsprechende Diskontsatz für die Kosten einer finanziellen Notlage der risikolose Zinssatz von 5 % ist. Welches Fremdkapitalniveau ist optimal, wenn dem Unternehmen im Falle einer finanziellen Notlage folgende Kosten einer finanziellen Notlage entstehen

a) EUR 2 Millionen?

b) EUR 5 Millionen?

c) EUR 25 Millionen?

16.4 Optimale Kapitalstruktur: Die Trade-Off-Theorie

9. Die Marpor Industrie GmbH hat kein Fremdkapital und erwartet jedes Jahr freie Cashflows von EUR 15 Millionen. Marpor ist der Meinung, dass durch eine Erhöhung des Fremdkapitalniveaus auf EUR 45 das Risiko einer finanziellen Notlage zum Kundenverlust führen würde und Lieferanten dazu veranlassen könnte, weniger günstige Bedingungen zu gewähren. Daher werden die erwarteten Cashflows von Marpor bei diesem Fremdkapitalniveau nur EUR 14 Millionen pro Jahr betragen. Wir gehen von einem Ertragssteuersatz von 30 % und einem risikolosen Zinssatz von 6 % aus. Die erwartete Marktrendite liegt bei 12 % und das Beta der freien Cashflows von Marpor beträgt 1,10 (mit und ohne Verschuldung).

a) Schätzen Sie den Wert von Marpor ohne Verschuldung.

b) Schätzen Sie den Wert von Marpor mit der neuen Verschuldung.

16.5 Ausnutzung der Fremdkapitalgeber: Die Agency-Kosten der Verschuldung

10. Am 14. Mai 2008 zahlte GM eine Dividende von USD 0,25 pro Aktie. Im selben Quartal verlor GM USD 15,5 Milliarden bzw. USD 27,33 *pro Aktie*. Sieben Monate später beantragte das Unternehmen staatliche Hilfe in Höhe von mehreren Milliarden Dollar und meldete schließlich über ein Jahr später, am 1. Juli 2009, Insolvenz an. Zu diesem Zeitpunkt war eine Aktie von GM gerade noch knapp über einen Dollar wert.

a) Für welche Art von Kosten ist die Entscheidung, trotz der drohenden finanziellen Notlage eine Dividende zu zahlen, ein Beispiel, wenn man die Möglichkeit eines staatlichen Rettungspakets außer Acht lässt?

b) Wie würde Ihre Antwort lauten, wenn die Geschäftsführung von GM antizipiert hätte, dass dem Unternehmen im Falle einer drohenden Insolvenz staatliche Hilfe zur Verfügung stehen würde?

11. Sarvon Systeme AG hat einen Verschuldungsgrad von 1,2, ein Eigenkapital-Beta von 2,0 und ein Fremdkapital-Beta von 0,30. Derzeit bewertet man drei mögliche Projekte, von denen keines Auswirkungen auf die Volatilität des Unternehmens hätte (Beträge in EUR Millionen).

Projekt	**A**	**B**	**C**	**D**	**E**
Investition	100	50	85	30	75
KW	20	6	10	15	18

a) Welche Projekte wären die Investoren bereit zu finanzieren?

b) Wie hoch sind die Kosten des Unternehmens für den Schuldenüberhang?

12. Zymase ist ein neu gegründetes Biotechnologieunternehmen. Die Forscher bei Zymase müssen sich für eine von drei unterschiedlichen Forschungsstrategien entscheiden. Die Gewinne (nach Steuern) der jeweiligen Strategie und deren Wahrscheinlichkeit sind unten dargestellt. Das Risiko der Projekte ist diversifizierbar.

Strategie	**Wahrscheinlichkeit**	**Gewinn (EUR Millionen)**
A	100 %	75
B	50 %	140
	50 %	0
C	10 %	300
	90 %	40

a) Welches Projekt hat den höchsten erwarteten Gewinn?

b) Angenommen, Zymase hat Fremdkapital von EUR 40 Millionen, das zum Zeitpunkt der Gewinne fällig wird. Welches Projekt hat für die Aktionäre den höchsten erwarteten Gewinn?

c) Angenommen, Zymase hat Fremdkapital von EUR 100 Millionen, das zum Zeitpunkt der Gewinne fällig wird. Welches Projekt hat für die Aktionäre den höchsten erwarteten Gewinn?

d) Wenn sich das Management für die Strategie entscheidet, die die Gewinne für die Aktionäre maximiert, wie hoch sind die erwarteten Agency-Kosten für das Unternehmen bei einem Fremdkapital von EUR 40 Millionen? Wie hoch sind die erwarteten Agency-Kosten für das Unternehmen bei einem Fremdkapital von EUR 100 Millionen?

16.6 Motivation der Manager: Der Agency-Nutzen aus der Verschuldung

13. Sie führen Ihr eigenes Unternehmen und benötigen EUR 30 Millionen, um zu expandieren. Derzeit sind Sie Inhaber von 100 % des Eigenkapitals des Unternehmens und das Unternehmen hat kein Fremdkapital. Um die EUR 30 Millionen nur durch Eigenkapital aufzubringen, müssen Sie 2/3 des Unternehmens verkaufen.

Sie möchten jedoch mindestens zu 50 % am Unternehmen beteiligt sein, um die Kontrolle zu behalten.

a) Sie nehmen EUR 20 Millionen Fremdkapital auf. Welchen Anteil am Unternehmen müssen Sie dann verkaufen, um die restlichen EUR 10 Millionen zu beschaffen? (Wir setzen einen vollkommenen Kapitalmarkt voraus.)

b) Wie viel Fremdkapital müssen Sie mindestens aufnehmen, um die EUR 30 Millionen zu beschaffen, ohne die Kontrolle aufzugeben? (Wir setzen einen vollkommenen Kapitalmarkt voraus.)

14. Die Empire Industrie GmbH prognostiziert für das kommende Jahr ein Nettoergebnis wie unten dargestellt (in Tausend Euro):

EBIT	1.000
Zinsaufwand	0
Ergebnis vor Steuern	1.000
Steuern	–350
Nettoergebnis	EUR 650

Rund EUR 200.000 des Ertrags von Empire werden erforderlich sein, um neue Investitionen mit einem positiven Kapitalwert zu tätigen. Man geht davon aus, dass die Geschäftsführung von Empire 10 % des Nettoergebnisses für unnötige Sachzuwendungen, eigene Zwecke und andere Aufwendungen verschwenden wird, die keinen Wert für das Unternehmen darstellen. Das verbleibende Nettoergebnis wird in Form von Dividenden und Aktienrückkäufen an die Aktionäre ausgeschüttet.

a) Nennen Sie zwei Vorteile, die Empire durch die Fremdfinanzierung entstehen.

b) Um wie viel würde jeder Euro Zinsaufwand die Dividenden und Aktienrückkäufe von Empire mindern?

c) Um wie viel steigen die *gesamten* Mittel, die Empire an die Investoren pro 1 EUR Zinsaufwand zahlt?

16.7 Agency-Kosten und die Trade-Off-Theorie

15. Auch wenn der Hauptvorteil der Fremdfinanzierung – der Steuervorteil – leicht zu erkennen ist, sind viele indirekten Kosten der Fremdfinanzierung eher subtil und schwer zu erkennen. Beschreiben Sie einige dieser Kosten.

16.8 Asymmetrische Information und Kapitalstruktur

16. Info Systems Technologie (IST) stellt Mikrochips her. IST hat kein Fremdkapital und es sind 100 Aktien im Umlauf. Der korrekte Aktienkurs liegt entweder bei EUR 14,50 oder bei EUR 12,50. Investoren halten beide Möglichkeiten für gleich wahrscheinlich, also werden die Aktien derzeit für EUR 13,50 gehandelt.

IST muss für den Bau einer neuen Herstellungsanlage EUR 500 Millionen aufbringen. Da das Unternehmen im Falle einer finanziellen Notlage sowohl Kunden als auch wichtige Mitarbeiter verlieren würde, sind die Manager der Ansicht, dass der

Barwert der Kosten einer finanziellen Notlage jeden Steuervorteil um EUR 20 Millionen übersteigen würde, wenn IST EUR 500 Millionen an Fremdkapital aufnimmt. Da die Investoren der Ansicht sind, dass die Manager den korrekten Kurs kennen, steht IST jedoch gleichzeitig vor einem Lemons-Problem, wenn es versucht, die EUR 500 Millionen durch eine Eigenkapitalemission aufzubringen.

a) Wenn IST Eigenkapital ausgibt, bleibt der Aktienkurs bei EUR 13,50. Würden sich die Manager, sobald der wahre Wert bekannt ist, für eine Eigenkapitalemission oder für Fremdkapital entscheiden, um die EUR 500 Millionen aufzubringen, und den Aktienkurs des Unternehmens langfristig zu maximieren, wenn
   i) Sie wissen, dass der korrekte Wert der Aktie bei EUR 12,50 liegt?
   ii) Sie wissen, dass der korrekte Wert der Aktie bei EUR 14,50 liegt?

b) Welchen Schluss sollten Investoren laut Ihrer Antwort auf (a) ziehen, wenn IST eine Eigenkapitalerhöhung durchführen? Wie würde sich das auf den Aktienkurs auswirken?

c) Welchen Schluss sollten Investoren laut Ihrer Antwort auf (a) ziehen, wenn IST Fremdkapital aufnimmt? Wie würde sich das auf den Aktienkurs auswirken?

d) Wie würden sich Ihre Antworten ändern, wenn es keine Kosten einer finanziellen Notlage gäbe sondern nur die Steuervorteile aus dem Fremdkapital?

17. Während des Internetbooms Ende der 1990er Jahre sind die Aktienkurse vieler Internetfirmen extrem gestiegen. Wenn Sie damals als CEO eines solchen Unternehmens der Ansicht gewesen wären, dass Ihre Aktien erheblich überbewertet sind, wäre dann ein Erwerb von Aktien aus einer anderen Branche finanziert mit Ihren Aktien eine gute Idee, auch dann, wenn Sie einen kleinen Aufschlag über dem Marktwert hätten zahlen müssen?

18. „We R Toys" (WRT) plant eine Expansion in neue geografische Märkte. Die Expansion trägt das gleiche Risiko wie die bestehenden Vermögensgegenstände von WRT. Die Expansion erfordert eine Anfangsinvestition von EUR 45 Millionen und man erwartet dauerhaft ein EBIT von EUR 15 Millionen pro Jahr. Nach der Anfangsinvestition werden künftige Kapitalaufwendungen der Abschreibung entsprechen und es werden keine weiteren Veränderungen des Nettoumlaufvermögens erwartet.

Die derzeitige Kapitalstruktur von WRT besteht aus Eigenkapital in Höhe von EUR 450 Millionen und Fremdkapital von EUR 225 Millionen (Marktwerte). Es befinden sich 10 Millionen Aktien im Umlauf. Die Kapitalkosten des unverschuldeten Unternehmens betragen 10 % und das Fremdkapital von WRT ist risikolos bei einem Zinssatz von 6 %. Der Ertragssteuersatz beträgt 40 % und es gibt keine Steuern auf Anteilseignerebene.

a) WRT schlägt anfangs vor, die Expansion durch eine Eigenkapitalemission zu finanzieren. Wenn Investoren diese Expansion nicht erwarten würden und wenn sie die Profitabilität dieser Expansion so einschätzen wie WRT, wie würde sich das auf den Aktienkurs nach Bekanntgabe der geplanten Expansion auswirken?

b) Angenommen, die Investoren denken, dass das EBIT aus der Expansion nur EUR 4 Millionen betragen wird, wie würde der Aktienkurs in diesem Fall lauten? Wie viele Aktien muss das Unternehmen in diesem Fall ausgeben?

c) Angenommen, WRT erhöht das Eigenkapital wie in Teilaufgabe (b). Kurz nach der Emission werden Informationen bekannt, die die Investoren davon überzeugen, dass das Management die Cashflows aus der Expansion richtig eingeschätzt hat. Welcher Aktienkurs ergibt sich daraus? Warum weicht dieser von dem aus (a) ab?

d) Nehmen wir stattdessen an, dass WRT die Expansion mit risikolosen Dauerschulden in Höhe von EUR 45 Millionen finanziert. Welchen neuen Aktienkurs erhalten wir, sobald diese Information öffentlich bekannt wird? Vergleichen Sie Ihre Antwort mit der in Teilaufgabe (c) und nennen Sie zwei Vorteile der Fremdfinanzierung in diesem Fall.

16.9 Lösungen

1. a) $0{,}25 \times \dfrac{150+135+95+80}{1{,}05}$ = EUR 109,52 Millionen

b) $0{,}25 \times \dfrac{100+100+95+80}{1{,}05}$ = EUR 89,28 Millionen

c) Endfälligkeitsrendite $= \dfrac{100}{89{,}29} - 1 = 12\ \%$

Erwartete Rendite = 5 %

d) Eigenkapital =

$0{,}25 \times \dfrac{50+135+0+0}{1{,}05}$ = EUR 20,24 Millionen

Gesamtwert = 89,28 + 20,24 = EUR 109,52 Millionen

2. a) $\dfrac{81-36}{10}$ = EUR 4,5 / Aktie

b) $\dfrac{36}{4{,}5}$ = 8 Millionen Aktien

c) $\dfrac{81}{18}$ = EUR 4,5 / Aktie

3. Nein. Einige dieser Verluste sind auf den Rückgang des Wertes der Aktiva zurückzuführen, der ungeachtet des Zahlungsausfalls des Unternehmens eingetreten wäre. Nur die zusätzlichen Verluste, die aus dem Insolvenzverfahren entstehen sind Kosten einer Insolvenz.

4. a) Intuit, Inc. – da die Kunden besorgt um die Verfügbarkeit von Updates für ihre Software sind.

b) Allstate Corporation – die Kunden verlassen sich darauf, dass das Unternehmen in der Lage ist, künftige Ansprüche zu begleichen.

5. Die Gläubiger erhalten im Falle einer Insolvenz EUR 80 Millionen, also müssten sie mindestens diesen Betrag erhalten. Die Eigentümer von Tefco könnten seinen Gläubigern im Rahmen eines Workouts 80 % des Unternehmens anbieten.

6. a) $0{,}25 \times \dfrac{150+135+95+80}{1{,}05}$ = EUR 109,52 Millionen

b) $0{,}25 \times \dfrac{100+100+95 \times 0{,}75+80 \times 0{,}75}{1{,}05}$ = EUR 78,87 Millionen

c) Endfälligkeitsrendite $= \dfrac{100}{78{,}87} - 1 = 26{,}79\ \%$

Erwartete Rendite = 5 %

d) Eigenkapital $= 0{,}25 \times \frac{50+35+0+0}{1{,}05}$ = EUR 20,24 Millionen

$= 0{,}25 \times \frac{150+135+95 \times 0{,}75+80 \times 0{,}75}{1{,}05} = 99{,}11$ Millionen

(oder 78,87 + 20,24 = EUR 99,11 Millionen)

e) $\frac{109{,}52}{10}$ = EUR 10,95

f) $\frac{99{,}11}{10}$ = EUR 9,91. Minderung des Aktienkurses durch Insolvenzkosten

Zu beachten ist, dass Gladstone aus dem Fremdkapital EUR 78,87 Millionen beschafft und damit $\frac{78{,}87}{9{,}91} = 7{,}96$ Millionen Aktien zurückkauft. Das Eigenkapital hat dann einen Wert von EUR 20,24 Millionen und der Aktienkurs nach Abschluss der Transaktion lautet:

$\frac{20{,}24}{10-7{,}96}$ = EUR 9,91

7. Nein, nicht unbedingt. Er hat die Auswirkung auf die Kunden vernachlässigt. Die Bereitschaft der Kunden, die Autos des Unternehmens zu kaufen ist geringer, da die Gewährleistung nicht so sicher ist, wie bei den Wettbewerbern des Unternehmens. Da sicherere Gewährleistungsansprüche vermutlich dazu führen, dass die Kunden mehr Autos kaufen, könnte der Gesamteffekt den Wert ohne weiteres mindern.

8. a) 80

b) 60

c) 40

9. a) $r = 6\ \% + 1{,}1 \times (12\ \% - 6\ \%) = 12{,}6\ \%$

$V = \frac{15}{0{,}126}$ = EUR 119,05 Millionen

b) $r = 6\ \% + 1{,}1 \times (12\ \% - 6\ \%) = 12{,}6\ \%$

$V = \frac{14}{0{,}126} + 0{,}3 \times 45$ = EUR 124,61 Millionen

10. a) Agency-Kosten – Cashing out

b) Durch die Zahlung der Dividende hat die Geschäftsführung die Wahrscheinlichkeit einer Insolvenz erhöht und somit die Wahrscheinlichkeit, staatliche Mittel zu erhalten. Da die Investoren andernfalls auf diese staatlichen Mittel keinen Anspruch hätten, könnte die Zahlung einer Dividende in diesem Fall zu einer *Steigerung* des Unternehmenswertes führen.

11. a) A + D + E

b) B und C sollten nicht ausgeführt werden = Verlust von 6 + 10 = 16 Millionen.

D/E	1,20				
Eigenkapital-Beta	2,00				
Fremdkapital-Beta	0,30				
Cut off (Grenzwert)	0,18				
Projekt	**A**	**B**	**C**	**D**	**E**
Investition	100	50	85	30	75
BW	20	6	10	15	18
BW/I	0,200	0,120	0,118	0,500	0,240

12. a) $E(\text{A})$ = EUR 75 Millionen

$E(\text{B}) = 0{,}5 \times 140$ = EUR 70 Millionen

$E(\text{C}) = 0{,}1 \times 300 + 0{,}9 \times 40$ = EUR 66 Millionen

Projekt A hat den höchsten erwarteten Gewinn.

b) $E(\text{A}) = 75 - 40$ = EUR 35 Millionen

$E(\text{B}) = 0{,}5 \times (140 - 40)$ = EUR 50 Millionen

$E(\text{C}) = 0{,}1 \times (300 - 40) = + 0{,}9 \times (40 - 40)$ = EUR 26 Millionen

Projekt B hat den höchsten erwarteten Gewinn für die Aktionäre.

c) $E(\text{A})$ = EUR 0 Millionen

$E(\text{B}) = 0{,}5 \times (140 - 110)$ = EUR 15 Millionen

$E(\text{C}) = 0{,}1 \times (300 - 110)$ = EUR 19 Millionen

Projekt C hat den höchsten erwarteten Gewinn für die Aktionäre.

d) Mit Fremdkapital von EUR 40 Millionen wird sich das Management für Projekt B entscheiden, das einen erwarteten Gewinn für das Unternehmen von 75 – 70 = EUR 5 Millionen weniger als Projekt A hat. Daher betragen die Agency-Kosten EUR 5 Millionen. Mit Fremdkapital von EUR 100 Millionen wird sich das Management für Projekt C entscheiden, was zu Agency-Kosten von 75 – 66 = EUR 9 Millionen führt.

13. a) Marktwert der Aktiva des Unternehmens = 30 : (2 : 3) = EUR 45 Millionen. Bei einem Fremdkapital von EUR 20 Millionen, hat das Eigenkapital einen Wert von 45 – 20 = 25, also müssen Sie $\frac{10}{25} = 40\ \%$ des Eigenkapitals verkaufen.

b) Bei dem Fremdkapital D hat das Eigenkapital einen Wert von 45 – D. Durch den Verkauf von 50 % des Eigenkapitals müssen zusammen mit dem Fremdkapital EUR 30 Millionen aufgenommen werden:
$5 \times (45 - D) + D = 30$.
Wir lösen nach D auf und erhalten: D = EUR 15 Millionen.

14. a) Zusätzlich zum fremdfinanzierungsbedingten Steuervorteil kann die Fremdfinanzierung für Empire von Vorteil sein, indem sie Fehlinvestitionen reduziert.

b) Das Nettoergebnis sinkt um EUR 1 × 0,65 = EUR 0,65.

Da 10 % des Nettoergebnisses verschwendet werden, sinken Dividenden und Aktienrückkäufe um EUR 0,65 × (1 – 0,10) = EUR 0,585.

c) EUR 1 an gezahlten Zinsen, EUR 0,585 weniger Dividenden und Aktienrückkäufe ⇒ Anstieg von 1 – 0,585 = EUR 0,415 je EUR Zinsen

15. Überinvestition: Investition in Projekte mit negativem Kapitalwert.

Unterinvestition: Keine Investition in Projekte mit positivem Kapitalwert.

Cashing-out: Es werden Dividenden gezahlt und nicht in Projekte mit positivem Kapitalwert investiert.

Sicherheit der Arbeitsplätze: Hochverschuldete Unternehmen sind eher von einer Insolvenz gefährdet und können keine langfristigen Arbeitsverträge und keinen sicheren Arbeitsplatz bieten.

16. a)

i) Die Aufnahme von Fremdkapital hat Nettokosten von EUR 20 Millionen bzw. $\frac{20}{100}$ = EUR 0,20 pro Aktie. Der Verkauf von $\frac{500}{13,50} = 37$ Millionen Aktien mit einem Aufschlag von EUR 1 pro Aktie bringt einen Nutzen von EUR 37 Millionen bzw. $\frac{37}{137}$ = EUR 0,27 pro Aktie.

(d.h. $\frac{12,50 \times 100 + 500}{100 + \frac{500}{13,50}} = 12,77 = 12,50 + 0,27$).

Also sollte Eigenkapital emittiert werden.

ii) Die Aufnahme von Fremdkapital hat Nettokosten von EUR 20 Millionen bzw. $\frac{20}{100}$ = EUR 0,20 pro Aktie. Der Verkauf von $\frac{500}{13,50} = 37$ Millionen Aktien mit einem Abschlag von EUR 1 pro Aktie führt zu Kosten von EUR 37 Millionen bzw. $\frac{37}{137}$ = EUR 0,27 pro Aktie.

Also sollte Fremdkapital ausgegeben werden.

b) Wenn IST Eigenkapital ausgibt, würden Investoren den Schluss ziehen, dass IST überbewertet ist und der Aktienkurs würde auf EUR 12,50 fallen.

c) Wenn IST Fremdkapital ausgibt, würden Investoren den Schluss ziehen, dass IST unterbewertet ist und der Aktienkurs würde auf EUR 14,50 steigen.

d) Wenn aus der Fremdkapitalemission keine Kosten entstehen würden, wird Eigenkapital nur dann ausgegeben, wenn es überbewertet ist. Aber da Investoren das wissen, würden sie Eigenkapital nur zum geringstmöglichen Wert kaufen. Da aus der Eigenkapitalemission kein Vorteil entsteht, würden alle Unternehmen Fremdkapital ausgeben.

17. Wenn das Unternehmen 10 % mehr zahlen muss, als das Zielunternehmen wert ist, der Kauf jedoch mit Aktien erfolgt, die um mehr als 10 % überbewertet sind, werden Sie langfristig von diesem Erwerb profitieren.

18. a) *KW* der Expansion $= 15 \times \frac{0{,}6}{0{,}1} - 45 =$ EUR 45 Millionen

$$\text{Aktienkurs} = \frac{450+45}{10} = \text{EUR } 49{,}5$$

b) *KW* der Expansion $= 4 \times \frac{0{,}6}{0{,}1} - 45 = -$EUR 21 Millionen

$$\text{Aktienkurs} = \frac{450-21}{10} = \text{EUR } 42{,}9$$

$$\text{Neue Aktien} = \frac{45}{42{,}9} = 1{,}049 \text{ Millionen Aktien}$$

c) $\text{Aktienkurs} = \frac{450+45+45}{1{,}049} = \text{EUR } 48{,}87$

Der Aktienkurs ist niedriger als in Teilaufgabe (a), da der Aktienkurs bei der Emission in Teilaufgabe (a) fair bewertet ist, während die Aktien, die in Teilaufgabe (b) ausgegeben werden, unterbewertet sind. Die neuen Aktionäre gewinnen (48,87 – 42,9) × 1,049 = EUR 6,27 Millionen = Verlust der Altaktionäre (49,5 – 48,87) × 10.

d) Steuervorteil = 40 % (45) = EUR 18 Millionen

$$\text{Aktienkurs} = \frac{450+45+45+18-45}{10} = \text{EUR } 51{,}30$$

Ein Gewinn von EUR 2,43 pro Aktie im Vergleich zu Teilaufgabe (c). EUR 0,63 = Vermeidung der Ausgabe von unterbewertetem Eigenkapital und EUR 1,80 aus dem fremdfinanzierungsbedingten Steuervorteil.

Ausschüttungsstrategie

17

ÜBERBLICK

17.1 Ausschüttung an die Aktionäre

1. Welche Optionen hat ein Unternehmen, seine freien Cashflows auszuschütten (nachdem alle Zinsverpflichtungen bedient wurden)?

2. Beschreiben Sie die verschiedenen Mechanismen, die einem Unternehmen zum Rückkauf von Aktien zur Verfügung stehen.

17.2 Vergleich von Dividenden und Aktienrückkäufen

3. Die RFC AG hat eine Dividende von EUR 1 angekündigt. Wie hoch sollte der erste Ex-Dividende-Kurs sein, wenn der letzte Cum-Dividende-Kurs von RFC EUR 50 betrug (wir gehen von einem vollkommenen Kapitalmarkt aus)?

4. Die Gesellschaft EJH hat eine Marktkapitalisierung von EUR 1 Milliarde und 20 Millionen Aktien im Umlauf. Das Unternehmen plant eine Ausschüttung in Höhe von EUR 100 Millionen in Form eines Aktienrückkaufs. Gehen Sie von einem vollkommenen Kapitalmarkt aus:
   a) Welchen Aktienkurs hat EJH kurz vor dem Aktienrückkauf?
   b) Wie viele Aktien werden zurückgekauft?
   c) Welchen Aktienkurs hat EJH kurz nach dem Aktienrückkauf?

5. Die Natsam AG hat einen Barüberschuss von EUR 250 Millionen. Das Unternehmen hat kein Fremdkapital und es sind 500 Millionen Aktien zu einem derzeitigen Kurs von EUR 15 im Umlauf. Der Vorstand von Natsam hat beschlossen, diesen Überschuss in Form einer einmaligen Dividende auszuschütten.
   a) Wie lautet der Ex-Dividende-Kurs in einem vollkommenen Kapitalmarkt?
   b) Wie lautet der Kurs nach dem Abschluss der Transaktion, wenn der Vorstand stattdessen beschließt, die Barmittel für einen einmaligen Aktienrückkauf zu verwenden und wir von einem vollkommenen Kapitalmarkt ausgehen?
   c) Welche der beiden Strategien in Teilaufgaben (a) und (b) bietet den Investoren einen größeren Vorteil?

6. Wenn der Vorstand der Natsam AG beschließt, den Aktienrückkauf wie in Frage 5 (b) durchzuführen, Sie als Anleger jedoch eine Dividendenzahlung präferieren. Wie können Sie sich in dieselbe Position versetzen, als hätte der Vorstand sich stattdessen für eine Dividendenzahlung entschieden?

7. Sie arbeiten für die Oracle Corporation und ein Teil ihrer Vergütung erfolgt in Form von Aktienoptionen. Der Wert dieser Aktienoptionen entspricht der Differenz zwischen dem Aktienkurs und dem Ausübungspreis von USD 10 zum Zeitpunkt der Ausübung der Option. Würden Sie als Optionsinhaber eine Ausschüttung von Barmitteln in Form von Dividenden oder in Form eines Aktienrückkaufs präferieren?

17.3 Der Steuernachteil der Dividenden

8. Die HNH AG zahlt für immer eine konstante Dividende von EUR 2 pro Aktie pro Jahr. Wir gehen davon aus, dass alle Investoren 20 % Steuern auf Dividenden zahlen und dass es keine Kapitalertragsteuern gibt. Es sei angenommen, dass andere Investitionen mit gleichem Risiko wie die HNH Aktie eine nachsteuerliche Rendite von 12 % bieten.

a) Welchen Aktienkurs hat HNH?

b) Es sei angenommen, das Management macht die überraschende Ankündigung, dass HNH keine Dividenden mehr zahlen sondern die Barmittel stattdessen für den Rückkauf von Aktien verwendet wird. Welchen Aktienkurs hat HNH nun?

17.4 Abschöpfung der Dividende und Steuerklientel

9. In einem europäischen Land sollen alle Kapitalerträge mit 25 % besteuert werden und der Steuersatz auf Dividenden betrage 50 %. Die Arbuckle SE hat derzeit einen Aktienkurs von EUR 30 und wird in Kürze eine Sonderdividende von EUR 6 zahlen.

a) Welchen Aktienkurs erhalten wir am Ex-Dividenden-Datum, wenn es keine weiteren Handelsfriktionen oder Informationen gibt?

Es sei angenommen, dass Arbuckle überraschend ankündigt, statt der Zahlung einer Sonderdividende einen Aktienrückkauf vorzunehmen.

b) Wie hoch wäre die Steuerersparnis netto pro Aktie, die einem Investor aus dieser Entscheidung entstünde?

c) Wie würde der Aktienkurs von Arbuckle auf diese Ankündigung reagieren?

10. Am Montag, den 15. November 2004 berichtete TheStreet.com: „Am Montag zeigte sich exemplarisch, nachdem ein Dividendenprivileg von USD 3,08 für Microsoftaktionäre erwartet wurde, inwieweit die Finanzmärkte effizient sind. Die Aktie wird derzeit sowohl in Bezug auf die Sonderausschüttung von USD 3 als auch die reguläre Quartalsdividende in Höhe von USD 0,08 Ex-Dividende gehandelt, was bedeutet, dass der Käufer die Dividende nicht erhält, wenn er die Aktie jetzt kauft.“ Der Eröffnungskurs der Microsoft Aktie am Ex-Dividende-Datum, dem 15. November, lag bei USD 27,34, also USD 2,63 weniger als der Schlusskurs des Vortages.

Angenommen, dieser Kursrückgang resultierte ausschließlich aus der Dividendenzahlung (keine weiteren Informationen beeinträchtigten den Aktienkurs an diesem Tag), was impliziert dieser Kursrückgang im Hinblick auf den effektiven Dividendensteuersatz von Microsoft?

11. Die Que Corporation zahlt eine regelmäßige Dividende von USD 1 pro Aktie. Erwartungsgemäß fällt der Aktienkurs um USD 0,80 pro Aktie, wenn die Aktie Ex-Dividende geht. Es sei angenommen, dass der Kapitalertragsteuersatz bei 20 % liegt, die Investoren jedoch unterschiedliche Steuersätze auf Dividenden zahlen. Welches ist der höchste Dividendensteuersatz, bei dem ein Investor durch den Kauf der Aktie zum Zwecke des Erhalts der Dividende einen Gewinn erzielen würde, wenn wir die Transaktionskosten ignorieren?

17.5 Auszahlung im Vergleich zur Thesaurierung von Barmitteln

12. Die Clovix AG hat Barmittel in Höhe von EUR 50 Millionen, 10 Millionen Aktien im Umlauf und derzeit einen Aktienkurs von EUR 30. Clovix überlegt, die EUR 50 Millionen für die Zahlung einer Sonderdividende von EUR 5 pro Aktie aufzuwenden oder diese zu thesaurieren, zu einem risikolosen Zinssatz von 10 % anzulegen und die erhaltenen Zinsen von EUR 5 Millionen für die Erhöhung der regelmäßigen Jahresdividende um EUR 0,50 pro Aktie einzusetzen. Wir gehen von einem vollkommenen Kapitalmarkt aus.

a) Wie kann ein Investor, der einen Anstieg der regelmäßigen Dividende bevorzugen würde, dies erreichen, wenn Clovix eine Sonderdividende ausschüttet?

b) Wie kann ein Investor, der eine Sonderdividende bevorzugen würde, dies erreichen, wenn Clovix die regelmäßige Dividende erhöht?

13. Wir gehen von einem vollkommenen Kapitalmarkt aus. Kay Industries hat derzeit USD 100 Millionen in kurzfristige Staatsanleihen mit einer Verzinsung von 7 % angelegt und schüttet die Zinszahlungen aus diesen Wertpapieren jedes Jahr als Dividende aus. Der Vorstand zieht den Verkauf der Staatsanleihen und die Auszahlung der Erlöse als einmalige Dividendenzahlung in Betracht.

a) Wie würde der Kurs der Aktie nach der Ankündigung der geänderten Strategie reagieren, wenn der Vorstand sich für die Umsetzung dieses Plans entscheiden würde?

b) Wie würde der Kurs der Aktie am Ex-Dividenden-Datum der einmaligen Dividende reagieren?

c) Welche Entscheidung wäre angesichts dieser Kursreaktionen für die Investoren von Vorteil?

14. Wir betrachten Frage 13 erneut, nehmen jedoch stattdessen an, dass Kay Steuern in Höhe von 35 % und dass die Investoren keine Steuern zahlen.

15. Harris Corporation verfügt über Barmittel in Höhe von USD 250 Millionen und hat 100 Millionen Aktien im Umlauf. Der Steuersatz auf Unternehmensseite liegt bei 35 % und die Investoren zahlen auf Dividenden, Kapitalerträge und Zinseinkünfte keine Steuern. Die Investoren waren davon ausgegangen, dass Harris die USD 250 Millionen im Wege eines Aktienrückkaufs auszahlen wird. Wir nehmen stattdessen an, dass Harris ankündigt, die Barmittel dauerhaft zu thesaurieren und die Zinsen für die Zahlung einer regelmäßigen Dividende verwenden wird. Wie wird sich diese Ankündigung auf den Aktienkurs von Harris auswirken, wenn aus der Thesaurierung der Barmittel keine weiteren Vorteile entstehen?

16. Wir betrachten Aufgabe 13 erneut, jedoch unter folgenden Annahmen:

a) Die Investoren zahlen 15 % Steuern auf Dividenden, jedoch keine Kapitalertragssteuern oder Steuern auf Zinseinkünfte und Kay zahlt keine Körperschaftsteuer.

b) Die Investoren zahlen 15 % auf Dividenden- und Kapitalerträge und 35 % auf Zinseinkünfte während Kay einen Körperschaft-Steuersatz in Höhe von 35 % zahlt.

17.6 Ausschüttungsstrategie und ihre Signalwirkung

17. Warum wird die Ankündigung eines Aktienrückkaufs als positives Signal betrachtet?

18. AMC hat derzeit einen Unternehmenswert von EUR 400 Millionen und einen Barüberschuss von EUR 100 Millionen. Das Unternehmen hat 10 Millionen Aktien im Umlauf und kein Fremdkapital. Es sei angenommen, dass AMC seinen Barüberschuss für den Rückkauf von Aktien verwendet. Nach dem Aktienrückkauf werden Informationen bekannt, nach welchen der Unternehmenswert von AMC entweder auf EUR 600 Millionen steigen oder auf EUR 200 Millionen fallen wird.

a) Wie lautet der Aktienkurs vor dem Aktienrückkauf?

b) Wie lautet der Aktienkurs nach dem Rückkauf, wenn der operative Unternehmenswert steigt? Wie lautet der Aktienkurs nach dem Rückkauf, wenn der operative Unternehmenswert fällt?

c) Angenommen, dass AMC mit dem Aktienrückkauf wartet, bis die Informationen bekannt sind. Wie lautet der Aktienkurs dann nach dem Rückkauf, wenn der Unternehmenswert steigt? Wie lautet der Aktienkurs nach dem Rückkauf, wenn der Unternehmenswert sinkt?

d) Angenommen, das Management von AMC erwartet gute Neuigkeiten. Wird AMC den Rückkauf durchführen *bevor* oder *nachdem* die guten Neuigkeiten öffentlich werden, wenn das Management den Aktienkurs maximieren möchte? Wann würde AMC den Aktienrückkauf vornehmen, wenn das Management schlechte Neuigkeiten erwartet?

e) Welche Auswirkungen eines Aktienrückkaufs auf den Aktienkurs würden Sie angesichts Ihrer Antwort auf Teilaufgabe (d) erwarten?

17.7 Aktiendividende, Splits und Spin-Offs

19. Die Aktien der Klasse A von Berkshire Hathaway werden zu USD 120.000 gehandelt. Welches Verhältnis müsste ein Aktiensplit haben, damit der Aktienkurs auf USD 50 zurückgeht?

20. Es sei angenommen, dass der Aktienkurs von Host Hotels & Resorts derzeit bei USD 20 liegt.

a) Wenn Host eine Aktiendividende von 20 % ausgibt, wie würde der neue Aktienkurs lauten?

b) Wenn Host einen 3 : 2 Aktiensplit durchführt, wie lautet dann der neue Aktienkurs?

c) Wenn Host einen 1 : 3 Reverse-Split durchführt, wie lautet dann der neue Aktienkurs?

17.8 Lösungen

1. Es kann sie einbehalten und für Investitionen verwenden oder sie als Barmittel halten. Sie können auch entweder in Form von Dividenden oder Aktienrückkäufen an Eigentümer ausgeschüttet werden.
2. Es gibt drei Mechanismen. 1) Ein Rückkauf eigener Aktien über die Börse (Open-Market-Rückkauf). Dies ist die gängigste Variante in den Vereinigten Staaten. 2) Im Rahmen eines Übernahmeangebots (Tender Offer) informiert ein Unternehmen alle Aktionäre darüber, dass eine bestimmte Anzahl an Aktien zu einem bestimmten Preis zurückgekauft wird, vorausgesetzt, die Aktionäre sind bereit, ihre Aktien zum Kauf anzubieten. Werden nicht ausreichend Aktien angeboten, kann der Deal storniert werden. 3) Ein gezielter Rückkauf: Dieser ist dem Aktienrückkauf durch ein Tender Offer ähnlich, steht jedoch nicht allen Aktionären offen. Bei einem gezielten Rückkauf können nur bestimmte Aktionäre ihre Aktien zum Kauf anbieten.
3. In einem vollkommenen Kapitalmarkt, sollte der erste Kurs der Aktie am Ex-Dividende-Datum dem Schlusskurs am Vorhandelstag abzüglich der Dividende entsprechen, also hier EUR 49 pro Aktie betragen.
4. a) EUR 1 Milliarde : 20 Millionen Aktien = EUR 50 pro Aktie
   b) EUR 100 Millionen : EUR 50 pro Aktie = 2 Millionen Aktien
   c) In einem vollkommenen Kapitalmarkt, sollte der Kurs nach dem Rückkauf der gleiche sein, wie unmittelbar vor dem Rückkauf. Also liegt der Kurs nach dem Rückkauf bei EUR 50.
5. a) Die Dividende beträgt EUR 250 : EUR 500 = EUR 0,50 pro Aktie. In einem vollkommenen Kapitalmarkt wird der Aktienkurs um diesen Betrag auf EUR 14,50 fallen.
   b) EUR 15
   c) Beide sind für die Aktionäre gleich vorteilhaft.
6. Wenn Sie 0,5/15 Ihrer Aktien verkaufen, erhalten Sie EUR 0,50 × Anzahl Ihrer Aktien und Ihre verbleibenden Aktien haben einen Wert von jeweils EUR 14,50. Sie befinden sich dann in der gleichen Position, als hätte das Unternehmen eine Dividende gezahlt.
7. Da die Höhe der Auszahlung der Option vom künftigen Aktienkurs des Unternehmens abhängig ist, würden Sie einen Aktienrückkauf bevorzugen, da dieser den Kursrückgang vermeidet, der bei einer Dividende am Ex-Dividende-Datum eintritt.
8. a) P = EUR 1,60 : 0,12 = EUR 13,33
   b) P = EUR 2 : 0,12 = EUR 16,67
9. a) $\tau_d^* = (50\ \% - 25\ \%) : (1 - 25\ \%) = 33{,}3\ \%$,
   $P_{ex} = 30 - 6(1 - \tau^*) =$ EUR 26
   b) Bei einer Dividendenzahlung wären Steuern in Höhe von 6 × 50 % = EUR 3 pro Dividende zu zahlen, abzüglich einer Steuerersparnis von 4 × 25 % = EUR 1 für den Kapitalverlust ergibt sich eine Nettosteuer auf die Dividende von EUR 2 pro Aktie. Dieser Betrag würde gespart werden, wenn Arbuckle statt der Dividendenzahlung einen Aktienrückkauf durchführt.
   c) Der Aktienpreis steigt um EUR 2 auf EUR 32 und spiegelt die Steuerersparnis wider.

10. Der Kurs fiel um USD 2,63 : USD 3,08 = 85,39 % des Dividendenbetrags. Dies impliziert einen effektiven Steuersatz von 14,61 %.

11. Da der Kurs um 80 % des Dividendenbetrages fällt, sind die Investoren indifferent, wenn $\tau_d^* = 20$ %. Aus der Gleichung für den effektivem Dividendensteuersatz $(\tau_d - \tau_g) : (1 - \tau_g) = \tau_d^*$ ergibt sich also $\tau_d = \tau_g + \tau_d^* (1 - \tau_g) = 36$ %. Investoren, die einen niedrigeren Steuersatz als 36 % zahlen, profitieren von der Strategie, die Aktie mit dem Zweck zu kaufen, die Dividende zu erhalten.

12. a) Man legt die Sonderdividende von EUR 5 risikolos an und erhält Zinsen von EUR 0,50 pro Jahr.

b) Man leiht heute EUR 5 und verwendet die Erhöhung der regelmäßigen Dividende für die Zahlung der Kreditzinsen von EUR 0,50 pro Jahr.

13. a) Der Wert der Aktie bleibt unverändert.

b) Der Wert der Aktie fällt um USD 100 Millionen.

c) Den Anlegern entsteht weder ein Vorteil noch ein Nachteil.

14. a) Der Wert von Kay steigt um USD 35 Millionen.

b) Der Wert von Kay fällt um USD 100 Millionen.

c) Dies stellt für die Investoren einen Vorteil dar.

15. Der effektive Steuervorteil aus der Thesaurierung ist $\tau^* = 35$ %. (Der Grund ist, dass Harris auf den Zinsertrag 35 % Steuern zahlt). Also fällt der Aktienkurs um 35 % × USD 250 Millionen : 100 Millionen Aktien = EUR 0,875.

16. a) i) Der Wert von Kay bleibt gleich (Dividendensteuern haben keine Auswirkung auf die Thesaurierung von Barmitteln, da sie in beiden Fällen anfallen).

ii) Der Wert von Kay fällt um USD 85 Millionen (100 × (1 – 15 %)), und spiegelt den Wert der Dividenden nach Steuern wider.

iii) Den Investoren entsteht weder ein Vor- noch ein Nachteil.

b) i) Effektiver Steuernachteil der Thesaurierung = $1 - (1 - \tau_c)(1 - \tau_g) : (1 - \tau_i) = 1 - (1 - 35\ \%)(1 - 15\ \%) : (1 - 35\ \%) = 15\ \%$. Und der Eigenkapitalwert von Kay steigt nach der Ankündigung um 15 % × 100 = 15 Millionen.

ii) Der Wert von Kay wird am Ex-Dividenden-Datum um USD 100 Millionen fallen (da $\tau_g = \tau_d$, $\tau_d^* = 0$).

iii) Angesichts dieser Kursreaktionen stellt diese Entscheidung für die Investoren einen Vorteil in Höhe von EUR 15 Millionen dar.

17. Durch die Entscheidung, einen Aktienrückkauf durchzuführen, signalisiert das Management glaubwürdig, dass es von einer Unterbewertung seiner Aktien ausgeht.

18. a) Unternehmenswert = Eigenkapital + Fremdkapital – Barmittel

⇒ Eigenkapital = Unternehmenswert + Barmittel = EUR 500 Millionen

Aktienkurs = EUR 500 Millionen : 10 Millionen Aktien = EUR 50

b) AMC kauft EUR 100 Millionen : (EUR 50 pro Aktie) = 2 Millionen Aktien zurück. Es verbleiben 8 Millionen Aktien im Umlauf (kein Barüberschuss); wenn der Unternehmenswert auf EUR 600 steigt, erhalten wir also einen Aktienkurs von

Aktienkurs = EUR 600 : 8 = EUR 75

Wenn der Unternehmenswert auf EUR 200 Millionen sinkt:

Aktienkurs = EUR 200 : 8 = EUR 25

c) Wenn der Unternehmenswert vor dem Aktienrückkauf auf EUR 600 Millionen steigt, steigt der Aktienkurs von AMC angesichts der Barmittel von EUR 100 Millionen und der 10 Millionen ausstehenden Aktien auf:

Aktienkurs = (600 + 100) : 10 = EUR 70

Fällt der operative Unternehmenswert auf EUR 200 Millionen:

Aktienkurs = (200 + 100) : 10 Millionen = EUR 30

Der Aktienkurs nach dem Rückkauf ist EUR 70 oder EUR 30, da der Aktienrückkauf selbst den Aktienkurs nicht verändert.

Hinweis: Die Differenz der Ergebnisse aus (a) und (b) entsteht, da durch die Barmittel (risikoloser Vermögensgegenstand) die Volatilität des Aktienkurses vermindert wird.

d) Wenn das Management die Bekanntgabe guter Neuigkeiten erwartet, wird der Aktienrückkauf vor dem Bekanntwerden bevorzugt, sodass der Aktienkurs auf EUR 75 statt auf EUR 70 steigt. Sind hingegen schlechte Neuigkeiten zu erwarten, wird der Aktienrückkauf nach dem Bekanntwerden durchgeführt so dass der Aktienkurs EUR 30 und nicht EUR 25 betragen würde. (Grundsätzlich bevorzugt das Management einen Aktienrückkauf, wenn die Aktie unterbewertet ist – man erwartet gute Neuigkeiten – und nicht im Falle einer Überbewertung.)

e) Gemäß Antwort auf Teilaufgabe (d) gehen wir davon aus, dass Manager einen Aktienrückkauf *vor* dem Bekanntwerden guter Neuigkeiten durchführen und *nach* dem Bekanntwerden schlechter Neuigkeiten. Daher würde die Ankündigung eines Aktienrückkaufs zu einem Anstieg des Aktienkurses führen, wenn die Investoren glauben, dass die Manager besser über die Aussichten des Unternehmens informiert sind.

19. USD 120.000 pro alte Aktie : USD 50 pro neue Aktie = 2.400 neue Aktien : alte Aktien. Ein 2.400 : 1 Split wäre erforderlich.

20. a) Bei einer Aktiendividende von 20 % erhält ein Investor für 100 Aktien 20 zusätzliche Aktien. Da jedoch der Gesamtwert des Unternehmens unverändert bleibt, sollte Aktienkurs auf folgenden Wert fallen: Aktienkurs = USD 20 × 100 : 120 = USD 20 : 1,20 = USD 16,67.

b) Ein 3:2 Aktiensplit bedeutet, dass ein Investor für je zwei gehaltene Aktien eine dritte erhält. Dieser Split entspricht somit einer Stockdividende von 50 %. Der Aktienkurs fällt auf: Aktienkurs = USD 20 × 2/3 = USD 20 : 1,50 = USD 13,33.

c) Ein 1:3 Aktiensplit bedeutet, dass aus drei Aktien eine Aktie wird. Daher steigt der Aktienkurs auf:

Aktienkurs = USD 20 × 3 : 1 = USD 60.

Investitionsplanung und Bewertung bei Verschuldung

18

ÜBERBLICK

18.1 Die wichtigsten Konzepte im Überblick

1. Erklären Sie, ob das Risiko der folgenden Projekte wahrscheinlich dem durchschnittlichen Risiko des Unternehmens ähnlich ist.
   a) Henkel KGaA plant die Einführung einer neuen Version von Pril für die Reinigung und den Schutz von Notebooks.
   b) Google, Inc. plant den Kauf von Immobilien für die Erweiterung des Hauptsitzes.
   c) Die Supermarktkette TARGET plant, die Anzahl an Läden im Südosten der Vereinigten Staaten zu erhöhen.
   d) General Electric Inc. beschließt, einen neuen Universal Studios Themenpark in China zu eröffnen.
2. Angenommen, Caterpillar, Inc. hat 665 Millionen Aktien zu einem Kurs von USD 74,77 im Umlauf und Fremdkapital von USD 25 Milliarden. Wie viel Fremdkapital hat Caterpillar, wenn das Unternehmen in drei Jahren 700 Millionen Aktien zu einem Kurs von USD 83 im Umlauf hat und einen konstanten Verschuldungsgrad aufrechterhält?

18.2 Die Methode des gewichteten Durchschnitts der Kapitalkosten

3. Angenommen, die Goodyear Tire and Rubber Company plant die Abspaltung einer Herstellungsanlage. Man erwartet, dass diese Anlage mit einer Wachstumsrate von 2,5 % pro Jahr freie Cashflows von anfangs USD 1,5 Millionen generieren wird. Die Eigenkapitalkosten von Goodyear betragen 8,5 %, die Fremdkapitalkosten 7 %, der Körperschaftsteuersatz 35 % und der Verschuldungsgrad ist 2,6. Welchen Betrag nach Steuern muss Goodyear für die Anlage erhalten, damit die Abspaltung profitabel ist, wenn die Anlage dem durchschnittliches Unternehmensrisiko entspricht und das Unternehmen einen konstanten Verschuldungsgrad aufrechterhalten möchte.
4. Angenommen, Lucent Technologies hat Eigenkapitalkosten von 10 %, eine Marktkapitalisierung von EUR 10,8 Milliarden und einen operativen Unternehmenswert von EUR 14,4 Milliarden. Die Fremdkapitalkosten betragen 6,1 % und der Körperschaftsteuersatz 35 %.
   a) Wie hoch ist der WACC von Lucent?
   b) Wie hoch ist der Kapitalwert eines Projekts mit durchschnittlichem Risiko und folgenden erwarteten freien Cashflows, wenn Lucent einen konstanten Verschuldungsgrad aufrechterhält?

Jahr	**0**	**1**	**2**	**3**
FCF	–100	50	100	70

   c) Wie hoch ist die Fremdkapitalkapazität des Projekts in Teilaufgabe (b), wenn Lucent seinen Verschuldungsgrad aufrechterhält?

18.3 Die Adjusted-Present-Value-Methode

5. Angenommen, die Goodyear Tire and Rubber Company hat Eigenkapitalkosten von 9 %, Fremdkapitalkosten von 7,5 %, einen Körperschaftsteuersatz von 45 % und einen Verschuldungsgrad von 2,7. Das Unternehmen hält einen konstanten Verschuldungsgrad aufrecht.

a) Wie hoch ist der WACC von Goodyear?

b) Wie hoch sind die unverschuldeten Kapitalkosten?

c) Erklären Sie intuitiv, warum die unverschuldeten Kapitalkosten von Goodyear geringer sind als die Eigenkapitalkosten und höher als der WACC.

6. Wir betrachten erneut das Projekt von Lucent in Aufgabe 4.

a) Wie hoch wären die unverschuldeten Kapitalkosten?

b) Wie hoch wäre der Wert des Projekts ohne Verschuldung?

c) Wie hoch sind die fremdfinanzierungsbedingten Steuervorteile des Projekts? Welchen Barwert haben diese?

d) Zeigen Sie, dass der *APV* der Projekte dem mit der WACC-Methode berechneten Wert entspricht.

18.4 Das Flow-to-Equity-Verfahren

7. Betrachten Sie das Projekt von Lucent in Aufgabe 4.

a) Wie hoch ist der Free Cash Flow to Equity dieses Projekts?

b) Berechnen Sie den Kapitalwert anhand der FTE-Methode. Wie verhält dieser sich im Vergleich zu dem *KW*, der anhand der WACC-Methode berechnet wurde?

18.5 Projektbasierte Kapitalkosten

8. Amarindo, Inc. (AMR) sei eine neue Aktiengesellschaft mit 10 Millionen ausstehenden Aktien. Sie führen eine Bewertungsanalyse von AMR durch. Sie schätzen den freien Cashflow im kommenden Jahr auf EUR 15 Millionen und Sie gehen davon aus, dass diese Cashflows in den nächsten Jahren um 4 % pro Jahr steigen werden. Da das Unternehmen erst seit kurzer Zeit an der Börse notiert ist, gibt es keine genaue Schätzung des Eigenkapital-Betas von AMR. Sie kennen jedoch das Beta von UAL, einem Unternehmen, das in der gleichen Branche tätig ist.

	Eigenkapital-Beta	Fremdkapital-Beta	Verschuldungsgrad
UAL	1,5	0,30	1

AMR hat im Vergleich zu UAL einen viel geringeren Verschuldungsgrad von 0,30, der voraussichtlich stabil bleiben wird, und das Fremdkapital ist risikolos. Der Steuersatz liegt bei 20 %, der risikolose Zinssatz bei 5 % und die erwartete Rendite auf das Marktportfolio beträgt 11 %.

a) Schätzen Sie die Eigenkapitalkosten von AMR.

b) Schätzen Sie den Aktienkurs von AMR.

9. Remex (RMX) hat derzeit kein Fremdkapital. Das Eigenkapital-Beta ist 1,50. Man erwartet, dass die freien Cashflows in Zukunft jedes Jahr bei EUR 25 Millionen liegen. Remex erwägt, seine Kapitalstruktur durch eine Fremdkapitalaufnahme zu verändern und die Erlöse für einen Aktienrückkauf zu verwenden. Dies wird so erfolgen, dass der Verschuldungsgrad nach der Transaktion bei 30 % liegt und man wird diesen Verschuldungsgrad für immer aufrechterhalten. Außer der Körperschaftsteuer von 15 % gibt es keine Marktunzulänglichkeiten. Gehen Sie davon aus, dass das CAPM zutrifft, dass der risikolose Zinssatz 5 % und die erwartete Marktrendite 11 % betragen.

a) Ergänzen Sie anhand der vorhandenen Informationen folgende Tabelle:

	Verschuldungsgrad	**Fremdkapitalkosten**	**Eigenkapitalkosten**	**WACC**
Vor der Veränderung der Kapitalstruktur	0	K/A		
Nach der Veränderung der Kapitalstruktur	0,30	6,5 %		

b) Verwenden Sie die vorhandenen Informationen und Ihre Berechnungen aus Teilaufgabe (a) und ermitteln Sie den Wert des Tax Shields, den Remex durch die geplante Veränderung der Kapitalstruktur erzielt.

18.6 Der APV bei anderen Verschuldungsstrategien

10. Sie bewerten ein einjähriges Projekt, bei dem heute eine Investition von EUR 90 Millionen erforderlich ist, und das mit Sicherheit in einem Jahr einen einzigen Cashflow von EUR 115 generieren wird. Sie beschließen, Anfangskosten zu 100 % fremd zu finanzieren, das heißt, Sie werden einen Kredit von EUR 90 Millionen aufnehmen. Der risikolose Zinssatz beträgt 5 % und der Körperschaftsteuersatz liegt bei 25 %. Gehen Sie davon aus, dass die Investition am Ende des Jahres voll abgeschrieben wird, so dass Ihre Steuerbemessungsgrundlage ohne Verschuldung der Differenz zwischen dem Cashflow des Projekts und den Anfangskosten also EUR 25 Millionen entspricht.

a) Berechnen Sie den Kapitalwert dieser Investition anhand der *APV*-Methode.

b) Verwenden Sie Ihre Antwort auf Teilaufgabe (a) und berechnen Sie den WACC des Projekts.

c) Prüfen Sie, ob Sie dieselbe Antwort erhalten, wenn Sie den *KW* anhand der WACC-Methode berechnen.

d) Zeigen Sie, dass die Flow-to-Equity-Methode ebenfalls den korrekten *KW* dieser Investition ergibt.

11. Ihr Unternehmen plant den Bau einer Anlage im Wert von EUR 600 Millionen für die Herstellung von HDTV-Schalttechnik. Sie erwarten für die nächsten 10 Jahre ein operatives Ergebnis (EBITDA) von EUR 145 Millionen pro Jahr. Die Anlage wird linear über 10 Jahre abgeschrieben (davon ausgehend, dass zu Steuerzwecken kein Schrottwert besteht). Nach 10 Jahren hat die Anlage einen Schrottwert von EUR 300 Millionen (der dann aufgrund der vollen Abschreibung zu versteuern ist). Für das Projekt ist zu Beginn Nettoumlaufvermögen von EUR 50 Millionen erforderlich, welches in Jahr 10 bei Schließung des Projekts wiedererlangt wird. Der Steuersatz beträgt 35 % und alle Cashflows fallen am Jahresende an.

a) Welchen Kapitalwert hat dieses Projekt, wenn der risikolose Zinssatz 5 %, beträgt und die Marktrendite 11 % und das Asset-Beta der Unterhaltungselektronik-Branche bei 1,67 liegt?

b) Angenommen, Sie können EUR 400 Millionen der Kosten der Anlage mit 9 %-Kuponanleihen mit zehnjähriger Laufzeit finanzieren, die zum Nennwert verkauft werden. Dieser Betrag ist zusätzliches neues projektbezogenes Fremdkapital, das keinen Einfluss auf die anderen Aspekte der Kapitalstruktur des Unternehmens hat. Welchen Wert hat das Projekt einschließlich des fremdfinanzierungsbedingten Steuervorteils?

18.7 Andere Auswirkungen der Finanzierung

12. Die DFS AG ist derzeit ein rein eigenfinanziertes Unternehmen mit Aktiva zu einem Marktwert von EUR 100 Millionen und 4 Millionen Aktien im Umlauf. DFS plant einen Ersatz von Eigen- durch Fremdkapital (Leveraged Recapitalization), um den Aktienkurs in die Höhe zu treiben. Das Unternehmen plant, einen festen Betrag als Dauerschuld aufzunehmen (d.h. der ausstehende Kapitalbetrag bleibt gleich) und die Erlöse für den Aktienrückkauf zu verwenden. Der Steuersatz von DFS liegt bei 25 %, also ist eine Motivation für das Fremdkapital die Reduktion der Steuerbelastung. Jedoch betragen die Gebühren für das Investmentbanking in Verbindung mit der Leveraged Recapitalization 5 % des Kreditbetrages. Außerdem könnte die Verschuldung auch zu einer künftigen finanziellen Notlage oder zu Agency-Kosten führen. Nachfolgend sind die Schätzungen von DFS bezüglich der unterschiedlichen Verschuldungsniveaus dargestellt.

Fremdkapital (EUR Millionen)	0	10	20	30	40	50
Barwert der erwarteten Kosten einer Notlage und der Agency-Kosten (EUR Millionen)	0,0	–0,3	–1,8	–4,3	–7,5	–11,3

a) Welches Fremdkapital ist auf Grundlage dieser Informationen die beste Wahl für DFS?

b) Schätzen Sie den Aktienkurs nach Bekanntgabe dieser Transaktion.

13. Ihr Unternehmen plant eine Investition von EUR 150 Millionen in die Einführung einer neuen Produktlinie. Man geht davon aus, dass das Projekt pro Jahr einen freien Cashflow von EUR 20 Millionen generieren wird und die unverschuldeten Kapitalkosten betragen 10 %. Um diese Investition zu finanzieren, wird Ihr Unternehmen eine Dauerschuld von EUR 100 Millionen aufnehmen.

a) Angenommen, der Steuersatz liegt bei 20 %. Wie hoch ist der Kapitalwert der Investition, wenn wir die Emissionskosten ignorieren?

b) Angenommen, Ihr Unternehmen zahlt für die Emission des Fremdkapitals eine Konsortialgebühr von 2 %. Die übrigen EUR 50 Millionen werden durch eine Eigenkapitalemission finanziert. Zusätzlich zur Konsortialgebühr von 5 % für die Eigenkapitalemission, sind Sie der Ansicht, dass der aktuelle Aktienkurs von EUR 40 EUR 5 unter dem wahren Wert liegt. Wie hoch ist der Kapitalwert der Investition einschließlich des Steuervorteils aus der Verschuldung? (Angenommen, alle Gebühren sind nach Steuern angegeben.)

18.8 Fortgeschrittene Themen der Investitionsplanung

14. Die Arden AG plant eine Investition in ein neues Projekt mit unverschuldeten Kapitalkosten von 9 %. Der Steuersatz beträgt 40 % und die Fremdkapitalkosten 5 %.

a) Angenommen, Arden passt das Fremdkapital laufend so an, dass ein konstanter Verschuldungsgrad von 50 % aufrechterhalten wird. Wie hoch ist der WACC dieses Projekts?

b) Angenommen, Arden passt das Fremdkapital einmal pro Jahr an, um einen konstanten Verschuldungsgrad von 50 % aufrechtzuerhalten. Wie hoch ist der WACC dieses Projekts nun?

c) Angenommen, das Projekt generiert freie Cashflows von EUR 10 Millionen pro Jahr, die voraussichtlich um 2 % pro Jahr zurückgehen. Welchen Wert hat das Projekt in den Teilaufgaben (a) und (b) nun?

15. Die Propel GmbH plant eine Investition in Höhe von EUR 50 Millionen, die vollständig mit Fremdkapital finanziert wird. Die freien Cashflows aus dieser Investition und das zusätzliche Fremdkapital für dieses Projekt sind in folgender Tabelle dargestellt:

Jahr	0	1	2	3
Freie Cashflows	–50	40	20	25
Fremdkapital	50	30	15	0

Das zusätzliche Fremdkapital für das Projekt wird entsprechend dem dargestellten vorab festgelegten Plan zurückgezahlt. Die Fremdkapitalkosten von Propel betragen 8 % und der Steuersatz 25 %. Propel schätzt die unverschuldeten Kapitalkosten des Projekts auf 12 %.

a) Ermitteln Sie anhand der *APV*-Methode den verschuldeten Wert des Projekts zu den jeweiligen Zeitpunkten und den anfänglichen Kapitalwert.

b) Berechnen Sie den WACC des Projekts zu den jeweiligen Zeitpunkten. Wie verändert sich dieser über die Zeit? Warum?

c) Berechnen Sie den Kapitalwert des Projekts anhand der WACC-Methode.

d) Berechnen Sie die Eigenkapitalkosten des Projekts zu den jeweiligen Zeitpunkten. Wie verändern sich diese über die Zeit und warum?

e) Berechnen Sie den Eigenkapitalwert des Projekts anhand der FTE-Methode. Wie verhält sich der anfängliche Eigenkapitalwert im Vergleich zu dem in (a) und (c) berechneten Kapitalwert?

16. Revtek, Inc. hat Eigenkapitalkosten von 12 % und Fremdkapitalkosten von 6 %. Revtek hält einen konstanten Verschuldungsgrad von 0,5 aufrecht und der Steuersatz beträgt 25 %.

a) Wie hoch ist der WACC beim aktuellen Verschuldungsgrad?

b) Wie wird sich der WACC von Revtek verändern, wenn es seinen Verschuldungsgrad auf 2 erhöht und die Fremdkapitalkosten bei 6 % bleiben, wenn es gibt keine Steuern auf Anteilseignerebene gibt?

c) Gehen wir nun davon aus, dass Investoren einen Steuersatz von 36 % auf Zinseinkünfte und 15 % auf Kapitalerträge zahlen. Wie verändert sich der WACC nun, wenn der Verschuldungsgrad in diesem Fall auf 2 erhöht wird?

d) Liefern Sie eine intuitive Erklärung für die Differenz zwischen Ihren Antworten auf (b) und (c).

18.9 Lösungen

1. a) Auch wenn es einige Unterschiede geben mag, ist das Marktrisiko der Cashflows aus diesem neuen Produkt wahrscheinlich mit dem der anderen Haushaltsprodukte von Henkel vergleichbar. Daher ist die Annahme, dass das Risiko dieses Projekts dem durchschnittlichen Risiko des Unternehmens entspricht, angemessen.

b) Eine Immobilieninvestition hat ein völlig anderes Marktrisiko als die anderen Investitionen von Google in Technologien für Internetsuchmaschinen und Marketing. Die Annahme, dass das Risiko dieser Investition dem durchschnittlichen Risiko des Unternehmens entspricht, ist nicht angemessen.

c) Das Risiko einer Expansion in der gleichen Geschäftslinie entspricht wahrscheinlich dem durchschnittlichen Risiko des Unternehmens.

d) Der Themenpark wird wahrscheinlich sensibel gegenüber dem Wachstum der Wirtschaft Chinas sein. Dessen Marktrisiko ist ein ganz anderes als das der anderen Bereiche von GE und des Unternehmens als Ganzes. Die Annahme, dass das Risiko dieses Projekts dem durchschnittlichen Risiko des Unternehmens entspricht, ist nicht angemessen.

2. $E = 665$ Millionen × USD 74,77 = USD 49,722 Milliarden, $D =$ USD 25 Milliarden, Verschuldungsgrad = 25 : 49,722 = 0,503

$E = 700$ Millionen × USD 83,00 = USD 58,1 Milliarden. Ein konstanter Verschuldungsgrad impliziert $D = 58{,}1 \times 0{,}503 =$ USD 29,2 Milliarden.

3. Wir können den verschuldeten Wert der Anlage anhand der WACC-Methode berechnen. Der WACC von Goodyear ist:

$$r_{WACC} = \frac{1}{1+2{,}6} 8{,}5\ \% + \frac{2{,}6}{1+2{,}6} 7\ \%(1-0{,}35) = 5{,}65\ \%$$

Also, $V^L = \dfrac{1{,}5}{0{,}0565-0{,}025} =$ USD 47,6 Millionen

Eine Abspaltung ist dann rentabel, wenn Goodyear mehr als USD 47,6 Millionen nach Steuern erhält.

4. a) $r_{WACC} = \dfrac{10{,}8}{14{,}4} 10\ \% + \dfrac{14{,}4-10{,}8}{14{,}4} 6{,}1\ \%(1-0{,}35) = 8{,}49\ \%$

b) Nach der WACC-Methode ist der verschuldete Wert des Projekts zum Zeitpunkt 0:

$$V^L = \frac{50}{1{,}0849} + \frac{100}{1{,}0849^2} + \frac{70}{1{,}0849^3} = 185{,}86$$

Bei Anfangskosten von 100 ist der *KW* des Projekts 185,86 – 100 = 85,86.

c) Die Fremdkapitalquote ist $d = (14{,}4 - 10{,}8) : 14{,}4 = 0{,}25$. Die Fremdkapitalkapazität des Projekts ist d mal der verschuldete Wert der verbleibenden Cashflows zum jeweiligen Zeitpunkt.

Jahr	**0**	**1**	**2**	**3**
FCF	–100	50	100	70
V^L	185,86	151,64	64,52	0
$D = d \times V^L$	46,47	37,91	16,13	0,00

5. a) $r_{WACC} = \frac{1}{3{,}7} 9\ \% + \frac{2{,}7}{3{,}7} 7{,}5\ \% (1 - 0{,}45) = 5{,}44\ \%$

b) Da Goodyear einen Zielverschuldungsgrad aufrechterhält, können wir folgende Gleichung verwenden:

$$r_U = \frac{1}{1+\frac{D}{E}} r_E + \frac{\frac{D}{E}}{1+\frac{D}{E}} r_D = WACC \text{ vor Steuern}$$

$$r_U = \frac{1}{3{,}7} 9\ \% + \frac{2{,}7}{3{,}7} 7{,}5\ \% = 7{,}91\ \%$$

c) Die Eigenkapitalkosten von Goodyear übersteigen dessen unverschuldete Kapitalkosten, da das Eigenkapital durch die Verschuldung riskanter als der Unternehmenswert ist. Der WACC von Goodyear ist geringer als die unverschuldeten Kapitalkosten, da der WACC den fremdfinanzierungsbedingten Steuervorteil beinhaltet.

6. a) $r_U = \frac{10{,}8}{14{,}4} 10\ \% + \frac{14{,}4 - 10{,}8}{14{,}4} 6{,}1\ \% = 9{,}025\ \%$

b) $V^U = \frac{50}{1{,}09025} + \frac{100}{1{,}09025^2} + \frac{70}{1{,}09025^3} = 184{,}01$

c) Wir verwenden die Ergebnisse aus Frage 4(c):

Jahr	**0**	**1**	**2**	**3**
FCF	–100	50	100	70
V^L	185,86	151,64	64,52	0
$D = d \times V^L$	46,47	37,91	16,13	0,00
Zins		2,83	2,31	0,98
Steuervorteil		0,99	0,81	0,34

Der Barwert des fremdfinanzierungsbedingten Steuervorteils ist:.

$$BW = \frac{0,99}{1,09025} + \frac{0,81}{1,09025^2} - \frac{0,34}{1,09025^3} = 1,85$$

d) $V^L = APV = 184,01 + 1,85 = 185,86$

7. a) Mit der Fremdkapitalkapazität, die wir in Frage 4 berechnet haben, können wir den *FCEE* durch Bereinigung des *FCF* um den Zinsaufwand nach Steuern ($D \times r_D \times (1 - \tau_c)$) und den Anstieg des Fremdkapitals ($D_t - D_{t-1}$) berechnen.

Jahr	**0**	**1**	**2**	**3**
D	46,47	37,91	16,13	0,00
FCF	–100,00	50,00	100,00	70,00
Nachsteuerlicher Zinsaufwand	0,00	–1,84	–1,50	–0,64
Anstieg des Fremdkapitals	46,47	–8,55	–21,78	–16,13
FCFE	**–53,53**	**39,60**	**76,72**	**53,23**

b) $$KW = -53,53 + \frac{39,60}{1,10} + \frac{76,72}{1,10^2} + \frac{53,23}{1,10^3} = \text{EUR } 85,86$$

Der KW entspricht dem Ergebnis aus Aufgabe 4 b).

8. a) Gemäß

$$\beta_E = \beta_U + \frac{D}{E}(\beta_U - \beta_D)$$

beträgt das Asset-Beta von UAL = (1 : 2) 1,5 + (1 : 2) 0,3 = 0,90.

Es wird angenommen, dass das Asset-Beta von AMR dem von UAL entspricht. Um das Eigenkapital-Beta abzuleiten, erhalten wir, da das Fremdkapital von AMR risikolos ist:

Eigenkapital-Beta = Asset-Beta × (1 + D : E) = 0,9 × 1,30 = 1,17

r_E = 5 % + 1,17 (11 % – 5 %) = 12,02 %

Alternativ erhalten wir bei einem Asset- oder unverschuldeten Beta von 0,90 von AMR:

r_U = 5 % + 0,9 (11 % – 5 %) = 10,4 %

Dann können wir anhand von

$$r_E = r_U + \frac{D}{E}(r_U - r_D)$$

nach r_E auflösen:

r_E = 10,4 % + 0,30 (10,4 % – 5 %) = 12,02 %

b) Da der Verschuldungsgrad stabil ist, können wir AMR anhand des WACC-Ansatzes bewerten:

WACC = (1 : 1,3) 12,02 % + (0,30 : 1,3) 5 % (1 – 20 %) = 10,17 %

Der verschuldete Wert von AMR ist dann:

$D + E = V^L = FCF : (r_{WACC} - g) = 15 : (10{,}17\ \% - 4\ \%) =$ EUR 243,14 Millionen

$E = (E : (D + E)) \times V^L = 243{,}14 : 1{,}3 =$ EUR 187,03 Millionen

Aktienkurs = 187,03 : 10 = EUR 18,70

9. a) Vor der Veränderung: $r_E = 5\ \% + 1{,}50 \times 6\ \% = 14\ \%$

Da das Unternehmen unverschuldet ist: $r_{WACC} = r_U = r_E = 14\ \%$

Nach der Veränderung:

$$r_E = r_U + \frac{D}{E}(r_U - r_D)$$

$\Rightarrow r_E = 14\ \% + 0{,}30(14\ \% - 6{,}5\ \%) = 16{,}25\ \%.$

Da das Unternehmen einen Verschuldungsgrad von 0,30 hat, lautet die WACC-Formel:

$$r_{WACC} = \frac{E}{D+E} r_E + \frac{D}{D+E} r_D(1-\tau_C) = \frac{1}{1+\frac{D}{E}} r_E + \frac{\frac{D}{E}}{1+\frac{D}{E}} r_D(1-\tau_C)$$

$$= \frac{1}{1{,}3} 16{,}25\% + \frac{0{,}30}{1{,}3} 6{,}5\%(1-0{,}15)$$

$= 13{,}775\ \%$

Alternativ:

$r_{WACC} = r_U - d\tau_C r_D$

$\Rightarrow r_{WACC} = 14\ \% - (0{,}30 : 1{,}3)\ (0{,}15)(6{,}5\ \%) = 13{,}775\ \%$

b) Wir können den Wert von Remex mit und ohne Verschuldung vergleichen. Ohne Verschuldung:

$$V^U = \frac{FCF}{r_U} = \frac{25}{14\ \%} = \text{EUR } 178{,}57 \text{ Millionen}$$

Mit Verschuldung:

$$V^L = \frac{FCF}{r_{WACC}} = \frac{25}{13{,}775\ \%} = \text{EUR } 181{,}49 \text{ Millionen}$$

Also BW(fremdfinanzierungsbedingter Steuervorteil) = $V^L - V^U$ = 181,49 – 178,57 = EUR 2,92 Millionen

10. a) FCF am Ende des Jahres (nach Steuern) = 115 – 0,25 × 25 = 108,75

$V^U = 108{,}75 : 1{,}05 = 103{,}57$

BW(fremdfinanzierungsbedingter Steuervorteil) = 25 % × 5 % × 90 : 1,05 = 1,07

$V^L = 103{,}57 + 1{,}07 = 104{,}64$

$KW = 104{,}64 - 90 = 14{,}64$

b) $r_U = r_D = 5\ \%$, $d = 90 : 104{,}64$

$\tau_C = 25\ \%$

$WACC = 5\ \% - (90 : 104{,}64)(25\ \%)(5\ \%) = 3{,}92\ \%$

c) $V^L = 108{,}75 : 1{,}0392 = 104{,}64$

$KW = 104{,}64 - 90 = 14{,}64$

d) $FCFE_0 = 0$

$FCFE_1 = 108{,}75 - 5\ \%(90)(1 - 25\ \%) - 90 = 15{,}38$

$r_E = 5\ \%$ (da risikolos)

$KW = 15{,}38 : 1{,}05 = 14{,}64$

11. a) Wir berechnen zuerst den *FCF*:

$FCF_0 = -600$ (Investitionsaufwand) – 50 (Anstieg des Nettoumlaufvermögen) $= -650$

Aus

$$\text{Freier Cashflow} = (\text{Einnahmen} - \text{Ausgaben}) \times (1 - \tau_c) - \text{Investitionen in Sachanlagen} - \Delta NUV + \tau_c \times \text{Abschreibung}$$

erhalten wir:

$FCF_{1\text{-}9} = 145 \times (1 - 0{,}35) + 0{,}35 \times 60 = 115{,}25$

Schrottwert nach Steuern $= 300 \times (1 - 0{,}35) = 195$

$FCF_{10} = 145 \times (1 - 0{,}35) + 0{,}35 \times 60 + 50$ (Anstieg des Nettoumlaufvermögens) + 195 (Schrottwert) $= 360{,}25$

Nach dem CAPM: $r_U = 5\ \% + 1{,}57(11\ \% - 5\ \%) = 15\ \%$

Also,

$$KW = -650 + 115{,}25 \times \frac{1}{0{,}15}\left(1 - \frac{1}{1{,}15^9}\right) + \frac{360{,}25}{1{,}15^{10}} = -11{,}0$$

Ohne Verschuldung hat das Projekt einen Kapitalwert von –EUR 11 Millionen.

b) Da das Verschuldungsniveau im Vorfeld feststeht, können wir den *APV*-Ansatz verwenden. Da die Anleihen anfangs zum Nennwert gehandelt werden, sind die Zinszahlungen die Kuponzahlungen der Anleihe von 9 %. Wir gehen von jährlichen Kuponzahlungen aus:

$$BW(\text{fremdfinanzierungsbedingter Steuervorteil}) = 400 \times 0{,}09 \times 0{,}35 \times \frac{1}{0{,}09}\left(1 - \frac{1}{1{,}09^{10}}\right) = \text{EUR } 80{,}9 \text{ Millionen.}$$

Also:

$APV = KW + BW$(fremdfinanzierungsbedingter Steuervorteil) $= -11{,}0 + 80{,}9$ = EUR 69,9 Millionen

Zu beachten ist, dass dieses Projekt nur wegen des fremdfinanzierungsbedingter Steuervorteils aus profitabel ist.

12. a) Da das Fremdkapital eine Dauerschuld ist, ist der Wert des fremdfinanzierungsbedingten Steuervorteils 25 % × *D*. Davon müssen wir die Emissionskosten von 5 % und den Barwert der Kosten einer finanziellen Notlage und die Agency-Kosten abziehen, um den Nettovorteil der Verschuldung zu ermitteln.

Fremdkapital (EUR Millionen)	0	10	20	30	40	50
Barwert der erwarteten Notlage und der Agency-Kosten (EUR Millionen	0,0	–0,3	–1,8	–4,3	–7,5	–11,3
Steuervorteil abzüglich Emissionskosten (25 %)	0,0	2,50	5,00	7,50	10,00	12,50
Nettovorteil	0,0	1,70	2,20	1,70	0,50	–1,30

Auf Grundlage dieser Informationen entsteht der höchste Nettovorteil aus dem Fremdkapital bei EUR 30 Millionen.

b) Der Wert der Aktiva steigt von EUR 100 Millionen auf EUR 102,20 Millionen. Also sollte der Aktienkurs auf EUR 25,55 steigen.

13. a) Bei einer Dauerschuld eignet sich die *APV*-Methode am besten.

KW(unverschuldet) = –150 + 20 : 0,10 = EUR 50 Millionen

BW(fremdfinanzierungsbedingter Steuervorteil) = $\tau_c \times D$ = 20 % × 100 = EUR 20 Millionen.

Also ist der *KW* mit Verschuldung *APV* = *KW* + *BW*(fremdfinanzierungsbedingter Steuervorteil) = 50 + 20 = EUR 70 Millionen.

b) Finanzierungskosten = 2 % × 100 + 5 % × 50 = EUR 4,5 Millionen. (Wir gehen davon aus, dass dies die nachsteuerlichen Beträge sind.)

Kosten der Unterbewertung = (5 : 40) × 50 = EUR 6,25 Millionen

APV = 70 – 4,5 – 6,25 = 59,25 Millionen

14. a) $r_{WACC} = r_U - d\tau_c(r_D) = 9\ \% - (0{,}5 : 1{,}5)(0{,}40)5\ \% = 8{,}333\ \%$

b) $r_{WACC} = r_U - d\tau_c(r_D + \phi(r_U - r_D))$

$$= 9\ \% - (0{,}5/1{,}5)(0{,}40)\left(5\ \% + \frac{0{,}05}{1{,}05}(9\ \% - 5\ \%)\right) = 8{,}308\ \%$$

Alternativ:

$$r_{WACC} = r_U - d\tau_c r_D \frac{1+r_U}{1+r_D}$$

$$= 9\ \% - (0{,}5/1{,}5)(0{,}40)5\ \% \frac{1{,}09}{1{,}05} = 8{,}308\ \%$$

c) In Teilaufgabe (a), V^L = 10 : (0,08333 + 0,02) = EUR 96,78 Millionen

In Teilaufgabe (b), V^L = 10 : (0,08308 + 0,02) = EUR 97,01 Millionen

Beachten Sie den geringfügigen Unterschied der beiden Ergebnisse. Das Ergebnis aus Teilaufgabe (b) ist höher, da die fremdfinanzierungsbedingten Steuervorteile weniger riskant sind, als wenn das Fremdkapital über das Jahr festgelegt wird.

15. a) Wir berechnen V^U zu den jeweiligen Zeitpunkten indem wir den *künftigen FCF* mit $r_U = 12\ \%$ diskontieren.
$(V_t^U = KW(r_U, FCF_{t+1} : FCF_t))$

Jahr	0	1	2	3
FCF	50	40	20	25
V^U	EUR 69,45	EUR 37,79	EUR 22,32	

Dann berechnen wir den Wert des zukünftigen fremdfinanzierungsbedingten Steuervorteils zu den jeweiligen Zeitpunkten, indem wir mit $r_D = 8\ \%$ diskontieren.

Jahr	0	1	2	3
D	50	30	15	0
Zinssatz von 8 %		4	2,4	1,2
Steuervorteil bei 25 %		EUR 1,00	EUR 0,60	EUR 0,30
BW(fremdfinanzierungsbedingter Steuervorteil)	EUR 1,68	EUR 0,81	EUR 0,28	

Schließlich berechnen wir $V^L = APV = V^U + BW$(fremdfinanzierungsbedingter Steuervorteil):

Jahr	0	1	2	3
V^U	EUR 69,45	EUR 37,79	EUR 22,32	
BW(fremdfinanzierungsbedingter Steuervorteil)	EUR 1,68	EUR 0,81	EUR 0,28	
V^L	EUR 71,13	EUR 38,60	EUR 22,60	

Bei einer Anfangsinvestition von EUR 50 für das Projekt ist der Kapitalwert 71,13 − 50 = EUR 21,13.

b) Wir können den WACC zu den jeweiligen Zeitpunkten anhand der folgenden Gleichung berechnen:

$$r_{WACC} = r_U - d\tau_C\left[r_D + \phi\,(r_U - r_D)\right]$$

Die Fremdkapitalquote, d, erhalten wir aus $D : V^L$. Die Permanenz des Verschuldungsniveaus ϕ ergibt sich aus $T^S : (\tau_c D)$, und $T^S = BW$(fremdfinanzierungsbedingter Steuervorteil) (da alle Steuervorteile vorab feststehen):

Jahr	0	1	2	3
D	50	30	15	0
V^L	EUR 71,13	EUR 38,60	EUR 22,60	
$D = D : V^L$	70,29 %	77,72 %	66,37 %	
$T^S = BW$(fremdfinanzierungsbedingter Steuervorteil)	EUR 1,68	EUR 0,81	EUR 0,28	
$T^S : (\tau_c D)$	13,43 %	10,84 %	7,41 %	
r_{WACC}	10,50 %	10,36 %	10,62 %	

Zu erkennen ist, dass sich der WACC über die Zeit verändert und von Zeitpunkt 0 bis Zeitpunkt 1 zurückgeht und von Zeitpunkt 1 bis Zeitpunkt 2 steigt. Der WACC schwankt, da der Verschuldungsgrad des Projekts sich über die Zeit verändert (wie die Permanenz der Verschuldung).

c) Wir können den verschuldeten Wert des Projekts durch Diskontierung des FCF dem WACC zu den jeweiligen Zeitpunkten $(t - 1)$ berechnen.

$$V_2^L = \frac{FCF_3}{1 + r_{WACC}(2)} = \frac{25}{1{,}1062} = \text{EUR } 22{,}60$$

$$V_1^L = \frac{FCF_2 + V_2^L}{1 + r_{WACC}(1)} = \frac{20 + 22{,}60}{1{,}1036} = \text{EUR } 38{,}60$$

$$V_0^L = \frac{FCF_1 + V_1^L}{1 + r_{WACC}(0)} = \frac{40 + 38{,}60}{1{,}1050} = \text{EUR } 71{,}13$$

Zu sehen ist, dass diese Ergebnisse mit Teilaufgabe (a) übereinstimmen.

d) Wir können die Eigenkapitalkosten des Projekts anhand der folgenden Gleichung berechnen:

$$r_U = \frac{E}{E + D^S} r_E + \frac{D^S}{E + D} r_D \text{ bzw. entsprechend } r_E = r_U + \frac{D^S}{E}(r_U - r_D)$$

Beachten Sie, dass $D^S = D - T^S = D - BW$(fremdfinanzierungsbedingter Steuervorteil).

Jahr	0	1	2	3
$D^S = D - T^S$	EUR 48,32	EUR 29,19	EUR 14,72	
$E = V^L - D$	EUR 21,13	EUR 8,60	EUR 7,60	
$D^S : E$	2,29	3,39	1,94	
r_E	21,15 %	25,58 %	19,75 %	

Zu beachten ist, dass die Eigenkapitalkosten mit dem effektiven Verschuldungsgrad des Projekts $D^S : E$ zuerst steigen, dann fallen.

e) Wir berechnen zuerst den *FCFE* zu den jeweiligen Zeitpunkten, indem wir den nachsteuerlichen Zinsaufwand abziehen (das entspricht dem Abzug der Zinsen und hinzuaddieren des Steuervorteils) und dann die Nettoverschuldung addieren.

Jahr	0	1	2	3
FCF	–50	40	20	25
– Zinsen		–4	–2,4	–1,2
+ Steuervorteil		1,00	0,60	0,30
+ Anstieg des Fremdkapitals	50	–20	–15	–15
FCFE	0	17,00	3,20	9,10
E	21,13	8,60	7,60	

Dann berechnen wir den Eigenkapitalwert des Projekts, indem wir den *FCFE* mit r_E zu den jeweiligen Zeitpunkten $(t-1)$ diskontieren.

$$E_2 = \frac{FCFE_3}{1+r_E(2)} = \frac{9{,}10}{1{,}1975} = \text{EUR } 7{,}60$$

$$E_1 = \frac{FCFE_2 + E_2}{1+r_E(1)} = \frac{3{,}20+7{,}60}{1{,}2558} = \text{EUR } 8{,}60$$

$$E_0 = \frac{FCFE_1 + E_1}{1+r_E(0)} = \frac{17{,}00+8{,}60}{1{,}2115} = \text{EUR } 21{,}13$$

Diese Werte des Eigenkapitals stimmen mit den zuvor berechneten überein und entsprechen dem anfänglichen Kapitalwert des Projekts.

Zu beachten ist, dass wir uns bei der WACC- und der FTE-Methode auf den anhand der *APV*-Methode berechneten V^L berufen haben.

16. a) $r_{WACC} = \frac{E}{E+D} r_E + \frac{D}{E+D} r_D = (1-\tau_c)$

$= (1 : 1{,}5)(12\ \%) + (0{,}5 : 1{,}5)(6\ \%)(1 - 0{,}25) = 9{,}5\ \%$

b) $r_U = \frac{E}{E+D} r_E + \frac{D}{E+D} r_D$

$= (1 : 1{,}5)(12\ \%) + (0{,}5 : 1{,}5)(6\ \%) = 10\ \%$

$r_{WACC} = r_U - d\tau_C r_D = 10\ \% - (2 : 3)(0{,}25)6\ \% = 9\ \%$

c) Angesichts der anfänglichen Kapitalstruktur würden wir folgende unverschuldete Kapitalkosten schätzen:

$$r_U = \frac{E}{E+D} r_E + \frac{D}{E+D} \tau_d^{\,*} = (1 : 1{,}5)(12\ \%) + (0{,}5 : 1{,}5)(4{,}52\ \%) = 9{,}51\ \%$$

Wir verwenden

$r_U = \frac{E}{E+D^S} r_E + \frac{D^S}{E+D^S} r_D^*$, um r_E mit einer höheren Verschuldung zu berechnen:

9,51 % = (1 : 3) r_E + (2 : 3)4,52 %, so dass r_E= 19,48%

Dann

$$r_{WACC} = \frac{E}{E+D} r_E + \frac{D}{E+D} r_D(1-\tau_c) = (1:3)(19{,}48\,\%) + (2:3)(6\,\%)(1-0{,}25)$$
$$= 9{,}49\,\%$$

d) Wenn Investoren höhere Steuern auf Zinseinkünfte als auf Kapitalerträge zahlen, reduziert sich der fremdfinanzierungsbedingte Steuervorteil. Also ist der Rückgang des WACC bei der gleichen Erhöhung der Verschuldung in Gegenwart von Steuern auf Anteilseignerebene geringer.

Finanzoptionen

19

ÜBERBLICK

19.1 Ertrag einer Option am Verfallstag

1. Erklären Sie den Unterschied zwischen einer Long-Position in einem Put und einer Short-Position in einem Call.

2. Sie haben eine Put-Option auf die Ford-Aktie mit einem Ausübungspreis von USD 10. Die Option verfällt in genau sechs Monaten.
   a) Wie hoch ist der Ertrag des Puts, wenn die Aktie in sechs Monaten bei USD 8 steht?
   b) Wie hoch ist der Ertrag des Puts, wenn die Aktie in sechs Monaten bei USD 23 steht?
   c) Zeichnen Sie das Auszahlungs-Diagramm, das den Wert des Puts am Verfalltag in Abhängigkeit vom Aktienkurs am Verfalltag zeigt.

3. Angenommen Sie haben eine Short-Position in der Put-Option von Aufgabe 2.
   a) Wie viel müssen Sie zahlen, wenn die Aktie in sechs Monaten bei USD 8 steht?
   b) Wie viel müssen Sie zahlen, wenn die Aktie in sechs Monaten bei USD 23 steht?
   c) Zeichnen Sie das Auszahlungs-Diagramm, das den Wert des Betrags zeigt, den Sie am Verfalltag in Abhängigkeit vom Aktienkurs am Verfalltag zahlen müssen.

4. Welche Position hat ein größeres Verlustrisiko: eine Short-Position in einem Call oder eine Short-Position in einem Put? Das heißt, in welcher dieser beiden Positionen wären im schlechtesten Fall Ihre Verluste größer?

5. Sie haben eine Long-Position in zwei Calls auf dieselbe Aktie mit demselben Ausübungstag. Der Ausübungspreis des ersten Call beträgt USD 40 und der Ausübungspreis des zweiten Call USD 60. Außerdem haben Sie eine Short-Position in zwei ansonsten identischen Call-Optionen, beide zu einem Ausübungskurs von USD 50. Stellen Sie den Wert dieser Kombination in Abhängigkeit vom Aktienkurs am Ausübungstag grafisch dar. Wie heißt diese Kombination von Optionen?

6. Ein Forward-Kontrakt ist ein Kontrakt zum Kauf eines Vermögenswertes zu einem festgelegten Preis an einem bestimmten Tag in der Zukunft. Beide Parteien sind verpflichtet den Vertrag zu erfüllen. Erklären Sie, wie aus Positionen in Optionen ein Terminkontrakt auf eine Aktie konstruiert werden kann.

7. Es ist der 21. Februar 2022 und Sie besitzen IBM-Aktien. Sie möchten sicherstellen, dass der Wert Ihres Bestands nicht stark fällt. Verwenden Sie die folgenden Angaben und formulieren Sie Ihre Antwort als Prozentsatz des derzeitigen Werts Ihres Portfolios:

IBM (INTL BUSINESS MACHINES)
21. Februar 2022 @ 12:07 ET
Geldkurs 123,56 **Briefkurs** 123,65 **Größe** 1 x 6
123,66 -0,62
Volumen 4609212

Calls	Letzter Verkauf	Netto	Geld-kurs	Brief-kurs	Volumen	Offene Positionen	Puts	Letzter Verkauf	Netto	Geld-kurs	Brief-kurs	Volumen	Offene Positionen
2022 Mar 18 Call 115.00	10,80	-0,72	10,30	10,65	11	43	2022 Mar 18 Put 115.00	1,12	0,15	1,08	1,16	239	4693
2022 Mar 18 Call 120.00	6,45	-1,00	6,35	6,60	188	311	2022 Mar 18 Put 120.00	2,09	0,32	2,01	2,12	1361	3165
2022 Mar 18 Call 125.00	3,25	-0,80	3,20	3,30	713	677	2022 Mar 18 Put 125.00	3,85	0,50	3,80	3,90	240	2186
2022 Mar 18 Call 130.00	1,32	-0,39	1,23	1,35	2115	4721	2022 Mar 18 Put 130.00	6,81	0,76	6,80	7,00	1184	5210
2022 Apr 14 Call 115.00	11,55	-0,85	11,20	11,60		25	2022 Apr 14 Put 115.00	1,88	0,22	1,81	2,17	700	1913
2022 Apr 14 Call 120.00	8,30	-	7,45	7,75	-	226	2022 Apr 14 Put 120.00	3,15	0,47	3,05	3,20	112	975
2022 Apr 14 Call 125.00	4,60	-0,55	4,40	4,65	59	211	2022 Apr 14 Put 125.00	5,09	0,71	4,95	5,20	167	1411
2022 Apr 14 Call 130.00	2,49	-0,24	2,35	2,45	194	3702	2022 Apr 14 Put 130.00	7,90	0,85	7,75	7,95	160	967

Quelle: Chicago Board Options Exchange at *http://www.cboe.com*

   a) Wie viel kostet es sicherzustellen, dass der Wert Ihres Bestands von heute bis zum 18. März 2022 nicht unter USD 115 pro Aktie fällt?

b) Wie viel kostet es sicherzustellen, dass der Wert Ihres Bestands von heute bis zum 14. April 2022 nicht unter USD 115 pro Aktie fällt?

c) Wie viel kostet es sicherzustellen, dass der Wert Ihres Bestands von heute bis zum 14. April 2022 nicht unter USD 120 pro Aktie fällt?

19.2 Put-Call-Parität

8. Die Aktie der Dynamic Energy Systems wird derzeit für USD 33 pro Aktie gehandelt. Das Unternehmen schüttet keine Dividende aus. Eine einjährige europäische Put-Option auf Dynamic mit einem Ausübungspreis von USD 35 wird derzeit für USD 2,10 gehandelt. Wie hoch ist der Preis einer einjährigen europäischen Call-Option auf Dynamic mit einem Ausübungspreis von USD 35, wenn der risikolose Zinssatz 10 % pro Jahr beträgt?

9. Mitte Juli 2018 hatten europäische Optionen auf den S&P 100 Index (OEX), die im Dezember 2019 ausliefen, die folgenden Preise:

Dez 2019 OEX Index Optionen		
Ausübungspreis	**Call-Preis**	**Put-Preis**
1.260	81,40	
1.280	70,50	99,10
1.300		108,85

Verwenden Sie bei einem Zinssatz von 2,8 % bei Fälligkeit Dezember 2019 (17 Monate später) die Put-Call-Parität (mit Dividende), um zu bestimmen:

a) den Preis einer Dezember 2019 OEX Put-Option bei einem Ausübungspreis von 1.260;

b) den Preis einer Dezember 2019 OEX Call-Option bei einem Ausübungspreis von 1.300.

19.3 Faktoren, die Optionspreise beeinflussen

10. Angenommen die Amazon-Aktie wird für USD 2.000 pro Aktie gehandelt und Amazon zahlt keine Dividende.

a) Wie hoch ist der maximal gemäß Arbitrage-Überlegungen mögliche Preis einer Call-Option auf Amazon?

b) Wie hoch ist der maximal gemäß Arbitrage-Überlegungen mögliche Preis einer Put-Option auf Amazon bei einem Ausübungspreis von USD 2.250?

c) Wie hoch ist der kleinste mögliche Wert einer Call- Option auf die Amazon-Aktie bei einem Ausübungspreis von USD 1.750?

d) Wie hoch ist der kleinste mögliche Wert einer amerikanischen Put-Option auf die Amazon-Aktie bei einem Ausübungspreis von USD 2.250?

11. Sie beobachten die Optionspreise Ihrer Lieblingsaktie, als Sie plötzlich eine Nachricht erhalten. Erklären Sie, welche Art Nachricht zu den folgenden Auswirkungen führen würde:

a) Die Preise der Calls steigen und die Preise der Puts fallen.

b) Die Call-Preise fallen und die Put-Preise steigen.

c) Sowohl Call- als auch Put-Preise steigen.

19.4 Die vorzeitige Ausübung von Optionen

12. Erklären Sie, warum eine amerikanische Call-Option auf eine dividendelose Aktie immer denselben Preis hat wie die entsprechende europäische Option.

13. Betrachten Sie eine amerikanische Put-Option auf die XAL-Aktie mit einem Ausübungspreis von USD 55 und einer Laufzeit von einem Jahr. Angenommen XAL zahlt keine Dividende, wird derzeit für USD 10 je Aktie gehandelt und der einjährige Zinssatz beträgt 10 %. Wenn es optimal ist, die Option vorzeitig auszuüben:

a) wie hoch ist dann der Preis einer einjährigen amerikanischen Put-Option auf die XAL-Aktie bei einem Ausübungspreis von USD 60 pro Aktie?:

b) wie hoch ist der Preis einer einjährigen amerikanischen Call-Option auf die XAL-Aktie bei einem Ausübungspreis von USD 55 pro Aktie höchstens?

14. Angenommen der S&P 500 steht bei 2.700 und zahlt am Ende des Jahres eine Dividende von USD 90. Angenommen sei auch, dass der Zinssatz 2 % beträgt. Wie hoch ist der niedrigst mögliche Ausübungspreis, den eine europäische Put-Option haben könnte, wenn eine einjährige europäische Put-Option einen negativen Zeitwert hat?

19.5 Optionen und Finanzwirtschaft

15. Die Aktie der Wesley Corp. wird für USD 25/Aktie gehandelt. Wesley hat 20 Millionen ausstehende Aktien und einen Marktverschuldungsgrad von 0,5. Das Fremdkapital von Wesley ist eine Nullkuponanleihe mit einer Laufzeit von 5 Jahren und einer Endfälligkeitsrendite von 10 %.

a) Beschreiben Sie das Eigenkapital von Wesley als Call-Option. Wann ist die Call-Option fällig? Wie hoch ist der Marktwert des Vermögenswerts, der der Call-Option zugrundeliegt? Wie hoch ist der Ausübungspreis dieser Call-Option?

b) Beschreiben Sie das Fremdkapital von Wesley mit Hilfe einer Call-Option.

c) Beschreiben Sie das Fremdkapital von Wesley mit Hilfe einer Put-Option.

19.6 Lösungen

1. Wenn eine Partei eine Long-Position in einem Put hat, hat sie das Recht, den zugrundeliegenden Vermögenswert zum Ausübungspreis zu verkaufen. Wenn sie eine Short-Position in einem Call hat, hat sie die Verpflichtung, den zugrundeliegenden Vermögenswert bei Ausübung zum Ausübungskurs zu verkaufen. Das sind eindeutig unterschiedliche Positionen.

2. Wert des Long-Put am Verfalltag:
   a) USD 2
   b) USD 0
   c) Zeichnen Sie die Abbildung des Ertrags:

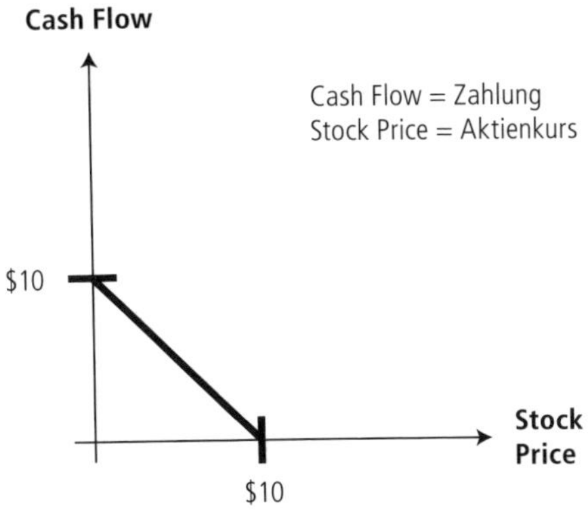

3. Short-Put: Wert am Verfalltag:
   a) Sie müssen USD 2 zahlen.
   b) Sie müssen nichts zahlen.
   c) Zeichnen Sie die Abbildung des Ertrags:

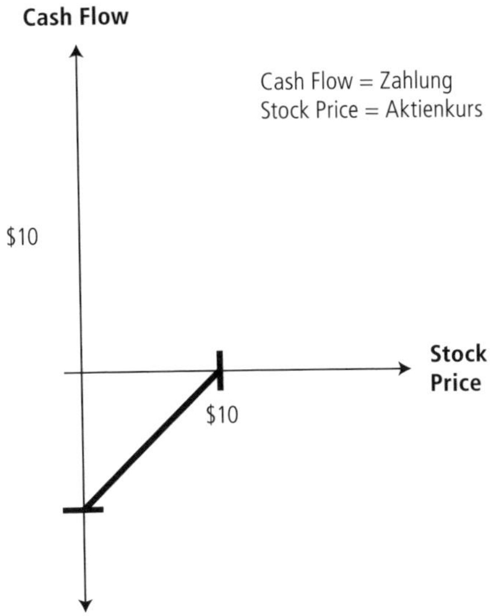

4. Bei einem Short-Call ist das Verlustrisiko größer (der Verlust ist unbegrenzt) als bei einem Short-Put (der Verlust kann nicht größer sein als der Ausübungspreis).

5. Die oberste Linie ist der USD 40 Call, die mittlere Linie der USD 60 Call, die untere Linie die Short-Position in zwei USD 50 Calls und die zuerst nach oben und dann nach unten gerichtete Linie ist die Kombination.

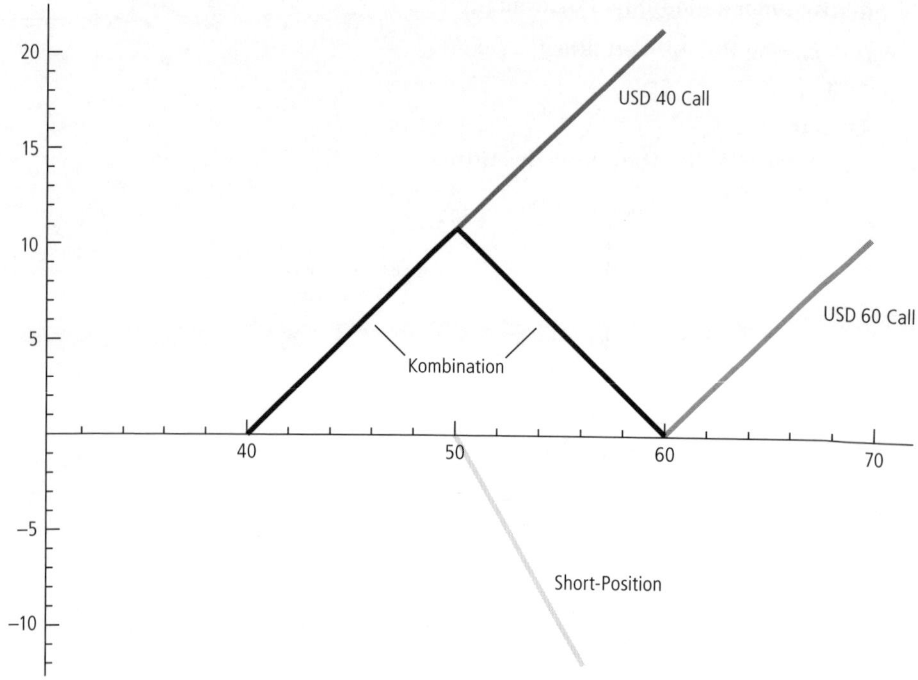

Sie heißt Butterfly Spread.

6. Ein Forwardkontrakt mit einem Forward-Preis p kann mit einer Long-Position in einem Call und einer Short-Position in einem Put zum Ausübungspreis p konstruiert werden.

7. a) Um sicherzustellen, dass der Wert Ihrer IBM-Aktien nicht stark fällt, würden Sie einen Protective Put kaufen. Der aktuelle Briefkurs eines Protective Put mit einem Ausübungspreis von USD 115, der am 28. März 2022 verfällt, beträgt USD 1,16 pro Aktie. In Prozent Ihres Portfolios kostet diese Absicherung USD 1,16/USD 123,65 = 0,0094 bzw. 0,94 % des Werts Ihres Portfolios.

   b) Der Briefkurs eines Protective Put mit einem Ausübungspreis von USD 115, der am 14. April 2022 verfällt, beträgt USD 2,17. Den Wert Ihres Bestands gegen einen Rückgang abzusichern kostet USD 2,17/USD 123,65 = 0,0175 bzw. 1,75 %.

   c) Der Briefkurs eines Protective Put mit einem Ausübungspreis von USD 120, der am 14. April 2022 verfällt, beträgt USD 3,20. Den Wert Ihres Bestands gegen einen Rückgang abzusichern kostet USD 3,20/USD 123,65 = 0,0259 bzw. 2,59 %.

8. Put-Call-Parität:

$$C = P + S - \frac{K}{1+r} = 2.10 + 33 - \frac{35}{1.1} = 3.282$$

9. a) Aus der Put-Call Parität:

$$S - PV(Div) = C - P + PV(K)$$

Aus den 860 Calls und Puts:

$$S - PV(Div) = 76.30 - 102.21 + \frac{860}{1.004^{22/12}} = 827.82$$

Daher für den 840 Put:

$$P = C + PV(K) - (S - PV(Div)) = 88.00 + \frac{840}{1.004^{22/12}} - 827.82 = 94.05$$

b) Und für den 880 Call:

$$C = P - PV(K) + (S - PV(Div)) = 111.56 - \frac{880}{1.004^{22/12}} + 827.82 = 65.80$$

10. a) USD 2.000 (Aktienkurs)

b) USD 2.250 (Ausübungspreis)

c) Innerer Wert = USD 250

d) Innerer Wert = USD 250

11. a) Gute Nachrichten über das Unternehmen, die zu einem steigenden Aktienkurs führen.

b) Schlechte Nachrichten, die dazu führen, dass der Aktienkurs sinkt.

c) Nachrichten, die zu einer höheren Volatilität der Aktie führen.

12. Da die Möglichkeit der vorzeitigen Ausübung wertlos ist, hat die amerikanische Option nicht mehr Vorteile als die entsprechende europäische Option.

13. a) Es ist optimal, Puts mit höheren Ausübungspreisen vorzeitig auszuüben, so dass gilt: Wert = intrinsischer Wert von 60 – 10 = USD 50.

b) Da der Put keinen Zeitwert hat, muss der Wert des Call weniger als dis(55) = 55 – 55/1,10 = USD 5 sein.

14. $-\text{dis(K)} + C + PV(div) < 0$. bedeutet, dass

$$-\text{dis(K)} + PV(div) < 0$$

oder

$$\text{dis(K)} > PV(div)$$

$$\frac{Kr}{1+r} > \frac{div}{1+r}$$

$$Kr > div$$

weshalb der Zinssatz bei Ausübung die Dividende übersteigen muss: (0,02 × K) > USD 90, so dass K > 4.500.

15. a) Laufzeit = 5 Jahre

Vermögenswerte = EK + FK = USD 25 pro Aktie × 20 Millionen Aktien + 0,5 (USD 25 × 20) = USD 500 + 250 = USD 750 Millionen.

Der Marktwert des Vermögenswerts, der dieser Call-Option zugrundeliegt, beträgt USD 750,00 Millionen. Der Ausübungspreis entspricht dem Fremdkapital.

Daher gilt:
Nominalwert des Fremdkapitals = 0,50 × (USD 25 pro Aktien × 20 Millionen Aktien) × (1+0,1)5 = USD 402,63 Millionen. Der Ausübungspreis dieser Call-Option beträgt USD 402,63 Millionen.

b) Gehen Sie bezüglich der Vermögenswerte der Firma eine Long-Position ein und shorten Sie die oben angegebene Eigenkapital-Call-Option.

c) Gehen Sie bezüglich des risikolosen Fremdkapitals eine Long-Position ein und shorten Sie eine Put-Option auf die Vermögenswerte von Wesley mit einer Laufzeit von 5 Jahren und einem Nominalwert von USD 402,63 Millionen.

Bewertung von Optionen

20

ÜBERBLICK

20.1 Das Binomialmodell zur Optionsbewertung

1. Der aktuelle Kurs der Estelle Corporation-Aktie beträgt USD 25. In den kommenden zwei Jahren wird der Aktienkurs jeweils entweder um 20 % steigen oder um 20 % fallen. Die Aktie schüttet keine Dividende aus. Der risikolose Zinssatz für ein Jahr beträgt 6 % und wird konstant bleiben. Berechnen Sie mithilfe des Binomialmodells eine Call-Option auf die Estelle-Aktie mit einer Laufzeit von einem Jahr und einem Ausübungspreis von USD 25.

2. Berechnen Sie mithilfe des Binomialmodells den Preis einer Put-Option auf die Aktie aus Aufgabe 1 mit einer Laufzeit von einem Jahr und einem Ausübungspreis von USD 25.

3. Der aktuelle Aktienkurs von Eagletron beträgt USD 10. Nehmen wir an, dass der Aktienkurs im Laufe des Jahres um 100 % steigen oder aber um 50 % fallen wird. Der risikolose Zinssatz beträgt 25 % (EAR).
   a) Wie hoch ist der aktuelle Preis einer Put-Option auf die Eagletron-Aktie, die am Geld ist und eine Laufzeit von einem Jahr hat?
   b) Wie hoch ist der aktuelle Preis einer europäischen Put-Option auf die Eagletron-Aktie mit einer Laufzeit von einem Jahr und einem Ausübungspreis von USD 20?
   c) Nehmen wir an, die Put-Optionen in Teil a) und b) könnten entweder sofort ausgeübt werden oder in einem Jahr. Wie hoch wäre ihr jeweiliger Preise in diesen Fällen?

4. Auf welchen Wert kann das Delta einer Call-Option höchstens steigen? Wie hoch kann der niedrigste Wert sein?

20.2 Das Black-Scholes-Modell zur Optionsbewertung

5. Die Roslin Robotics-Aktie weist eine Volatilität von 30 % und einen Kurs von USD 60 auf. Roslin zahlt keine Dividende. Der risikolose Zinssatz beträgt 5 %. Bestimmen Sie mithilfe der Black-Scholes-Methode den Wert einer Call-Option auf die Roslin-Aktie, die im Geld ist und eine Laufzeit von einem Jahr hat.

6. Rebecca erwägt, eine europäische Call-Option auf die gehypte neue Aktie von Up Inc. zu kaufen. Die Call-Option hat einen Ausübungspreis von USD 100 und verfällt in 90 Tagen. Der aktuelle Kurs der Aktie beträgt USD 120 und die Aktie hat eine Volatilität von 40 % pro Jahr. Der risikolose Zinssatz beträgt 6,18 % pro Jahr.
   a) Berechnen Sie den Preis der Call-Option mithilfe der Black-Scholes-Formel.
   b) Berechnen Sie den Preis der Put-Option mit dem gleichen Ausübungspreis und demselben Verfallsdatum mithilfe der Put-Call-Parität.

7. Stellen Sie den Wert einer Zwei-Jahres-Put-Option mit einem Ausübungspreis von USD 20 auf World Wide Plants als Funktion des Aktienkurses dar. Bedenken Sie, dass World Wide Plants einen konstanten Dividenden-Ertrag von 5 % pro Jahr aufweist und dass die Volatilität bei 20 % pro Jahr liegt. Der risikolose Zinssatz für zwei Jahre beträgt 4 %. Erklären Sie, warum es einen Bereich gibt, in dem die Option für weniger als ihren inneren Wert gehandelt wird.

8. Betrachten Sie die Call-Option auf Roslin Robotics aus Aufgabe 5. Die Call-Option ist am Geld und nicht zum Kauf verfügbar. Sie würden gern eine Long-Position von 1.000 Call-Optionen duplizieren.

a) Welches Portfolio sollten Sie heute halten?

b) Nehmen wir an, Sie kaufen das Portfolio aus Teilaufgabe a). Wenn der Kurs der Roslin-Aktie heute auf USD 62 pro Anteil steigt, wie hoch ist dann der aktuelle Wert Ihres Portfolios? Wenn die Call-Option verfügbar wäre, wie hoch wäre dann die Preisdifferenz zwischen der Call-Option und dem Portfolio (in Prozent des Wertes der Call-Option)?

c) Wie sollten Sie Ihr Portfolio nach der Änderung der Aktienkurse in Teilaufgabe b) anpassen, um die Long-Position zu replizieren?

9. Betrachten Sie erneut die Call-Option auf die Roslin-Aktie aus Aufgabe 5, die im Geld ist. Welchen Einfluss haben die folgenden Veränderungen in den Teilaufgaben (jeweils einzeln betrachtet) auf den Wert dieser Call-Option?

a) Der Aktienkurs steigt um USD 1 auf USD 61.

b) Die Volatilität der Aktie steigt um 1 % auf 31 %.

c) Der Zinssatz steigt um 1 % auf 6 %.

d) Ein Monat vergeht ohne weitere Veränderungen.

e) Das Unternehmen verkündet eine Dividende in Höhe von USD 1, die sofort ausgeschüttet wird.

20.3 Risikoneutrale Wahrscheinlichkeiten

10. Das Umlaufvermögen von Harbin Manufacturing besteht aus 10 Millionen Anteilen mit einem aktuellen Kurs von USD 20 pro Aktienanteil. In einem Jahr wird der Aktienkurs mit gleicher Wahrscheinlichkeit entweder USD 30 oder USD 18 betragen. Der risikolose Zinssatz liegt bei 5 %.

a) Wie hoch ist die erwartete Rendite der Harbin-Aktie?

b) Wie hoch ist die risikoneutrale Wahrscheinlichkeit, dass der Aktienkurs von Harbin steigen wird?

11. Verwenden Sie die Informationen über Harbin Manufacturing aus Aufgabe 10 und beantworten Sie die folgenden Fragen:

a) Wie hoch ist der Wert einer Call-Option auf die Harbin-Aktie mit einjähriger Laufzeit und einem Ausübungspreis von USD 25 unter Verwendung der risikoneutralen Wahrscheinlichkeit?

b) Wie hoch ist die erwartete Rendite der Call-Option?

c) Wie hoch ist der Wert einer Put-Option auf die Harbin-Aktie mit einjähriger Laufzeit und einem Ausübungspreis von USD 25 unter Verwendung der risikoneutralen Wahrscheinlichkeit?

d) Wie hoch ist die erwartete Rendite der Put-Option?

12. Erläutern Sie den Unterschied zwischen der risikoneutralen und der tatsächlichen Wahrscheinlichkeit. In welchen Zuständen ist die eine höher als die andere? Warum ist das der Fall?

13. Erklären Sie, warum risikoneutrale Wahrscheinlichkeiten genutzt werden können, um in einer Welt, in der Investoren risikoavers sind, den Preis derivativer Wertpapiere zu bestimmen.

20.4 Risiko und Rendite einer Option

14. Betrachten Sie die März 2010 USD 5 Put-Option auf JetBlue in der folgenden Tabelle:

JBLU
24. Juli 2009 @ 17:17 ET — Geldkurs 5,03 Briefkurs 5,04 Größe 168 × 96 — 5,03 +0,11 Vol. 7335887

Calls	Geldkurs	Briefkurs	Vol.	Offene Positionen	Puts	Geldkurs	Briefkurs	Vol.	Offene Positionen
09 Dez 5,00 (JGQ LA)	0,80	0,90	47	5865	09 Dez 5,00 (JGQ XA)	0,80	0,90	6	1 000
09 Dez 6,00 (JGQ LF)	0,45	0,55	2	259	09 Dez 6,00 (JGQ XF)	1,40	1,50	0	84
10 Jan 5,00 (JGQ AA)	0,85	1,00	125	6433	10 Jan 5,00 (JGQ MA)	0,85	0,95	10	14737
10 Jan 6,00 (JGQ AF)	0,50	0,60	28	0	10 Jan 6,00 (JGQ MF)	1,45	1,55	0	22
10 Jan 9,00 (JGQ AI)	0,05	0,15	0	818	10 Jan 9,00 (JGQ MI)	4,00	4,10	0	0
10 März 5,00 (JGQ CA)	1,05	1,15	0	50	10 März 5,00 (JGQ OA)	1,00	1,10	0	40
10 März 6,00 (JGQ CF)	0,65	0,75	0	146	10 März 6,00 (JGQ OF)	1,60	1,70	10	41
10 März 7,00 (JGQ CG)	0,40	0,50	5	3	10 März 7,00 (JGQ OG)	2,30	2,45	10	0

Optionskurse von JetBlue
Quelle: Chicago Board Options Exchange, *www.cboe.com*

Nehmen wir an, die Volatilität betrage 65 % pro Jahr und ihr Beta sei 0,85. Der kurzfristige risikolose Zinssatz beträgt 1 % pro Jahr.

a) Wie hoch ist der Hebel der Put-Option?

b) Welches Beta hat die Put-Option?

c) Wenn die erwartete Risikoprämie des Marktes 6 % beträgt, wie hoch ist dann die erwartete Rendite der Put-Option laut CAPM?

d) Warum sollte ein Anleger angesichts der erwarteten Rendite eine Put-Option erwerben?

20.5 Optionspreisbewertung in der Praxis

15. Sie wüssten gern, wie hoch das Beta des unverschuldeten Eigenkapitals von Schwartz Industries (SI) ist. Der Wert des umlaufenden Eigenkapitals von SI beträgt USD 400 Millionen und Sie schätzen, dass das Eigenkapital-Beta bei 1,2 liegt. SI hat eine Vier-Jahres-Null-Kupon-Anleihe im Umlauf, die einen Nennwert von USD 100 Millionen hat und aktuell für USD 75 Millionen gehandelt wird. SI zahlt keine Dividende und reinvestiert alle Gewinne. Der risikolose Zinssatz für vier Jahre beträgt aktuell 5,13 %. Schätzen Sie das unverschuldete Eigenkapital-Beta mithilfe der Black-Scholes-Formel.

20.6 Lösungen

1. Entweder steigt der Aktienkurs auf S_u = USD 25 × 1,20 = USD 30 oder er fällt auf S_d = USD 25 × 0,80 = USD 20. Der Optionserlös beträgt also entweder C_u = USD 5 oder $C_d = 0$. Das Replikationsportfolio ist

$$\Delta = (\text{USD } 5 - 0) / (\text{USD } 30 - \text{USD } 20) = 0{,}5$$

und

$$B = (0 - \text{USD } 20 \times 0{,}5) / 1{,}06 = -\text{USD } 9{,}43$$

Deshalb ist

$$C = 0{,}5 \times \text{USD } 25 - \text{USD } 9{,}43 = \text{USD } 3{,}07$$

2. Die Variablen sind die gleichen wie in Aufgabe 20.1, aber der Payoff der Put-Option ist gleich null, wenn der Aktienkurs steigt und gleich USD 5, wenn der Kurs fällt. Deshalb lässt sich das Replikationsportfolio folgendermaßen berechnen:

$$\Delta = (0 - \text{USD } 5) \;/\; (\text{USD } 30 - \text{USD } 20) = -0{,}5$$

und

$$B = (\text{USD } 5 - \text{USD } 20 \times (-0{,}5)) \;/\; 1{,}06 = \text{USD } 14{,}15.$$

Also ist

$$P = -0{,}5 \times \text{USD } 25 + \text{USD } 14{,}15 = \text{USD } 1{,}65.$$

3. a) $P_u = 0,\ P_d = 5,\ \Delta = (0 - \text{USD } 5) \;/\; (\text{USD } 20 - \text{USD } 5) = -1/3,$

$$B = (\text{USD } 5 - \text{USD } 5(-1/3)) \;/\; 1{,}25 = \text{USD } 5{,}33$$

$$P = -1/3\ (\text{USD } 10) + \text{USD } 5{,}33 = \text{USD } 2$$

b) Die Payoffs belaufen sich auf $P_u = 0$, $P_d = 15$. Weil diese Werte dreimal so hoch sind wie die in Teilaufgabe a), muss die Put-Option 3 × USD 2 = USD 6 wert sein.

c) Wir können die Put-Option unverzüglich ausüben und erhalten dann ihren inneren Wert. In Teilaufgabe a) ist der innere Wert gleich null und damit nicht relevant, der Wert beläuft sich immer noch auf USD 2. In Teilaufgabe b) beträgt der innere Wert USD 20 – USD 10 = USD 10, so dass eine vorzeitige Ausübung vorteilhaft ist und der Wert der amerikanischen Option USD 10 (und nicht USD 6) beträgt.

4. $\Delta \leq 1,\ \Delta \geq 0$ (vgl. entsprechende Abbildungen des Optionswertes in Abhängigkeit vom Aktienkurs)

5. $BW(K) = 60 \,/\, (1{,}05) = 57{,}143$

$$d_1 = \frac{\ln\left(\frac{60}{57{,}143}\right)}{0{,}3} + \frac{0{,}3}{2} = 0{,}313$$

$$d_2 = 0{,}313 - 0{,}3 = 0{,}013$$

$$C = S \times N(d_1) - BW(K)N(d_2) = \text{USD } 60 \times 0{,}623 + \text{USD } 57{,}14 \times 0{,}505 = \text{USD } 8{,}50$$

6. a) Black-Scholes-Formel:

$$BW(K) = 100 \,/\, (1{,}0638)^{\frac{90}{365}} = 98{,}487$$

$$d_1 = \frac{\ln\left(\frac{120}{98{,}487}\right)}{0{,}4\sqrt{90/365}} + \frac{0{,}4\sqrt{90/365}}{2} = 1{,}094$$

$$d_2 = 1{,}094 - 0{,}4\sqrt{90/365} = 0{,}895$$

$$C = S \times N(d_1) - BW(K)N(d_2) = 120 \times 0{,}863 - 98{,}487 \times 0{,}815 = \text{USD } 23{,}29$$

b) Put-Call-Parität:

$$P = C + BW(K) - S = 23{,}29 + 98{,}487 - 120 = \text{USD } 1{,}78$$

7. Der Preis der Put-Option ist durch die Black-Scholes-Standardgleichung für Put-Optionen gegeben, wobei der Aktienkurs überall durch

$$S / (1 + q)^T = S / (1 + 0{,}05)^2 = S / 1{,}1025$$

ersetzt wird. Gegeben ist $BW(K) = 20 / 1{,}04^2 = 18{,}491$.
Also:

$$d_1 = \frac{\ln\left(\frac{S^x}{BW(K)}\right)}{\sigma\sqrt{T}} + \frac{\sigma\sqrt{T}}{2} = \frac{\ln\left(\frac{S/1{,}1025}{18{,}491}\right)}{0{,}2\sqrt{2}} = 0{,}1\sqrt{2}$$

$$d_2 = d_1 - \sigma\sqrt{T} = \frac{\ln\left(\frac{S/1{,}1025}{18{,}491}\right)}{0{,}2\sqrt{2}} - 0{,}1\sqrt{2}n$$

Der Wert der Put-Option beträgt bei gegebenem Aktienkurs S:

$$P(S) = BW(K)\left(1 - N(d_2)\right) - \left(S^x\right)\left(1 - N(d_1)\right)$$

$$= 18{,}491 \times \left(1 - N\left(\frac{\ln\left(\frac{5/1{,}1025}{18{,}491}\right)}{0{,}2\sqrt{2}} - 0{,}1\sqrt{2}\right)\right) - S/1{,}1025 \times \left(1 - N\left(\frac{\ln\left(\frac{5/1{,}1025}{18{,}491}\right)}{0{,}2\sqrt{2}} + 0{,}1\sqrt{2}\right)\right)$$

Die Darstellung der Funktion $P(S)$ sieht folgendermaßen aus:

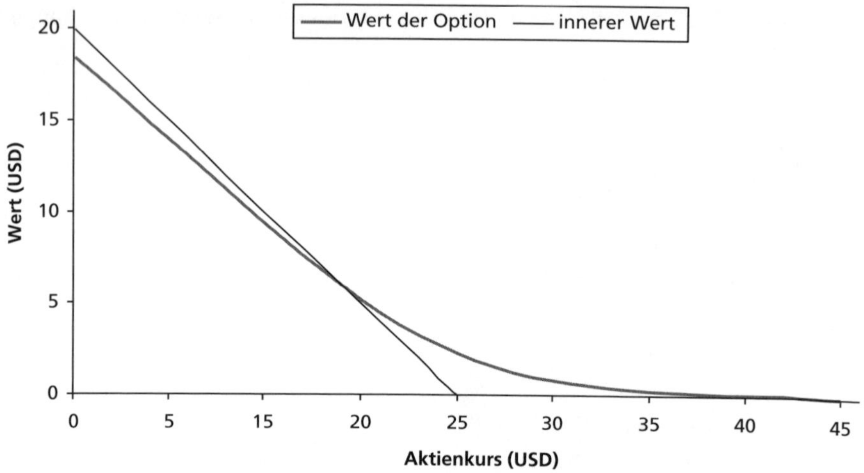

Wir beobachten, dass der Preis der Put-Option unter ihrem inneren Wert liegt, wenn sie tief im Geld ist. In diesem Fall ist der Zeitwert negativ, weil die Höhe des Abschlags auf eine zweijährige Nullkupon-Anleihe höher ist als der Wert der Dividenden und der Call-Option, was einen negativen Zeitwert der Option impliziert.

8. a) *Delta* = $N(d_1)$ = N(0,312634) = 0,6227
Kaufen Sie 623 Aktienanteile.
$B = -BW(K)N(d_2)$ = –USD 28,859
Leihen Sie USD 28.859.
Ausgaben = 622,27 × USD 60 – USD 28.859 = USD 8.477,2

b) Portfolio = 622,27 × USD 62 – USD 28.859 = USD 9.749
Call-Option = 9.790
Differenz = (USD 9.749 – USD 9.790) / USD 9.790 = –0,42 %

c) *Delta* = 0,663
Erhöhen Sie Ihre Aktienanteile auf 663.
Leihen Sie zusätzlich (663 – 623) × USD 62 = USD 2.480.

9. Ursprünglicher BS-Preis:

$$BW(K) = 60/(1{,}05)^{\frac{365}{365}} = 57{,}14$$

$$d_1 = \frac{\ln\left(\frac{60}{57{,}14}\right)}{0{,}3\sqrt{365/365}} + \frac{0{,}3\sqrt{365/365}}{2} = 0{,}313$$

$$d_2 = 0{,}313 - 0{,}3\sqrt{365/365} = 0{,}013$$

$$C = S \times N(d_1) - BW(K)N(d_2) = 60 \times 0{,}623 - 57{,}14 \times 0{,}505 = \text{USD } 8{,}50$$

a) S in der Gleichung ändern auf USD 61 führt zu BS-Preis = USD 9,14.

b) Sigma in der Gleichung ändern auf 0,31 führt zu BS-Preis = USD 8,73.

c) Zinssatz in der Gleichung ändern auf 6 % führt zu BS-Preis = USD 8,78

d) T in der Gleichung ändern auf (365 – 31) / 365 führt zu BS-Preis = USD 8,09

e) S in der Gleichung ändern in ex-Dividende-Aktienkurs = USD 59 führt zu BS-Preis = USD 7,89

10. 0,5 (USD 30 + USD 18) / USD 20 – 1 = 20 %

USD 20 = [USD 30 p + USD 18 (1 – p)] / 1,05 ? p = 25 %

11. a) 25 % × (USD 30 – USD 25) / 1,05 = USD 1,19

b) 50 % × (USD 5) / USD 1,19 – 1 = 110 %

c) 75 % × (USD 25 – USD 18) / 1,05 = USD 5

d) 50 % × (USD 7) / USD 5 – 1 = – 30 %

12. Die tatsächliche Wahrscheinlichkeit gibt an, mit welcher Wahrscheinlichkeit ein Ereignis eintreten wird. Die risikoneutrale Wahrscheinlichkeit gibt an, mit welcher Wahrscheinlichkeit ein Ereignis in einer Welt eintritt, in der die Anleger risikoneutral sind. Deshalb ist die risikoneutrale Wahrscheinlichkeit ein Konstrukt, das die Wirklichkeit nicht realistisch abbildet. Unter der Annahme, dass Anleger risikoavers sind, sind risikoneutrale Wahrscheinlichkeiten im guten Zustand niedriger und im schlechten Zustand höher. Das muss der Fall sein, denn wenn die Anleger risikoneutral sind, dann entsprechen die erwarteten Renditen den risikolosen Zinssätzen, während risikoaverse Anleger höhere Renditen erwarten. Und bei gleichen Payoffs impliziert eine höhere erwartete Rendite, dass ein guter Zustand wahrscheinlicher ist.

13. Risikoneutrale Wahrscheinlichkeiten können genutzt werden, um die Preise derivativer Wertpapiere zu bestimmen, weil die die Bewertung von Derivaten nur von den Merkmalen des Underlyings abhängt. Aufgrund dieser Tatsache kann der Wert des Underlyings mithilfe der risikoneutralen Wahrscheinlichkeiten berechnet werden, und deshalb hängt der Wert der Call-Option von diesen Wahrscheinlichkeiten ab. Risikoneutrale Wahrscheinlichkeiten sind die einfachsten Wahrscheinlichkeiten, mit denen man arbeiten kann, sofern sie die Berechnungen vereinfachen, und aus diesem Grund nutzen wir sie.

14.
$$\beta_{\text{Put-Option}} = \frac{\Delta S}{\Delta S + B}\beta_S = \frac{-\left(1 - N\left(d_1\right)\right)S}{P}\beta_S$$

Put-Option: 238 Tage bis zur Fälligkeit, S = USD 5,035, K = USD 5, $\sigma = 65$ %, $r_f = 1$ % $\Rightarrow N(d_1) = 0{,}613$, P = USD 1,002

a)

$$Hebel = \frac{-\left(1 - N\left(d_1\right)\right)s}{P} - 1{,}9$$

b)

$$\beta_{\text{Put-option}} = \frac{-(1-0{,}613)\times 5{,}035}{1{,}002} \times 0{,}85 = -1{,}65$$

c)

$$E(R) = r_f + \beta_{\text{Put-option}}\left(E\left(R_{\text{Markt}}\right) - r_f\right) = 0{,}01 + (-1{,}65)(0{,}06) = -0{,}089$$

d) Ein Anleger würde eine Put-Option kaufen, wenn eine negative Rendite erwartet wird, um sich damit gegen Verluste abzusichern. Das negative Beta impliziert, dass sich die Rendite gegenläufig zum Markt entwickelt, also gute Renditen liefert, wenn die Zeiten schlecht sind (dann also, wenn positive Renditen am wertvollsten sind).

15. Das Eigenkapital kann als Call-Option mit vierjähriger Laufzeit und einem Ausübungspreis von USD 100 Millionen auf die Vermögenswerte des Unternehmens interpretiert werden. Der derzeitige Marktwert der Vermögenswerte beläuft sich auf USD 400 + USD 75 = USD 475 Millionen.

Mithilfe der Black-Scholes-Formel können wir die implizite Volatilität der Vermögenswerte berechnen: Wert der Call-Option = USD 400, K = USD 100, S = USD 475, $T = 4$, $r = 0{,}0513 \Rightarrow \sigma = 60{,}6$ %.

Unter Berücksichtigung der Volatilität ergibt sich:

$$\Delta = N\left(d_1\right) = N\left[\frac{\ln\left(\frac{475}{100/(1+0{,}0513)^4}\right)}{0{,}606\sqrt{4}} + \frac{0{,}606\sqrt{4}}{2}\right] = 0{,}980$$

$$\beta_U = \frac{\beta_E}{\Delta\left(1+\frac{D}{E}\right)} = \frac{1{,}2}{0{,}980\times\left(1+\frac{75}{400}\right)} = 1{,}03$$

Realoptionen

21

ÜBERBLICK

21.1 Analyse mithilfe des Entscheidungsbaums

1. Ihr Unternehmen plant die Eröffnung eines Büros in Japan. Die Gewinne hängen davon ab, wie schnell sich die Wirtschaft in Japan von der derzeitigen Rezession erholt. Die Chancen einer Erholung noch in diesem Jahr liegen bei 50 %. Sie versuchen herauszufinden, ob es sinnvoller ist, das Büro sofort oder erst in einem Jahr zu eröffnen. Entwickeln Sie den Entscheidungsbaum, der die Wahlmöglichkeiten aufzeigt, die Sie haben, um das Büro entweder heute oder in einem Jahr zu eröffnen.

2. Sie versuchen zu entscheiden, ob es sinnvoll ist, eine Investition in Höhe von USD 500 Millionen in eine neue Technologie zu tätigen, um Everlasting Gobstoppers zu produzieren. Die Wahrscheinlichkeit, dass der Markt für diese Süßwaren Gewinne von jährlich USD 100 Millionen erwirtschaften wird, liegt bei 60 %. Die Wahrscheinlichkeit, dass die Gewinne pro Jahr sich auf USD 50 Millionen belaufen werden, beträgt 20 % und die Wahrscheinlichkeit, dass es keine Gewinne geben wird, beträgt ebenfalls 20 %. Wie groß der Markt sein wird, werden Sie ein Jahr nach der Investition wissen. Das heißt, wenn Sie die Investition nicht tätigen, werden Sie nicht wissen, welchen Umfang der Markt hat. Derzeit betragen die Kapitalkosten für dieses Projekt 11 % pro Jahr. Die Wahrscheinlichkeit, dass die Kapitalkosten innerhalb eines Jahres auf 9 % sinken werden, beträgt 20 %, während sie bei 80 % liegt, dass die Kapitalkosten immer auf dem Niveau von 11 % bleiben werden. Bewegungen auf dem Kapitalkostenmarkt haben keinen Bezug zum Süßwarenmarkt.

   Entwerfen Sie den Entscheidungsbaum, der die Alternativen aufzeigt, die Sie unter diesen Umständen haben.

21.2 Die Verzögerungsoption: Investition als Call-Option

3. Sie sind Finanzanalystin bei Global Conglomerate und überlegen, in die Schuhbranche einzusteigen. Sie glauben, dass das Zeitfenster für diesen Schritt sehr klein ist. Weil das Weihnachtsgeschäft kurz bevorsteht, ist Ihrer Meinung nach genau jetzt der richtige Zeitpunkt für diesen Schritt, und Sie glauben, dass exakt in einem Jahr ein weiterer guter Zeitpunkt wäre. Abgesehen von diesen zwei Zeitfenstern gibt es Ihrer Meinung nach keine Gelegenheit, in dieser Branche Fuß zu fassen. Die Kosten belaufen sich auf USD 35 Millionen Euro. Weil es bereits andere Schuhhersteller gibt, die als börsennotierte Unternehmen agieren, sind Sie in der Lage, ein absolut vergleichbares Unternehmen zu finden. Sie haben deshalb beschlossen, mit Hilfe der Black-Scholes-Formel Ihre Entscheidung zu treffen, wann und ob Sie in die Schuhbranche einsteigen werden. Ihre Analyse impliziert, dass der derzeitige Wert eines aktiven Schuhunternehmens USD 40 Millionen beträgt und ein Beta von 1 hat. Der Kundenzuspruch ist jedoch ungewiss, so dass der Wert des Unternehmens volatil ist – Ihre Analyse deutet darauf hin, dass die Volatilität bei 25 % pro Jahr liegt. Fünfzehn Prozent des Unternehmenswertes sind dem Wert des freien Cashflows zuzuordnen, der für das erste Jahr erwartet wird (verfügbares Barvermögen, das Sie nach eigenen Vorstellungen einsetzen können). Wenn der risikolose Zinssatz für ein Jahr 4 % beträgt:

   a) Sollte Global in die Branche einsteigen, und wenn ja, wann?

   b) Wie verändert sich die Entscheidung, wenn der aktuelle Wert eines aktiven Schuhunternehmens nicht USD 40 Millionen beträgt, sondern USD 36 Millionen?

c) Stellen Sie den Wert Ihrer Anlagemöglichkeit als Funktion des derzeitigen Wertes eines Schuhunternehmens dar.

d) Stellen Sie das Beta Ihrer Anlagemöglichkeit als Funktion des derzeitigen Wertes eines Schuhunternehmens dar.

4. Es ist Anfang September und Sie haben das folgende Angebot für einen Heli-Skiing-Trip erhalten: Wenn Sie die Reise in der ersten Woche im Januar antreten und sie heute schon bezahlen, dann kostet eine Heli-Skiing-Woche EUR 2.500. Wenn die Reise nicht zustande kommt, weil es nicht geschneit hat oder Sie krank werden, dann gibt es keine Erstattung. Wenn Sie ein Last-Minute-Angebot in Anspruch nehmen und nur fahren, wenn Sie gesund sind und die Bedingungen perfekt sind, dann wird die Reise EUR 4.000 kosten. Sie schätzen, dass eine einwöchige Heli-Skiing-Tour für Sie einen Wert von EUR 6.000 hat (d.h. erst wenn Sie mehr als diesen Betrag bezahlen müssten, würden Sie sich dagegen entscheiden). Sollten Sie, wenn Ihre Kapitalkosten 8 % pro Jahr betragen, im Voraus zahlen oder abwarten?

5. Das Management der Southern Express Corporation zieht in Betracht, 10 % aller zukünftigen Gewinne in die Expansion des Unternehmens zu investieren. Es gibt eine einzelne Wachstumschance, die entweder sofort oder aber nach Ablauf einer Periode genutzt werden kann. Die Manager kennen den die Kapitalrendite nicht mit Sicherheit, wissen aber, dass sie wahrscheinlich entweder bei 10 oder bei 14 % pro Jahr liegen wird. In einer Periode wird feststehen, ob eher die höhere oder eher die niedrigere Rendite erzielt wird. Derzeit zahlt das Unternehmen den Gewinn in Höhe von USD 10 Millionen in Form einer Dividende aus; wenn es sich gegen die Anlage entscheidet, dann wird erwartet, dass die Dividende für immer auf diesem Niveau bleibt. Wenn Southern Express die Investition tätigt, dann wird die neue Dividende die realisierte Kapitalrendite widerspiegeln und gemäß dem realisierten Zinssatz für immer wachsen. Wie hoch ist der Wert des Unternehmens unter der Annahme, dass die Opportunitätskosten des Kapitals 10,1 % betragen, genau bevor die derzeitige Dividende ausgeschüttet wird (der cum-Wert)?

21.3 Die Erweiterungsoption und die Abbruchoption

6. Ihre Forschungs- und Entwicklungsabteilung hat ein Material entwickelt, das bei Raumtemperatur über eine herausragende elektrische Leitfähigkeit verfügt. Sie haben Ihr Okay gegeben, dieses Material zu produzieren und zu vermarkten. Es wird fünf Jahre dauern, bis feststeht, ob das Material kommerziell nutzbar ist, und Sie schätzen, dass die Erfolgswahrscheinlichkeit bei 25 % liegt. Die Entwicklungskosten werden USD 10 Millionen pro Jahr betragen, fällig jeweils zu Beginn des Jahres. Wenn sich die Entwicklung als erfolgreich erweist und Sie entscheiden, das Material herzustellen, dann soll unverzüglich eine Produktionsstätte gebaut werden. Um die Fabrik zu bauen, ist eine Investition in Höhe von USD 1 Milliarde erforderlich, und die Produktion wird zum Ende jedes Jahres dauerhaft USD 100 Millionen an Gewinn erwirtschaften. Nehmen wir an, dass der derzeitige risikolose Zinssatz bei 10 % pro Jahr liegt und der Ertrag auf eine ewige risikolose Anleihe in fünf Jahren 12 %, 10 %, 8 % oder 5 % betragen wird. Nehmen wir weiter an, dass die risikoneutrale Wahrscheinlichkeit für alle möglichen Zinsraten gleich hoch ist. Wie hoch ist der heutige Wert des Projekts?

7. Sie arbeiten als Analyst für Goldman Sachs und versuchen, das Wachstumspotenzial eines großen, erfolgreichen Konzerns namens Big Industries zu bewerten. Big Industries hat eine innovative Forschungs- und Entwicklungsabteilung, die immer wieder zuverlässig erfolgreiche Produkte hervorgebracht hat. Sie schätzen, dass die Forschungs- und Entwicklungsabteilung im Durchschnitt zwei neue Produktvorschläge innerhalb von drei Jahren erarbeitet, so dass es eine Zweidrittel-Chance gibt, dass ein Projekt pro Jahr vorgeschlagen wird. Üblicherweise erfordern die Anlagemöglichkeiten, die die R&D-Abteilung hervorbringt, eine Anfangsinvestition in Höhe von USD 10 Millionen und erwirtschaften pro Jahr Gewinne in Höhe von USD 1 Million, die dauerhaft eine von drei möglichen Wachstumsraten aufweisen: 3%, 0% und –3%. Alle drei Wachstumsraten sind jeweils für alle Projekte gleich wahrscheinlich. Bei diesen Neuentwicklungen handelt es sich immer um „Take-it-or-leave-it"-Projekte: Wenn sie nicht unverzüglich umgesetzt werden, dann sind sie für immer verloren. Nehmen wir an, dass die Kapitalkosten dauerhaft bei 12 % pro Jahr liegen. Wie hoch ist der Barwert aller zukünftigen Wachstumsmöglichkeiten, die Big Industries entwickeln wird?

8. Verwenden Sie die Informationen aus Aufgabe 7, nur nehmen Sie diesmal an, dass es sich bei allen Wahrscheinlichkeiten um risikoneutrale Wahrscheinlichkeiten handelt, das bedeutet, dass die Kapitalkosten jeweils dem risikofreien Zinssatz entsprechen, und diese folgende Werte annehmen: Der aktuelle Zinssatz für eine risikofreie ewige Rente beträgt 8 %; es besteht eine 64,375-prozentige Wahrscheinlichkeit, dass alle risikofreien Zinssätze bei 10 % liegen und dauerhaft auf diesem Niveau bleiben werden und eine 35,625-prozentige Chance, dass sie 6 % betragen und dauerhaft auf diesem Niveau bleiben werden. Der derzeitige risikolose Zinssatz für ein Jahr beträgt 7 %.

9. Ein echter Silberdollar aus dem späten 18. Jahrhundert besteht zu etwa 24 Gramm aus Silber. Bei einem Preis von USD 0,19 pro Gramm (USD 6 pro Feinunze) ist der Silbergehalt der Münze etwa USD 4,50 wert. Nehmen wir an, dass es eine ausreichende Menge dieser Münzen gibt und dass es sich nicht um Sammlerobjekte handelt, so dass sie keinen numismatischen Wert haben. Wenn der aktuelle Silberpreis USD 0,19 pro Gramm beträgt, ist der Preis der Münze dann größer, kleiner oder gleich USD 4,50? Begründen Sie Ihre Antwort.

21.4 Investitionen mit unterschiedlichen Laufzeiten

10. Welche implizite Annahme wird getroffen, wenn Führungskräfte die Annuitätenmethode, mit der der durchschnittliche jährliche Nutzen berechnet wird, verwenden, um zwei Projekte mit unterschiedlichen Laufzeiten zu vergleichen, die die gleiche Ressource benötigen?

11. Sie sind Inhaber eines Taxiunternehmens und wollen zwei Optionen bewerten, um Ihre Flotte zu ersetzen. Entweder können Sie einen Leasing-Vertrag über fünf Jahre für die Ersatzfahrzeuge abschließen, der USD 500 pro Monat und pro Fahrzeug kostet, oder Sie können die Taxis direkt für USD 30.000 kaufen und sie über einen Zeitraum von acht Jahren nutzen. Wenn Sie leasen, müssen Sie die Fahrzeuge nach Ablauf der Leasing-Vertrages zurückgeben. Der Leasinggeber übernimmt alle Wartungskosten, und wenn Sie die Fahrzeuge kaufen, dann werden Sie noch einen Wartungsvertrag abschließen, der USD 100 pro Monat für die Lebensdauer jedes Fahrzeugs kostet. Mit jedem Taxi lassen sich Umsätze von USD 1.000 pro Monat erwirtschaften. Die Kapitalkosten liegen dauerhaft bei 12 %.

a) Berechnen Sie den Kapitalwert pro Taxi für beide Anlagemöglichkeiten: Kauf oder Leasing der Fahrzeuge.

b) Berechnen Sie den durchschnittlichen jährlichen finanziellen Vorteil pro Monat für beide Anlagemöglichkeiten.

c) Wenn Sie die Taxen leasen, dann haben Sie die Möglichkeit, die gebrauchten Fahrzeuge nach Ablauf des Vertrages gebraucht zu kaufen. Nehmen wir an, dass ein fünf Jahre altes Taxi in fünf Jahren entweder USD 10.000 oder USD 16.000 kosten wird. Die Wahrscheinlichkeit ist für beide Preisentwicklungen gleich hoch. Die Wartungskosten werden in beiden Fällen USD 500 pro Monat betragen und die Fahrzeuge lassen sich noch weiter drei Jahre nutzen. Für welche Option sollten Sie sich entscheiden?

21.5 Optimale stufenweise Investitionen

12. Ihre Ingenieure entwickeln ein neues Produkt, das im nächsten Jahr auf den Markt gebracht werden soll und Investitionen sowohl in innovative Software als auch in Hardware erfordert. Das Software-Team benötigt ein Budget in Höhe von USD 5 Millionen und sagt eine 80-prozentige Erfolgswahrscheinlichkeit voraus. Das Hardware-Team verlangt ein Budget in Höhe von USD 10 Millionen und prognostiziert eine Erfolgswahrscheinlichkeit von 50 %. Beide Teams werden 6 Monate brauchen, um an dem Produkt zu arbeiten, und der risikolose Zinssatz beträgt 4 % (p.a. nominal) mit halbjährlicher Abrechnung.

a) Welches Team sollte zuerst an seinem Projekt arbeiten?

b) Nehmen wir an, dass das Hardware-Team vor Beginn der Projekte noch einmal auf Sie zukommt und neue Berechnungen vorlegt, in denen die Erfolgswahrscheinlichkeit nach Einbezug neuer Informationen bei 75 % liegt. Wie wird das Ihre Entscheidung in Teilaufgabe a) beeinflussen?

21.6 Faustregeln

13. In Ihrem Unternehmen gibt es Überlegungen zu expandieren. Wenn Sie heute investieren, dann wird die Expansion einen freien Cashflow in Höhe von USD 10 Millionen zum Ende des Jahres generieren, und Sie werden dauerhaft einen Wert in Höhe von entweder USD 150 Millionen (wenn die Wirtschaft sich erholt) oder USD 50 Millionen (wenn die Wirtschaft sich nicht erholt) erzielen. Wenn Sie mit der Investition bis zum letzten Jahr warten, dann werden Sie die Möglichkeit, USD 10 Millionen an freiem Cashflow zu erwirtschaften, verlieren, aber dafür werden Sie den dauerhaften Wert der Investition im folgenden Jahr kennen (also in einem Jahr von heute an werden Sie wissen, wie hoch der Folgewert der Investition im folgenden Jahr sein wird). Nehmen wir an, der risikolose Zinssatz liegt bei 5 % und die risikoneutrale Wahrscheinlichkeit, dass sich die Wirtschaft erholt, beträgt 45 %. Nehmen wir weiterhin an, dass die Expansionskosten in diesem und im folgenden Jahr gleich hoch sein werden.

a) Wenn die Expansionskosten USD 80 Millionen betragen, sollten Sie heute investieren oder mit der Entscheidung bis zum nächsten Jahr warten?

b) Zu welchen Expansionskosten gäbe es keinen Unterschied zwischen einer sofortigen Expansion und einem Aufschub? Welchem Rentabilitätsindex würde das entsprechen?

Lösungen zu Kapitel 21

21.7 Lösungen

1.

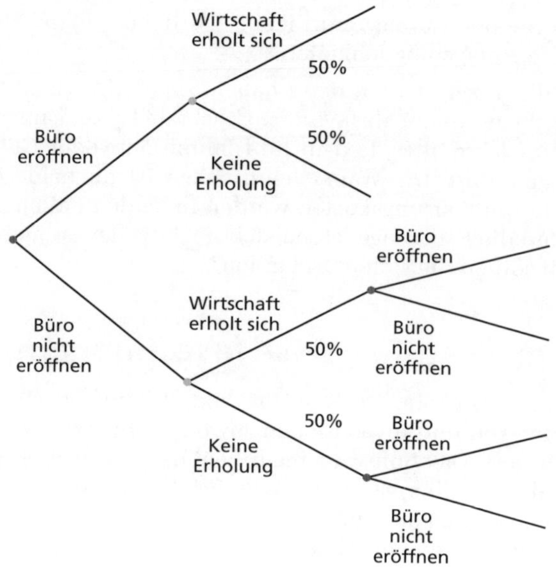

2.

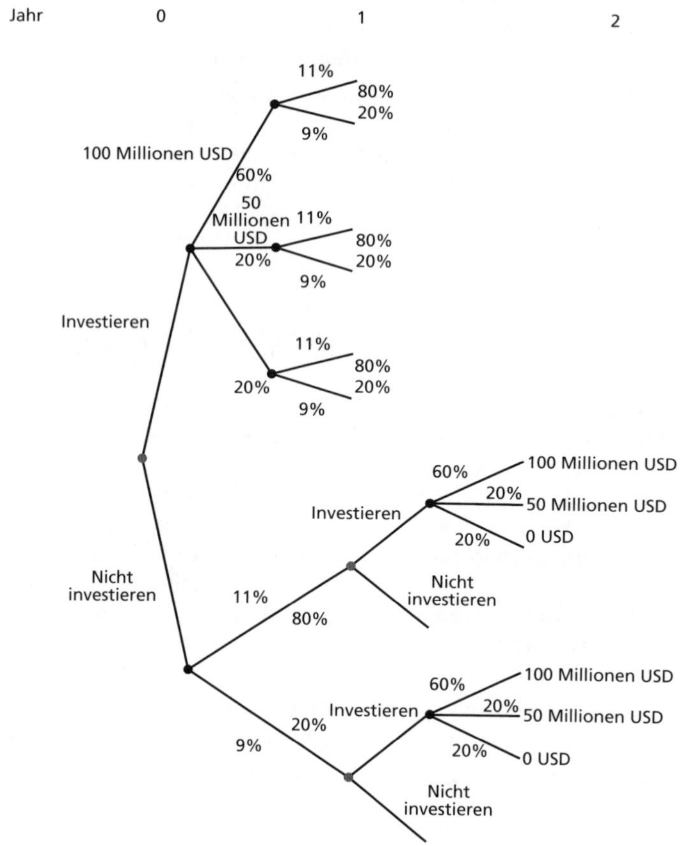

3. a)

$$S^x = S - BW(Div) = \text{USD } 40\,(1 - 0{,}15) = \text{USD } 40\,(0{,}85)$$

$$BW(K) = \text{USD } 35\,/\,(1{,}04) = \text{USD } 33{,}6538$$

$$T = 1,\ \sigma = 0{,}25$$

$$d_1 = \frac{\ln\left(S^x / BW(K)\right)}{\sigma\sqrt{K}} + \frac{\sigma\sqrt{T}}{2} = 0{,}1659$$

$$d_2 = -0{,}0841$$

$$C = S^x\,N(d_1) - BW(K)\,N(d_2) = \text{USD } 3{,}54$$

Der Wert, der durch Abwarten entsteht, beträgt USD 3,54 Millionen. Der Wert einer sofortigen Investition beträgt USD 40 – USD 35 = USD 5 Millionen. Der Einstieg in die Branche sollte also sofort erfolgen.

b)

$$S^x = S - BW(Div) = \text{USD } 36\,(1 - 0{,}15) = \text{USD } 36\,(0{,}85)$$

$$BW(K) = \text{USD } 35\,/\,(1{,}04) = \text{USD } 33{,}6538$$

$$T = 1,\ \sigma = 0{,}25$$

$$d_1 = \frac{\ln\left(S^x / BW(K)\right)}{\sigma\sqrt{K}} + \frac{\sigma\sqrt{T}}{2} = 0{,}2555$$

$$d_2 = -0{,}5055$$

$$C = S^x\,N(d_1) - BW(K)\,N(d_2) = \text{USD } 1{,}90$$

Der Wert, der durch das Abwarten entsteht, beträgt USD 1,90 Millionen. Der Wert einer sofortigen Investition beträgt USD 36 – USD 35 = USD 1 Million. Der Einstieg in die Branche sollte also nicht sofort erfolgen.

c)

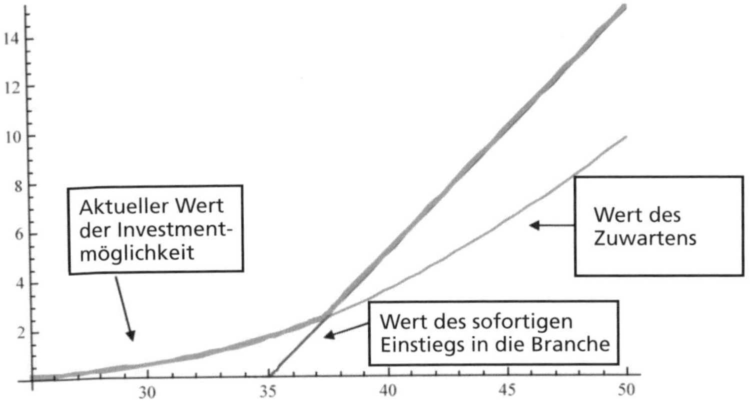

d) Das Beta der Anlagemöglichkeit beträgt

$$\beta = \frac{S^x \times N(d_1)}{C} + \beta_{Schuh}$$

wenn die Schuhindustrie weniger als USD 37,4 Millionen wert ist und ist gleich 1 (Beta eines Schuhunternehmens), wenn sie mehr wert ist:

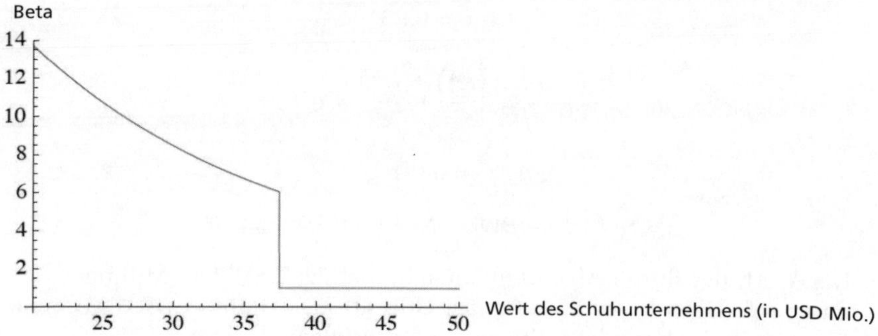

4.

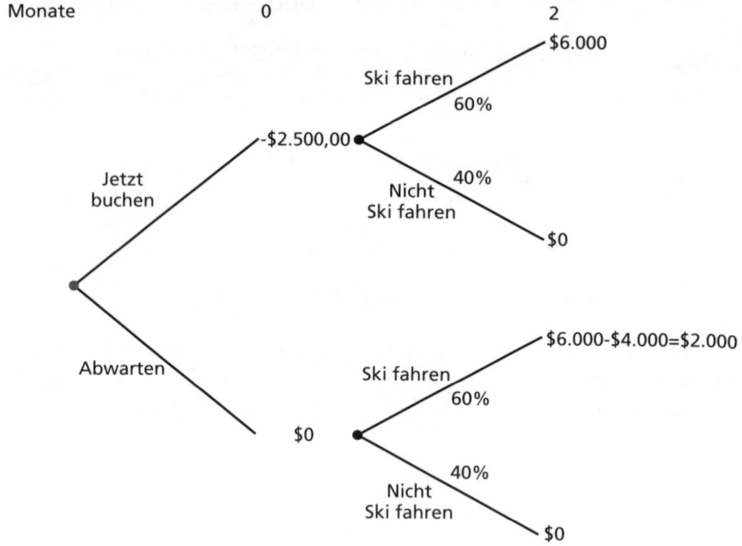

Wenn Sie heute buchen, dann beträgt der erwartete Nutzen des Skifahrens in 4 Monaten

USD 6.000 (0,60) + 0 (0,40) = USD 3.600.

Der Kapitalwert einer sofortigen Buchung beträgt also:

$$KW = \frac{3.600}{1{,}08^{\frac{4}{12}}} - 2.500 = \text{USD } 1.008{,}82$$

Wenn Sie mit der Buchung noch warten, dann beläuft sich der erwartete Vorteil in vier Monaten auf:

USD 2.000 (0,60) + 0 (0,4) 0 = USD 1.200

Der Barwert heute beträgt:

$$KW = \frac{1.200}{1{,}08^{\frac{4}{12}}} = \text{USD } 1.169{,}61$$

Also sollten Sie warten.

5. Beachten Sie, dass die derzeitige Dividende USD 10 (1 – 0,1) = USD 9 Millionen betragen wird, wenn sich das Unternehmen für die Investition entscheidet. Es wird zwei mögliche Wachstumsraten in einer Periode haben. Wenn sich herausstellt, dass die Kapitalrendite 14 % beträgt, dann wird die Wachstumsrate g = Selbstbehaltsquote × Kapitalrendite der neuen Investition = 0,1 × 0,14 = 1,4 % sein. Wenn die Kapitalrendite der neuen Investition bei 10 % liegt, dann wird die Wachstumsrate g = 0,1 × 0,1 = 1 % betragen. Nehmen wir an, dass das Unternehmen beschließt abzuwarten, um herauszufinden, wie hoch die Kapitalrendite ist, bevor eine Entscheidung getroffen wird. In diesem Fall müssen wir entscheiden, ob wir die Investitionsentscheidung zum Zeitpunkt 1 treffen wollen. Wenn wir die Investition tätigen wollen und die Kapitalrendite bei 10 % liegt, dann beträgt die Wachstumsrate 1 % (*low growth*). Der Zeitstrahl wird dann folgendermaßen aussehen:

	1	2	3	4
Niedriges Wachstum	9	9×1.01^1	9×1.01^2	9×1.01^3
Kein Wachstum	10	10	10	10

Anhand des Zeitstrahls können wir erkennen, welchen Wert das Unternehmen zum Zeitpunkt 1 hat (also bevor die Dividende gezahlt wird), wenn sich das Unternehmen für die Investition entscheidet:

$$p^{l}_{investieren} = 9 + \frac{9(1{,}01)}{0{,}101 - 0{,}01} = \text{USD } 108{,}89$$

Wenn das Unternehmen beschließt, nicht zu investieren, dann beträgt der Wert des Unternehmens:

$$p^{l}_{nicht\ investieren} = 10 + \frac{10}{0{,}101} = \text{USD } 109{,}01$$

Es ist eindeutig besser für das Unternehmen, nicht zu investieren, denn dann beträgt sein Wert USD 109,01 Millionen. (Das lässt sich auch auf den ersten Blick erkennen, weil die Kapitalrendite in diesem Zustand niedriger ist als die Opportunitätskosten des Kapitals.)

Wenn die Kapitalrendite bei 14 % liegt, dann beträgt die Wachstumsrate 1,4 % (der Zustand hohen Wachstums). Wird die gleiche Formel verwendet wie oben, dann beträgt der Wert des Unternehmens, wenn die Investition getätigt wird:

$$p^{h}_{investieren} = 9 + \frac{9(1{,}014)}{0{,}101 - 0{,}014} = \text{USD } 113{,}897$$

Dieser Wert ist höher als USD 109,01 (Wert, wenn nicht investiert wird), also sollte das Unternehmen sich für die Investition entscheiden. (Hier übersteigt die Kapitalrendite die Opportunitätskosten des Kapitals.)

Wie hoch ist der Unternehmenswert heute? Um dieses Problem zu lösen, zeichnen Sie zuerst den Entscheidungsbaum:

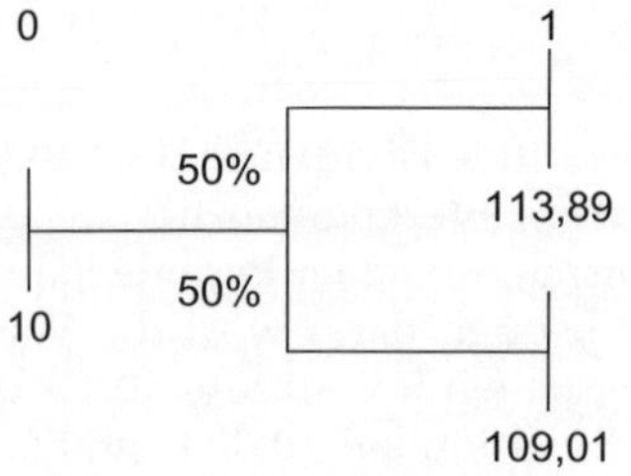

Weil jeder Zustand die gleiche Wahrscheinlichkeit aufweist, beträgt der erwartete Wert des Unternehmens in einer Periode USD 113,897 (0,5) + USD 109,01 (0,5). Durch Berechnung des Barwerts und Addition der heutigen Dividende (Sie erinnern sich, dass wir den Wert berechnen, der direkt vor der Zahlung der Dividende besteht), erhalten wir den heutigen Unternehmenswert in Höhe von:

$$P = \frac{\frac{1}{2}(109,01 + 113,897)}{1,101} + 10 = \text{USD } 111,229$$

Beachten Sie, was geschehen würde, wenn die Manager von Southern nicht eine Periode warten würden, bis sie die Investitionsentscheidung treffen, sondern beschließen würden, die Entscheidung sofort zu treffen, also zum Zeitpunkt 0 auf dem Zeitstrahl. In diesem Fall sähe der Entscheidungsbaum folgendermaßen aus:

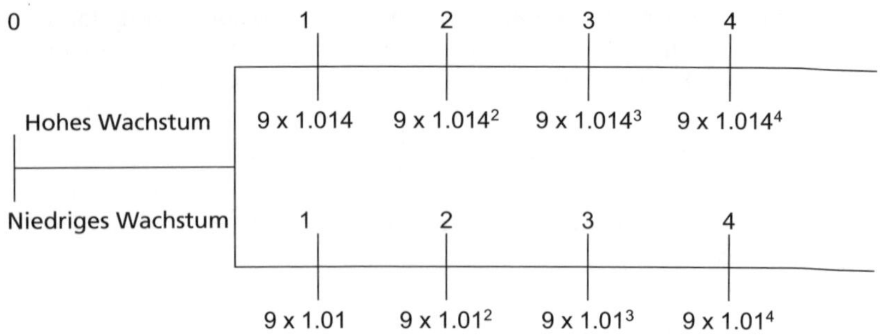

Wir können den Wert des Unternehmens ableiten, indem wir die gleichen Schritte durchführen wie zuvor. Wenn die Wachstumsrate hoch sein sollte, beläuft sich der Barwert der zukünftigen Dividenden heute (zum Zeitpunkt 0) auf:

$$P^{h}_{investieren} = \frac{9(1,014)}{0,101 - 0,014} = \text{USD } 104,897$$

Wenn die Wachstumsrate niedrig ausfällt, dann beträgt der Barwert der zukünftigen Dividenden zum Zeitpunkt 0:

$$P^{l}_{investieren} = \frac{9(1,01)}{0,101 - 0,01} = \text{USD } 99,89$$

Der Wert des Unternehmens heute entspricht dem Barwert der zukünftigen Dividenden plus der Dividende heute. Weil beide Zustände die gleichen Wahrscheinlichkeiten aufweisen, haben wir:

$$p_{investieren} = 9 + \frac{1}{2}(99{,}89) + \frac{1}{2}(104{,}897) = \text{ USD } 111{,}39$$

Beachten Sie, dass dieser Wert höher ist als der Wert des Unternehmens, wenn das Management abwartet und die Entscheidung zum Zeitpunkt 1 trifft, sobald die Kapitalrendite sicher ist. Die Manager sollten also die Verzögerungsoption aufgeben und heute investieren. Dann beträgt der Wert des Unternehmens USD 111,39 Millionen.

6.

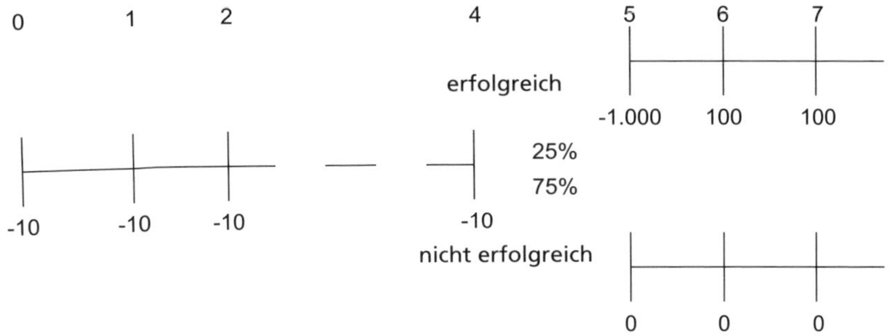

Wenn die Entwicklung erfolgreich verläuft, dann beträgt der Kapitalwert zum Zeitpunkt 5:

$$KW_5(r) = \frac{100}{r} - 1.000$$

Dieser ist negativ für r > 10 %, und deshalb wird die Produktion des Materials nur erfolgen, wenn die Zinssätze 8 % oder 5 % betragen.

$$KW_5(0{,}08) = \frac{100}{0{,}08} - 1.000 = \text{USD } 250$$

$$KW_5(0{,}05) = \text{USD } 1.000$$

Der erwartete Wert der Wachstumsmöglichkeit beträgt also, wenn die Entwicklung erfolgreich ist, zum Zeitpunkt 5:

$$EV_S = 250(0{,}25) + 1.000(0{,}25) = \text{USD } 312{,}50$$

Die Erfolgswahrscheinlichkeit liegt bei 25 %, so dass der erwartete Wert zum Zeitpunkt 5 der Anlagemöglichkeit

$$EV = 312{,}5 \times 0{,}25 = \text{USD } 78{,}125$$

beträgt. Der Kapitalwert der Entwicklungsmöglichkeit zum Zeitpunkt 0 ist deshalb:

$$KW = -10 - \frac{10}{0{,}1}\left(1 - \left(\frac{1}{1{,}1}\right)^4\right) + \frac{78{,}125}{(1{,}1)^5} = \text{USD } 6{,}811 \text{ Millionen}$$

7. Stellen Sie sich ein Projekt vor, das in Jahr n vorgeschlagen wird. Der Zeitstrahl sieht folgendermaßen aus:

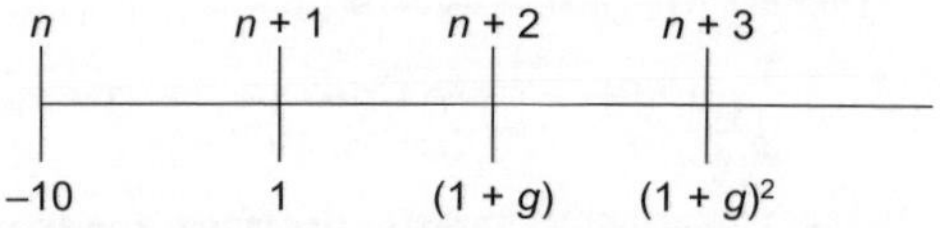

Der Kapitalwert dieser Anlagemöglichkeit beträgt:

$$KW_n(g) = \frac{1}{0{,}12 - g} - 10$$

Daraus folgt:

$$KW_n(g = 3\%) = \frac{1}{0{,}12 - 0{,}03} - 10 = \text{USD } 1{,}11 \text{ Millionen}$$

$$KW_n(g = 0\%) = \frac{1}{0{,}12 - 0} - 10 = -\text{USD } 1{,}67 \text{ Millionen}$$

$$KW_n(g = -3\%) = \frac{1}{0{,}12 + 0{,}03} - 10 = -\text{USD } 3{,}33 \text{ Millionen}$$

Deshalb werden nur die Projekte, die positive Wachstumsraten aufweisen, umgesetzt. Der erwartete Wert jeder potenziellen Anlagemöglichkeit beträgt also:

$$EV_n = \text{USD } 1{,}11 \times 1/3 \text{ Mio.} = \text{USD } 370.370$$

Die Wahrscheinlichkeit, dass in einem beliebigen Jahr ein erfolgversprechendes Projekt erarbeitet wird, beträgt 2/3, und deshalb ist der erwartete Wert der Wachstumsmöglichkeit, die in Jahr n auftauchen wird,

$$G_n = 370.370 \times 2/3 = \text{USD } 246.914$$

Auf dem Zeitstrahl sieht das folgendermaßen aus:

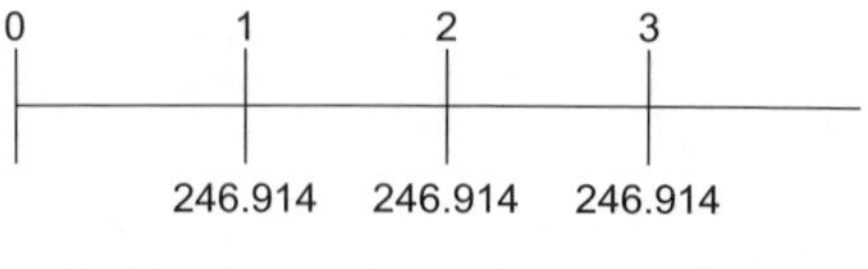

Der Barwert all dieser Möglichkeiten heute beträgt also:

$$BW = \frac{264.914}{0{,}12} = \text{USD } 2.058 \text{ Millionen}$$

8. Wählen Sie ein Projekt aus, das in Jahr n auftaucht. Der Zeitstrahl sieht folgendermaßen aus:

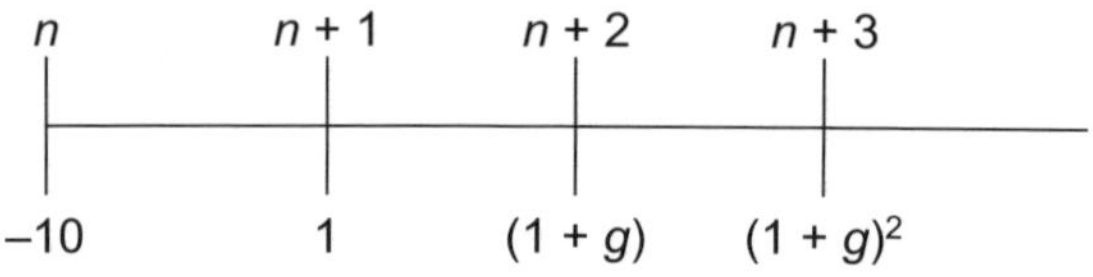

Der Kapitalwert dieser Anlagemöglichkeit beträgt. $KW_n(g,r) = \frac{1}{r-g} - 10$

Wenn der risikolose Zinssatz 10 % beträgt, dann

$$KW_n(3\%,\ 10\%) = \frac{1}{0{,}1 - 0{,}03} - 10 = \text{USD } 4{,}286 \text{ Millionen}$$

$$KW_n(0\%,\ 10\%) = \frac{1}{0{,}1} - 10 = 0$$

$$KW_n(-3\%,\ 10\%) = \frac{1}{0{,}1 + 0{,}03} - 10 = -\text{USD } 2{,}308 \text{ Millionen}$$

Entsprechend werden nur Projekte mit positiven Wachstumsraten berücksichtigt werden. Der erwartete Wert jeder potenziellen Anlagemöglichkeit ist also:

$$EV_n = 4{,}286 \times \tfrac{1}{3} = \text{USD } 1{,}4286 \text{ Millionen}$$

Die Wahrscheinlichkeit, dass ein Projekt in einem beliebigen Jahr auftauchen wird, beträgt 2/3, so dass der erwartete Wert der Wachstumsmöglichkeit, die in Jahr n auftauchen wird,

$$G_n = 1{,}4286 \times \tfrac{2}{3} = \text{USD } 952.381 \text{ Millionen}$$

Auf dem Zeitstrahl sieht das folgendermaßen aus:

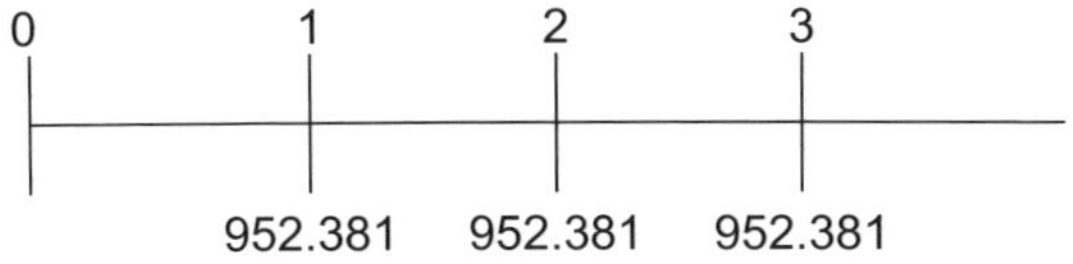

Der Barwert zum Zeitpunkt 1 beträgt also für all diese Anlagemöglichkeiten:

$$BW = 952.381 + \frac{952.381}{0{,}1} = \text{USD } 10{,}4762 \text{ Millionen}$$

Wenn der risikolose Zinssatz 6 % beträgt, dann

$$KW(3\%,\ 6\%) = \frac{1}{0{,}06 - 0{,}03} - 10 = \text{USD } 23{,}333$$

$$KW(0\%,\ 6\%) = \frac{1}{0{,}06} - 10 = \text{USD } 6{,}667$$

$$KW(-3\%,\ 6\%) = \frac{1}{0{,}06 - 0{,}03} - 10 = \text{USD } 1{,}111$$

Deshalb werden unabhängig von der Wachstumsrate alle Projekte umgesetzt werden. Der erwartete Wert einer beliebigen Anlagemöglichkeit ist also

$$EV_n = 23{,}33 \times 1/3 + 6{,}67 \times 1/3 + 1{,}111 \times 1/3 = \text{USD } 10{,}37 \text{ Millionen}$$

Die Wahrscheinlichkeit, dass ein Projekt in einem beliebigen Jahr auftauchen wird, beträgt 2/3, und deshalb ist der erwartete Wert der Wachstumsmöglichkeit, die sich in Jahr n ergeben wird,

$$G_n = 10{,}37 \times 2/3 = \text{USD } 6{,}914 \text{ Millionen}$$

Auf dem Zeitstrahl sieht das folgendermaßen aus:

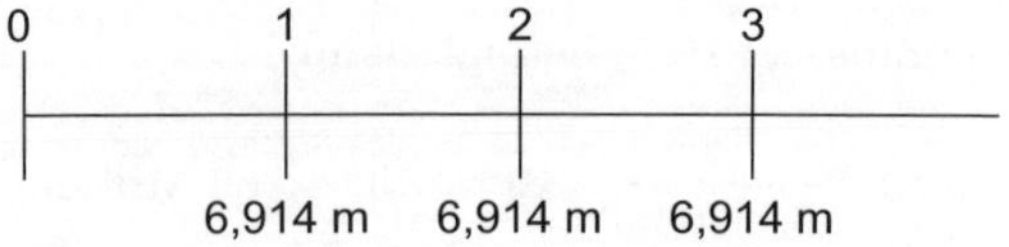

Der Barwert all dieser Möglichkeiten heute beträgt also:

$$BW = 6{,}914 + \frac{6{,}914}{0{,}06} = \text{USD } 122{,}14 \text{ Millionen}$$

Es besteht eine Wahrscheinlichkeit von 64,375 %, dass die Zinssätze (Wachstumsraten) auf 10 % steigen und eine Wahrscheinlichkeit von 35,625 %, dass die Zinssätze/Wachstumsraten auf 6 % sinken. In einem Entscheidungsbaum sieht das folgendermaßen aus:

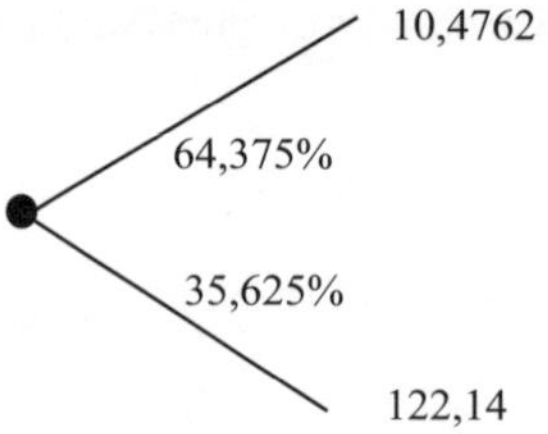

Der erwartete Wert beträgt also:

$$10{,}4762 \times 0{,}64375 - 122{,}14 \times 0{,}35625 = 50{,}2564$$

Die Berechnung des Barwertes beantwortet die Frage:

$$\frac{50{,}2564}{1{,}07} = \text{USD } 46{,}97 \text{ Millionen}$$

9. Der Silberdollar ist eigentlich eine Realoption, weil Sie immer die Option haben, ihn als Zahlungsmittel (als Dollarmünze) einzusetzen. Das wäre zwar zum aktuellen Silberpreis nicht sinnvoll, aber wenn der Silberpreis unter 4,1¢/Gramm (USD 1,28/Feinunze) fallen sollte, dann würde der Wert des Silbers in der Münze weniger als USD 1 betragen. Die Münze kann immer als Dollarmünze eingesetzt werden, so dass ihr Preis nicht unter einen Dollar sinken kann (nach dem Gesetz des einheitlichen Preises). Weil der Preis von 24 Gramm Silber unter USD 1 fallen kann, muss die Münze mehr wert sein als 24 Gramm Silber oder USD 4,50. Die Münze muss also einen Wert von USD 4,50 haben.

10. Die Annuitätenmethode nimmt implizit an, dass Sie das Projekt mit kürzerer Laufzeit zum Ende des Projektes mit kürzerer Laufzeit zu gleichen Konditionen ersetzen können.

11. a) Zeitstrahl:

	0	1	2	…	60	61	…	96
Leasing		500	500		500			
Kauf	–30.000	900	900		900	900		900

Wenn Sie die Kapitalkosten in einen monatlichen Abzinsungssatz umwandeln, ergibt das $(1{,}12)^{\frac{1}{12}} - 1 = 0{,}00949$, so dass der monatliche Abzinsungssatz 0,949 % beträgt.

$$KW_{\text{Leasing}} = \frac{500}{0{,}00949}\left(1 - \frac{1}{(1{,}00949)^{60}}\right) = \text{USD } 22.794$$

$$KW_{\text{Kauf}} = -30.000 + \frac{900}{0{,}00949}\left(1 - \frac{1}{(1{,}00949)^{96}}\right) = \text{USD } 26.541$$

b) Zeitstrahl:

	0	1	2	…	60	61	…	96
Leasing	–\$22.794	X	X		X			
Kauf	–\$26.541	Y	Y		Y	Y		Y

Der durchschnittliche jährliche Vorteil des Leasings beträgt:

$$22.794 = \frac{X}{0{,}00949}\left(1 - \frac{1}{(1{,}00949)^{60}}\right) \Rightarrow X = \text{USD } 500$$

Der durchschnittliche jährliche Vorteil des Kaufs beträgt:

$$26.541 = \frac{Y}{0{,}00949}\left(1 - \frac{1}{(1{,}00949)^{60}}\right) \Rightarrow Y = \text{USD } 422$$

c) Entscheidungsbaum

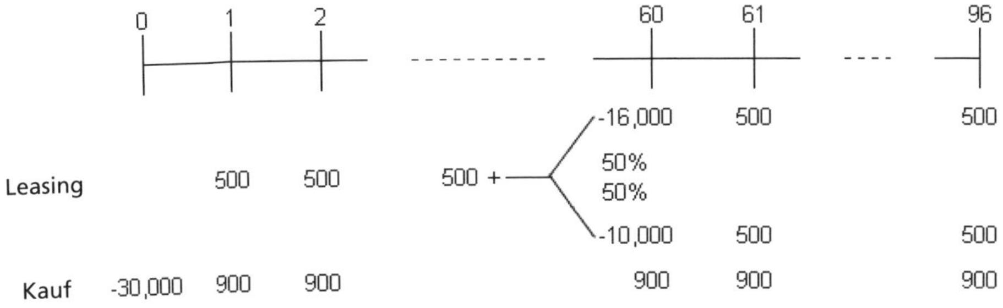

In Monat 60 beträgt der Kapitalwert des Fahrzeugkaufs entweder

$$KW = -10.000 + \frac{500}{0{,}00949}\left(1 - \frac{1}{\left(1{,}00949^{36}\right)}\right) = \text{USD } 5.188$$

Oder

$$KW = -16.000 + \frac{500}{0{,}00949}\left(1 - \frac{1}{\left(1{,}00949^{36}\right)}\right) = \text{USD} - 813$$

Der erwartete Wert des Fahrzeugersatzes in Jahr 5 beträgt

$$EV = 5.188\ (0{,}5) = \text{USD } 2.594.$$

Der Wert heute beträgt

$$BW = \frac{2.594}{(1{,}00949)^{60}} = \text{ USD } 1.472$$

Wenn wir diesen Wert zum Kapitalwert des Leasings aus Teil a) addieren, erhalten wir:

$$KW_{Leasing} = 1.472 + 22.794 = \text{USD } 24.266.$$

Weil der Kapitalwert des Kaufs sich nicht verändert hat:

$$KW_{Kauf} = \text{USD } 26.541$$

Sie sollten das Taxi also kaufen.

12. a) Software (1 – 0,80 / 1,02) / 5 = USD 0,043

Hardware (1 – 0,50 / 1,02) / 10 = USD 0,051

Das Hardware-Team sollte als erstes an seinem Projekt arbeiten.

b) Hardware (1 – 0,75/ 1,02) / 10 = USD 0,026.

Nun sollte das Software-Team anfangen.

13. a) $V_0 = (0{,}45 \times (150) + 0{,}55 \times (50) + 10)\ /\ 1{,}05 = \text{USD } 100$

$$KW(Expansion) = 100 - 80 = \text{USD } 20$$

$$KW(Aufschub) = 0{,}45 \times (150 - 80)\ /\ 1{,}05 = \text{USD } 30$$

Es ist also optimal zu warten.

b) $$KW(Expansion) = 100 - C =$$

$$KW(Aufschub) = 0{,}45 \times (150 - C)\ /\ 1{,}05$$

C ist also gleich USD 62,5.

Rentabilitätsindex = *KW* / *C* = (100 – 62,5) / 62,5 = 0,6

Beschaffung von Eigenkapital

22

ÜBERBLICK

22.1 Eigenkapitalfinanzierung für Privatunternehmen

1. Welche alternativen Quellen stehen Privatunternehmen zur externen Beschaffung von Eigenkapital zur Verfügung?

2. Die Venture-Capital-Gesellschaft GSB Partners hat zugesagtes Kapital in Höhe von EUR 100 Millionen beschafft. In jedem Jahr über die Lebensdauer des Fonds werden 2 % dieses Kapitals für die Bezahlung des Managementhonorars verwendet. Wie in der Venture-Capital-Branche üblich, wird GSB nur EUR 80 Millionen investieren (zugesagtes Kapital abzüglich der Managementhonorare der gesamten Lebensdauer). Am Ende der 10 Jahre sind die Investitionen, die der Fonds getätigt hat, EUR 400 Millionen wert. GSB berechnet außerdem ein Carried Interest in Höhe von 20 % auf die Gewinne des Fonds (abzüglich Managementhonorar).
   a) Es sei angenommen, dass das investierte Kapital von EUR 80 Millionen sofort investiert wird und alle Erträge am Ende der 10 Jahre ausgezahlt werden. Welchen internen Zinsfuß haben die Investitionen von GSB Partners? Berechnen Sie also den *IZF* und ignorieren dabei die Managementhonorare.
   b) Als Investor oder Kommanditist sind Sie natürlich mehr an Ihrem eigenen *IZF* interessiert, also dem *IZF* einschließlich aller gezahlten Honorare. Angenommen sei, die Investoren geben GSB Partners die vollen EUR 100 Millionen im Voraus, welchen *IZF* (d.h. der *IZF* abzüglich *aller* gezahlten Honorare) erhalten wir dann?

3. Vor drei Jahren haben Sie Ihr eigenes Unternehmen gegründet. Sie haben EUR 100.000 investiert und 5 Millionen Serie-A Vorzugsaktien erhalten. Seitdem hat Ihr Unternehmen drei weitere Finanzierungsrunden durchschritten.

Runde	Kurs (EUR)	Anzahl der Aktien
Serie B	0,50	1.000.000
Serie C	2,00	500.000
Serie D	4,00	500.000

   a) Welche Pre-Money-Valuation hat die Finanzierungsrunde der Serie D?
   b) Welche Post-Money-Valuation hat die Finanzierungsrunde der Serie D?
   c) Angenommen, Sie halten lediglich Serie-A Vorzugsaktien (und jede Aktie aller Serien der Vorzugsaktien kann in eine Stammaktie umgewandelt werden), welchen prozentualen Anteil am Unternehmen halten Sie nach der letzten Finanzierungsrunde?

22.2 Der Börsengang

4. Welches sind die wichtigsten Vor- und Nachteile eines Börsengangs?

5. Wann ist das Risiko für einen Underwriter am größten: bei einem Best-Effort-IPO, einem Firm-Committment-IPO oder einem Börsengang mittels Auktionsverfahren?

6. Vor drei Jahren haben Sie die OUTREC AG gegründet. Dieses Handelsunternehmen hat sich auf den Verkauf von Ausstattung und Kleidung für Freizeitaktivitäten

wie zum Beispiel Camping, Skifahren und Wandern spezialisiert. Bislang fanden in diesem Unternehmen drei Finanzierungsrunden statt:

Runde	Datum	Investor	Aktien	Aktienkurs (EUR)
Serie A	Febr. 2016	Sie	5.000.000	0,01
Serie B	Aug. 2017	Angels	1.000.000	2,00
Serie C	Sept. 2018	Venture Capital	4.000.000	3,50

Nun schreiben wir das Jahr 2019 und Sie wollen weiteres Kapital für eine Expansion beschaffen. Sie haben sich entschlossen, mit Ihrem Unternehmen an die Börse zu gehen. Sie würden bei diesem Börsengang gerne weitere 6 Millionen Aktien ausgeben. Sie verfügen im Moment über ein Barvermögen von EUR 5 Millionen (Nettoverschuldung) und gehen davon aus, dass das Nettoergebnis in diesem Jahr EUR 7,5 Millionen betragen wird.

a) Ihr Investmentbanker teilt Ihnen mit, dass die Preise anderer aktueller Börsengänge so festgelegt wurden, dass die KGV basierend auf den prognostizierten Gewinnen für das Jahr 2019 durchschnittlich bei 20,0 lagen. Angenommen, Ihr Angebotspreis wird so festgelegt, dass er einen ähnlichen Multiplikator impliziert, welchen Kurs pro Aktie haben Sie dann bei Ihrem Börsengang?

b) Welchen Anteil am Unternehmen halten Sie nach dem Börsengang?

22.3 Auffälligkeiten bei Neuemissionen

7. Was versteht man unter einer Unterbewertung einer Emission? Wenn Sie versuchen, bei jedem Börsengang Aktien zu kaufen, erzielen Sie dann grundsätzlich einen Gewinn aus dieser Unterbewertung?

8. Die Chen Brothers AG hat bei ihrem Börsengang 2 Millionen Aktien zu einem Preis von EUR 19 pro Aktie verkauft. Das Management hat ein Honorar (Konsortialspanne) von 7 % für diese Transaktion ausgehandelt. Wie hoch war dieses Honorar in Euro?

9. Ihr Unternehmen hat 10 Millionen Aktien im Umlauf und Sie möchten 5 Millionen neue Aktien im Rahmen eines Börsengangs ausgeben. Der Angebotskurs wurde auf EUR 20 festgelegt und die Konsortialspanne beträgt 7 %. Der Börsengang ist ein großer Erfolg und der Aktienkurs steigt am ersten Tag auf EUR 50.

a) Wie viel Kapital konnte Ihr Unternehmen bei diesem Börsengang beschaffen?

b) Welchen Marktwert hat das Unternehmen nach dem Börsengang?

c) Wir gehen davon aus, dass der Wert des Unternehmens nach dem Börsengang dessen fairer Marktwert ist. Angenommen, Ihr Unternehmen hätte in einem vollkommenen Markt ohne Konsortialspanne und Unterbewertung die Aktien direkt an die Investoren zum fairen Marktwert ausgeben können. Welchen Aktienkurs erhalten wir in diesem Fall, wenn wir den gleichen Betrag wie in Teilaufgabe (a) beschaffen?

d) Welche Kosten entstehen den ursprünglichen Investoren des Unternehmens aufgrund der Marktunzulänglichkeiten aus dem Börsengang? Vergleichen Sie Teilaufgabe (b) mit (c).

22.4 Aktienemissionen börslich notierter Unternehmen

10. Am 20. Januar verkaufte die METO AG 8 Millionen Aktien im Rahmen einer Kapitalerhöhung (SEO). Der damalige Marktkurs der METO AG lag bei EUR 42,50. Von den 8 Millionen verkauften Aktien waren 5 Millionen Primäraktien, die vom Unternehmen verkauft wurden, und die restlichen 3 Millionen Aktien wurden von Venture-Capital-Investoren verkauft. Wir gehen davon aus, dass der Underwriter 5 % des Bruttoertrags als Honorar (was zwischen den Primär- und Sekundäraktien anteilig aufgeteilt wird) berechnet.

a) Welchen Betrag konnte METO beschaffen?

b) Wie viel erhielten die Venture-Capital-Investoren?

11. Welche Vorteile hat es für ein Unternehmen, Aktien im Rahmen einer Kapitalerhöhung mittels eines Barangebots zu verkaufen? Welche Vorteile bietet ein Bezugsangebot?

12. Die Strehle AG hat derzeit 10 Millionen Aktien zu einem Kurs von EUR 40 im Umlauf. Das Unternehmen möchte Kapital beschaffen und hat eine Emission von Bezugsrechten angekündigt. Jeder bestehende Aktionär erhält für jede seiner Aktien ein Bezugsrecht. Das Unternehmen plant, für den Kauf einer Aktie zum Preis von EUR 40 fünf Bezugsrechte zu verlangen.

a) Welchen Betrag kann das Unternehmen beschaffen, wenn die Emission erfolgreich ist?

b) Welchen Aktienkurs erhalten wir nach der Emission? (Wir setzen einen vollkommenen Kapitalmarkt voraus.)

Nehmen wir stattdessen an, dass das Unternehmen seinen Plan ändert, so dass nun *jedes* Bezugsrecht den Inhaber berechtigt, eine Aktie zu EUR 8 zu kaufen.

c) Welchen Betrag kann das Unternehmen nach dem neuen Plan beschaffen?

d) Welchen Aktienkurs erhalten wir nach der Emission der Bezugsrechte?

e) Welcher Plan ist für die Aktionäre des Unternehmens besser? Bei welchem wird eher der gesamte Kapitalbetrag beschafft?

22.5 Lösungen

1. Privatunternehmen können Eigenkapital von Business Angels, Venture-Capital-Gesellschaften, institutionellen Investoren und Corporate Investors beschaffen.

2. a) Der *IZF* ergibt den *KW*(Gesamtinvestition) = $\frac{400}{(1+r)^{10}} - 80 = 0$

$$\text{Also } r = \left(\frac{400}{80}\right)^{1/10} - 1 = 17{,}46\%$$

b) Zeitstrahl:

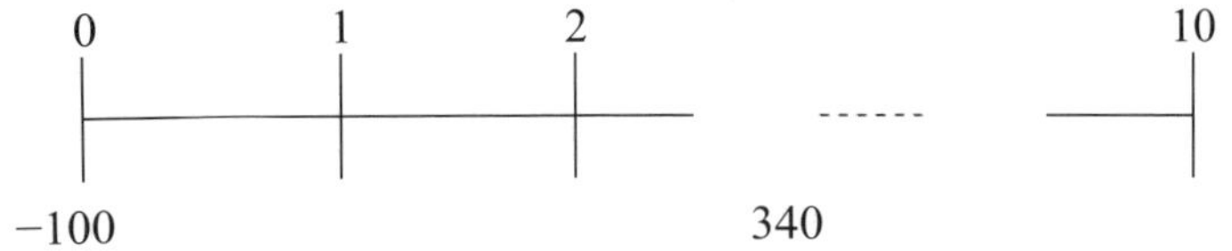

Es werden EUR 100 Millionen investiert

Gewinn = 400 – 100 = 300

Carried Interest = 20 % × 300 = EUR 60 Millionen

Gewinn für den Kommanditisten = 400 – 60 = 340

$$\text{Also } IZF = \left(\frac{340}{100}\right)^{1/10} - 1 = 13{,}02\%$$

3. a) Vor der Finanzierungsrunde D sind (5.000.000 + 1.000.000 + 500.000 = 6.500.000) Aktien im Umlauf. Bei einem Kurs der Finanzierungsrunde D von EUR 4,00 liegt die Pre-Money-Valuation bei 6.500.000 × EUR 4,00 : Aktie = EUR 26 Millionen.

b) Nach der Finanzierungsrunde sind (6.500.000 + 500.000 = 7.000.000) Aktien im Umlauf, also liegt die Post-Money-Valuation bei 7.000.000 × EUR 4,00 : Aktie = EUR 28.000.000.

c) Nach der letzten Finanzierungsrunde halten Sie 5.000.000 : 7.000.000 = 71,4 % des Unternehmens.

4. Die beiden wichtigsten Vorteile eines Börsengangs sind Liquidität und Zugang zu Kapital. Einer der Hauptnachteile eines Börsengangs ist, dass Unternehmen alle Anforderungen an eine Aktiengesellschaft, wie zum Beispiel Einreichungen bei der Börsenaufsicht und Zulassungsfolgepflichten der jeweiligen Börsen, erfüllen müssen.

5. Das Risiko für einen Underwriter ist bei einem Firm-Committment-IPO am größten. Bei dieser Methode wird garantiert, dass alle Aktien zum Angebotspreis verkauft werden. Wird die gesamte Emission nicht zum Angebotspreis verkauft, müssen die restlichen Aktien zu einem geringeren Preis verkauft werden und dem Underwriter entsteht ein Verlust.

Bei einem Best-Effort-IPO garantiert der Underwriter nicht, dass die Aktien verkauft werden, sondern versucht stattdessen, die Aktien zum bestmöglichen Preis zu verkaufen. Bei einem Börsengang im Rahmen eines Auktionsverfahrens lässt der Underwriter den Preis durch eine Auktion bestimmen.

6. a) Bei einem *KGV* von 20,0 und einem Gewinn im Jahr 2019 von EUR 7,5 Mio. erhalten wir einen Gesamtwert des Unternehmens zum Zeitpunkt des Börsengangs von:

$$\frac{P}{7{,}5} = 20{,}0 \Rightarrow P = \text{EUR 150 Milllionen}$$

Derzeit (vor dem Börsengang) sind (5.000.000 + 1.000.000 + 4.000.000) = 10.000.000 Aktien im Umlauf und EUR 5 Mio. Barmittel vorhanden, so dass wir den Aktienkurs auf EUR 155 : 10 = EUR 15,50 schätzen können.

Nach dem Börsengang wird das Unternehmen über zusätzliches Barvermögen in Höhe von EUR 15,5 × 6 = EUR 93 Millionen verfügen und 16 Millionen Aktien in Umlauf haben, die wiederum einen Aktienkurs von EUR (155 + 93) : 16 = EUR 15,50 aufweisen.

b) Nach dem Börsengang halten Sie 5.000.000 der 16 Millionen ausstehenden Aktien, also 31,25 % des Unternehmens.

7. Die Unterbewertung bezieht sich auf die Tatsache, dass die Underwriter im Durchschnitt den Aktienkurs für den Börsengang so wählen, dass die Rendite des ersten Handelstages positiv ausfällt. Wenn Sie die Strategie verfolgen, bei jedem Börsengang eine Order für eine feste Anzahl an Aktien zu platzieren, wird Ihre Order vollständig ausgeführt, wenn der Aktienkurs sinkt, und nicht vollständig, wenn er steigt. Tatsächlich erhalten Sie nur dann eine große Anzahl an Aktien, wenn Sie diese nicht wollen. Der „Winners Curse" ist erheblich, so dass die Strategie, in jeden Börsengang zu investieren, keine überdurchschnittliche Rendite bringt.

8. Der Gesamtwert des Börsengangs in Euro war EUR 19 × 2 Millionen = EUR 38 Millionen. Die Spanne entsprach 0,07 × EUR 38 Millionen also EUR 2,66 Millionen.

9. a) 5 Millionen × (20 – 7 % × 20) = EUR 93 Millionen

b) 15 Millionen × 50 = EUR 750 Millionen

c) Marktwert der Aktiva des Unternehmens ohne die neu beschafften Mittel = 750 – 93 = EUR 657 Millionen

EUR 657 Millionen : (10 Millionen ursprüngliche Aktien) = EUR 65,70 pro Aktie

Gegenprobe: 93 Millionen : 65,70 = 1,4155 Millionen neue Aktien

EUR 750 : 11,4155 = EUR 65,7

d) (65,7 – 50) × 10 Millionen = EUR 157 Millionen

10. a) Das Unternehmen verkaufte 5 Millionen Aktien zum Preis von EUR 42,50 und beschaffte somit EUR 42,50 × 5.000.000 = EUR 212,5 Millionen. Nach Abzug des Managementhonorars bleiben 212,5 × (1 – 0,05) = EUR 201,875 Millionen.

b) Die Venture-Capital-Gesellschaft erhielt EUR 42,50 × 3.000.000 = EUR 127,5 Millionen. Nach Abzug der Managementhonorare bleiben 127,5 × (1– 0,05) = EUR 121,125 Millionen.

Also betrug der Wert des SEO insgesamt EUR 201,875 + EUR 121,125 = EUR 42,50 × 8.000.000 × 0,95 = 323 Millionen.

11. Bei einem Barangebot bietet das Unternehmen neue Aktien an Investoren im Allgemeinen an. Bei einem Bezugsangebot werden neue Aktien nur den bestehenden Aktionären angeboten. Das Bezugsangebot schützt bestehende Aktionäre vor einer Unterbewertung. Bei einem Bezugsangebot jedoch werden nur den bestehenden Aktionären die Aktien zum Kauf angeboten. Die Nachfrage könnte geringer sein, da es sich bei den bestehenden Aktionären nur um eine Teilmenge aller potentiellen Investoren handelt und diese möglicherweise nicht die anteilige Gewichtung dieser Aktie in ihrem Portfolio erhöhen wollen. Ist die Nachfrage gering, erhalten Unternehmen einen geringeren Preis aus dem Bezugsangebot.

12. a) 10 Millionen Aktien : 5 × 40 = EUR 80 Millionen

b) 12 Millionen Aktien insgesamt, Wert = EUR 400 Millionen + 80 Millionen neues Kapital = EUR 480 Millionen

Aktienkurs = 480 : 12 = EUR 40

c) EUR 10 Millionen × EUR 8 = EUR 80 Millionen

d) EUR 480 : 20 = EUR 24 pro Aktie

e) Für die Aktionäre macht das keinen Unterschied. Im ersten Fall ist jede Aktie EUR 40 wert und die Ausübung des Bezugsrechts hat einen *KW* von 0, so dass der Gesamtwert einer Aktie weiterhin EUR 40 ist.

Im zweiten Fall ist die Aktie EUR 24, das Bezugsrecht jedoch (24 – 8) = EUR 16 wert, so dass der Gesamtwert pro Aktie EUR 24 + EUR 16 = EUR 40 ist.

Jedoch ist bei dem zweiten Plan eine vollständige Zeichnung wahrscheinlicher, da die Ausübung des Bezugsrechtes ein gutes Geschäft ist. Im ersten Fall sind die Aktionäre zwischen der Ausübung und der Nichtausübung indifferent.

Fremdfinanzierung

23

ÜBERBLICK

23.1 Fremdkapital in Unternehmen

1. Erklären Sie die Unterschiede zwischen einer besicherten und einer unbesicherten Unternehmensanleihe.

2. Was ist der Unterschied zwischen Auslandsanleihen und Eurobonds?

23.2 Andere Arten von Fremdkapital

3. Beschreiben Sie die Arten von Wertpapieren, die die US-amerikanische Regierung für die Finanzierung der Staatsverschuldung einsetzt.

4. Am 15. Januar 2018 hat die US-amerikanische Regierung inflationsindexierte Treasury Notes mit einer Laufzeit von fünf Jahren und einem Kupon von 3 % ausgegeben. Zum Zeitpunkt dieser Emission lag der Verbraucherpreisindex (*VPI*) bei 250. Bis zum 15. Januar 2023 steigt dieser auf 300. Wie hoch sind die Zahlungen des Kapitalbetrags und des Kupons am 15. Januar 2023?

5. Am 15. Januar 2030 gebe die US-amerikanische Regierung eine inflationsindexierte Treasury Note mit einer Laufzeit von 10 Jahren und einem Kupon von 6 % aus. Zum Zeitpunkt der Ausgabe liege der *VPI* bei 400. Bis zum 15. Januar 2040 sinke der *VPI* auf 300. Wie hoch sind die Zahlungen des Kapitalbetrags und des Kupons am 15. Januar 2040?

6. Beschreiben Sie, was das Prepayment-Risiko in Verbindung mit der GNMA ist.

23.3 Covenants von Anleihen

7. Erklären Sie, warum Emittenten von Anleihen sich freiwillig dafür entscheiden, restriktive Covenants in ihre Anleiheverträge aufzunehmen?

23.4 Rückzahlungsbestimmungen

8. Die Bancroft Corporation habe gerade (zum Nennwert) kündbare 4 %-Kuponanleihen mit einer dreijährigen Laufzeit und halbjährlichen Kuponzahlungen ausgegeben. Die Anleihe kann in zwei Jahren und zu jedem Zeitpunkt danach an einem Kuponzahlungstermin zum Nennwert gekündigt werden. Sie hat einen Preis von USD 97. Welche Endfälligkeitsrendite (YTM) und welche Yield-to-Call hat diese Anleihe?

9. Sie sind Inhaber einer Anleihe mit einem Nennwert von EUR 10.000 und einem Wandlungsverhältnis von 363. Welchen Wandelpreis ergibt das?

23.5 Lösungen

1. Eine besicherte Unternehmensanleihe gewährt dem Inhaber der Anleihe das Recht über bestimmte Vermögensgegenstände, die bei einem Ausfall als Sicherheit dienen. Eine unbesicherte Anleihe bietet dem Inhaber keinen solchen Schutz. Daher haben die Inhaber von unbesicherten Anleihen im Falle einer Insolvenz lediglich einen Residualanspruch nachdem die besicherten Vermögensgegenstände an die entsprechenden Inhaber der Anleihen übergegangen sind.

2. Auslandsanleihen sind Anleihen, die von einem ausländischen Unternehmen in einem lokalen Markt ausgegeben werden. Eurobonds hingegen sind Anleihen, die nicht auf die jeweilige Währung des Landes lauten, in dem sie ausgegeben werden.

3. Die US-amerikanische Regierung verwendet Treasury Bills, Notes, Bonds und TIPS. Treasury Bills sind reine Diskontanleihen mit Laufzeiten von einem Jahr oder weniger. Treasury Notes sind Kuponanleihen mit halbjährlicher Kuponzahlung und Laufzeiten zwischen 1 und 10 Jahren. Treasury Bonds sind Anleihen mit halbjährlicher Kuponzahlung und Laufzeiten von mehr als 10 Jahren. TIPS sind inflationsindexierte Anleihen. Der endgültige Kapitalbetrag ist vor Deflation geschützt, da der Wert des endgültigen Kapitalbetrages das Maximum zwischen dem Nennwert und dem inflationsbereinigten Nennwert ist.

4. Der *VPI* steigt um $\frac{300}{250} = 1{,}2$.

   Folglich steigt der Kapitalbetrag der Anleihe um diesen Betrag. Das heißt, der ursprüngliche Nennwert von USD 1.000 steigt auf USD 1.200.

   Da es sich um eine Anleihe mit halbjährlichen Kuponzahlungen handelt, ist die Kuponzahlung:

   $$1{,}2 \times \left(\frac{0{,}03}{2}\right) \times \text{USD } 1.000 = \text{USD } 18$$

5. Der *VPI* sinkt um:

   $$\frac{300}{400} = 0{,}75$$

   Folglich sinkt auch der Kapitalbetrag der Anleihe um diesen Betrag. Das heißt, der ursprüngliche Nennwert von USD 1.000 sinkt auf USD 750.

   Da es sich um eine Anleihe mit halbjährlichen Kuponzahlungen handelt, ist die Kuponzahlung:

   $$0{,}75 \times \left(\frac{0{,}06}{2}\right) \times \text{USD } 1.000 = \text{USD } 22{,}50$$

   Jedoch ist die die endgültige Zahlung des Kapitalbetrags vor der Deflation geschützt. Da also USD 750 niedriger ist als der ursprüngliche Nennwert von USD 1.000, wird der ursprüngliche Kapitalbetrag, d.h. USD 1.000 zurückgezahlt.

6. Die Inhaber von Wertpapieren der GNMA tragen das Prepayment-Risiko, da Immobilieneigentümer in den USA das Recht haben, ihre Hypothek jederzeit zurückzuzahlen (in Deutschland haben sie dieses Recht nicht). Das tun sie vor allem dann, wenn die Zinssätze fallen und sie neues Fremdkapital zu geringeren Zinssätzen aufnehmen können. Dies ist genau der Zeitpunkt, an dem die Inhaber von Wertpa-

pieren der GNMA Zahlungen *vermeiden* möchten, da sie nur zu einem geringeren Zinssatz reinvestieren können.

7. Emittenten von Anleihen profitieren von restriktiven Covenants, da sie dadurch niedrigere Zinssätze erzielen können.

8. Zeitstrahl:

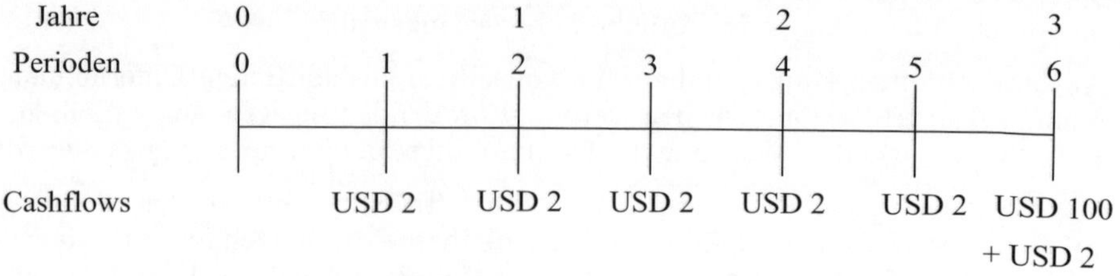

Die aufzulösende Barwertformel ist:

$$97 = \frac{2}{i}\left(1 - \frac{1}{(1+i)^6}\right) + \frac{100}{(1+i)^6}$$

Nach dem Annuitätenrechner:

$i = 2{,}55\ \%$

Da *YTM* als nominaler Jahreszinssatz dargestellt wird:

$YTM = i \times 2 = 2{,}55\ \% \times 2 = 5{,}1\ \%.$

YTC:

Zeitstrahl:

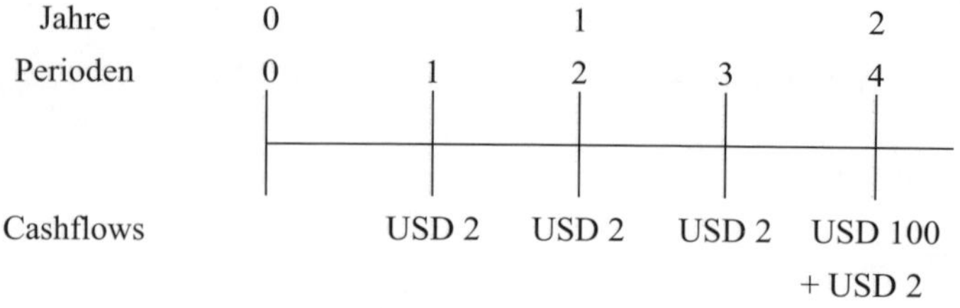

Die aufzulösende Barwertformel ist:

$$97 = \frac{2}{i}\left(1 - \frac{1}{(1+i)^4}\right) + \frac{100}{(1+i)^4}$$

Nach dem Annuitätenrechner:

$i = 2{,}80\ \%$

Da *YTM* (und somit auch *YTC*) als nominale Jahreszinssätze dargestellt werden:

$YTC = i \times 2$

$= 5{,}60\ \%$

9. $P = \frac{\text{Nennwert}}{\text{Wandelpreis}} = \frac{\text{USD } 10.000}{363}$

$P = \text{EUR } 27{,}55$

Leasing

24

ÜBERBLICK

24.1 Die Grundlagen des Leasings

1. Wir betrachten einen Leasingvertrag mit einer fünfjährigen Laufzeit für eine Abfüllanlage im Wert von EUR 400.000, die nach Ablauf der fünf Jahre einem Restwert von EUR 150.000 hat. Berechnen Sie die monatliche Leasingrate in einem vollkommenen Markt bei einem risikolosen Zinssatz von 6 % p.a. (nominal, monatliche Verzinsung) für folgende Leasingverträge:
   a) Ein Fair-Market-Value-Leasing.
   b) Ein Finanzierungsleasing.
   c) Ein Festpreisleasing mit einem Festpreis nach Ablauf des Leasingvertrages von EUR 80.000.

24.2 Bilanzierung, Steuern und rechtliche Konsequenzen des Leasings

2. Die LASCH Logistik GmbH hat derzeit folgende Bilanzposten:

Aktiva		Passiva	
Barmittel	20	Fremdkapital	70
Sachanlagen	175	Eigenkapital	125

   Wie verändert sich die Bilanz, wenn LASCH einen Kapital-Leasingvertrag mit Aktivierung des Leasingobjektes für ein neues Lagerhaus in Höhe von EUR 80 Millionen abschließt? Welchen Buchverschuldungsgrad erhalten wir? Wie verändern sich Bilanz und Buchverschuldungsgrad, wenn es sich um ein Operating-Leasing handelt?

3. Ihr Unternehmen plant, einen Leasingvertrag für ein Kopiergerät im Wert von EUR 50.000 abzuschließen. Das Gerät hat eine geschätzte wirtschaftliche Nutzungsdauer von acht Jahren. Wir gehen davon aus, dass der entsprechende Kalkulationszinssatz bei 9 % p.a. (nominal) mit monatlicher Zinszahlung liegt.

   Ordnen Sie die unten stehenden Leasingverhältnisse dem Kapital-Leasing bzw. dem Operating-Leasing zu und begründen Sie Ihre Zuordnung:
   a) Ein vierjähriges Fair-Market-Value-Leasing mit monatlichen Zahlungen von EUR 1.150.
   b) Ein sechsjähriges Fair-Market-Value-Leasing mit monatlichen Zahlungen von EUR 790.
   c) Ein fünfjähriges Fair-Market-Value-Leasing mit monatlichen Zahlungen von EUR 925.
   d) Ein fünfjähriges Fair-Market-Value-Leasing mit monatlichen Zahlungen von EUR 1.000 und der Option, nach drei Jahren mit einer Stornogebühr von EUR 9.000 zu kündigen.

24.3 Die Entscheidung für Leasing

4. Die Craxton GmbH wird ein neues Gerät im Wert von EUR 756.000 entweder kaufen oder leasen. Bei einem Kauf würde dieses Gerät linear über sieben Jahre abgeschrieben werden. Craxton kann das Gerät sieben Jahre lang für EUR 130.000 pro Jahr leasen. Der Steuersatz von Craxton beträgt 25 %. (Wir gehen davon aus, dass das Gerät nach diesen sieben Jahren keinen Restwert hat).
   a) Welche Folgen hat ein Kauf des Geräts für den freien Cashflow, wenn es sich um ein steuerbegünstigtes Leasing handelt?
   b) Welche Folgen hat das Leasing des Geräts für den Cashflow, wenn es sich um ein steuerbegünstigtes Leasing handelt?
   c) Wie hoch sind die Differenzen zwischen den Cashflows von Leasing und Kauf?

5. Clorox kann ein neues Datenverarbeitungssystem fünf Jahre lang für USD 975.000 pro Jahr leasen. Alternativ kann Clorox das System für USD 4,25 Millionen kaufen. Der Kreditzinssatz beträgt 7 % und der Steuersatz liegt bei 25 %. Das System wird nach Ablauf der fünf Jahre veraltet sein.
   a) Ist es besser, das System zu leasen oder zu kaufen, wenn Clorox das System linear über die nächsten fünf Jahre abschreibt und wenn sich das Leasing als steuerbegünstigtes Leasing qualifiziert?
   b) Wenn Clorox das System kauft, wird es zu Steuerzwecken eine beschleunigte Abschreibung vornehmen. Wir gehen ferner davon aus, dass 20 % des Kaufpreises sofort steuerlich geltend gemacht werden können und in den nächsten fünf Jahren Abschreibungen in Höhe von 32 %, 19,2 %, 11,52 %, 11,52 % und 5,76 % des Kaufpreises geltend gemacht werden können. Vergleichen Sie das Leasing mit dem Kauf.

6. Angenommen, Procter and Gamble (P&G) will neue Herstellungsgeräte im Wert von USD 15 Millionen kaufen. Bei einem Kauf würden diese Geräte linear über fünf Jahre abgeschrieben und wären dann wertlos. Ferner wäre pro Jahr ein Wartungsaufwand von USD 1 Million erforderlich. Alternativ könnten die Geräte fünf Jahre lang für USD 4,2 Millionen pro Jahr geleast werden. In diesem Fall würde der Leasinggeber die erforderliche Wartung übernehmen. Der Steuersatz von P&G beträgt 35 % und der Kreditzinssatz 7 %.
   a) Welchen *KW* hat das Leasing der Geräte gegenüber einer Finanzierung eines leasingäquivalenten Kredites?
   b) Wie hoch ist der Break-Even-Wert der Leasingrate, das heißt, welchen Leasingbetrag könnte P&G pro Jahr ausgeben und wäre zwischen dem Leasing und der Finanzierung des Kaufs indifferent?

24.4 Lösungen

1. a) Bei einem fünfjährigen Leasingvertrag (60 Monate) und einem monatlichen Zinssatz von 6 % : 12 = 0,5 %:

BW(Leasingzahlungen) = 400.000 – 150.000 : $(1{,}005)^{60}$ = EUR 288.794

Da die erste Leasingzahlung im Voraus bezahlt wird und die restlichen 59 Zahlungen als Annuität gezahlt werden:

$$288.794 = L\left(1+\frac{1}{0{,}005}\left(1-\frac{1}{1{,}005^{59}}\right)\right)$$

Also L = EUR 5.555

b) In diesem Fall erhält der Leasinggeber nach Ablauf des Leasingvertrages nur EUR 1. Also sollte der Barwert der Leasingzahlungen = EUR 400.000 sein.

$$400.000 = L\left(1+\frac{1}{0{,}005}\left(1-\frac{1}{1{,}005^{59}}\right)\right)$$

Also L = EUR 7.695

c) In diesem Fall erhält der Leasinggeber nach Ablauf des Leasingvertrages EUR 80.000. Also

BW(Leasingzahlungen) = 400.000 – 80.000 : $(1{,}005)^{60}$ = EUR 340.690

Da die erste Leasingzahlung im Voraus gezahlt wird und restlichen 59 Zahlungen als Annuität gezahlt werden:

$$340.690 = L\left(1+\frac{1}{0{,}005}\left(1-\frac{1}{1{,}005^{59}}\right)\right)$$

Also L = EUR 6.554

2. Kapital-Leasing: Der Zugang zu den Sachanlagen wird in der Bilanz ausgewiesen und das Leasing im Fremdkapital:

Aktiva		Passiva	
Barmittel	20	Fremdkapital	150
Sachanlagen	255	Eigenkapital	125

Buchverschuldungsgrad = 150 : 125 = 1,2.

Operating-Leasing: Keine Veränderung in der Bilanz. Buchverschuldungsgrad = 70 : 125 = 0,56

3.

a) $$BW(\text{Leasingzahlungen}) = 1.150\times\left(1+\frac{1}{0{,}09\,/\,12}\left(1-\frac{1}{(1+0{,}09/12)^{47}}\right)\right) = \text{EUR } 46.559$$

Dies sind 46.559 : 50.000 = 93 % des Kaufpreises. Da dies höher ist als 90 % des Kaufpreises, handelt es sich nach amerikanischer Definition um ein Kapital-Leasing.

b) Die Leasinglaufzeit entspricht 75 % oder mehr der wirtschaftlichen Nutzungsdauer des Vermögensgegenstandes (75 % × 8 Jahre = 6 Jahre); somit handelt es sich nach amerikanischer Definition um ein Kapital-Leasing.

c) $BW(\text{Leasingzahlungen}) = 925 \times \left(1 + \frac{1}{0{,}09 / 12}\left(1 - \frac{1}{(1+0{,}09/12)^{59}}\right)\right) = \text{EUR } 44.895$

Das sind 44,895 : 50.000 = 89,8 % des Kaufpreises. Da dies weniger ist als 90 % des Kaufpreises, die Laufzeit kürzer ist als 6 Jahre und es sich um ein Fair-Market-Value-Leasing handelt, ist es ein Operating-Leasing nach der amerikanischen Einteilung.

d) Ohne die Kündigungsoption würde der Barwert der Leasingzahlungen 90 % des Kaufpreises übersteigen.

Mit der Kündigungsoption:

$BW(\text{Min. Leasingzahlungen})$

$$= 1.000 \times \left(1 + \frac{1}{0{,}09 / 12}\left(1 - \frac{1}{(1+0{,}09/12)^{35}}\right)\right) + \frac{9.000}{(1+0{,}09/12)^{36}} = \text{EUR } 38.560$$

Da dies weniger als 90 % des Kaufpreises sind, ist dieses Leasing ein Operating-Leasing.

4. a) FCF_0 = Investitionsaufwand = EUR 756.000

FCF_{1-7} = abschreibungsbedingter Steuervorteil = 25 % × 756.000 : 7 = EUR 27.000

b) FCF_{0-6} = Leasingzahlung nach Steuern = 130.000 × (1 – 25 %) = EUR 97.500

c) FCF_0 = –97.500 – (–756.000) = EUR 667.500

FCF_{1-6} = –97.500 – (27.000) = –EUR 124.500

FCF_7 = 0 – (27.000) = –EUR 27.000

5. a) Wenn Clorox das Gerät kauft, werden USD 4,25 Millionen im Voraus bezahlt und es besteht ein Abschreibungsaufwand von USD 4,25 Millionen : 5 = USD 850.000 pro Jahr und ein abschreibungsbedingter Steuervorteil von 25 % × 850.000 = USD 212.500 pro Jahr in den Jahren 1 – 5.

Bei einem Leasing betragen die Zahlungen nach Steuern USD 975.000 × (1 – 0,25) = USD 731.250. Also ist der *FCF* des Leasings gegenüber dem Kauf:
–731.250 – (–4.250.000) = USD 3.518.750 in Jahr 0,

–731.250 – (212.500) = –USD 943.750 in den Jahren 1 – 4 und

0 – (212.500) = –USD 212.500 in Jahr 5. Wir können die Vorteile aus dem Leasing ermitteln, indem wir die zusätzlichen Cashflows zum nachsteuerlichen Kreditzins von 7 % (1– 0,25) = 5,25 % diskontieren.

$KW(\text{Leasing gegenüber Kauf})$

$$= 3.518.750 - \frac{731.250}{1{,}0525} - \frac{731.250}{1{,}0525^2} - \frac{731.250}{1{,}0525^3} - \frac{731.250}{1{,}0525^4} - \frac{212.500}{1.0525^5}$$

= USD 27.070,91

Unter diesen Annahmen ist das Leasing attraktiver als der Kauf des Gerätes.

b) Der abschreibungsbedingte Steuervorteil bei einem Kauf ist nun 25 % × (USD 4,25 Millionen × 20 %) = USD 212.500 in Jahr 0. Also beträgt der zusätzliche Cashflow aus dem Leasing 731.250 – (–4.250.000) – 212.500 = USD 3.306.250 in Jahr 0. In Jahr 1 beträgt der abschreibungsbedingte Steuervorteil 25 % × (USD 4,25 Millionen × 32 %) = USD 340.000 und der zusätzliche Cashflow beträgt –731.250 – (340.000) = –USD 1.071.250. Wir können dies für die restlichen Jahre wie in unten dargestellter Tabelle fortführen:

	Jahr	0	1	2	3	4	5
Kauf:							
1.	Investitionsaufwand	–4.250.000	–	–	–	–	–
2.	Abschreibungsbedingter Steuervorteil bei 25 %	212.500	340.000	204.000	122.400	122.400	61.200
3.	**Freier Cashflow (Kauf)**	–4.037.500	340.000	204.000	122.400	122.400	61.200
Leasing:							
4.	Leasingzahlungen	–975.000	–975.000	–975.000	–975.000	–975.000	–
5.	Steuerersparnis bei 25 %	243.750	243.750	243.750	243.750	243.750	–
6.	**Freier Cashflow (Leasing)**	–731.250	–731.250	–731.250	–731.250	–731.250	–
Leasing vs. Kauf							
7.	Leasing – Kauf	**3.306.250**	**–1.071.250**	**–935.250**	**–853.650**	**–853.650**	**–61.200**
	KW(Leasing gegenüber Kauf)						–31.047,63

Also:

KW(Leasing gegenüber Kauf)

$$= 3.306.250 - \frac{1.071.250}{1,0525} - \frac{935.250}{1,0525^2} - \frac{853.650}{1,0525^3} - \frac{853.650}{1,0525^4} - \frac{61.200}{1.0525^5}$$

= –USD 31.047,63

Das Leasing ist nicht mehr attraktiv.

6. a) Wenn P&G die Geräte kauft, sind USD 15 im Voraus zu zahlen und es entsteht ein Abschreibungsaufwand von 15 : 5 = USD 3 Millionen pro Jahr, was in den Jahren 1–5 einen abschreibungsbedingten Steuervorteil von 35 % × 3 = USD 1,05 ergibt. Außerdem entstehen nachsteuerliche Wartungskosten in Höhe von USD 1 Million (1 – 0,35) = 0,65 Millionen. Also ist der *FCF* aus dem Kauf in den Jahren 1–5 = 1,05 – 0,65 = USD 0,4 Millionen.

Bei einem Leasing betragen die nachsteuerlichen Leasingzahlungen USD 4,2 Millionen × (1 – 0,35) = USD 2,73 Millionen. Also ist der *FCF* des Leasings gegenüber dem Kauf –2,73 – (–15) = 12,27 Millionen in Jahr 0, –2,73 – (0,4) = –3,13 Millionen in den Jahren 1–4 und 0 – (0,4) = –0,4 in Jahr 5. Wir können den Vorteil aus dem Leasing ermitteln, indem wir die zusätzlichen Cashflows zum nachsteuerlichen Kreditzinssatz von 7 % (1 – 0,35) = 4,55 % diskontieren:

KW(Leasing gegenüber Kauf)

$$= 12{,}27 - \frac{3{,}13}{1{,}0455} - \frac{3{,}13}{1{,}0455^2} - \frac{3{,}13}{1{,}0455^3} - \frac{3{,}13}{1{,}0455^4} - \frac{0{,}4}{1.0455^5}$$

= USD 733.955

Unter diesen Annahmen ist das Leasing attraktiver als die Finanzierung des Kaufs des Geräts.

b) Wir können die nachsteuerlichen Zahlungen um einen Betrag erhöhen, dessen Barwert dem Kapitalwert in Teilaufgabe (a) entspricht. Also

$$733{,}955 = (\text{Anstieg von } L) \times \left(1 + \frac{1}{0{,}0455}\left(1 - \frac{1}{1{,}0455^4}\right)\right) \times (1 - 0{,}35)\,.$$

Daher ist der Anstieg von $L = 246.363$. Also ist der Break-Even-Wert der Leasingrate 4,2 + 0,246363 = USD 4.446363 pro Jahr, wie in folgender Tabelle bestätigt wird.

	Jahr	0	1	2	3	4	5
Kauf:							
1.	Investitionsaufwand	–15.000.000	–	–	–	–	–
2.	Nachsteuerlicher Wartungsaufwand	–	–650.000	–650.000	–650.000	–650.000	–650.000
3.	Abschreibungsbedingter Steuervorteil bei 35 %	–	1.050.000	1.050.000	1.050.000	1.050.000	1.050.000
4.	**Freier Cashflow (Leasing)**	–15.000.000	400.000	400.000	400.000	400.000	400.000
Leasing:							
5.	Leasingzahlungen	–4.446.363	–4.446.363	–4.446.363	–4.446.363	–4.446.363	–
6.	Steuerersparnis bei 35 %	1.556.227	1.556.227	1.556.227	1.556.227	1.556.227	–
7.	**Freier Cashflow (Leasing)**	–2.890.136	–2.890.136	–2.890.136	–2.890.136	–2.890.136	–
Leasing vs. Kauf							
8.	Leasing – Kauf	**12.109.864**	**–3.290.136**	**–3.290.136**	**–3.290.136**	**–3.290.136**	**–400.000**
	KW(Leasing gegenüber Kauf)	0					